POLÍTICAS DE BIENESTAR SOCIAL EN LA TRANSICIÓN

POLÍTICAS DE BIENESTAR SOCIAL EN LA TRANSICIÓN

Rafael Quirosa-Cheyrouze y Muñoz
Emilia Martos Contreras
(eds.)

Sílex

Editor: Ramiro Domínguez Hernanz

C/ San Gregorio, 8, 2, 2ª Madrid
España
www.silexediciones.com

ISBN: 978-84-19661-85-2
Depósito Legal: M-33056-2023
Colección: Sílex Universidad Historia

Impreso y encuadernado en España

CONTENIDO

Sílex Universidad es una colección de Historia nacida hace 20 años para publicar novedades historiográficas y transportar una historia crítica, analítica y rigurosa.

Colección Sílex Universidad

Consejo Asesor

El presente libro ha sido evaluado por el sistema
de revisión por pares académicos.
Los dictámenes correspondientes están
depositados en el seno de la editorial.

La editorial Sílex ocupa la posición n.º 6 del *Scholarly Publishers Indicators in Humanities and Social Sciences* (SPI) de 2022 en prestigio editorial en la disciplina de Historia con un ICEE de 84.

Propuestas de publicación

Las propuestas de edición serán enviadas a:
gestion@silexediciones.com
en un archivo pdf. La colección se pondrá en contacto con
el remitente para informarle del proceso de revisión por
pares, las condiciones de edición y su potencial programación.

BIENESTAR SOCIAL Y DEMOCRACIA EN UN PROCESO DE CAMBIO POLÍTICO

Rafael Quirosa-Cheyrouze y Emilia Martos Contreras
Universidad de Almería

Los estudios sobre la Transición, entendida como proceso de cambio desde la dictadura franquista a la democracia hoy vigente en España, han experimentado una interesante evolución, sobre todo en las últimas décadas. Si en un primer momento, correspondiente casi a los mismos años de los acontecimientos o a los inmediatamente siguientes, primaban cuestiones estrictamente políticas –sistemas de partidos, convocatorias electorales, decisiones gubernamentales, composición de las Cortes…–, análisis sociológicos o perspectivas periodísticas, las investigaciones realizadas con posterioridad –especialmente por los historiadores– han ido ampliando el objeto de estudio y han venido a confirmar una conclusión irrefutable, al menos para quienes redactamos estas líneas: el cambio de régimen no se puede explicar, y mucho menos comprender, si no incluimos en la ecuación factores múltiples y diversos, que fueron confluyendo y retroalimentándose hasta culminar la consolidación de la democracia.

Esta afirmación, que podría ser aplicable a cualquier proceso histórico, entra en colisión con textos que diariamente podemos leer en medios de comunicación, redes sociales o, incluso, libros publicados en editoriales con amplia capacidad de difusión, que repiten argumentos como que "el Rey Juan Carlos trajo la democracia a España" o destacan la interpretación de un protagonismo casi exclusivo de las élites políticas o institucionales, con actores individuales sobresalientes como Adolfo Suárez, Torcuato Fernández-Miranda o los principales líderes de la oposición (Santiago Carrillo, Felipe González...). Es decir, la democracia considerada como una "gracia" otorgada o, en el mejor de los casos, como resultado de un pacto entre relevantes figuras de nuestra historia reciente. En este escenario, la ciudadanía queda desdibujada con un papel secundario mucho más pasivo.

Pero la Transición, pensamos algunos, no puede explicarse solo con la decisión adoptada por una persona o por un grupo reducido de dirigentes políticos, aunque esta idea no significa despreciar la actuación esencial de un jefe del Estado que había heredado amplios poderes tras la muerte del general Franco –en la práctica, no tantos como tenía el dictador–, ni la extraordinaria labor desempeñada por personas que tenían importantes responsabilidades en las instituciones o al frente de organizaciones políticas o sindicales. Lo que aquí queremos destacar es que hay que atender a más factores, como por ejemplo la creciente actividad reivindicativa protagonizada por los movimientos sociales desde la década anterior, los cambios experimentados en el mundo rural, las posiciones adoptadas por la diplomacia internacional respecto a la situación española, la evolución de la Iglesia católica y las influencias provenientes del Concilio Vaticano II, el rol de los intelectuales, la amenaza de la violencia ejercida por distintos grupos –destacando la del terrorismo de ETA–, las actitudes de los militares, las actividades e intereses económicos, o las transformaciones experimentadas en la sociedad, sobre todo tras el proceso desarrollista de los años 60.

Así, solo con una argumentación plural, donde los factores mencionados –y otros que podríamos añadir– se complementan y superponen, estaremos en mejores condiciones para cumplir la misión fundamental de los historiadores, como es intentar interpretar los acontecimientos y procesos acaecidos en el pasado. Y en este ejercicio hermenéutico consideramos oportuno recordar que, aunque la propia dinámica histórica fue sumando partidarios de la democracia, este objetivo tuvo que vencer importantes obstáculos. Es decir, superar resistencias que no eran precisamente residuales tras 40 años de ausencia de libertades y que se mostraban como firmes partidarias del continuismo franquista o, en el mejor de los casos, proclives a un maquillaje lampedusiano para que lo fundamental no se alterara. Esta afirmación entra en clara confrontación con esa imagen edulcorada de la Transición que tan extendida está en la sociedad actual, donde se quiere representar que el conjunto de la ciudadanía llegó al unánime acuerdo de transformar la dictadura existente desde la guerra civil en un sentido democratizador. De hecho, consideramos que el proceso de cambio fue posible por la victoria de quienes se movilizaron a favor del fin del franquismo y por la derrota de los partidarios de mantener el Régimen del 18 de julio o algún sucedáneo no homologable a los sistemas políticos vigentes en los países de nuestro entorno, como se llegó a intentar establecer con el fallido proyecto del denominado Gobierno Arias-Fraga en el primer semestre de 1976. Sí es cierto, y esto debe destacarse, que el proceso pudo tener éxito porque una parte de quienes procedían de los sectores políticos de la dictadura se sumó, a veces decididamente, a la defensa de la democracia.

En este marco interpretativo, que aboga por un análisis más coral del proceso democratizador, el Grupo de Investigación Estudios del Tiempo Presente de la Universidad de Almería ha desarrollado en las últimas dos décadas sus contribuciones con proyectos de investigación, realización de tesis doctorales y trabajos finales de Máster, organización de congresos internacionales y otro tipo de encuentros de especialistas, ediciones de libros colectivos y publicaciones de monografías, capítulos y artículos de revistas[1]. Esta labor ha estado muy vinculada a asociaciones como Historiadores del Presente o Historia Actual, y a investigadores que trabajan en otros centros y con los que hemos compartido actividades. Nos referimos, especialmente, a los del resto de universidades públicas de Andalucía y a los de Murcia, Extremadura y Castilla-La Mancha, con quienes hemos realizado proyectos coordinados de I+D, aprobados por el Ministerio correspondiente o por la Junta de Andalucía en convocatorias públicas. En relación con los congresos, ese punto de encuentro periódico que genera debates y produce resultados disponibles para otros investigadores y para la sociedad en general, ya son nueve las ediciones celebradas en Almería para profundizar en el conocimiento de la Transición. Así, partimos del marco regional en 2000[2], para pasar a analizar –ya

[1] La producción del citado grupo de investigación puede consultarse de forma detallada en la página web https://historiadeltiempopresente.com/

[2] En este congreso participaron investigadores de todas las universidades de Andalucía y de Extremadura, además de invitados de ámbito nacional. La mayor parte de

en el conjunto de España– los inicios del proceso democratizador en 2005, los medios de comunicación dos años después, la sociedad y los movimientos sociales en 2009, las organizaciones políticas (2011), las instituciones (2015), el ámbito rural (2017), la dimensión internacional (2019) y el bienestar de la ciudadanía (2022)[3].

En estos encuentros académicos, además de representantes de los centros de educación superior meridionales ya citados, han participado como invitados ponentes especialistas que trabajan en universidades de Madrid (Complutense, Autónoma, Alcalá, Carlos III, Rey Juan Carlos, CEU San Pablo, Francisco de Vitoria), Cataluña (Barcelona, Autónoma de Barcelona, Rovira i Virgili de Tarragona, Girona), Comunidad Valenciana (Alicante, Valencia y Miguel Hernández de Elche), Castilla y León (Salamanca y Valladolid), Aragón (Zaragoza), Asturias (Oviedo), Galicia (Santiago de Compostela), Canarias (La Laguna), País Vasco, Navarra y La Rioja, en la UNED y en el Consejo Superior de Investigaciones Científicas. También han estado presentes otros investigadores procedentes de Francia, Alemania, Reino Unido, Italia, Portugal, Bélgica, Hungría, México y Chile[4].

Y, continuando con la dinámica ya establecida y consolidada, en la obra que el lector tiene en sus manos abordamos el último

---

sus resultados se publicaron en la obra de Encarnación LEMUS LÓPEZ y Rafael QUIROSA-CHEYROUZE Y MUÑOZ (eds.): *La Transición en Andalucía*, Huelva, Universidad de Huelva, 2002.

[3] Desde la segunda edición, en 2005, en todos los congresos se han editado en formato electrónico las comunicaciones presentadas por diferentes investigadores procedentes de universidades españolas y extranjeras. En los meses siguientes a cada evento, los especialistas invitados han preparado los capítulos correspondientes a un volumen publicado en una editorial de prestigio. Así, podemos citar los siguientes libros: Rafael QUIROSA-CHEYROUZE Y MUÑOZ (ed.): *Historia de la Transición en España. Los inicios del proceso democratizador*, Madrid, Biblioteca Nueva, 2007; ídem: *Prensa y democracia. Los medios de comunicación en la Transición*, Madrid, Biblioteca Nueva, 2009; ídem: *La sociedad española en la Transición. Los movimientos sociales en el proceso democratizador*, Madrid, Biblioteca Nueva, 2011; ídem: *Los partidos en la Transición. Las organizaciones políticas en la construcción de la democracia en España*, Madrid, Biblioteca Nueva, 2013; ídem y Mónica FERNÁNDEZ AMADOR (eds.): *Poder y Transición en España. Las instituciones políticas en el proceso democratizador*, Madrid, Biblioteca Nueva, 2017; ídem y Emilia MARTOS CONTRERAS (eds.): *La transición desde otra perspectiva: Democratización y mundo rural*, Madrid, Sílex, 2019; y Mónica FERNÁNDEZ AMADOR e ídem (eds.): *La Transición española y sus relaciones con el exterior*, Madrid, Sílex, 2020.

[4] Los investigadores procedentes del extranjero que han firmado como autores en nuestros libros sobre la Transición han sido Marie-Claude Chaput (Université Paris

debate sobre el Estado del Bienestar durante el Tardofranquismo y la Transición. Desde un principio, nos pareció que era necesario abordar esta cuestión para ahondar en los estudios sobre el proceso democratizador que superó la dictadura franquista. Y lo planteamos desde una doble perspectiva: para entender mejor la realidad de la sociedad española al iniciarse el cambio político y, al mismo tiempo, para situar las reivindicaciones de políticas sociales de aquellos años como un elemento dinamizador del propio proceso que permitió consolidar la democracia en España. Hay también una finalidad añadida que conecta ese pasado no tan lejano con los debates actuales sobre estos asuntos, y no solo en el ámbito geográfico nacional, para comprender mejor el mundo en el que vivimos.

De hecho, existe una opinión generalizada, que señala que el Estado de Bienestar se encuentra en crisis o, al menos, en grave peligro, pues mientras se recupera de sus dos heridas más recientes, la crisis de 2008 y la pandemia de 2019, le acechan los grandes retos del siglo XXI, tales como el calentamiento global, la creciente desigualdad, la brecha tecnológica o el envejecimiento poblacional. A esto hay que sumarle la extendida percepción, avalada con datos objetivos, de que el sistema de bienestar español siempre se ha encontrado por debajo de la media europea y muy alejado de los países nórdicos, los eternos ideales a seguir.

Esta preocupación denota, aparte de la obvia inquietud por la degradación de las condiciones de vida, lo asumido que tenemos la pertinencia del Estado de Bienestar, aunque persista el debate sobre su definición y alcance. En una encuesta española de 1989, un 58% de

Ouest Nanterre La Défense), Florence Belmonte (Université de Montpellier 3), Dolores Thion (Université de Pau et des Pays de l'Adour), Bruno Vargas (Institut National Universitaire Champollion-Albi), Walther L. Bernecker (Universität Erlangen-Nürnberg), Walter Haubrich (periodista), Jonathan Hopkin y Sebastian Balfour (London School of Economics), Giulia Quaggio (University of Sheffield), María Elena Cavallaro (Libera Università Internazionale degli Studi Sociali "Guido Carli"), Alfonso Botti (Università degli Etudi de Urbino "Carlo Bo"), Fernando Rosas, Raquel Varela, Maria Inácia Rezola y Paula Borges Santos (Universidade Nova de Lisboa), Manuel Loff (Universidade do Porto), Jose Manuel Nobre-Correia (Université Libre de Bruxelles), István Szilágyi (Universidad de Pécs-Hungría), Manuel Antonio Garretón Merino (Universidad de Chile), Augusto Samaniego Mesías (Universidad de Santiago de Chile) y José Woldenberg (Universidad Nacional Autónoma de México).

los entrevistados consideraba que el Estado debía ser el responsable del bienestar de "todos los ciudadanos" y tenía la obligación de ayudarles a solucionar sus problemas[5]. En 2021, en un estudio del CIS, la cifra había aumentado, pues el 69.4% confirmó su acuerdo con la responsabilidad del Estado en el "bienestar de todos/as"[6]. Hasta finales del siglo XX, el "estatalismo" de los españoles se consideraba una herencia del modelo gubernamental franquista, de claro corte paternalista. Sin embargo, la creciente tendencia a defender la obligación del Estado en el bienestar, a pesar del paso del tiempo, así como los estudios comparativos internacionales, han desmentido estas interpretaciones más simplistas. Más bien al contrario, el apoyo a las políticas de bienestar social tiene que ver con el abandono del modelo franquista y la construcción de la democracia, tal como se puede ver en los diferentes textos que conforman este libro.

Alejados del mundo académico, aún persiste una importante confusión en torno a la historia de nuestro Estado de Bienestar o, en general, sobre el desarrollo de los derechos y las políticas sociales. En general, el desconocimiento de nuestra historia reciente, nutrida tan solo por los relatos generacionales o las propuestas de ficción, ha conformado un imaginario claramente contrapuesto y así, por ejemplo, lo detectamos en los estudiantes universitarios que llegan a nuestras aulas de Historia Contemporánea en Almería. En ese sentido, si se nos permite la extrema simplificación, encontramos, por una parte, aquellos que defienden que durante el franquismo no se desarrolló prácticamente ninguna política de carácter social, demostrando con su argumentación tener asumida una relación directa entre el desarrollo de políticas sociales y el Estado de Derecho. Indudablemente, esta defensa de "durante el franquismo no había nada", nos trae a la memoria múltiples entrevistas orales realizadas en nuestras investigaciones locales, especialmente aquellas en las que hemos abordado las problemáticas de los colectivos más necesitados. En contraposición, hay otro sector que sí sitúa diversas políticas sociales del franquismo, esencialmente, la creación de la Seguridad

[5] Ana ARRIBA, Eloísa del PINO e Inés CALZADA GUTIÉRREZ: *Las actitudes de los españoles hacia el Estado de Bienestar (1985-2005)*, Madrid, CIS, 2006.

[6] CIS: *Barómetro de octubre 2021, Estudio 3337*, Madrid, CIS, 2021, p. 31.

Social o el nacimiento de los pueblos de colonización, una realidad muy presente en nuestro ámbito geográfico. Estos datos terminan confluyendo en unas conclusiones que señalan a la dictadura como creadora de nuestro Estado de Bienestar actual, siguiendo un mito que el propio franquismo construyó.

Sin embargo, desde hace ya varias décadas, el ámbito académico ha intentado deconstruir esta creencia, a través de unos trabajos cuantitativamente escasos, pero cualitativamente referenciales[7]. En estas investigaciones se ha afrontado las políticas sociales del franquismo, que evidentemente sí existieron, y se ha sopesado tanto su alcance como su influencia en el desarrollo tras la Transición. Efectivamente, desde los inicios bélicos del franquismo, ya encontramos propuestas sociales que se materializaron, esencialmente, en las intervenciones benéficas del Auxilio Social, pero también en el desarrollo de los seguros sociales. En todos los casos, se trató de una expresión de la estrategia propagandística y coercitiva del Régimen, que las utilizaría como agente de sumisión complementario a la represión violenta[8].

Con el fin de la Segunda Guerra Mundial y el nuevo viraje del Régimen hacia Estados Unidos, se materializó una importante evolución en la planificación de las políticas sociales, aunque siguieron teniendo una importante misión propagandística y de búsqueda de adhesión, tanto de fronteras hacia dentro como hacia fuera. En este desarrollo de los planteamientos sociales jugó un papel decisivo la incorporación de España en organismos internacionales, como la

---

[7] Algunos ejemplos son los de Gregorio RODRÍGUEZ CABRERO: "Orígenes y evolución del Estado de Bienestar español en su perspectiva histórica. Una visión general", *Política y Sociedad*, 2 (1989), pp. 79-87; Joaquín APARICIO TOVAR: *La Seguridad Social y la protección de la salud*, Madrid, Civitas, 1989; Luis MORENO FERNÁNDEZ y Sebastián SARASA URDIOLA: "Génesis y desarrollo del Estado de Bienestar en España", *Revista Internacional de Sociología*, 6 (septiembre-diciembre 1993), pp. 27-69; Ana GUILLÉN RODRÍGUEZ: *La construcción política del sistema sanitario español: de la postguerra a la democracia*, Madrid, Exlibris, 2000; Jerònia PONS PONS y Margarita VILAR RODRÍGUEZ: *El seguro de salud privado y público en España: su análisis en perspectiva histórica (1880-2013)*, Zaragoza, Universidad de Zaragoza, 2014; y Damián Alberto GONZÁLEZ MADRID y Manuel ORTIZ HERAS (coords.): *El Estado del Bienestar entre el franquismo y la transición*, Madrid, Silex, 2020.

[8] Carme MOLINERO RUIZ: *La captación de las masas. Política social y propaganda en el régimen franquista*, Madrid, Cátedra, 2005; y Josep FONTANA: *Por el bien del imperio*, Barcelona, Pasado y Presente, 2011.

Organización Mundial de la Salud (1952)[9]. Aunque, sin embargo, no fue hasta más de una década después, en coincidencia con el desarrollo económico y los cambios internos del Gobierno, cuando podemos señalar mejoras significativas en el bienestar de la población, así como una clara evolución en los planteamientos asistenciales o de atención social, como indica la aprobación de la Ley de Bases de la Seguridad Social o la Ley General de Educación de 1970[10].

Para entender esta evolución, es fundamental que tengamos en cuenta otra serie de factores, algunos de ellos muchas veces olvidados por la existencia de una visión excesivamente estatalista, que sigue interpretando las políticas sociales desde una perspectiva unidireccional, del Gobierno hacia los "consumidores". En cambio, consideramos que es importante tener en cuenta la presión ejercida desde las bases, ya fuese por los mismos demandantes de las políticas como por parte de los diferentes profesionales, verdaderos conocedores de la realidad social. En ese sentido, debemos tener presente, por ejemplo, los cambios ideológicos y de funcionamiento de una parte de la Iglesia, actor social fundamental en España, que desde mediados de siglo centró una atención renovada en las necesidades sociales. Para entender su influencia, solo tenemos que pensar en el caso de la revista de Cáritas *Documentación Social*, que desde 1957 empezó a investigar la realidad social española, demostrando, y denunciando, las múltiples necesidades de la población[11]. De hecho, hay que recordar, que el periodo coincide, a nivel internacional, con una evolución en la comprensión teórica y práctica de la acción social, con movimientos tan influyentes como la Reconceptualización Latinoamericana. Así, en España, muchos profesionales, la mayoría con un claro sesgo progresista, entraron en contacto con estas ideas

[9] Rosa BALLESTER AÑÓN: *España y la Organización Mundial de la Salud en el contexto de la historia de la salud pública internacional (1948-1975)*, Anales 17, Valencia, Reaial Acadèmia de Medicina de la Comunitat Valenciana, 2016.

[10] Sobre la evolución cuantitativa y cualitativa de la educación véase: Joaquín TENA ARTIGAS, Luis CORDERO PASCUAL y José Luis DÍAZ JARES: *La educación en España. Análisis de unos datos*, Madrid, Ministerio de Educación y Ciencia, 1978; y Carmen SANCHIDRIÁN BLANCO (coord.): *La modernización de la enseñanza tras la Ley General de Educación: contextos y experiencias*, Barcelona, Tirant lo Blanch, 2022.

[11] El archivo digitalizado de *Documentación Social* se puede consultar en la página de Cáritas: https://www.caritas.es/categoria-producto/colecciones/documentacion-social/

e intentaron ponerlas en práctica en el contexto nacional[12]. Esta influencia internacional, que se coló a través de la apertura económica, también se puede rastrear en la creación de asociaciones específicas, como, por ejemplo, las de protectores de menores con discapacidad, que van a presionar al Estado a través de los cauces posibles, para la aprobación de políticas concretas[13]. De hecho, el movimiento en torno a la discapacidad es un buen ejemplo que demuestra cómo los afectados y allegados consiguieron exponer la temática a la opinión pública y presionar para la creación de servicios e instituciones, como el propio Servicio de Atención al Minusválido (SEREM), antecedente directo, y con pocos cambios, del posterior Instituto Nacional de Servicios Sociales (Inserso)[14]. Otros ejemplos de movimientos sociales fueron las asociaciones de padres de colegios o las asociaciones de vecinos que, desde los barrios, se organizaron para demandar equipamiento urbanístico y servicios sociales básicos[15].

Por lo tanto, todos estos causantes confluyeron en el desarrollo de las políticas sociales de finales del franquismo, que planteaban en sus preámbulos la búsqueda de la "universalidad", a través de un discurso en el que se seguía abusando de conceptos vacíos, en un contexto dictatorial, como el de "derecho social". En la práctica, a pesar de la indiscutible extensión de los seguros sociales, la sanidad y la educación, España seguía muy lejos de la realidad que se vivían

[12] Monserrat FEU CLOSAS: "La construcción del Trabajo Social en España: influencias de la Reconceptualización", en Norberto ALAYÓN (coord.): *Trabajo Social latinoamericano: a 40 años de la Reconceptualización*, Buenos Aires, Espacio Editorial, 2005, pp. 177-193.

[13] Mercedes del CURA y José MARTÍNEZ PÉREZ: "From resignation to non-conformism: association movement, family and intellectual disability in Franco's Spain (1957-1975)", *Ascleplio*, 68 (julio-diciembre 2016), pp. 149-161.

[14] Emilia MARTOS CONTRERAS: "De invisibles a «estar de moda»: La percepción de la discapacidad en el tardofranquismo", *Historia Actual Online*, 56 (2021), pp. 47-60.

[15] Sobre estos movimientos en las grandes ciudades véase: Carme MOLINERO RUIZ y Pere YSÀS (coords.): *Construint la ciutat democràtica. El moviment veïnal durant el tardofranquisme i la transició*, Barcelona, Icaria, 2010 y Vicente PÉREZ QUINTANA y Pablo SÁNCHEZ LEÓN (eds.): *Memoria ciudadana y movimiento vecinal. Madrid, 1968-2008*, Madrid, Los Libros de la Catarata, 2008. Para una visión desde la periferia: Mónica FERNÁNDEZ AMADOR y Rafael QUIROSA-CHEYROUZE y MUÑOZ (eds.): *La lucha por una vida mejor. Los inicios del movimiento vecinal en Almería*, Madrid, Silex, 2021.

en los países occidentales democráticos. La falta de congruencia en el desarrollo de las políticas sociales, los vicios propios del sistema y las carencias en el presupuesto delimitaron el resultado de los grandilocuentes anuncios franquistas. Estas carencias, y sobre todo la esencia dictatorial, han llevado a la mayor parte de los investigadores a descartar la posibilidad de hablar de Estado de Bienestar, optándose por opciones alternativas, como hacía ya Rodríguez Cabrero en los años ochenta, cuando definió el Gobierno franquista como "Estado Autoritario de bienestar"[16]. Otros investigadores posteriores han utilizado denominaciones similares, tal como Estado de Asistencia Social, Estado de Providencia o Autoritario paternalista[17].

En todo caso, independientemente de su nombre, lo que sí es fundamental es señalar que este fue el sistema que heredó la democracia y sobre el que tuvo que plantear el desarrollo de un verdadero Estado de Bienestar. En la Transición se inició la ingente tarea de adaptar las diferentes políticas sociales al nuevo marco de derecho, mientras que se buscaba la forma de acercarse a los modelos de bienestar europeos, aunque estos, también hay que recordarlo, en estos momentos se encontraban ya en crisis. Muchos investigadores han considerado que la reciente democracia afrontó este gran reto centrándose esencialmente en la universalización de prestaciones existentes[18]. También se le ha tildado como Estado de Bienestar de "aluvión", por la diversidad de elementos que se fueron incorporando a lo largo del tiempo y, en muchas ocasiones, con escasa coherencia interna[19]. En todo caso, apoyamos las palabras de los profesores Ortiz Heras y González Madrid, cuando recuerdan que se trata de

[16] Gregorio RODRÍGUEZ CABRERO: "Orígenes y evolución...".

[17] Francisco COMÍN COMÍN: "Las formas históricas del Estado de bienestar: el caso español", en Eduardo BRANDÉS MOLINÉ (ed.): *Dilemas del Estado de bienestar*, Madrid, Fundación Argentaría, 1996, pp. 29-58; y María Dolores de la CALLE VELASCO: "El sinuoso camino de la política social española", *Historia Contemporánea*, 17 (1998), pp. 287-308.

[18] Luis MORENO FERNÁNDEZ y Sebastián SARASA URDIOLA: "Génesis y desarrollo..."; y Juan PAN-MONTOJO, "Política y gasto social en la transición, 1975-1982", en VVAA, *Historia de la hacienda en el siglo XX*, Madrid, Ministerio de Hacienda e Instituto de Estudios Fiscales, 2002, pp. 229-252.

[19] Jorge CALERO: "El Estado de Bienestar español: valoración y perspectivas de futuro", *Araucaria. Revista Iberoamericana de Filosofía, Política, Humanidades y Relaciones Internacionales*, 47 (2021), pp. 457-478.

"un sistema que, pese a sus graves imperfecciones, es el mejor que hemos sabido crear y sobre el que no deberían gravitar más dudas que las referidas a su reforzamiento"[20].

Efectivamente, aunque podemos estar de acuerdo con que el Estado de Bienestar no se creó hasta después de la muerte de Franco, no podemos negar sus antecedentes en las políticas franquistas, y no solo para rastrear la permanencia de parte de sus defectos. Los estudios sobre las políticas sociales en la Transición nos demuestran cómo todas esas presiones de base y las propuestas profesionales de los años 60-70, a los que ya hicimos referencia, marcarían una ruta para las políticas democráticas. En ese sentido, vamos a recordar, de nuevo, el ejemplo de los movimientos en torno a la discapacidad. En 1974, interesados y profesionales se reunieron en un gran evento propagandístico del Régimen, el Primer Congreso Nacional de Integración del Minusválido (Minusval-74), donde se plantearon las bases que concluirían en la aprobación, en 1981, de la Ley de Integración del Minusválido (1981). Encontramos ejemplos similares en otros ámbitos, por ejemplo, el propio trabajo social, donde podemos rastrear cómo el ejercicio de las profesionales, mayoritariamente mujeres, desarrollado desde finales de los años 60 con gran voluntariedad y poco apoyo institucional, terminó asumido por las políticas democráticas[21]. En ese camino hacia la institucionalización, como por otro lado es lógico, se perdió parte de la espontaneidad y experimentalidad de los años 70, aunque se conquistó la profesionalización de un sector que, aún hoy día, sigue ocupando importantes puestos en el espacio de la voluntariedad.

Investigar la historia de nuestras políticas sociales y de la construcción de nuestro Estado de Bienestar es una tarea compleja, que poco tiene que ver con esta breve síntesis de los párrafos anteriores.

---

[20] Damián Alberto GONZÁLEZ MADRID y Manuel ORTIZ HERAS: "El franquismo y la construcción del Estado de Bienestar en España: la protección social del Estado (1939-1986)", *Pasado y Memoria*, 17 (2018), p. 385.

[21] Sobre la evolución del trabajo social véase, por ejemplo: Montserrat COLOMER I SALMONS: *El trabajo social que yo he vivido*, Barcelona, Impulso a la acción social y Consejo General de Colegios oficiales de diplomados en Trabajo Social, 2009; y, desde una perspectiva más local, Emilia MARTOS CONTRERAS: *Trabajadoras Sociales en la base de la democracia: el caso de Almería*, Londres, Editorial Académica Española, 2021.

Hay muchos aspectos en los que no nos hemos detenido, tal como la propia definición de los diferentes conceptos, así como la simple enumeración de los apartados que conforman el "bienestar", que no solamente engloba la previsión social, la sanidad y la educación básica, sino que también puede referirse a otras cuestiones relacionadas con equipamientos esenciales, como la vivienda, o aspectos más difíciles de delimitar, como la cultura o la socialización. En todos los casos, lo que es indudable es que existe una preocupación real por el devenir de nuestras políticas sociales y su diagnosis solo se puede acometer con una visión trasnacional y temporal. Como hemos señalado a lo largo de esta introducción, disponemos de diversos trabajos referentes que han indagado en los aspectos más generales. Sin embargo, hay muchísimas cuestiones que aún requieren atención investigadora, especialmente, en el periodo de génesis del Estado de Bienestar, en esos años de la Transición, que conformaron sus principios.

Por todo ello, en el libro que aquí presentamos hemos querido, en primer lugar, sintetizar el marco general de la situación española en los años del franquismo, en un capítulo que firma Álvaro Soto Carmona, catedrático de Historia Contemporánea de la Universidad Autónoma de Madrid. Además, con el fin de tener elementos de referencia en un entorno cercano, la profesora Paula Borges Santos (Universidade Nova de Lisboa) se ocupa de analizar las políticas sociales en Portugal en el proceso de cambio político.

Tras estos capítulos introductorios, hemos incluido reflexiones sobre el ámbito sanitario, con aportaciones de Enrique Perdiguero Gil, catedrático de Historia de la Ciencia en la Universidad Miguel Hernández de Elche, y Manuel Ortiz Heras, catedrático de Historia Contemporánea de la Universidad de Castilla-La Mancha. Si el primero se centra en el sistema de salud existente al final de la dictadura y en los debates planteados en torno a la reforma sanitaria en los años 70, el segundo presta especial atención al ámbito rural y a la figura de los profesionales de la medicina en ese medio. Este bloque, de alguna manera, se completa con el capítulo firmado por Emilia Martos Contreras (profesora de Historia Contemporánea en la Universidad de Almería), dedicado a la discapacidad en una etapa en la que se estaba empezando a transitar hacia una sociedad más inclusiva.

El ámbito laboral y el sistema de pensiones constituye otro de los apartados que hemos querido incluir en este libro. Para ello, contamos con la colaboración de Antonio Gutiérrez Vegara, doctor en Economía y ex secretario general de Comisiones Obreras (1987-2000), que destaca el papel de dicha central sindical y su compromiso con la democracia en un contexto de graves dificultades económicas y complejas incertidumbres políticas. Muy relacionado con ello, Ángeles González Fernández, catedrática de Historia Contemporánea en la Universidad de Sevilla, aborda en su texto la concertación social en los años de la Transición, impulsada sobre todo desde el Gobierno, y su contribución para la consolidación de la democracia y la construcción de un moderno Estado del Bienestar en España. Y unos de los pilares del mismo, el sistema de pensiones, es analizado por Álvaro Espina Montero partiendo de los primeros años del siglo XX, hasta la guerra civil, y centrándose más adelante en la situación existente en el franquismo y en la etapa democrática. El autor, además de doctor en Ciencias Políticas y Sociología, fue secretario general de Empleo en los gobiernos de Felipe González.

Otras políticas sociales son analizadas por María Teresa Sánchez Martínez y Teresa González Pérez en sus respectivos capítulos. La primera, profesora de Economía Aplicada en la Universidad de Granada, se ocupa de la evolución de las políticas de vivienda durante el franquismo y de los cambios llevados a cabo durante la Transición. Teresa González, catedrática de Historia de la Educación en la Universidad de La Laguna, estudia en su aportación las políticas educativas impulsadas por los sucesivos gobiernos, desde la Ley General de 1970 hasta las normas aprobadas en la Transición y la democracia ya consolidada.

El libro termina con una amplia reflexión sobre el significado de la movilización popular para conquistar la democracia y los derechos sociales, escrita por Julio Pérez Serrano, catedrático de Historia Contemporánea en la Universidad de Cádiz. En esas páginas, el autor hace un recorrido por el papel de los actores sociales en España en su lucha por las libertades, partiendo desde la primera etapa del franquismo y concluyendo a mediados de los años 80.

Por último, no queremos finalizar este capítulo introductorio sin dejar de mostrar nuestro agradecimiento a los autores por su participación en la obra colectiva, y a Ramiro Domínguez Hernanz, responsable de la Editorial Sílex, por publicar este libro en su prestigiosa colección universitaria.

CAMBIO ECONÓMICO Y DESARROLLO SOCIAL LIMITADO

Álvaro Soto Carmona
Universidad Autónoma de Madrid

La dictadura franquista (1939-1975) buscó a lo largo de los años diversas fuentes de legitimidad, entre ellas la que se produjo por el crecimiento económico y la transformación social, denominada "legitimidad por la eficacia". Pero, pese a las profundas transformaciones habidas en la estructura económica y en la sociedad a partir de la década de los 60, la legitimidad siempre estuvo lastrada por la naturaleza autoritaria del régimen político y la represión como signo de identidad. Está fuera de duda que entre 1939 y 1975, España tuvo importantes y significativos cambios económicos y sociales, sobre todo desde 1959, pero lo que realmente condicionaba la vida en aquellos años fue la situación política marcada por la falta de libertades y la permanente violación de los derechos humanos.

Durante la dictadura se dieron importantes cambios en la configuración social. España pasó de ser de un país agrícola a otro industrial y de servicios. Dicho cambio afectó a la estructura ocupacional y tuvo su reflejo en el proceso de urbanización, el nivel educativo, las pautas de consumo y la composición de las clases sociales. Los cambios se produjeron en un corto periodo de tiempo, a diferencia de lo ocurrido en otros países europeos, lo cual implicó en algunos casos traumáticas rupturas con los medios de vida tradicionales. Hubo fenómenos propios de la modernización económica y social, que favorecieron el incremento de la conflictividad social y, dada la naturaleza del régimen político, adquirieron una dimensión de contestación política.

La mejora del nivel de vida y cultural de los españoles permitió un cambio de mentalidad de los ciudadanos, que a la larga se volvió contra la falta de libertades que representaba el régimen político. Tras los años 40, en los cuales la miseria, el hambre y el mercado negro están presente en la vida de los españoles, se van a establecer las bases de la sociedad de consumo[1]. Esta nueva situación implicó una mejora en el nivel de vida, pero no una más justa distribución de la renta.

Se encuentra abierto un interesante debate sobre el momento de la creación del *Estado de Bienestar* en España[2]. Si bien es cierto que durante el franquismo se dieron pasos hacia la creación del mismo, como fue el aumento de la protección social, también es cierto que la ausencia de una auténtica reforma fiscal progresiva impidió la existencia y el desarrollo del mismo. De hecho, tendríamos que esperar a los Acuerdos de la Moncloa, de octubre de 1977, para poder hablar de *Estado de Bienestar*.

Es conveniente establecer la distinción entre el *Estado Social* y el *Estado de Bienestar*. El primero de ellos supone una reacción al *Estado liberal de Derecho* que se caracteriza por la intervención del Estado en la economía a través de la creación de un sector público económico, o de la regulación del mercado, con el objetivo de conseguir el pleno empleo y las prestaciones públicas de una serie de servicios sociales de carácter universal. Se centrarían básicamente en la educación, la sanidad, las pensiones, el ámbito laboral y la vivienda, tratando de garantizar un nivel de ingreso mínimo a la población[3].

Sus antecedentes se remontan al siglo XIX, aunque su desarrollo se dio en el primer tercio del siglo XX. Países como Alemania, Suecia,

---

[1] Carlos BARCIELA LÓPEZ (ed.): *Autarquía y Mercado Negro. El fracaso económico del primer franquismo*, Barcelona, Crítica, 2003.

[2] Francisco COMÍN COMÍN: "Las formas históricas del Estado de bienestar: el caso español", en Eduardo BRANDÉS MOLINÉ (ed.): *Dilemas del Estado de bienestar*, Madrid, Fundación Argentaria, 1996, pp. 29-58; Damián Alberto GONZÁLEZ MADRID y Manuel ORTIZ HERAS: "El franquismo y la construcción del Estado del Bienestar en España: la protección social del Estado", *Pasado y memoria: Revista de historia contemporánea*, 17 (2018), pp. 361-388; Gregorio RODRÍGUEZ CABRERO: "Orígenes y evolución del Estado de bienestar español en su perspectiva histórica: Una visión general", *Política y Sociedad*, 2 (1989), pp. 79-88; e ídem: "El Estado de bienestar en España (1982-1996): entre la universalización y la reestructuración", en Álvaro SOTO CARMONA y Abdón MATEOS LÓPEZ (eds.): *Historia de la época socialista: España (1982-1996)*, Madrid, Sílex, 2013, pp. 147-168.

[3] María Josefa RUBIO LARA: *La formación del Estado Social*, Madrid, Ministerio de Trabajo y Seguridad Social, 1991, p. 21. Es interesante el libro de Charles S. MAIER: *La refundación de la Europa burguesa. Estabilización en Francia, Alemania e Italia en la década posterior a la I Guerra Mundial*, Madrid, Ministerio de Trabajo y Seguridad Social, 1989.

los Estados Unidos o Francia, tienen experiencias del mismo, y también en España durante los primeros años de la Segunda República (1931-1933). La clave estaba en la puesta en marcha de prestaciones sociales con el fin de impedir que se agudizaran las diferencias sociales y cubrir parte de los riesgos que se producían durante la vida, especialmente durante la etapa laboral.

Tras la Segunda Guerra Mundial se profundizó en la protección a los ciudadanos, ampliando las prestaciones y tratando de evitar un fuerte desequilibrio entre las rentas, por lo que se actuó a través del sistema fiscal con el objetivo de que se produjera una mejor redistribución.

Las definiciones del *Estado de Bienestar* son muy diversas y no existe una acertada universalmente. Las formas de protección también son diferentes, así como las fronteras en las actuaciones políticas, dado que el Estado no es el único organismo en ofrecer protección social. Entre las definiciones existentes vamos a mencionar dos. En primer lugar, la de Harold Wilensky, que se refiere al *Estado de Bienestar* como el conjunto de actividades llevadas a cabo por el Estado encaminadas a garantizar a sus ciudadanos unos niveles mínimos de renta, nutrición, salud, vivienda y educación, asegurados a cada ciudadano como un derecho político y no por caridad[4]. En segundo lugar, la de Pierre Pestieau, que afirma que se trata de un programa mediante el cual el Gobierno procura garantizar ciertos niveles de protección social, asegurar unos niveles mínimos de asistencia social para necesitados, e incentivar (garantizar) el consumo de ciertos bienes y servicios básicos, como la educación, la vivienda o el cuidado de los niños. En suma, aliviar la pobreza y proporcionar seguridad social para todos[5].

EVOLUCIÓN DEL GASTO SOCIAL

El indicador más utilizado para medir las políticas sociales y evaluar su funcionamiento es el gasto social público. Existen dos series

4 Harold WILENSKY: *The welfare state and equality structural and ideological roots of public expenditures*, Berkeley, University of California, 1975.

5 Pierre PESTIEAU: *The Welfare State in the European Union. Economic and Social Perspectives*, Oxford, Oxford University Press, 2006.

estadísticas que ofrecen información sobre el mismo. Desde 1960 la Organización para la Cooperación y el Desarrollo Económico (OCDE) ofrece información sobre el tema. Más recientemente la Unión Europea ha creado el sistema SEEPROS (*Social protection*-Eurostar). Como nos indica Sergio Espuela Barroso, existe una coincidencia en la definición de gasto "social" ya que es cuando su objetivo es garantizar unos niveles mínimos de protección social, ante situaciones de riesgo o necesidad previamente determinados, o bien cuando está destinado a garantizar la provisión de determinados bienes y servicios[6]. La OCDE establece nueve áreas de política social (vejez, supervivencia, incapacidad, salud, familia, políticas activas de empleo, desempleo, vivienda y otras áreas de política social), mientras que el SEEPROS, ocho (enfermedad y asistencia sanitaria, vejez, supervivencia, invalidez, familia/hijos, desempleo, vivienda y exclusión social).

Existe una relación entre el gasto público y el crecimiento económico. Las dos hipótesis básicas son, por una parte, la que establece que el aumento del gasto público favorece al crecimiento económico; y, por otra parte, la que invierte la situación, al afirmar que es el crecimiento el que aumenta el tamaño del sector público[7].

La primera de las hipótesis fue planteada por el británico John M. Keynes, mientras que la segunda la defiende el economista alemán Adolph Wagner. Para el caso español, se puede afirmar que entre 1850 y 1960 se cumplió la hipótesis de este último; en cambio, desde la década de los 60 del siglo pasado hasta el comienzo de la nueva centuria fueron los planteamientos keynesianos los que se confirmaron[8].

Desde mediados de los años 50 los datos reflejan un mayor porcentaje de gasto social con respecto al Producto Interior Bruto (PIB) en Europa con relación a España. Además, pese al crecimiento

---

[6] Sergio ESPUELA BARROSO: *La evolución del gasto público en España, 1850-2005*, Madrid, Banco de España, 2013, p. 32.

[7] Daniel DÍAZ FUENTES y Julio REVUELTA: "La relación a largo plazo entre crecimiento y gasto público en España (1850-2000)", *Investigaciones de Historia Económica-Economic History Research*, 9 (2013), pp. 32-42.

[8] Los datos sobre el Gasto Social provienen de la investigación de Sergio ESPUELA BARROSO: *La evolución del gasto...*

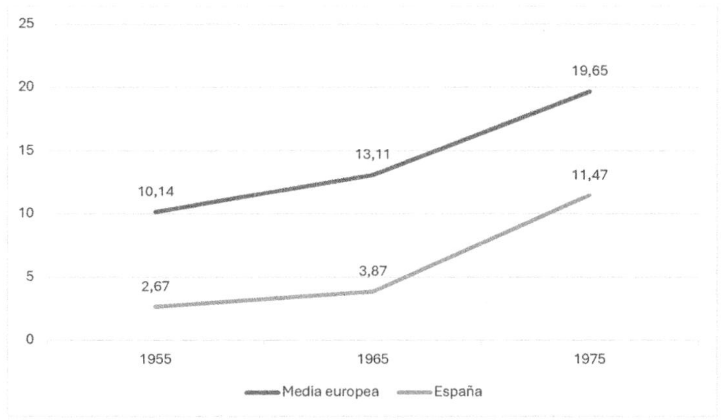

Gráfico 1.- Porcentaje del PIB en Gastos Sociales. Europa y España (1955-1975)

del mismo, sobre todo en la segunda mitad de la década de los 60, la distancia se sigue manteniendo por encima de los ocho puntos porcentuales. Lo que indica que, pese a los esfuerzos realizados por la dictadura, fueron insuficientes.

Desde 1850 hasta comienzos del siglo XXI, el avance del gasto social fue muy importante. Hasta 1913 se mantuvo prácticamente estancado. Durante la Primera Guerra Mundial (1914-1918) se produjo una caída, para comenzar una lenta recuperación hasta los años de la Segunda República (1931-1936), donde tuvo un claro crecimiento. Tras la Guerra Civil (1936-1939), se produjo de nuevo un estancamiento, durante las dos primeras décadas del franquismo, para experimentar un rápido crecimiento desde la segunda mitad de los años de los 60 del siglo XX.

1967 supuso "el punto de inflexión más importante en la historia de la protección social en España y el inicio de una nueva etapa de modernización"[9]. En tan solo ocho años el gasto social pasó de representar un 6,7 por ciento del PIB en 1967 a un 11,7 por ciento en 1975. En los años de la Transición, siguió aumentando el porcentaje del gasto social en el PIB, pese a la crisis económica,

[9] Ibídem, p. 49.

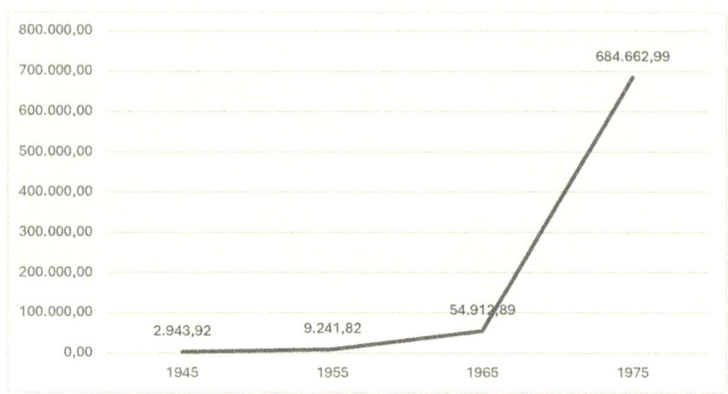

Gráfico 2.- Evolución del Gasto Social en España (1945-1975)

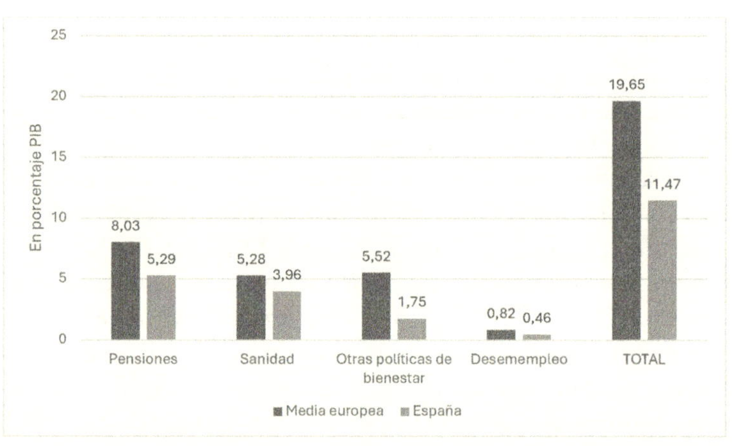

Gráfico 3.- Clasificación funcional del gasto social en España y en Europa (1975)

pero lo más importante fue que se puso en marcha el *Estado de Bienestar*, gracias a la reforma del Impuesto sobre la Renta de las Personas Físicas (IRPF).

En cuanto a la composición funcional, fueron las pensiones de vejez y supervivencia y el gasto sanitario las partidas más importantes. Esta composición se fue manteniendo hasta que la fuerte subida del desempleo hizo que dicha partida creciera muy por encima de la media europea.

En todo caso, los datos ponen de manifiesto las diferencias con el gasto de los principales países europeos y la existencia de una "brecha" social, que trató de cerrarse, pero que no fue posible. Tan solo después de la Huelga General del 14-D de 1988, se produce un acercamiento.

EL FRACASO ECONÓMICO DE LA AUTARQUÍA, CRECIMIENTO CON PROTECCIÓN Y LA LIMITACIÓN EN MATERIA DE PROTECCIÓN SOCIAL

La historia económica del franquismo se puede dividir en tres etapas: 1940-1950, 1950-1959, y 1959-1975, como lo hace Manuel Jesús González[10], o en dos, como lo plantea Gabriel Tortella, señalando un primer periodo donde la política económica fue radicalmente intervencionista y autárquica, y un segundo en el que se produjo una tibia liberalización[11].

Lo que mejor explica las diferencias del crecimiento de las economías de la Europa capitalista durante la década de los 40 fue el impacto de la guerra. Durante esa década y pese a que la guerra civil en España había finalizado, el crecimiento de nuestro país quedó muy por debajo de la media europea. Ello fue debido a los errores de la política económica. Así, en 1949 todavía no se había recuperado en España el producto per cápita prebélico[12]. El periodo de 1949-1959, en cambio, fue de convergencia a nivel europeo. Sintetizando en palabras de Jordi Catalán:

[10] Manuel Jesús GONZÁLEZ: *La Economía Política del Franquismo (1940-1970). Dirigismo, mercado y planificación*, Madrid, Editorial Tecnos, 1979.
[11] Gabriel TORTELLA CASARES: *El desarrollo de la España contemporánea. Historia económica de los siglos XIX y XX*, Madrid, Alianza editorial, 1994, p. 204.
[12] Jordi CATALÁN VIDAL: "La reconstrucción franquista y la experiencia de la Europa Occidental", en Carlos BARCIELA LÓPEZ (ed.): *Autarquía y Mercado Negro...*, p. 165.

> Sin la guerra civil, el producto per cápita español en 1959 habría sido, por lo menos, un tercio más alto. Incluso con la guerra de España y la exclusión del Plan Marshall, pero con políticas más sensatas y menos intervención franquista en la asignación de recursos, el PIB per cápita se habría situado cerca de un cuarto por encima del nivel medio efectivamente registrado durante la estabilización. La elección de políticas económicas de inspiración netamente fascistas y libremente escogidas por el bando azul constituye la clave de la ruptura de la posguerra[13].

Hasta los años 30 del siglo XX, el mercado de trabajo estuvo "dividido" en dos grandes apartados: el mercado agrícola y el mercado industrial y de servicios. La conexión entre ambos se producía a través de los movimientos de la población y de la existencia de trabajadores que ofrecían, según la época del año, su fuerza de trabajo en uno o en otro indistintamente. Tanto en el ámbito rural como urbano, se produjo una creciente asalarización, que afectó, aunque no en su totalidad, a la organización efectiva de trabajo. La competencia desempeñaba un papel reducido en la determinación de los salarios y los trabajadores veteranos adiestraban a los más jóvenes. La actitud del Estado y derivadamente la incidencia de la legislación social, el comportamiento de los empresarios (patronos y propietarios) y las condiciones de trabajo fueron distintas en cada uno de los mercados de trabajo. Estos "mercados divididos" tenían sus propias reglas. A su vez existían "mercados internos" y "mercados de trabajo duales"[14].

A partir de los años 60 y hasta los 80, el mercado de trabajo se fue homogenizando. La distinción entre la regulación del trabajo agrícola e industrial tendió a diluirse, sobre todo en la década de los 50, aunque se mantuvo la división entre los mercados; la cualificación general se

---

[13] Ibídem.

[14] Véase Peter B. DOERINGER y Michael J. PIORE: *Mercados internos de trabajo y análisis laboral*, Madrid, Ministerio de Trabajo y Seguridad Social, 1985. También debe de consultarse: Paul TAUBMAN y Michael L. WACHTER: "Mercados de trabajos segmentados", en Orley ASHENFELTER y Richard LAYARD (eds.): *Manual de Economía de Trabajo*, vol. 2, Madrid, Ministerio de Trabajo y Seguridad Social, 1991, pp. 1.519-1.654; y Michael J. PIORE: "Notas para una Teoría de la Estratificación del Mercado de Trabajo", en Luis TOHARIA (ed.): *El mercado de trabajo: Teoría y aplicaciones*, Madrid, Alianza editorial, 1983, pp. 193-221.

adquiría fuera de los lugares de trabajo, que incrementaron su tamaño e introdujeron nuevas formas de control de la organización laboral. Se redujeron las diferencias entre las cualificaciones, las cuales fueron estrictamente reglamentadas. El mercado laboral se hizo nacional y se extendió la oferta de trabajo efectiva. La actitud del Estado fue muy reguladora, el comportamiento de los empresarios reforzó la competitividad, pero ello no impidió que las condiciones laborales se homogeneizasen. Los "mercados internos" se mantuvieron. La distinción entre formación profesional ofrecida por el Estado y las necesidades de las empresas fue importante, por lo que éstas se vieron en la necesidad de invertir en formación, dato que favoreció la existencia de una menor movilidad. También se mantuvieron los "mercados duales", incrementándose el sector primario. Además, el aumento del tamaño medio de los centros de trabajo introdujo factores favorables para la aparición de rigideces[15].

La ley más representativa del régimen político franquista fue el Fuero de Trabajo, que tuvo un carácter "puramente programático", pero con cierto valor jurídico[16]. En el mismo se contienen los principios básicos por los que se va a regir el "Nuevo Estado" en materia laboral:

1º.- Una concepción armonicista de las relaciones entre el capital y el trabajo, con una fuerte inspiración religiosa.

2º.- La exaltación del trabajo.

3º.- La modificación de las condiciones laborales a través de la intervención directa del Estado.

4º.- La marginación de la mujer casada del mundo laboral.

5º.- La estabilidad en el empleo.

6º.- El incremento de la previsión social y los seguros sociales.

---

[15] Junto a nuestras aportaciones al tema, recientemente han aparecido algunas otras que sin grandes cambios introducen un lenguaje marxista. Sería el caso del libro de Xavier DOMÉNECH SAMPERE: *Luchas de clases, franquismo y democracia. Obreros y empresarios (1939-1979)*, Madrid, Akal, 2022.

[16] Aprobada y entró en vigor el 9 de marzo de 1938. Eugenio PÉREZ BOTIJA: *Curso de Derecho del Trabajo*, Madrid, Tecnos, 1955, pp. 76-78.

7º.- La ausencia de libertad sindical y el establecimiento de un sindicato al servicio del Estado en el que participan tanto los trabajadores como los empresarios.

El modelo sindical impuesto por la dictadura se caracterizó por que la sindicación era obligatoria[17]. En la misma no estaban incluidos importantes colectivos de trabajadores, como era el caso de las profesiones liberales o los funcionarios públicos. Además, subsistieron ciertos organismos de representación económica y profesional como las Cámaras Oficiales de Comercio, Industria y Navegación, o las Cámaras de Sindicación Agraria. Se calcula que el tanto por ciento de trabajadores afiliados era el 48,4[18].

Se basaba en el principio de *unidad* en un mismo sindicato de empresarios y trabajadores, a la vez que se rechazaba el pluralismo sindical. Tras condenar el liberalismo económico y el socialismo, la respuesta era recuperar la armonía entre los hombres[19]. Al ser el Sindicato una "unidad natural de convivencia", patronos y obreros debían de participar conjuntamente, siendo la *sindicación vertical* el marco adecuado para ello, ya que superaba la *lucha de clase.* Este principio fue más retórico que real.

El Sindicato se constituía como una entidad de *derecho público*, siendo dependiente respecto del Estado, correspondiendo la dirección política al Gobierno más que al Movimiento Nacional. Por último,

---

[17] Aunque dicho tema provocó discrepancias, ya "que el corporativismo católico y el tradicionalismo propugnaban la libertad sindical de sindicación…; por el contrario, el sector falangista abogaba por la obligatoriedad", en Miguel Ángel APARICIO PÉREZ: *El sindicalismo vertical y la formación del Estado franquista*, Barcelona, EUNIBER, 1979, p. 134.

[18] José BABIANO MORA: *Paternalismo industrial y disciplina fabril en España (1938-1958)*, Madrid, Consejo Económico y Social, 1998, p. 68.

[19] Para José Antonio Primo de Rivera "el sistema capitalista ha hecho que cada hombre vea en los demás hombres un posible rival en las disputas por un trozo de pan" y el "socialismo dejó de ser un movimiento de redención de los hombres y paso a ser (…) una doctrina implacable, y el socialismo, en vez de querer restablecer una justicia, quiso llegar a la injusticia, como represalia, a donde había llegado la injusticia burguesa", en "Discurso pronunciado en el cine Madrid, el día 17 de noviembre de 1935" y "Discurso pronunciado en el Teatro Calderón de Valladolid, el día 4 de marzo de 1934", ambos en MOVIMIENTO: *El Mensaje de José Antonio*, Madrid, Ediciones del Movimiento, 1973, pp. 45 y 30, respectivamente.

el Sindicato no tenía capacidad para realizar presión a través de la huelga, ya que estaba prohibida.

Estas características, en algunos casos más teóricas que reales, y tras la reiterada pretensión de poner en marcha una "concepción armonicista de la sociedad", no impidieron la existencia de un capitalismo puro y duro, con los aditivos propios de un régimen político autoritario, con el añadido de una creciente intervención del Estado, siendo la máxima preocupación de este anular, y en su caso reprimir, toda protesta social. En suma, nos encontraríamos ante un ejemplo de sindicalismo de sumisión que "se caracteriza por supeditar –o confundir– los intereses de los trabajadores con los intereses del Estado, siendo precisamente la configuración del Estado la que marca la del sindicato"[20].

La legislación laboral franquista se inició ya durante la Guerra Civil, con una serie de disposiciones condicionadas por la situación de guerra, como las referidas a la movilización de los trabajadores, a su depuración, o al control político de las empresas. Junto a ello se dictaron normas con el fin de variar las condiciones de trabajo[21], procediéndose a incrementar la jornada en distintas actividades, o dar por canceladas las vacaciones anuales, incumplidas, de 1936 y 1937[22]. Durante los años de la autarquía, la intervención del Estado en las relaciones de producción fue muy intensa, también en las relaciones de trabajo, cuya regulación, fiscalización y aplicación se reservaba en exclusiva. En 1941 la Reglamentación de Trabajo fue ordenada a través de un decreto, por el que se estableció que la "regulación de las condiciones de trabajo corresponde al Estado", bien entendido que las condiciones fijadas por las reglamentaciones se consideran mínimas, mejorables por tanto a través de los reglamentos de régimen interior "que también debía aprobar la Administración" o las

---

[20] Juan Antonio SAGARDOY Y BENGOCHEA: *Relaciones de trabajo y estructuras políticas*, Madrid, Instituto de Estudios Laborales y de la Seguridad Social, 1984, p. 51.

[21] En la empresa La Papelera Española S.A., los "salarios y los beneficios concedidos a los obreros fueron rebajados respecto a la etapa republicana", en Iban ZALDÚA GONZÁLEZ: "Costes y relaciones laborales en La Papelera Española S.A., 1902-1959", en Carlos ARENAS POSADAS, Antonio FLORENCIO PUNTA y José Ignacio MARTÍNEZ RUIZ (eds.): *Mercado y organización de trabajo en España (siglos XIX y XX)*, Sevilla, Grupo Editorial Atril, 1998, p. 133.

[22] Orden de 24 de marzo de 1936.

"relaciones individuales de trabajo"[23]. En octubre de 1942 se publicaron las normas para regular la elaboración de las reglamentaciones laborales, fijándose que sería una "función privativa del Estado"[24]. El monopolio estatal en el establecimiento de dichas condiciones afectaba a numerosos temas y tenía un carácter ordenancista.

En línea con este intervencionismo se aprobó una nueva norma sobre contratos de trabajo que, lejos de lo que se podía esperar, se inspiraba en la ley republicana de 1931[25]. Dos cuestiones destacaban: la primera establecía que el contrato se presumía como indefinido, a no ser que se estipulara lo contrario; la segunda establecía fuertes controles y garantías para el trabajador en caso de despido. Primaba la estabilidad en el empleo, lo que supuso un endurecimiento de la rigidez del mercado de trabajo. Se estableció así un modelo de relaciones laborales "unitario", en el que Estado tenía una posición monopolista en todo lo relativo a la fijación de las condiciones de trabajo[26].

En cuanto a la protección social, las primeras actuaciones del bando sublevado correspondieron al Auxilio Social, que entraba dentro de la categoría de organizaciones de beneficencia[27]. Dicha organización se fue consolidando a lo largo de los primeros años de la dictadura, estando controlada por Falange y suponiendo una rival a la beneficencia de signo católico, que en 1947 fundó Cáritas.

En los inicios de la dictadura, el principal instrumento de protección social siguió siendo los seguros sociales no obligatorios y el Instituto Nacional de Previsión (INP) continúo con la gestión de los mismos, aunque se incrementó el control político.

Durante la guerra se creó el Régimen de Subsidios Familiares, cuyo propósito fue ofrecer prestaciones por hijo a partir del segundo[28]. Su financiación corría a cargo de empresarios y trabajadores. Un año después fue reemplazado el Régimen Obrero Obligatorio

---

[23] Decreto de 29 de marzo de 1941.

[24] Ley de 16 de octubre de 1942.

[25] Ley de Contrato de Trabajo (Libro Primero), aprobado por Decreto de 26 de enero de 1944. El libro segundo fue aprobado el 31 de marzo.

[26] David FARNHAM y John PIMLOTT: *Undesrstanding Industrial Relations*, London, Cassell, 1988, pp. 4-6.

[27] Ángela CENARRO LAGUNAS: *La sonrisa de Falange. Auxilio social en la Guerra Civil y en la posguerra*, Barcelona, Crítica, 2006.

[28] Ley de 8 de julio de 1938 y Reglamento de 20 de octubre de 1938.

por el Subsidio de Vejez e Invalidez[29]. El sistema de gestión pasó de ser un sistema de capitalización a un sistema de reparto. Con el tiempo fueron aumentando los sectores protegidos, así en un primer momento se incluían los trabajadores industriales, para en 1943 ampliar la cobertura a los trabajadores de la agricultura. En 1947, el Subsidio de Vejez e Invalidez se convirtió en el Seguro Obligatorio de Vejez e Invalidez, introduciendo ocho años después las pensiones de viudedad.

La medida más sobresaliente fue el establecimiento del Seguro Obligatorio de Enfermedad en 1942, aunque no entró en funcionamiento hasta el primero de septiembre de 1944[30]. Se trataba de un seguro profesional no universal. Inicialmente los beneficiarios fueron trabajadores asalariados fijos por debajo de un cierto nivel de renta. En 1953 se incorporaron los trabajadores agrícolas y en 1958, los trabajadores eventuales.

Las coberturas del seguro de enfermedad se fueron ampliando. Al comienzo se ofrecieron prestaciones de medicina general y farmacéuticas, junto con las prestaciones económicas. Desde 1947 se ampliaron a ciertas especialidades como cirugía general, hospitalización quirúrgica, oftalmología, otorrinolaringología, radiología, análisis clínicos y servicio de practicante. Por último, a partir de 1948, se incluyeron el resto de las especialidades y servicios.

A lo largo de la década de los 50, se desarrollaron los regímenes especiales y los seguros de base profesional, lo que supuso una mayor complicación de un sistema que tenía un comportamiento disfuncional[31]. A ello se añadía otra dinámica que provocaría distorsiones, nos referimos al Mutualismo Laboral, que acabaría convirtiéndose en un

---

[29] Ley de 1 de septiembre de 1939 y Reglamento aprobado por Orden del Ministerio de Trabajo el 2 de febrero de 1940.

[30] Francisco COMÍN COMÍN: "Los seguros sociales y el Estado del Bienestar en el siglo XX", en Jerònia PONS PONS y Javier SILVESTRE RODRÍGUEZ (eds.): *Los orígenes del Estado del Bienestar en España, 1900-1945: los seguros de accidentes, vejez, desempleo y enfermedad*, Zaragoza, Prensas Universitaria de Zaragoza, 2010, pp. 17-50; y Luis JORDANA DE POZAS: *Los seguros sociales en España de 1936 a 1950. Informe sobre las actividades y resultados de la gestión del Instituto Nacional de Previsión*, Madrid, Instituto Nacional de Previsión, 1953.

[31] Juan VELARDE FUERTES: *El tercer viraje de la Seguridad Social en España*, Madrid, Publicaciones del Instituto de Estudios Económicos, 1990.

sistema paralelo al de los seguros sociales. El motivo del desarrollo del Mutualismo parece estar en las convicciones ideológicas de Falange sobre los beneficios de la organización gremial[32].

CRECIMIENTO ECONÓMICO Y DESARROLLISMO. NEGOCIACIÓN COLECTIVA TUTELADA (1958-1975)

No todo fue igual durante el franquismo, algunas de sus bases originales no resistieron su propio desarrollo, hubo cambios importantes que, aunque se explican conociendo sus planteamientos iniciales, no le atan, sino que le permiten modificar el modelo fundacional[33]. De hecho, al final de los años 50 del siglo pasado, hubo cambios políticos importantes con la crisis ministerial de 1957, respondiendo a lo que O'Donnell y Schmitter denominan "replanteamiento conceptual". A partir de dicha crisis, los miembros que forman el Gobierno no responden a su origen político, sino a sus posiciones con respecto a la institucionalización del régimen. Hubo cambios económicos de envergadura con la aprobación y puesta en marcha del Plan de Estabilización (1959). También hubo cambios en el campo de las relaciones laborales con la aprobación en 1958 de la Ley de Convenios Colectivos Sindicales[34], ya que el Fuero del Trabajo, en su redacción de 1938, no daba cabida a la negociación colectiva[35]. Dicha ley puso

---

[32] María Dolores de la CALLE: "Mutualidades laborales en el régimen de Franco", *Revista de historia de la economía y de la empresa*, 4 (2010), pp. 209-223.

[33] No nos parece adecuado el planteamiento de Josep FONTANA cuando afirma que "lo más conveniente para comprender la naturaleza del franquismo, y para valorar sus consecuencias a largo plazo, es examinarlo en sus comienzos, en 1939, que es cuando se nos aparecen sus propósitos libres de disfraces e interferencias", en "Reflexiones sobre la naturaleza y las consecuencias del franquismo", en Josep FONTANA (ed.): *España bajo el franquismo*, Barcelona, Critica, 1986, p. 9.

[34] Ley de 24 de abril. Fue desarrollada y completada con dos disposiciones de similar importancia: el Reglamento aprobado por la Orden Ministerial de 22 de julio y las llamadas Normas Sindicales, dictadas por la Organización Sindical de 23 de julio, también de 1958. Dicha ley fue sufriendo diversas modificaciones, siendo la más importante la Ley 38/1973, de 19 de diciembre, sobre Convenios Colectivos Sindicales de Trabajo, y sus normas de aplicación, aprobadas por la Orden Ministerial de 21 de enero de 1974, y la Resolución Sindical de 31 de enero de 1974.

[35] Efrén BORRAJO DACRUZ: *Introducción al Derecho Español del Trabajo*, Madrid, Tecnos, 1978 (reimpreso en su cuarta edición de 1975), p. 373.

en marcha la negociación colectiva, que fue adquiriendo un notable desarrollo. ¿Qué condujo a las autoridades a tomar dicha decisión? Parece evidente que fue una respuesta a la lógica del desarrollo capitalista y no fue fruto de la presión del movimiento obrero, todavía muy débil y en proceso de transformación.

El cambio en el marco institucional se hacía necesario, ya que su rigidez impedía el desarrollo de la producción, como la propia Organización Internacional del Trabajo (OIT) reconocería años después:

> (...) se trató de una modernización de las instituciones tendente a dar mayor flexibilidad al mercado y mayor realismo a la fijación de los salarios... Provocando, al mismo tiempo, un proceso en el cual los empresarios... se verían obligados a racionalizar sus métodos y a mejorar los rendimientos. Se actuaba así bajo el signo de una mayor productividad y con el objetivo de que todo aumento en el coste de la mano de obra fuera absorbido por mejoras introducidas en la estructura de la empresa y en los procedimientos de explotación[36].

Pero pese a dicho cambio, seguían existiendo impedimentos para el desarrollo de una auténtica negociación colectiva, siendo el más importante la ausencia de libertad sindical. Es interesante conocer que el 33 por ciento de los empresarios era favorable a la existencia de la negociación colectiva, mientras que el 32 seguía estando a favor de las reglamentaciones y un 22 por ciento prefería acuerdos individuales[37]. El comportamiento de los empresarios fue "adaptativo a las nuevas condiciones del entorno en el que se desenvolvió su actividad a partir de la Guerra Civil"[38]; la búsqueda del máximo beneficio y la paz social eran los ejes prioritarios de su labor.

La negociación colectiva "tutelada" comenzó en 1958, año en el que se firman siete convenios que afectan a más de dieciocho mil

[36] OIT: *La situación Laboral en España*, Ginebra, OIT, 1970, p. 21.

[37] Juan J. LINZ y Amando de MIGUEL: "Los problemas de la retribución y el rendimiento vistos por los empresarios", *Revista de Trabajo*, 1 (1963), pp. 35-140, tabla 3.

[38] Eugenio TORRES VILLANUEVA: "Comportamientos empresariales en una economía intervenida: España, 1936-1957", en Glicerio SÁNCHEZ RECIO y Julio

trabajadores, pero no será hasta 1962 cuando adquiera importancia. En ese año más de dos millones cuatrocientos mil trabajadores se encuentran bajo convenios. La cifra más alta se produjo en 1970 en la que algo más de cuatro millones y medio de trabajadores tenían reguladas sus condiciones de trabajo a través de convenios.

Al multiplicarse la actividad negociadora por la negociación colectiva, se incrementó la posibilidad de que se produjeran diferencias entre las partes y, por tanto, que se produjeran huelgas. La negociación colectiva que fue necesaria para poder llevar a cabo el desarrollo económico tuvo así un efecto pernicioso para el régimen político, pues creó las condiciones para el aumento de las huelgas y facilitó la organización de los trabajadores, los cuales utilizaron los medios legales existentes para reforzar su posición.

El alcance de la normativa sobre los convenios colectivos sindicales estaba limitado por el carácter autoritario del régimen político, que establecía, en primer lugar, que las partes con capacidad para contratar eran exclusivamente los representantes legales de los trabajadores y los empresarios, que se encontraban insertos en el Sindicato Vertical; segundo, que la iniciativa para que se produjera la negociación era competencia exclusiva de la Organización Sindical Española; y en tercer lugar, que el convenio acordado solo era eficaz si lo aprobaba el Ministerio de Trabajo. La intervención del Estado era pues una constante. El objetivo fijado en el preámbulo y el articulado de la ley que regulaba los convenios colectivos sindicales se movía entre el recuerdo del viejo lenguaje nacionalsindicalista y el de la nueva racionalidad capitalista. Así mientras hablaba de la "colaboración armónica en el campo sindical" y de "fomentar el espíritu de justicia social y el sentido de unidad de producción y comunidad de trabajo", introducía que las "normas contractuales" debían de nacer del "libre juego de las partes interesadas" y de la "elevación de la productividad", conceptos difíciles de encajar con los anteriores.

Los estudios sobre estratificación y movilidad social fueron tardíos, lo cual impedía conocer la evolución de las clases sociales

---

TASCÓN FERNÁNDEZ (eds.): *Los empresarios de Franco. Política y economía, 1936-1957*, Barcelona, Critica-Universidad de Alicante, 2003, pp. 220-221.

en España. Antes de la publicación de los *Informes FOESSA*, el primero de ellos es de 1966, se clasificaba a la sociedad española en tres "clases": alta, media y baja, tomando como criterio básico para realizarlo la estructura ocupacional. Así, basándose en los datos del censo de población de 1950, José Ros Gimeno concluía que la clase alta representaba el 0,1 por ciento, la media el 34,1 y la baja el 65,8.

Para 1957 se realizó un estudio utilizando los datos aportados por el Banco de Bilbao[39] sobre la renta nacional y su distribución provincial. En dicho estudio se estimaba que la clase alta suponía el 1 por ciento de la población, la clase media un 38,4 y la clase trabajadora el 60,6 por ciento. Estos datos fueron cuestionados a lo largo de la década de los 60 donde las distintas fuentes (DATA, Cazorla, FOESSA y Guitán) coinciden en la siguiente distribución: 2 a 5 por ciento clase alta, 41 a 47 por ciento clase media y 49 a 57 por ciento clase baja.

En los años 70, los decisivos estudios de José Félix Tezanos ponen de manifiesto la modernización de la sociedad española, la quiebra del viejo sistema de clases y su sustitución por uno nuevo "emergente", que respondía a la estratificación propia de las modernas sociedades capitalistas[40]. El nuevo sistema se encontraría condicionado por la creciente desruralización, el proceso de industrialización y terciarización, el incremento del número de asalariados y la mesocratización, existiendo cada vez más una identificación de la población con las clases medias.

En 1975 se aprecia con claridad que los trabajadores manuales estaban en regresión, al igual que las "viejas clases medias" (pequeños propietarios y autónomos de la agricultura, la industria y los servicios). Mientras, la "clase alta" mantenía sus porcentajes y la "nueva clase media" (empleados de oficinas, técnicos, profesionales...) incrementaba los suyos. Para ese año, los porcentajes para la clase alta

[39] VVAA: *Renta nacional de España y su distribución provincial: 1957, estimación 1958*, Bilbao, Servicio de Estudios del Banco de Bilbao, 1959.

[40] VVAA: *Estructura de clases en la España actual*, Madrid, Cuadernos para el Diálogo, 1975.

eran el 5 por ciento, para la clase media en torno al 56 por ciento y para la clase baja el 39 por ciento.

Es evidente que durante el franquismo hubo un cambio en la estructura de clases sociales y un incremento de la clase media, aunque lejos de las pretensiones de la dictadura de tratar de potenciar una clase media que fuese su sostén político. La nueva realidad social favoreció la extensión e intensificación del conflicto, no apoyando un proyecto político caduco y anticuado, sino uno democrático y vitalista, que permitirá la transformación del régimen político sin los costos de la ruptura.

Con la aprobación del decreto de Ordenación Económica (Plan de Estabilización) a finales de julio de 1959, precedida de la fijación de la paridad de la peseta, se fueron publicando las disposiciones para su desarrollo: modificación de algunos derechos arancelarios, establecimiento del depósito previo a las importaciones, la primera lista de materias liberadas, la elevación de los precios de los carburantes y las nuevas normas sobre las inversiones extranjeras, que facilitaban la repatriación de capitales y aumentaba a un 50 por ciento la inversión extranjera en empresas españolas[41].

La intención de los autores del Plan era combatir "unos cuantos prejuicios" que lastraban la economía española[42]. Se trataba de cambiar la forma de pensar, para lo que era necesario contar con el mayor apoyo posible. Con dicho fin los ministerios de Hacienda y de Comercio procedieron a una consulta sobre la necesidad de la estabilización económica a diversas instituciones[43]. Las respuestas

[41] Decreto-Ley 10/1959, de 21 de julio, de ordenación económica.

[42] Según Mariano Navarro Rubio: "En primer lugar, el tópico de que la economía estaba subordinada a la política. (...) El segundo prejuicio, en cierto modo derivado del anterior, consistía en el caprichoso argumento de que no hay desarrollo sin inflación, sobre todo en un país que no puede contar con ayudas exteriores. (...) El tercer enemigo era el orgullo que se sentía por la obra realizada con tanto sacrificio. Se confundía el esfuerzo con el éxito. (...) La cuarta dificultad que asimismo existía era una desconfianza alérgica hacia cualquier relación con organismos internacionales. Se les presentía siempre movidos por torpes designios políticos", en Mariano NAVARRO RUBIO: *Mis Memorias: testimonio de una vida política truncado por el "Caso MATESA"*, Madrid, Plaza Janés, 1991, p. 108.

[43] Consejo de Economía Nacional, Consejo Superior Bancario, Confederación Española de Cajas de Ahorros, Banco de España, Consejo Superior de Cámaras de Comercio, Organización Sindical Española, Instituto de Estudios Políticos, Instituto

de dichas instituciones fueron todas favorables a los cambios que se proponían, excepto la del Instituto Nacional de Industria que seguía aferrado al trasnochado nacionalismo económico. Llama la atención el informe positivo de la Organización Sindical Española. En cuanto a las ideas económicas que se propugnaban, cuatro eran fundamentales:

> 1. El restablecimiento de la disciplina financiera merced a una política presupuestaría y monetaria de signo estabilizador.
> 2. La fijación de un tipo de cambio único y realista a la peseta.
> 3. La liberalización y globalización del comercio exterior.
> 4. Acabar con la economía recomendada, entregada al poder discrecional del Gobierno y la drogadicción de las subvenciones, las intervenciones y las concesiones para restablecer una economía mixta, basada en la flexibilidad y disciplina del mercado[44].

En suma, de lo que se trataba era de poner en marcha los mecanismos de mercado y romper con una larga trayectoria de nuestra política económica, en el cual el "miedo al mercado" había presidido la toma de decisiones, debido entre otras causas a la incapacidad de ciertos sectores empresariales de responder a las exigencias de la competencia de los mercados internacionales.

Los efectos del Plan permitieron una rápida recuperación de la balanza de pagos, que en pocas semanas alcanzó un signo positivo. Además, se frenó la inflación. Pero, junto a estos datos positivos, se entró en agosto de 1959 en un periodo de recesión económica que se prolongó hasta el último trimestre de 1960. El PIB se mantuvo estancado entre 1958 y 1960[45]. La crisis fue generalizada, aunque en algunos sectores como la construcción y la industria tuvo un mayor

Nacional de Industria, Instituto de Estudios Agrosociales, Facultad de Ciencias Económica y Real Academia de Ciencias Morales y Políticas. Dicha documentación se halla publicada en *Contestación al cuestionario económico del Gobierno. Documentación económica*, 5, Madrid, Oficina de programación y coordinación económica, 1959.

[44] Enrique FUENTES QUINTANA: "El Plan de Estabilización económica de 1959, veinticinco años después", *Información Comercial Española*, 612-613 (1984), p. 35.

[45] El crecimiento fue cercano al cero, incluso ligeramente negativo en 1959, en Leandro PRADOS DE LA ESCOSURA: *Spanish Economic Growth, 1850-2015*, Londres, Palgrave, 2017 p. 234.

impacto. También se produjo un aumento del desempleo que, en su momento álgido, octubre de 1960, alcanzó la cifra de 130.000 trabajadores[46]. Esta situación se vio aliviada, por la salida fuera de España de numerosos trabajadores hacia Europa durante la década de los 60, lo que sin duda fue un "respiro" para el mercado de trabajo.

PLANES DE DESARROLLO

> El año 1964 ha supuesto la iniciación de una experiencia en gran escala en el campo de la política económica, que va a contribuir de modo decisivo a transformar nuestro país. El Plan de Desarrollo Económico y social supone (...) una adecuación de todos los recursos económicos de la nación hacia un incremento de los bienes puestos a disposición de todos los españoles; de ahí el entramado principalmente económico que le caracteriza; pero la finalidad profunda que el mismo persigue intenta llegar mucho más lejos, transformando de modo radical los niveles de vida de todos los españoles, teniendo especialmente en cuenta el incremento de aquellos que se encuentran en el escalón más bajo de renta individual. (Francisco Franco. Mensaje de fin de año, 30 de diciembre de 1964).

A lo largo de los años 50 del pasado siglo, la planificación se extendió entre las economías occidentales. Se trataba de garantizar el crecimiento económico y conseguir el bienestar social (neocapitalismo[47]). La idea de fondo era que para llevar a cabo el crecimiento económico no solo era necesaria la iniciativa privada, sino también

---

[46] Los datos son muy imprecisos. Hasta el propio Ministerio de Trabajo dudaba de los mismos, en Manuel Jesús GONZÁLEZ: *La economía política del...*, p. 254. Para Jesús Arango las cifras del paro se incrementaron, así el cuarto trimestre de 1959 había 91.000 personas en paro y en el mismo trimestre de 1960 se elevaban a 132.000. Aunque las cifras eran bajas, la respuesta de las autoridades fue establecer en 1961 un sistema de aseguramiento general y obligatorio de las situaciones de paro forzoso mediante la Ley 62/1961, de 22 de julio, por la que se creaba el denominado Seguro de Desempleo. En Jesús ARANGO: *La protección por el desempleo en España*, Madrid, Consejo Económico y Social, 1999, pp. 69-76.

[47] Ernest MANDEL: *El capitalismo tardío*, México, Era, 1979.

un papel activo del Estado. Estas políticas se fueron abriendo paso tras el "crack del 29", sobre todo con las medidas desarrolladas por Franklin D. Roosevelt en Estados Unidos (*New Deal*) y la publicación de la *Teoría general del empleo, el interés y el dinero*, en 1936, escrita por John Maynard Keynes.

El Banco Mundial y el Fondo Monetario Internacional fueron favorables a la "planificación indicativa" para el caso de España, pero también para países como Colombia, Venezuela, Israel, Argentina o Nigeria[48]. A ello hay que añadir el impacto que tuvo entre los responsables de las carteras económicas las planificaciones llevadas a cabo en Francia (1947, 1954, 1957 y 1962). Estas últimas se centraron en la industria pesada y en la agricultura. El cuarto Plan (*Masse*) trató además de mejorar las condiciones de vida de los ancianos, asalariados, agricultores y de las regiones atrasadas. En España, algunos de los economistas más sobresalientes del periodo autárquico, como Antonio Robert o Higinio París, eran favorables a las prácticas planificadoras. Éstas fueron acompañadas de nacionalizaciones, que implicaban una expansión del sector público[49]. Ello se justificó por la escasa rentabilidad de ciertas empresas o sectores, como castigo a los empresarios que habían colaborado durante la ocupación nazi, para evitar los monopolios, o para mejorar las condiciones materiales de los trabajadores.

En España, las nacionalizaciones fueron muy importante, para ello se creó el Instituto Nacional de Industria (INI) en 1941, convirtiéndose en el principal promotor y protagonista del desarrollo industrial[50]. Desde su nacimiento tuvo problemas estructurales de

[48] En el Informe del *Banco Mundial* sobre la economía española se afirma: "la Misión enviada a España por el Banco Internacional de Reconstrucción y Fomento se basa en el criterio de que el tipo de planificación más apropiado para España, en la actualidad, es la planificación indicativa", en BANCO MUNDIAL: *Informe del Banco Internacional de Reconstrucción y Fomento. El desarrollo económico de España*, Madrid, OCYPE, 1962, p. 23.

[49] Sin duda, las más influyentes fueron las realizadas en el Reino Unido durante el Gobierno de Clement Attlee (1945-1951): nacionalización del carbón (1946), energía eléctrica, ferrocarriles y canales, transporte de Londres (1947), gas y aviación civil (1948) y acero (1951).

[50] Pablo MARTÍN ACEÑA y Francisco COMÍN COMÍN: *INI 50 años de industrialización en España*, Madrid, Espasa-Calpe, 1991. Las empresas nacionales creadas o nacionalizadas antes de 1975 fueron más de 200. Entre las mismas se pueden citar:

difícil solución. Entre los mismos cabe destacar la pluralidad de fines y funciones (industrialización en el periodo autárquico, fomento de la investigación científica, hospital de empresas, favorecer la reconversión y la reindustrialización, suministrar materias primas...), lo que le condujo a tener actuaciones contradictorias e incoherentes. Al ser un organismo político, en numerosas ocasiones sus decisiones estaban alejadas de la lógica económica. Su funcionamiento interno dejaba mucho que desear debido a la falta de coordinación y a la lentitud en la toma de decisiones. Por último, su "talón de Aquiles" fueron los problemas de financiación, teniendo que recurrir al déficit y a la inflación.

Para poner en marcha los Planes de Desarrollo, se solicitó en abril de 1960 al *Banco Mundial* que colaborase con la *Oficina de Coordinación y Programación Económica* (OCYPE) en el estudio de un Plan de Desarrollo para España. En enero de 1962, Laureano López Rodó fue nombrado Comisario del Plan de Desarrollo, imponiéndose a la alternativa de Hacienda (Mariano Navarro Rubio) y a la Organización Sindical (José Solís). A partir de dicho momento, López Rodó se convirtió en el hombre fuerte de la política económica en España. Aunque tanto Mariano Navarro Rubio como Laureano López Rodó pertenecían al Opus Dei, sus diferencias en la política económica eran más notables de lo que se ha venido afirmando en la historiografía[51].

Los Planes de Desarrollo fueron tres: 1964-1967, 1968-1971 y 1972-1975[52]. El primero de ellos recogía en sus "consideraciones preliminares" que el motivo del atraso de la economía española durante el

---

Empresa Nacional Bazán –Astilleros militares– (1942), Banco Exterior de España (1943), IBERIA (1943), Empresa Nacional de Electricidad –ENDESA– (1944), Empresa Nacional Siderúrgica (1950), Astilleros de Cádiz (1952), Empresa Nacional de Celulosa (1955), Industrias Textiles del Guadalhorce –Intelhocer– (1957), Potasa de Navarra (1960), Empresa Nacional Hullera del Norte –Hunosa– (1967), Sevillana de Electricidad (1968), Astilleros Españoles (1969), Unión Fenosa (1969), Agencia EFE (1970) y Butano (1973), entre otras.

[51] En este sentido es imprescindible la consulta de la Tesis Doctoral de José Manuel FERRARY MERINO: *Mariano Navarro Rubio: una biografía política (1913-2001)*, Navarra, Universidad de Navarra, 2022.

[52] PRESIDENCIA DE GOBIERNO: *Plan de Desarrollo Económico para el periodo 1964-1967*, Madrid, Imprenta Nacional del Boletín Oficial del Estado, 1963, ídem: *II Plan de Desarrollo Económico y Social*, Madrid, Imprenta Nacional del Boletín Oficial

primer tercio del siglo XX se encontraba en la "inestabilidad política", teniendo que llevarse a cabo "la reconstrucción" tras "una Guerra de Liberación de cerca de tres años" que produjo "graves destrucciones y cuantiosos daños materiales". Pero, pese a las dificultades creadas por la Segunda Guerra Mundial y el "aislamiento exterior de nuestra economía", se consiguió la reconstrucción y se obtuvo un "crecimiento notorio", siendo el "Plan de Estabilización" el que consiguió un nuevo impulso "hacia niveles de bienestar económico y social". Ahora se trataba de potenciar "al máximo" las posibilidades del crecimiento con los Planes de Desarrollo[53].

UNA SEGURIDAD SOCIAL ATÍPICA

> A lo largo de este año la eficacia de nuestra Seguridad Social se ha visto reforzada con el aumento de su red hospitalaria, con la puesta en servicio de otras cinco residencias sanitarias y 38 ambulatorios, y el establecimiento de nuevos servicios de urgencia. Así, hoy, los trabajadores españoles cuentan con una de las redes hospitalarias más completa de Europa, y la calidad científica y el alto nivel alcanzado por sus servicios sanitarios no solo han de ser justamente valorados, son estimulados a un constante perfeccionamiento que garantice al máximo la seguridad de todas las familias trabajadoras (Francisco Franco. *Mensaje de fin de año*, 30 de diciembre de 1965).

El sistema español de Seguridad Social nace en 1963[54], tenía por objetivo avanzar hacia un seguro unificado de seguros nacionales en sustitución del "disperso, antieconómico y limitado mutualismo laboral vigente hasta el momento"[55]. Su objetivo era, en palabras de

---

del Estado, 1967; e ídem: *III Plan de Desarrollo 1972-1975*, Madrid, Imprenta Nacional del Boletín Nacional del Estado, 1971.

[53] PRESIDENCIA DE GOBIERNO: *Plan de Desarrollo Económico para el periodo 1964-1967...*, pp. 17-18.

[54] Ley 193/1963, de 28 de diciembre, sobre Bases de la Seguridad Social.

[55] José Manuel FERRARY MERINO: *Mariano Navarro Rubio...*, p. 657.

Juan Velarde[56], sustituir el sistema bismarkiano de seguros sociales por una seguridad social según el modelo de Beveridge[57]. España se adhería, con veinte años de retraso, a la tendencia que se había ido imponiendo en Europa desde 1945 bajo la influencia del *Informe Beveridge*.

Con ello se inició una expansión del gasto social, que pasó de representar un 6,7 por ciento del PIB en 1967, a un 11,7 por ciento en 1975. Se dio un impulso, sobre todo desde 1967, hacia la unificación y la universalización del sistema de protección social, frente al particularismo y la fragmentación que habían supuesto los seguros sociales.

El sistema de Seguridad Social establecido presentó desde su inicio importantes "defectos", lo que redujo considerablemente su eficacia debido a[58]:

1º.- Es un sistema anti redistributivo, que grava proporcionalmente más a las personas con menor capacidad adquisitiva.

2º.- Es un sistema hetero-administrado, con escasa participación del colectivo en su funcionamiento.

3º.- Es un sistema que garantiza un nivel modesto de protección.

4º.- Es un sistema en el que se exigen fuertes requisitos para causar derecho a las prestaciones y en el que, además, se obliga de hecho al beneficiario a conseguir, con su esfuerzo, "siempre exagerado, el disfrute efectivo de la prestación."

5º.- Es un sistema desigual que diferencia entre un régimen general y un número abierto de regímenes especiales.

Junto al régimen general existían los siguientes regímenes: agrario, de trabajadores del mar, de trabajadores por cuenta propia o autónomos, de funcionarios públicos, civiles y militares, del personal de servicio de los Organismos del Movimiento, de funcionarios de entidades

---

[56] Juan VELARDE FUERTES: *Cien años de economía española*, Madrid, Encuentro, 2009, p. 248.

[57] *Seguro Social y servicios afines. Informe de Lord Beveridge*, vol. 1, Madrid, Ministerio de Trabajo y Seguridad Social, 1989.

[58] Luis Enrique de la VILLA y Luis Carlos PALOMEQUE LÓPEZ: *Introducción a la Economía del Trabajo*, vol. 1, Madrid, Editorial Debate, 1978, p. 469.

estatales autónomas, de socios de trabajadores de cooperativa de producción, de servidores domésticos, de estudiantes, de representantes de comercio, de la minería del carbón, de trabajadores ferroviarios, de artistas, de escritores de libros, de los toreros y los denominados "Sistemas Especiales" (Frutas y hortalizas; Enfermos de San Lázaro; Industria del Cáñamo, Industria de conservas vegetales; de la resina, de los trabajadores portuarios y de servicios extraordinarios de hostelería).

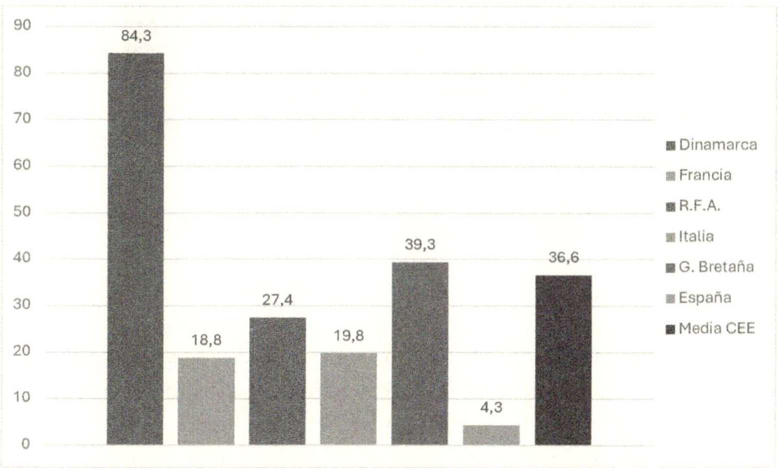

Gráfico 4.- Contribución estatal, porcentaje sobre el total de ingresos (1975)

El "peso" de la Seguridad Social fue en aumento. Sus ingresos se igualaron prácticamente a los del presupuesto del Estado en 1976; pese a ello, cualquier comparación con los gastos estatales de los países de la Comunidad Económica Europea (CEE) pone claramente de manifiesto que los gastos estatales en proporción al Producto Nacional Bruto (PNB) respectivo eran "sustancialmente más bajos en España.[59]

[59] MINISTERIO DE HACIENDA: *Hacienda Pública Española*, vol. 36, Madrid, Ministerio de Hacienda, 1975, p. 71.

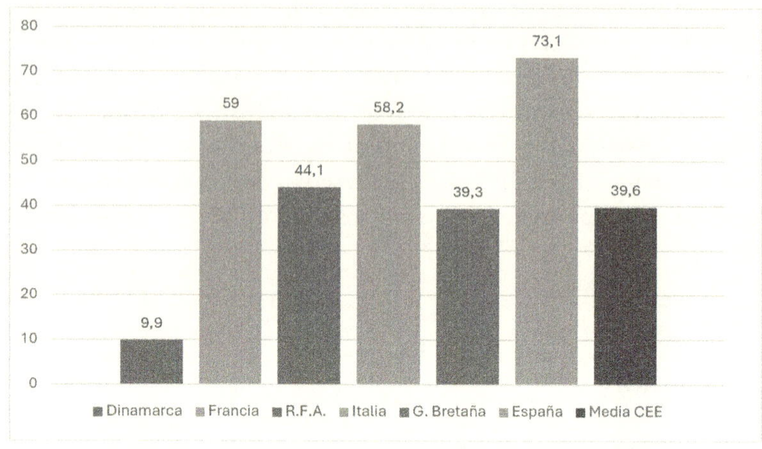

Gráfico 5.- Contribución de las empresas, porcentaje sobre el total de ingresos (1975)

Para estar asegurado[60] había que ser trabajador por cuenta ajena, y ser mayor de 14 años, no siendo excluyente el tipo de contrato: fijos, eventuales o de temporada, incluso se incluía a los que tenían un trabajo discontinuo, cualquiera que fuera su categoría profesional, forma y cuantía de la retribución[61].

Como se aprecia en el gráfico anterior[62], la distancia de la aportación del Estado con el resto de los países era considerable, constituyendo una peculiaridad negativa, que sin duda ponía en cuestión el discurso del régimen, a la vez que mostraba la utilización de la política social como instrumento propagandístico[63].

[60] Una descripción detallada de la Seguridad Social se encuentra el Alberto RULL SABATER: *Instituciones y economía de la Seguridad Social española*, Madrid, Confederación Española de Cajas de Ahorros, 1974.

[61] Base II de la Ley de Bases y del artículo 7 del "Texto Articulado Primero".

[62] Los cuatro gráficos que se refieren a la contribución estatal, de las empresas, de los asegurados y los gastos de administración se encuentran publicados en Francisco PARRA LUNA: *Sistema sociopolítico y Seguridad Social (Una aplicación del paradigma sistémico de estudio de la Seguridad Social en España)*, Madrid-Barcelona, Editorial INDEX, 1979, pp. 106-108 y 110.

[63] Carme MOLINERO RUIZ: "La política social del régimen franquista. Una asignatura pendiente", *Ayer*, 50 (2003), pp. 319-331; y Pedro GONZÁLEZ MURILLO: "El franquismo social: propaganda y seguros a través del Instituto Nacional de Previsión

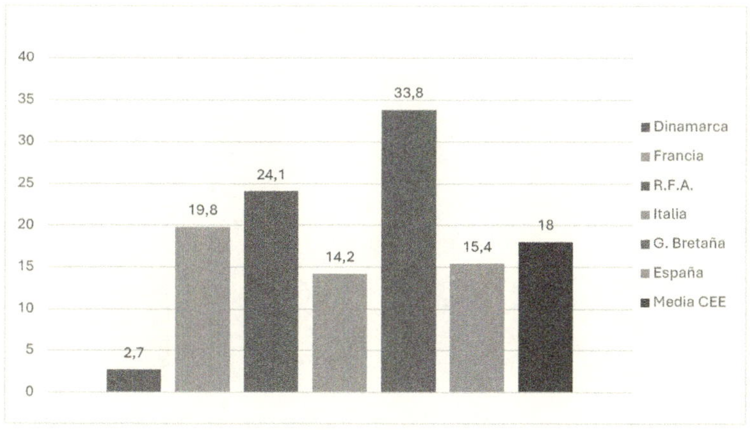

Gráfico 6: Contribución de los asegurados, porcentaje sobre el total de ingresos (1975)

Muy distinto era la aportación de las empresas a la Seguridad Social. Los porcentajes de los países de la CEE se movían en torno al 35-40 por ciento del total de los ingresos y los países socialistas alrededor del 22 por ciento; en cambio, en España la aportación de las empresas era algo superior al 73 por ciento. Este hecho, sin duda, perjudicaba la competencia en el exterior de las empresas española.

Por lo que respecta a la aportación de los asegurados, en el caso de España es intermedia tirando a la baja. La diferencia es muy importante con los países nórdicos, como se aprecia en el caso de Dinamarca. El modelo español se ajustaría más al caso italiano.

Llama la atención el alto coste de la gestión, hecho que tiene relación con la complejidad de las entidades gestoras de la Seguridad Social. Las mismas eran: el Instituto Nacional de Previsión, Servicios comunes y servicios sociales, Instituto Nacional de la Marina y las Mutualidades Laborales (nacionales, laborales provinciales,

(1939-1962)", en Santiago CASTILLO (ed.): *Solidaridad, seguridad, bienestar. Cien años de protección social en España*, Madrid, Ministerio de Trabajo, 2008, pp. 89-124.

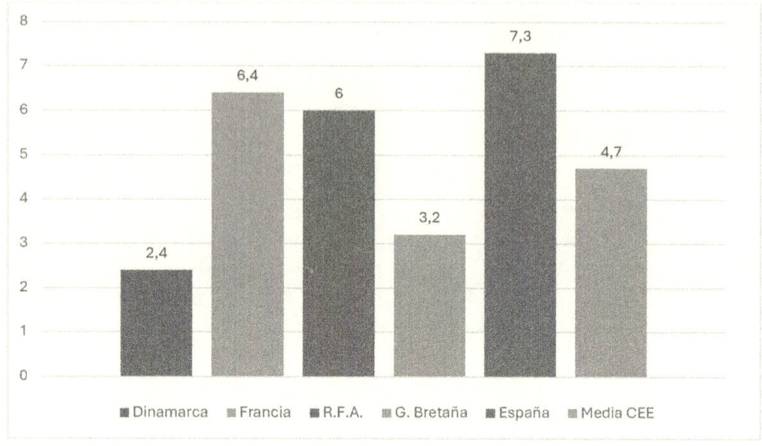

Gráfico 7.- Gastos de Administración de la Seguridad Social, porcentaje sobre gastos totales (1975)

laborales interprovinciales, autónomos, especiales, de empresa y cajas de empresa).

En cuanto al nivel de cobertura, la política de los países de Europa fue la de procurar la universalización de los seguros sociales. Esta protección universal se va a tratar de conseguir en España, pero no se logra. Según los datos del *Libro Blanco de la Seguridad Social*, en 1975 era del 80 por ciento.

No se puede hablar de *Estado de Bienestar* en España hasta la aprobación de los Acuerdos de la Moncloa en octubre de 1977 y la consiguiente puesta en marcha de la reforma fiscal iniciada por Enrique Fuentes Quintana. Dicho acuerdo fue un pacto político con trascendencia social.

Durante la dictadura franquista existió el *Estado social*, dada la existencia de seguros sociales y de la legislación protectora. Ello se dio en un marco donde la propaganda y el paternalismo fueron señas de identidad, siendo este último de carácter disciplinario, ya que primó la consolidación del poder de las empresas. Todo ello, en un marco conflictivo en torno a dos modelos: nacional-sindicalismo *versus* doctrina social de la Iglesia. A partir de finales de la década de los 50 se produjo una fase de liberalización por exigencias del desarrollo capitalista, aunque nunca se abandonó el intervencionismo.

POLÍTICAS SOCIAIS EM PORTUGAL: DA DITADURA À DEMOCRACIA (1960-2014)

Paula Borges Santos
Universidad Nova de Lisboa

O Estado de Bem-estar emergiu muito antes da II Guerra Mundial, com experiências de elevado aprofundamento em Inglaterra e na Alemanha ao longo do século XIX[1], todavia, foi sobretudo depois de 1945 que os governos, em especial democráticos, assumiram um papel ativo na promoção socioeconómica dos indivíduos. Nos regimes não-democráticos, depois daquele conflito militar mundial, também se assistiu ao mesmo investimento no Estado de Bem-estar, que foi expandido por diversas políticas sociais. Contudo, as trajetórias do Estado de Bem-estar nas democracias e nos regimes não democráticos não são coincidentes nem sobreponíveis; desde logo, porque remetem para diferentes tradições culturais e políticas, mas também porque diferem nos objetivos. Donde, cumpra reproduzir a pergunta que Pietro Costa formulou –o que foi o Estado de Bem-estar?[2]– quando se trata de avaliar as políticas sociais em Portugal num intervalo temporal que reúne um período ditatorial e outro democrático.

Na clássica definição de Asa Briggs, uma das muitas avançadas para explicar o que é o Estado de Bem-estar, existe um triplo propósito que aquele Estado persegue: oferecer a cada cidadão, sem meios de subsistência, uma "renda mínima"; apoiá-lo no enfrentamento de dificuldades específicas e imprevistos; garantir a todos igual uso dos serviços sociais[3]. Nesta conceção, o Estado de Bem-estar está, portanto, ligado a um enfrentamento da pobreza e só se verifica

---

[1] Pierre ROSAVALLON: *La crise de l'État-providence*, Paris, Éditions du Seuil, 1992, pp. 143-152.

[2] Pietro COSTA: "Lo Stato sociale come problema storiografico", *Quaderni Fiorentini*, 46 (2017), p. 44.

[3] Ibídem, p. 48.

perante a monopolização das políticas assistenciais pelas instituições públicas. Ainda assim, esses objetivos evocam políticas sociais muito diferentes e estas podem alcançar uma notável variedade de formas. Se esta definição é útil à análise de políticas sociais implementadas para o período de transição e de consolidação democrática em Portugal, a mesma levanta dificuldades quando se trata de observar as políticas sociais da ditadura portuguesa, desde logo, porque estas não visaram uma redistribuição do rendimento e não se estabeleceu um rendimento mínimo para pessoas e famílias em situação de pobreza ou em risco social; não se universalizaram serviços sociais; e os apoios existentes não cobriram todas as dificuldades sociais e desenvolveram-se segmentadamente, diferindo consoante a categoria profissional.

Ainda sobre a natureza do regime e o perfil das suas políticas sociais cumpre ter presente que existe uma relação direta entre ambos os tópicos e que a mesma envolve objetivos governamentais diferenciados consoante se trate de democracias ou de ditaduras. Ao longo de todo o século XX, os Estados europeus tenderam a fortalecer as políticas sociais e a elegê-las como uma peça decisiva para a construção de uma ordem fundacional. Numa primeira fase, em resposta à chamada "questão social" herdada do século XIX, e mais tarde, como solução para a devastação provocada pelos conflitos bélicos mundiais, dilatando o seu âmbito além da prestação de assistência (sobretudo àqueles que possuíam ou haviam possuído vínculo laboral), para cobrir outras esferas da vida relacional, como a educação, a saúde ou a habitação. Com a eclosão das ditaduras europeias de Entre Guerras assistiu-se à separação das políticas sociais da sua tradicional face protetora-restauradora, pela sua subordinação à vocação expansiva do Estado, como pólo concêntrico para o qual podiam convergir todos os aspetos da vida, incluindo o lazer, tomados enquanto instrumentos de defesa e desenvolvimento da nação[4]. Nessa dinâmica, as políticas sociais, nas suas várias vertentes, serviram o desiderato de silenciamento dos conflitos sociais e de contenção de movimentações e descontentamento da população, ao mesmo

[4] Mark MAZOWER: *O Continente das Trevas. O Século XX na Europa*, Lisboa, Edições 70, 2014, pp. 111-118 [tradução do título original inglês de 1998].

tempo que, por concederem alguns benefícios, visavam alcançar ou fortalecer a lealdade dos indivíduos para com o poder político de um Estado de recorte autoritário[5].

Nos dois casos, o papel regulatório dos Estados ampliou-se drasticamente em áreas variadas e, mesmo após o desaparecimento dos regimes não democráticos na Europa ocidental, a intervenção estatal não mais cessou de crescer no domínio social, com fundamentação quer na ideia de "bem comum", interpretado pela governação, quer no perfil dos direitos reconhecidos aos cidadãos. Gradualmente, e com suporte de ideologias variadas, o risco (concebido como as incertezas que envolvem a idade, o trabalho, a saúde) foi transformado em preocupação pública e perdendo a afetação ao carácter privado que (inerentemente) lhe está associado. Tal socialização do risco passou a legitimar o sucessivo crescimento de gastos sociais. Deste ponto de vista, a socialização do risco, considerada como essencial nas sociedades europeias, não é separável da própria evolução do próprio direito, onde se consolidou, entre 1900 e o último quartel do século XX, em termos globais, a ideia de que os mecanismos reguladores deveriam facilitar uma interdependência social, entre vários níveis, cada vez maior, desde a família ao conjunto das nações[6]. Essa visão, que foi também modelada no plano das doutrinas e ideias políticas de forma diferenciada pelo socialismo, pela social-democracia, pelo catolicismo e mesmo pelo fascismo e pelo nacional-sindicalismo, permitiu, em cada caso e, por conseguinte, em cada regime, a produção de uma variedade de leis positivas particulares que, dialogando com os direitos reconhecidos aos indivíduos, serviram à implementação das diferentes políticas sociais[7].

Com a criação do mercado comum europeu, os vários pacotes de medidas sociais da Comunidade Económica Europeia (CEE)

---

[5] Mónica BRITO VIEIRA e Filipe CARREIRA DA SILVA: *O Momento Constituinte. Os Direitos Sociais na Constituição – Debates*, Coimbra, Edições Almedina, 2010, p. 103.

[6] Michael STOLLEIS: "The European Welfare State a model under threat", *Quaderni Fiorentini*, 46 (2017), p. 19.

[7] Duncan KENNEDY: "Three Globalizations of Law e Legal Thought: 1850-2000", em David M. TRUBEK e Álvaro SANTOS (eds.): *The New Law and Economic Development. A Critical Appraisal*, Cambridge, Cambridge University Press, 2010, p. 22.

e depois da União Europeia (UE) alimentaram a ideia, junto das opiniões públicas, de que os sistemas de bem-estar nacional podiam encontrar amplificação e unificação em mecanismos e financiamentos supranacionais. Após o Tratado de Amesterdão, a política social chegou mesmo a alcançar estatuto constitucional na UE. Todavia, sucessivas crises económicas globais (como a de 1973 ou a de 2008), o fraco desempenho económico dos países mais pobres da UE, e as crises internas de alguns que chegaram a ser intervencionados na década de 2010 pelo Fundo Monetário Internacional (FMI), como Portugal e a Grécia, obrigaram à revisão desse horizonte, depois da intransigência de alguns membros europeus em apoiar (através de fundos com origem nos seus orçamentos nacionais) a política social de Bruxelas. O maior progresso registou-se quanto a acordos relativos às condições e relações laborais, com penalização de entendimentos sobre os regimes de pensões e de saúde, para os quais não foi possível ainda alcançar harmonização. No entanto, mesmo aí, o peso do envelhecimento nas sociedades europeias e a ameaça de colapso económico de alguns Estados com custos de bem-estar, especialmente entre os que têm o seu sistema nacional de bem-estar financiado já só por meio de dívida[8], despoletaram amplos protestos sociais entre populações com altas expetativas de satisfação de direitos sociais e económicos (por exemplo, quanto a pensões, idade de reforma, e mais recentemente, até de habitação). Pelo que irrompeu (e perdura), desde o auge da crise económica e financeira de 2008, um discurso socio-legal de denúncia de perda de "direitos adquiridos" e de desmantelamento da sua moldura normativa, que tem tido força suficiente para constranger diversos governos nacionais, sobretudo de países em dificuldades, a executarem reformas eficazes dos seus modelos sociais.

Partindo destas reflexões gerais, caracteriza-se, nos pontos subsequentes deste capítulo, o comportamento das políticas sociais em Portugal, desde a década de 1960 até 2014, atendendo à diversidade do pensamento sobre o social que a classe política dirigente e os juristas revelaram. Realiza-se uma descrição sumária das principais

[8] Michael STOLLEIS: "The European Welfare…", pp. 37-38.

mudanças operadas nas políticas para os sectores da educação, da saúde, da organização do trabalho, da habitação e da previdência social. Avaliam-se, em particular, os marcos legislativos mais significativos, sublinhando os objetivos das soluções incrementadas e o impulso recebido dos organismos internacionais e da União Europeia para as escolhas que foram feitas. Para os anos da ditadura, indaga-se sobre se a democratização estava já no horizonte das políticas incrementadas. Por último, reflete-se sobre o problema da descontinuidade ou continuidade das políticas sociais em democracia e face ao legado autoritário, admitindo-se como hipótese que a fragilidade e as dificuldades do Estado de Bem-estar em Portugal, em meados da década de dez do século XXI, resulte da manutenção das mesmas escolhas ao longo da cronologia observada.

O PENSAMENTO SOBRE O "SOCIAL" NO LONGO TRÂNSITO DO AUTORITARISMO À CONSOLIDAÇÃO DA DEMOCRACIA: DIVERSIDADE E CONCORRÊNCIA

Em Portugal, desde a segunda metade do século XIX até à década de 1960, as ideias sobre a sociedade e qual o papel do Estado na solução dos problemas sociais realizaram um trânsito que se pode descrever como estando particularmente associado a denúncias da alegada indiferença social do liberalismo clássico, passando por adesões a propostas de diversas correntes solidaristas, cooperativistas e socialistas, mas também organicistas e até, depois, corporativas. Algumas propostas da doutrina social da Igreja Católica Apostólica Romana também circularam e inspiraram, depois da década de 1950, programas sectoriais desenvolvidos em sede ministerial, pensados e desenvolvidos por altos quadros técnicos especializados de formação católica, recrutados por departamentos dos ministérios da Economia ou das Corporações e da Previdência Social[9], ainda que oficialmente a justificação das medidas acionadas não tenha passado por qualquer

[9] Rui BRANCO: "Entre Bismarck e Beveridge: Sociedade civil e Estado-Providência em Portugal (1960-2011)", *Análise Social*, 54/224 (2017), p. 540.

associação à doutrina católica. Esta última tendência, aliás, continuou a caracterizar o trabalho (e o recrutamento de quadros) do ministério que em democracia substituiu aquele último, atualmente com a designação de Ministério do Trabalho, Solidariedade e Segurança Social[10].

À diversidade do pensamento sobre o social, durante o autoritarismo português, correspondeu uma pluralidade de iniciativas, isto é, o desenvolvimento de projetos com diferentes fundamentos (quer entre as iniciativas estatais, quer entre estas e as iniciativas realizadas por entidades da sociedade civil). Sem ignorar a dimensão concorrencial desta realidade, o poder político lidou com a mesma recorrendo a três tipos de estratégias, combinadas entre si. Uma, envolveu a regulação intensa das instituições criadas por ação dos privados, como atrás já se salientou. Para além de realizar uma maior fiscalização sobre obras assistenciais ou colégios particulares das diversas confissões religiosas implantadas no País, o Estado estimulou a cooperação com essas instituições (em especial, as da Igreja Católica), com os ministérios das Corporações e Previdência Social, da Saúde e da Assistência ou da Educação, inclusive através de subvenções. Permitindo esse envolvimento daquelas instituições, o Estado pautava-se, no entanto, por uma livre apreciação da oportunidade e das conveniências do próprio Estado (numa época de acentuada tendência para o crescimento das suas funções), aumentando paradoxalmente o controle sobre a intervenção das igrejas no espaço público[11]. Também associações mutualistas foram subordinadas à tutela de organismos públicos e cooperativas do setor primário, designadamente as agrícolas, de distribuição e de comercialização, foram colocadas na dependência de grémios e organismos de coordenação económica. Dessa forma, colmatavam-se falhas do funcionamento económico atribuído à organização corporativa, ainda que sem superação da política protecionista estipulada[12]. Outra estratégia passou pela vigilância (e ameaça

[10] Esta realidade tem sido inclusive notada pelos meios de comunicação social, ao longo de anos, e atualmente para o XXIII Governo Constitucional.

[11] Paula BORGES SANTOS: *A Segunda Separação. A Política Religiosa do Estado Novo (1933-1974)*, Coimbra, Edições Almedina, 2016, pp. 507-508.

[12] Álvaro GARRIDO: *Uma história da Economia Social*, Lisboa, Tinta-da-China, 2016, pp. 230-235.

de repressão, por vezes, efetivada), exercida pela polícia política e pela Censura, da atividade de tais instituições, sobretudo das ações que pudessem ter finalidades políticas contrárias à governação. O condicionamento de uma vida associativa livre e democrática foi o lado mais evidente dessa atuação estatal, que terminou com o sindicalismo livre e instituiu, em seu lugar, os sindicatos nacionais. Em conjunturas de maior conflituosidade social (como, por exemplo, surtos grevistas), já depois do desmantelamento dos sindicatos socialistas e anarquistas[13], as autoridades públicas recorreram à nomeação de comissões administrativas para temporariamente substituir as direções das mutualidades ou das cooperativas[14].

Finalmente, a coabitação com a diversidade de ideias sobre o "social", de inspirações muito diversas, fez-se por via da estratégia do silenciamento não só das doutrinas antagónicas aos princípios do regime, como também da secundarização de doutrinas que eram defendidas por setores apoiantes da base de apoio do regime na imprensa (nacional e local), na câmara política e na Câmara Corporativa, na Universidade ou em diversas sociedades e cooperativas culturais. O caso mais complexo envolveu a própria Igreja Católica. Ao considerar-se o "promotor da unidade moral" e "orientador de todas as atividades sociais em obediência ao bem comum", o Estado não correspondeu inteiramente àquelas expetativas da autoridade religiosa. O projeto estatal de ordenamento corporativo gerou uma tensão latente com a Igreja Católica, na medida em que o Estado surgia com uma função de coordenação sobre todos os agregados sociais, a que o religioso não se podia furtar. Na estrutura corporativa, a Igreja Católica foi colocada no âmbito dos organismos corporativos de ordem moral, portanto, entre aqueles que se propunham realizar fins de assistência, beneficência ou caridade. Entendendo-se a si própria como instância instituinte do social, a par do Estado, a Igreja revelou dificuldades na acomodação à experiência corporativa, tal como esta foi desenvolvida e que passou, por exemplo, pela proibição da liberdade sindicação, impedindo-se a fundação

[13] Fátima PATRIARCA: *A questão social no salazarismo 1930-1947*, vol. 1, Lisboa, Imprensa Nacional Casa da Moeda, 1995, pp. 236-248.

[14] Álvaro GARRIDO: *Uma história da Economia...*, pp. 241, 257, 266-268.

de sindicatos ou grémios confessionais. Procurando preservar a sua autonomia, a instituição eclesial reagiu aos conteúdos do modelo corporativo praticado, mais na sua dimensão económica e social, e menos na dimensão política, apresentando e tentando concretizar as orientações da doutrina social da Igreja na formulação de respostas a dar a diversos problemas económicos e sociais.

Ao longo do regime, diversos sectores católicos pronunciaram-se criticamente, em vários fóruns, sobre o modelo definido e algumas das políticas sociais que dele decorriam. Por exemplo, alguns deputados católicos exigiram, sem sucesso, a instituição do salário familiar ou das "caixas de compensação" para proteção das famílias numerosas. Também em sede parlamentar, criticaram a situação social do País, abordando as deficiências da organização sindical corporativa, a questão do desemprego e a ineficácia do Comissariado do Desemprego, durante os anos da II Guerra Mundial, ou denunciando ainda o problema dos abusos sexuais sobre as mulheres perpetrados nos locais de trabalho e a falta de proteção jurídica das vítimas[15]. Depois de 1945, quando, em contraciclo com a vaga de democratização europeia e consequente abandono as ideias corporativas[16], a governação instituiu as primeiras corporações (1956), o corporativismo voltou a ser objeto de reflexão em vários círculos católicos, quer entre críticos quer entre apoiantes do modelo incrementado pelo Estado. Entre os primeiros, ficou célebre o bispo do Porto, D. António Ferreira Gomes, pelas violentas críticas públicas à orientação do projeto corporativo do Estado, designadamente pelo não reconhecimento do direito à greve, pela não distribuição dos rendimentos do trabalho, pelas condições de trabalho que violavam os direitos dos trabalhadores e pela multiplicação de situações de miséria entre os trabalhadores rurais[17]. Mais invulgar foi o pronunciamento de Adérito Sedas Nunes, sociólogo e dirigente católico na sua juventude académica, que apresentou uma orientação pluralista para a solução corporativa. A defesa da autonomia das corporações, elevação de salários, campanhas

---

[15] Paula BORGES SANTOS: *A questão religiosa no Parlamento (1935-1974)*, Lisboa, Assembleia da República, 2011, pp. 52-56.

[16] Pierre ROSAVALLON: *La crise de l'État-providence...*, p. 333.

[17] Paula BORGES SANTOS: *A Segunda Separação...*, p. 447.

de produtividade no sector industrial e investimento na competência de pessoal técnico, a par de denúncias sobre o pendor estatizante do sistema instituído e do atraso industrial nacional, foram pontos distintivos do seu pensamento de forte influência personalista[18].

Ainda que existissem várias plataformas de contacto, no seio do regime, com personalidades católicas, desde logo pela sua inserção como profissionais de diferentes áreas em organismos públicos, esse diálogo nunca foi enfatizado oficialmente, sucedendo o mesmo, aliás, na década de 1930, com elementos do movimento do nacional-sindicalismo (dissolvido em 1934), também defensores de um modelo corporativo assente noutras opções que não as adotadas em 1933. Com efeito, desde os primeiros anos da ditadura, a exaltação do projeto corporativo do Estado, justificativo do dirigismo e do intervencionismo estatal, pelos dirigentes políticos, conduziu à criação de um discurso oficial, público e dominante (que foi já associado à existência de uma "escola corporativa portuguesa"[19]), esforçado em demonstrar que "não se estava perante uma solução eclética, mas bem pelo contrário, diante de uma construção autónoma, síntese do progresso que os grandes sistemas de organização social conhecidos [capitalismo e socialismo] prefiguravam"[20]. Daí que para os doutrinadores da fórmula corporativa portuguesa o problema das suas fontes não tivesse representado um problema central. Tendo-se tornado hegemónica, a partir de 1938, a "genealogia" do corporativismo português como foi traçada por Marcelo Caetano (ultrapassada uma pequena divergência sobre o tópico, logo em 1935, entre este e Teixeira Ribeiro, precisamente quanto ao lugar da influência da doutrina católica naquela construção), as abordagens doutrinárias, produzidas essencialmente por juristas apoiantes do regime, ocupar-se-iam, sobretudo, de discutir os objetivos do corporativismo

---

[18] Adérito SEDAS NUNES: *Situações e Problemas do Corporativismo*, Lisboa, Gabinete de Estudos Corporativos do Centro Universitário da Mocidade Portuguesa, 1954, pp. 54 e ss.

[19] José Maria BRANDÃO DE BRITO: *Industrialização portuguesa no pós-guerra: 1948-1965: o condicionamento industrial*, Lisboa, Dom Quixote, 1989, pp. 33-69.

[20] José Maria BRANDÃO DE BRITO: "Corporativismo", em J.M. BRANDÃO DE BRITO e Fernando ROSAS (eds.): *Dicionário de História do Estado Novo*, vol. 1, Venda Nova, Bertrand Editora, 1996, p. 216.

no campo económico e, com o aproximar do fim da II Guerra Mundial, de questionar as suas limitações, nomeadamente quanto à lentidão de implantação da organização corporativa, à excessiva burocratização e ao crescente (para muitos, exagerado) papel do Estado na vida económica.

A partir dos anos de 1970, com a afirmação de doutrinas socialistas e social-democrata, remodela-se a realidade das políticas sociais em Portugal, fixando-se, logo durante os trabalhos da Assembleia Constituinte que preparou a Constituição de 1976, que o Estado reconhecia os direitos sociais e económicos, elegendo a segurança social, a saúde e o ensino como direitos fundamentais, e reservando consagração constitucional à rede escolar, ao serviço nacional de saúde e ao sistema de segurança social como serviços públicos[21]. A bipolarização do sistema de governo, com alternância nos Executivos entre o Partido Socialista e Partido Social Democrata, não provocaria alterações nos fundamentos das políticas sociais desenvolvidas nas décadas seguintes, cujo desempenho apenas foi prejudicado pelas cíclicas conjunturas de recessão económica. Como ilustra a legislação de 1979, 1983 e 1984, a própria abertura do Estado quanto a descentralizar tarefas de serviço público, em concertação com instituições da sociedade civil, na sequência da necessidade de mitigar e conter uma elevada despesa social, foi pacífica para aqueles dois partidos, que beneficiaram, para revisão/ ajustamento das suas posições, do impulso gerado pela própria discussão europeia da década de 1980 sobre a "crise do Estado Providência"[22]. A mudança mais relevante neste domínio ocorreu após a entrada de Portugal na Comunidade Económica Europeia (1986), percursora da União Europeia, não tanto por alterações nos princípios que sustentaram as políticas sociais, como pela elevada subida das fontes de financiamento disponíveis para a sua execução[23].

A partir do final de novecentos e ao longo da década de 2000, num período então diagnosticado além-fronteiras como de declínio

---

[21] Mónica BRITO VIEIRA e Filipe CARREIRA DA SILVA: *O Momento Constituinte*..., pp. 114-115.

[22] Rui BRANCO: "Sociedade civil e Estado-Providência...", pp. 554-555.

[23] José A. PEREIRINHA, Manuela ARCANJO e Francisco NUNES: "The Portuguese welfare system. From a corporative regime to a European Welfare State", em Klaus

do Estado de Bem-estar, ressurgiu uma nova crítica ao liberalismo (designado, agora, por neoliberalismo), que dividiu forças políticas, criou cisões profundas entre juristas[24] e revelou ter significativa capacidade transformadora sobre as soluções governativas, em especial as ditadas pelo programa de austeridade a que Portugal esteve sujeito nos chamados anos da Troika (2011-2014), nomeadamente quanto à organização do trabalho e aos sistemas de proteção dos trabalhadores. Com o País intervencionado pelo FMI, sob acompanhamento da Comissão Europeia e do Banco Central Europeu, a adoção de medidas legislativas para flexibilização das leis laborais nacionais e a proposta de alteração da Taxa Social Única (TSU), revelaram ser de elevada sensibilidade política. Após a manifestação de 15 de setembro de 2012, com mais de um milhão de pessoas na rua contra a alteração à TSU (que passaria a pesar mais sobre os trabalhadores e aliviaria empregadores), o XIX Governo Constitucional, de maioria relativa do Partido Social-Democrata, recuaria na imposição da medida, tendo, desde aí, fracassado todas as propostas de revisão do modelo de contribuições. Também os despedimentos no funcionalismo público, bem como o seu regime de "requalificação", foram declarados inconstitucionais pelo Tribunal Constitucional com o argumento de que constituíam uma violação da garantia da segurança no emprego[25]. Esse argumentário foi amplificado ainda pelo Supremo Tribunal de Justiça que, através do seu conselheiro presidente, defendeu que a estabilidade social e a confiança dos cidadãos dependiam de se continuar a proteger situações juridicamente estabilizadas. Desse período,

---

SCHUNERT, Simon HEGELICH e Ursula BAZANT (eds.): *The Handbook of European Welfare Systems*, London, Routledge, 2009, p. 402.

[24] Um exemplo da feroz crítica de alguns professores de direito ao chamado "novo liberalismo", e ao "ataque aos direitos adquiridos" que advogaram ser sua consequência, encontra-se em: António Manuel HESPANHA: "A revolução neoliberal e a subversão do «modelo jurídico»: crise, direito e argumentação jurídica", em Jorge BACELAR GOUVEIA e Nuno PIÇARRA (eds.): *A Crise e o Direito*, Coimbra, Edições Almedina, 2013, pp. 21-120. Outros textos na mesma obra sustentam o papel do Direito na defesa da satisfação dos direitos sociais constitucionalmente garantidos, subalternizado ou rejeitando o problema da falta de meios financeiros para lhes dar cumprimento e efetividade.

[25] Maria CAETANO: "Manif da TSU: 10 anos depois", *Jornal de Negócios*, 15 de setembro de 2022, https://www.jornaldenegocios.pt/economia/detalhe/inevitavel-e-toxica-a-tsu-nunca-mais-mexeu

resultou o fenómeno da judicialização da política portuguesa, que teve como foco particular a reforma (ou, mais exatamente, a discussão da reforma) do modelo social do país. Tal fenómeno foi amortecido logo que o Partido Socialista formou governo em 2015, ocupando-se, por exemplo, o XX Governo Constitucional da reposição de valores de prestações pecuniárias aos trabalhadores, reformados e beneficiários de prestações sociais do Estado.

INÍCIO DA CONVERGÊNCIA COM OS MODELOS DE ESTADO DE BEM-ESTAR EUROPEUS NA DÉCADA DE 1960

Abordar as políticas sociais da década de 60 em Portugal implica ter presente que os principais princípios do Estado de Bem-estar neste período assentavam ainda sobre uma conceção restritiva de proteção social, em que o Estado, embora assumindo cada vez mais obrigações, continuou sem se substituir aos privados, preferindo a via da cooperação sobre a via da centralização, apostando em reformas parciais e limitadas e não na construção de um sistema global e coerente. Em contraste com a evolução do Estado de Bem-estar, na mesma época, de vários países da Europa, como a França, a Grã-Bretanha ou a Alemanha Ocidental, Portugal apresentava, nessa época, um desfasamento significativo marcado pelo atraso, que não era inédito e constituía uma tendência de longa duração.

Para sustentar esta última afirmação, bastará ter em conta, por um lado, que, até final da década de 1930, predominaram no País as obras assistencialistas impulsionadas pelas misericórdias, instituições privadas, associações mutualistas, de socorros mútuos ou de classe, as quais, de modo diversificado, garantiram condições de acesso à educação e à saúde, disponibilizando ainda recursos (sobretudo aquelas associações) para casos de doença, invalidez, velhice e desemprego[26]. Por outro lado, a legislação laboral aprovada, desde finais de oitocentos, circunscrevera-se ao trabalho de menores e

[26] Miriam HALPERN PEREIRA: *O gosto pela história: percursos de história contemporânea*, Lisboa, Imprensa de Ciências Sociais, 2010, pp. 170-177; y Luís ANTUNES CAPUCHA: "Assistência social", em António BARRETO e Maria Filomena

das mulheres, sendo tardios (em relação à experiência britânica e centro-europeia) os diplomas relativos à regulamentação da duração do trabalho e do descanso semanal (respetivamente de 1915 e 1919), ao que acresceram dificuldades de cumprimento de tais disposições legais, quer pela falta de cumprimento das mesmas no interior das empresas e fábricas, quer por ausência de fiscalização estatal sobre as condições de exercício do trabalho[27]. Também a introdução dos seguros sociais obrigatórios (1919), destinados à proteção na invalidez, velhice, doença, morte e nos acidentes de trabalho, contou com um envolvimento do Estado limitado à tutela sobre a sua execução, vindo o sistema a ser fortemente contestado e a fracassar pela falta de efetividade (com exceção do seguro de acidentes de trabalho, que se manteve por via de prestações muito baixas e dependentes da responsabilidade civil objetiva dos patrões)[28].

Em 1936, o sistema de seguros sociais obrigatórios acabaria por ser revogado pela lei nº 1942 de 27 de julho, promovendo-se, em alternativa, as indemnizações dos trabalhadores vítimas de acidentes de trabalho e doenças profissionais. A nova lei inspirava-se no princípio do risco de autoridade, isto é, cabia à entidade patronal assumir o risco, com obrigatória transferência para as seguradoras. Esta mudança era acompanhada da iniciativa estatal de constituição de caixas sindicais de previdência, encarregadas de protegerem o operário na doença, na invalidez e velhice, bem como contra o desemprego voluntário, cabendo-lhes ainda a atribuição de subsídios por morte. Todavia, não era uma mudança imperativa e permitia-se que as referidas caixas

---

MÓNICA (eds.): *Dicionário de História de Portugal*, vol. 7, Porto, Livraria Figueirinhas, 1999, p. 134.

[27] O controle do Estado sobre as associações incidia, sobretudo, nos aspetos formais e de fiscalização das suas administrações, designadamente no que envolvia a aprovação dos seus estatutos, alterações estatutárias e sua dissolução. Margarida SEIXAS: *História do Direito do Trabalho em Portugal – Um Direito em Construção*, Lisboa, AAFDL Editora, 2021, pp. 281-308.

[28] José Luís CARDOSO e Maria Manuela ROCHA: "O seguro social obrigatório em Portugal (1919-1928): ação e limites de um Estado Previdente", *Análise Social*, vol. 44, 192 (2009), pp. 439-470; Manuel DE LUCENA: "Previdência Social", em António BARRETO e Maria Filomena MÓNICA (eds.): *Dicionário de História de Portugal*, vol. 9, Porto, Livraria Figueirinhas, 2000, p. 153; y Álvaro GARRIDO: *Cooperação e solidariedade. Uma história da economia social*, Lisboa, Tinta-da-China, 2016, pp. 188-189.

surgissem à medida do que cada atividade económica podia garantir e que coexistissem com instituições cooperativas, associações de socorros mútuos e caixas de reforma de algumas empresas ou atividades económicas. Especialmente para os funcionários públicos, o Estado criara, em 1929, a Caixa Geral de Aposentações, que surgiria como o primeiro grande sistema de pensões. Com esta posição, o Estado revelava: um, conhecer a debilidade económica dos organismos que impulsionava, pelo que, com a intenção de que se garantisse proteção à maior multiplicidade de categorias sociais possíveis, permitia a coexistência de diferentes sistemas; dois, mantinha a obstinação em não assumir custos com este tipo de despesas, encarregando-se apenas dos funcionários públicos.

Outro exemplo de proteção estendida aos funcionários públicos foi a cobertura pessoal do abono de família em 1943 (instituído um ano antes, apresentado como complemento de salário e não como medida de assistência social, era suportado quer por trabalhadores, quer pelas empresas)[29]. A tónica da proteção ao trabalhador colocar-se-ia, mais do que na previdência ou na assistência, por via da regulação do contrato individual de trabalho (lei nº 1952 de 10 de março de 1937), que, assente nos princípios da dependência pessoal do prestador de serviços e no poder de direção ou de fiscalização da entidade patronal, distinguia entre empregados e assalariados, definia obrigatoriedade de férias anuais remuneradas, prazos de avisos prévios de despedimentos, etc. Também neste domínio, a governação optou por um pragmatismo que era o de não colidir com os interesses das entidades patronais (precisamente porque eram estas que pagavam) e daí recursar a unificação dos contratos, apontada como inconveniente e impraticável[30]. Até meados da década de 1950, o Estado continuou a apresentar-se essencialmente como supletivo embora mantendo a linha intervencionista, manifesta não só na iniciativa de constituição de algumas caixas sindicais de previdência e caixas

[29] José A. PEREIRINHA, Manuela ARCANJO y Daniel CAROLO: *Prestações sociais no corporativismo português: a política de apoio à família no período do Estado Novo* (*Working Paper nº 35)*, Lisboa, Gabinete de História Económica e Social, 2009.

[30] Paula BORGES SANTOS: "A Construção Autoritária do Direito do Trabalho em Portugal: Evolução e Legados", *Revista Internacional do Direito do Trabalho*, 1 (2021), p. 1.139.

de reforma, mas, sobretudo, na apertada supervisão das instituições previdenciais, incluído as de natureza privada, impondo estatutos, controlando eleições, corpos gerentes, orçamentos e prestação de contas, ou fornecendo apoio técnico e aumentando impostos sobre iniciativas privadas que cumpriam fins sociais (caso do imposto de contribuição industrial)[31].

É consensual o argumento de que a década de 1960 registou uma transformação social e económica importante no Portugal do século XX, embora se continue a discutir se tal resultou de um desenvolvimento ou de uma continuidade com as décadas anteriores e em que medida as transformações representaram uma modernização do País. Para os defensores de uma mudança social e económica qualitativa, durante a qual Portugal reforçou a sua opção pela Europa, através da participação na fundação da Associação Europeia de Comércio Livre (EFTA) e de negociações para assegurar uma abertura comercial junto da Comunidade Económica Europeia (CEE), assumem relevância: a estagnação populacional devido à emigração em massa e à mobilização militar maciça para a guerra em África (ao longo de 13 anos, desde 1961); a elevada entrada de mulheres no trabalho assalariado em fábricas ou nos serviços; o alargamento da escolaridade obrigatória; o declínio do trabalho rural e do serviço doméstico; o crescimento do turismo e dos serviços financeiros; ou a industrialização de tipo intenso, ainda que movida pelas indústrias pesadas de base. Em contrapartida, os mais céticos sobre o alcance daquelas transformações sublinham o facto de se estar perante um processo baseado na acumulação de capital, que não criou emprego, não desencadeou uma infraestruturação material nem proporcionou acesso a serviços coletivos, não conseguindo, por consequência, servir de base para outros avanços[32].

Estas posições, que são secundadas em dezenas de textos implícita ou explicitamente, não são irrelevantes para a abordagem às políticas

---

[31] Manuel de LUCENA, "Previdência Social...", pp. 160-165.

[32] Um dos últimos debates académicos em Portugal sobre estes aspetos pode encontrar-se em: José M. BRANDÃO DE BRITO e Paula BORGES SANTOS (eds.): *Os Anos Sessenta em Portugal. Duas governações, diferentes políticas públicas?*, Porto, Edições Afrontamento, 2020, p. 250. Ao longo de vários capítulos, os autores posicionam-se sobre o alcance da transformação alcançada naquela década. Entre os defensores de

sociais da década de 1960 ou do seu legado. Deixando de lado a carga ideológica que se encontram nos argumentos dos dois campos, o que importa sublinhar, em primeiro lugar, é que a sociedade portuguesa, naquela época, não era tão fechada, analfabeta, ruralizada ou pobre, como por vezes se aponta, mas, pelo contrário, recolhia resultados estimulantes de crescimento provocados pela implementação do Plano Marshall desde o fim da II Guerra Mundial, e pela colaboração com organizações internacionais, como a EFTA, a Organização Mundial de Saúde (OMS) ou a Organização Internacional do Trabalho (OIT), cujas orientações modificaram no médio prazo as políticas públicas. Essa abertura, em especial a que decorria da participação daquele programa americano de recuperação económica internacional, resultara ainda na formação qualitativa de quadros especializados de diversos sectores da Administração central no exterior do País. Na área da investigação científica, reforçar-se-ia essa trajetória com bolsas de estudo em organizações externas e por missões em universidades europeias e norte-americanas. Esse diálogo refletir-se-ia, em pouco tempo, na nova planificação económica, firmada pelos Planos de Fomento, e na normatividade estabelecida para as políticas sociais, que foi comum a escolhas institucionais de outros países.

Em segundo lugar, as políticas sociais, naquela década, alteraram, definitiva e profundamente, a forma do Estado e da sua relação com a sociedade, mas nunca postularam a inevitabilidade da democracia. Esse caminho foi avançado, na própria época, no seguimento da substituição de Oliveira Salazar por Marcelo Caetano na presidência do Executivo, por segmentos da Oposição e até de alguns sectores da base tradicional de apoio do regime (em processo de desafetação à governação), que alimentaram, com aquela alteração de liderança, expectativas de mudança de políticas e de regime (em sentido democrático). Posteriormente, tal ideia foi incorporada por alguma historiografia e outras ciências sociais que reproduziram várias leituras

uma transformação qualitativa estão Nuno Valério, António Monteiro Fernandes, Daniel Carolo e Cristina Rodrigues. Outros autores, como José Reis ou Manuel Valente Alves, divergem desse entendimento.

que haviam sido desenvolvidas por aquela mesma Oposição[33], apesar da sua falta de fundamento empírico[34]. Ora, tal possibilidade não só não foi equacionada pela governação, como se pode constatar pelas intervenções de Marcelo Caetano e dos restantes ministros sobre o sentido das políticas a desenvolver, como foram rejeitadas incompatibilidades entre um sistema não democrático e a responsividade social de uma economia com acentuada curva de crescimento. Outro aspeto que importa sublinhar é que o último presidente do Conselho e a sua equipa herdaram da governação de Salazar uma aposta na transformação da estrutura central da previdência social que se pretendia aproximar do que era praticado na Europa ocidental e central, bem como um investimento na modernização da saúde, da organização do trabalho, do sistema educativo e até da habitação. Com propriedade, registou Fátima Patriarca que "ao contrário do que geralmente se supõe, Marcelo Caetano não foi original quanto às soluções normativas que fez aprovar, uma vez que aquelas, na sua esmagadora maioria, se encontravam já plenamente sedimentadas, pelo menos do ponto de vista técnico"[35].

Esta última observação é confirmada, por exemplo, pela política de previdência social seguida entre 1960 e 1974. A grande transformação

---

[33] Fernando ROSAS: "Prefácio. Marcelismo: ser ou não ser", em Fernando ROSAS e Pedro AIRES OLIVEIRA (eds.): *A Transição Falhada. O marcelismo e o fim do Estado Novo (1968-1974)*, Braga, Círculo de Leitores, 2004, pp. 14-17.

[34] Em Rui Ramos encontra-se a ponderação crítica dessas alegações. Acompanho a posição do autor, quando sustenta que a abertura do marcelismo consistiu essencialmente no recrutamento de personalidades e grupos que se tinham tornado críticos da governação salazarista, com o objetivo prático de recuperar apoios para o regime. Cfr. Rui RAMOS: "Nossas memórias de Marcelo Caetano (Ensaio para uma análise histórica)", em Manuel BRAGA DA CRUZ e Rui RAMOS (eds.): *Marcelo Caetano. Tempos de Transição*, Lisboa, Porto Editora, 2012, pp. 490-494.

[35] Fátima PATRIARCA: "Estado Social: a caixa de Pandora", em Fernando ROSAS e Pedro AIRES OLIVEIRA (eds.): *A Transição Falhada*... Com esta posição, a autora valida o que já havia sido apontado genericamente por Howard Wiarda. Para uma síntese do pensamento deste último sobre o tópico, consulte-se: Howard WIARDA: "Corporativismo", em António BARRETO e Maria Filomena MÓNICA (eds.): *Dicionário de História de Portugal*, vol. 7, Porto, Livraria Figueirinhas, 1999, pp. 423-424. As visões destes dois autores, que secundo, distanciam-se da leitura de Manuel de Lucena sobre o especial contributo de Marcelo Caetano para a construção do que foi chamado pelo próprio governante de Estado Social. Cfr. Manuel de LUCENA: "Transformações do Estado português nas suas relações com a sociedade civil", *Análise Social*, 72-73-74 (1982), p. 923.

foi suscitada pela reforma de 1962, longamente preparada (desde, pelo menos, 1957) nos Executivos de Salazar, que possuiu um carácter reformador e estruturante, em que o Estado acabou por se assumir como financiador do sistema, cedendo a aplicar o princípio da "solidariedade nacional". As mudanças introduzidas promoveram uma centralização institucional, que não foi apenas administrativa, mas envolveu ainda a especialização das caixas por riscos, trazendo estabilidade ao sistema e a extensão da cobertura de proteção. A tendência para a universalidade consumou-se pelo forte alargamento (por via de inscrição obrigatória a nível distrital) do número de beneficiários aos trabalhadores dos sectores secundário e terciário ainda não cobertos; pela reformulação da previdência rural (reestruturada de modo mais completo em 1969); pela extensão dos riscos cobertos (criação do seguro por morte, desenvolvimento do seguro por doença, maternidade, doenças profissionais; no caso do risco de desemprego, apesar de estar previsto, não chegou a ser regulamentado e só ficou coberto em democracia); aumentos das pensões e do abono de família (tornado universal em 1969). Foi fomentada também a cooperação entre a previdência e a assistência (que veio a resultar, em 1973, na criação do Ministério das Corporações e da Segurança Social). Nas vésperas do 25 de abril de 1974, Portugal dispunha formalmente de um sistema de segurança social, mas a integração num sistema único dos regimes contributivo e não contributivo (com estádios de maturidade muito diferentes) só foi alcançada vários anos depois. A lógica da reforma de 1962 sobreviveu ao fim do regime e manteve-se nos primeiros dez anos da democracia, surgindo somente em 1984 a Lei de Bases da Segurança Social[36].

No domínio da organização do trabalho, entre 1960 e 1974, foi aprovada legislação que introduziu elementos de modernização no sistema corporativo e permitiu a passagem de um paradigma assente

---

[36] Manuel LUCENA: *A evolução do sistema corporativo português*, vol. 2, Lisboa, Editora Perspectivas e Realidades, 1976, pp. 169 e ss.; Daniel CAROLO: *A reforma da Previdência Social de 1962 na institucionalização do Estado-providência em Portugal*, Lisboa, Instituto Superior de Economia e Gestão da Universidade Técnica de Lisboa, 2006; Cristina RODRIGUES e Daniel CAROLO: "A Previdência Social", em José M. BRANDÃO DE BRITO e Paula BORGES SANTOS (eds.): *Os Anos Sessenta em Portugal...*, pp. 156-158.

em princípios gerais, para outro que pormenorizou direitos e deveres inerentes às condições de trabalho nas relações individuais. Foi revisto o regime jurídico do contrato de trabalho[37], que representou um ponto de chegada (de lenta elaboração entre 1960 e 1964) na evolução do direito contratual. Pela primeira vez, fixaram-se os princípios de que: trabalhador e entidade patronal eram mútuos colaboradores na empresa; existiam direitos e deveres do trabalhador e da entidade patronal; havia liberdade de trabalho subsequente à cessação de qualquer contrato; não havia obrigação do trabalhador de prestar trabalho extraordinário. Abandonou-se a distinção entre empregados e assalariados. O poder disciplinar da entidade patronal sofreu também uma ampla revisão, sendo o seu conteúdo precisado e enumeradas sanções, limites e modo de exercício. Consagrou-se o direito do trabalhador a remuneração especial, quando prestasse trabalho além do período normal. Adotando-se o que era seguido em algumas convenções coletivas, estabeleceu-se que férias e feriados deixavam de ser compensados com trabalho prestado noutro dia. Foi dada a garantia anual de férias (doze dias) e impôs-se às entidades patronais o dever de formação profissional. Determinou-se que a suspensão prolongada de trabalho permitia conservar o direito ao lugar durante o impedimento. Outra inovação importante envolveu a atribuição às mulheres, em igualdade de condições e de rendimento do trabalho, da mesma retribuição auferida pelos homens. Também a estrutura das convenções coletivas de trabalho foi uniformizada[38], e atribuída maior relevância ao esquema da conciliação e arbitragem na ausência de acordo nas situações litigiosas. Aperfeiçou-se ainda a legislação sobre acidentes de trabalho e doenças profissionais (que se manteve em vigor muito tempo após o derrube da ditadura),

[37] Decreto-lei nº 47.032 de 27 de maio de 1966, revisto pelo decreto-lei nº 49.408 de 24 de novembro de 1969.

[38] Decreto-lei nº 49.212 de 28 de agosto de 1969.

merecendo destaque a criação da Caixa Nacional de Seguros e Doenças Profissionais (1962)[39].

Apesar das novidades introduzidas, o modelo de regulação do trabalho manteve uma acentuada intervenção do Governo, especialmente do ministro das Corporações e Previdência Social (apoiado pelo Instituto Nacional do Trabalho e Previdência). E, se o reforço da proteção individual do trabalhador permitia ao poder político dizer que promovia "melhoramento da situação das classes trabalhadoras", na prática, tratava-se de continuar a desvalorizar formas de ação coletiva no trabalho e de esvaziar os protestos grevistas, que subiram em número até 1974. Esta realidade, levou, no marcelismo, a governação a diminuir a tutela ministerial sobre os sindicatos, relativamente no que envolvia a eleição das suas direções e na permissão de filiação internacional[40]. Esta medida facilitou o controle das estruturas sindicais pela Oposição, provocando um surto de conflitualidade na negociação das convenções de trabalho[41].

Quanto à saúde, registou-se uma plena incorporação do conceito de saúde definido pela OMS, à qual Portugal aderira em 1946, e que se tornara corrente, quer política, quer profissional e cientificamente, levando a um aumento da esperança de vida dos portugueses. Em 1965 foi dada publicidade e desenvolvimento ao Programa Nacional de Vacinação, numa antecipação em dez anos da recomendação da OMS para que fosse implementado em todos os países do mundo. Cresceu o investimento do Estado na saúde, designadamente ao nível da investigação experimental e epidemiológica, e foram criadas as duas grandes unidades de investigação de Lisboa: o Instituto de Higiene e Medicina Tropical e o Instituto Nacional de Saúde Dr. Ricardo Jorge. Também a criação da Junta

[39] A investigação e a disseminação de conhecimentos sobre higiene e segurança no trabalho desenvolveu-se também, associada à realização da Campanha Nacional de Prevenção dos Acidentes de Trabalho (1959-1961), à criação do Gabinete de Higiene e Segurança no Trabalho (1962), e a três congressos nacionais sobre a temática (1965, 1968 e 1973).

[40] Decreto-lei nº 49.058, 14 de junho de 1969.

[41] Luís GONÇALVES DA SILVA: *Da Eficácia da Convenção Colectiva*, Lisboa, Universidade de Lisboa, 2013, pp. 163-195; e António MONTEIRO FERNANDES: "A legislação do trabalho e a primavera política", em José M. BRANDÃO DE BRITO e Paula BORGES SANTOS (eds.): *Os Anos Sessenta em Portugal...*, pp. 133-143.

Nacional de Investigação Científica e Tecnológica, em 1967, reforçou as dinâmicas de estímulo à investigação experimental. Em 1961, foi publicado o Relatório sobre as Carreiras Médicas, que lançou as bases para uma reforma da saúde que culminou em 1979, com a criação do Serviço Nacional de Saúde. Não obstante, as melhorias registadas, o sistema de saúde não respondeu de forma satisfatória ao problema da equidade[42].

No sector da educação, as políticas encetadas estiveram em linha com alguma modernização iniciada nos anos 50 e procuraram reduzir o manifesto atraso que Portugal registava em relação aos restantes países ocidentais. Para esse efeito, foi alargada a escolaridade obrigatória a quatro anos para crianças de ambos os sexos; criado o ciclo preparatório unificado; iniciado o processo de utilização das novas tecnologias audiovisuais no ensino, com criação da Telescola; institucionalizado o planeamento da ação educativa e sua respetiva inclusão nos Planos de Fomento (bem como da investigação científica); desenvolvidas as atividades circum-escolares. No pré-escolar conseguiu-se duplicar a frequência dos alunos, mas a universalidade da educação continuou baixa a partir do 3.º ciclo, nos ensinos secundário e superior, se bem que registando um aumento sustentado. Contudo, um crescimento da frequência do 2.º ciclo ao ensino superior só ocorreria a partir da década de 1980, mas mesmo aí longe dos níveis europeus. No ensino superior, alguma atualização registar-se-ia por via do ingresso de novos assistentes, bolseiros (da Fundação Calouste Gulbenkian, do Instituto de Alta Cultura e da NATO) que haviam obtido o doutoramento no exterior (sobretudo em Inglaterra). Seria aprovada ainda a criação da Universidade Católica Portuguesa, bem como de novas universidades públicas de Aveiro, Nova de Lisboa e Minho. Nas colónias, em Angola e Moçambique, foram criados

---

[42] Manuel VALENTE ALVES: "Políticas de Saúde", em José M. BRANDÃO DE BRITO e Paula BORGES SANTOS (eds.): *Os Anos Sessenta em Portugal...*, pp. 175-191.

os Estudos Gerais de Angola e Moçambique, que, algum tempo depois, passaram a universidades[43].

Finalmente, em matéria de política de habitação económica em meio urbano, a década de 60 assistiu à criação de um novo relacionamento do Estado com o mercado imobiliário: quer através da criação de uma política de crédito imobiliário (com o surgimento dos empréstimos para aquisição de habitações próprias destinadas aos beneficiários das caixas de previdência), quer pela estratégia, pela primeira vez experimentada, de afetação dos capitais das caixas de previdência, não só a modalidades de habitação económica (casas de renda económica, casas económicas), mas também a imóveis para instalação de serviços e comércio, prédios em regime de propriedade horizontal, prédios de renda livre. Os novos programas pretenderam ser uma resposta ao crescimento demográfico nos locais de maior concentração urbana e à substituição dos prédios envelhecidos, ainda que, nas melhores estimativas já do final da década de 1960, apenas possibilitassem uma cobertura de 20% do déficit de reposição[44]. Tinham ainda outros objetivos, como impor uma maior regulação ao próprio sector da construção civil, evitar a especulação sobre o preço dos materiais de construção e sobre os próprios terrenos. O incremento das duas modalidades de habitação acima referidas tornou necessária uma definição de diversas matérias como expropriações, direito de superfície e fixação e atualização das rendas de casas de habitação. Esse ajustamento consagrava o princípio de que os direitos dos particulares não podiam constituir obstáculo à realização dos fins de utilidade pública que o Estado prosseguisse, desde que compensados por justa indemnização. Assumindo esta posição, o Executivo consumava um alargamento da ação e dos fins do Estado, na esteira da evolução que já cobria as expropriações por utilidade

---

[43] Eduardo MARÇAL GRILO: "Políticas de educação na década de 1960", em José M. BRANDÃO DE BRITO e Paula BORGES SANTOS (eds.): *Os Anos Sessenta em Portugal...*, pp. 113-119.

[44] José João GONÇALVES DE PROENÇA: *Discurso na cerimónia de entrega da 3000 chave das Casas de Renda Económica do Bairro dos Olivais e da inauguração do Centro de Recreio Popular da Encarnação em 7 de Abril de 1968*, Lisboa, s. ed., 1969, p. 12.

pública[45]. No plano das expropriações, comprimiam-se os direitos do expropriado e eram beneficiados os do expropriante, permitindo-se ao Estado e às autarquias reservarem a recuperação de mais valias futuras. As autarquias passavam ainda a deter o chamado direito de superfície, isto é, a reserva de terrenos de construção dos centros comerciais das cidades, esperando-se com isso favorecer a construção de moradias familiares. Outra importante inovação foi o facto de o Governo subscrever parte do capital de sociedades anónimas de construção de casas de renda económica e limitada. Quanto às rendas, o legislador recusou dar uma estruturação definitiva ao instituto do inquilinato, seguindo o princípio de sempre que possível elevar até ao quantitativo justo as rendas antigas e reduzir as mais elevadas dos arrendamentos recentes. Com esta opção, tornou-se a reforçar a proteção dispensada aos inquilinos. Os proprietários senhorios não podiam escolher os inquilinos, nem alienar as casas ou fixar-lhes rendas. Com a intervenção da Administração e o predomínio de regras de direito público sobre os prédios de rendimento, também, a curto prazo, os próprios investidores e construtores das habitações económicas foram prejudicados. Pelo que o fulcro do seu negócio tendeu a deslocar-se para os terrenos de construção e para os materiais, onde alcançavam comparticipações de fundos públicos, ou para a construção de prédios de renda livre[46].

INSISTÊNCIA EM CONTINUIDADES NAS POLÍTICAS SOCIAIS E DIFICULDADES EM ALCANÇAR OS NÍVEIS EUROPEUS AO LONGO DA DEMOCRACIA

A democracia, quer no período da transição, quer nas décadas seguintes de consolidação do regime, modificou os princípios em que

[45] Pelo decreto nº 19.881 de 12 de junho de 1931 fora consagrado o princípio de que da simples aprovação dos projetos resultaria o imediato reconhecimento da utilidade pública.

[46] Paula BORGES SANTOS e José Maria BRANDÃO DO BRITO: "Corporativismo e Habitação Económica em Meio Urbano em Portugal (1933-1974)", em Rui J. G. RAMOS *et al.* (eds): *Contexto Programa Projeto: Arquitetura e Políticas Públicas de Habitação*, Porto, Universidade do Porto, 2019, pp. 36-39.

passaram a assentar as conceções de direitos sociais e económicos, como também as próprias políticas sociais. Logo no processo constituinte estabeleceu-se um forte consenso entre os vários partidos políticos, com representação na Assembleia Constituinte, encarregada da redação da nova Constituição Política do País, sobre a necessidade de se constitucionalizarem os direitos sociais, apesar das divergências sobre as vias de construção do Estado social no período pós-constituinte. Na discussão, que correu pela 3.ª Comissão, antes dos debates na generalidade e na especialidade, foi consensual a necessidade de romper com o passado e apontar o fracasso das políticas sociais do autoritarismo, omitindo-se quaisquer permanências em vigor de legislação social do regime anterior. A almejada rutura firmava-se, sobretudo, com a elevação da segurança social, da educação e da saúde a direitos fundamentais dos cidadãos, fixando-se ainda que, de acordo com o princípio de exigência redistributiva, constituíam serviços públicos, isto é, eram da responsabilidade estatal, a rede escolar, o serviço nacional de saúde e a segurança social[47]. Por fim, a Constituição de 1976 consagrou vinte e nove artigos aos direitos sociais, tornando-se o catálogo mais extenso destes direitos na época, mas dedicou-lhe um fraco regime de proteção (que foi maior para os direitos políticos, considerados da competência da Assembleia da República e limites materiais de revisão constitucional)[48]. No plano dos princípios, o novo modelo social a construir pautar-se-ia pela universalidade, generalidade, gratuitidade, unificação, descentralização e gestão participada, com contribuição ativa dos beneficiários, mas também do "setor cooperativo e social" (que obteve garantia constitucional pela alínea f, do artigo 80º)[49].

Desta configuração resultou que, nas décadas posteriores à transição democrática, a oferta do sistema público foi complementada,

---

[47] Mónica BRITO VIEIRA e Filipe CARREIRA DA SILVA: *O Momento Constituinte...*, pp. 114-115.

[48] Pedro MAGALHÃES: "Explaining the Constitutionalisation of Social Rights: Portuguese Hypotheses and a Crossnational Test", em Denis GALLINGAN e Mila VERSTEEG (eds.): *Social and Political Foundations of Constitutions*, New York, Cambridge University Press, 2013, p. 442.

[49] Álvaro GARRIDO e David PEREIRA: *A Economia Social em Movimento. Uma história das organizações*, Lisboa, Tinta-da-China, 2018, pp. 250-253.

através das mutualidades, cooperativas, misericórdias e instituições privadas de solidariedade social, especialmente nos domínios da ação social direta, com ênfase na assistência e na educação. Sobre essas instituições o Estado aumentou a fiscalização e desenvolveu regulamentação específica para a sua criação e funcionamento, concedendo-lhes, mediante certas condições, estatuto de utilidade pública[50]. Esta realidade gerou uma tensão constante, que teve oscilações quanto à tendência prevalecente consoante os governos foram de centro-esquerda ou centro-direita, entre um modelo mais participativo e subsidiário, com intervenção das instituições privadas (ou da sociedade civil, como alguns autores preferem designar) e um modelo de provisão pública estatal. Em termos gerais, os governos socialistas revelaram maior propensão ao alargamento das prestações não contributivas pecuniárias (estabelecendo, por exemplo, o Rendimento Mínimo Garantido (RMG) em 1996, ou o Complemento Solidário para Idosos em 2005), ainda que sem rejeitarem a parceria do Estado com os privados na ação social; enquanto os sociais-democratas favoreceram processos de transferência de funções do Estado para instituições cooperativas e de solidariedade social (através, por exemplo, do regime jurídico do crédito agrícola de 1982, do Estatuto das IPSS de 1983, ou da reforma de 1992 suscitada pela Política Agrícola Comum)[51].

Para além desta tendência, é possível apontar que, entre 1974 e 1986, as políticas sociais em Portugal visaram superar a turbulência revolucionária e realizar um duplo ajustamento, transformando/extinguindo ou atualizando os legados das políticas sociais do autoritarismo, por um lado, cumprindo as exigências da CEE para que se desse a entrada do País naquela organização europeia, por outro lado. Um novo ciclo abriu-se entre 1986 e 2005 marcado pela aplicação de normativas e fundos europeus que favoreceram a modernização nos diferentes sectores das políticas sociais, com impacto assinalável ao nível das infra-estruturas (seja por via de recuperação, como de construção de equipamentos), aumento de profissionais nas várias

[50] Rui BRANCO: "Sociedade civil e Estado-Providência...", p. 541.
[51] Ibídem, pp. 542-543; e Álvaro GARRIDO e David PEREIRA, *A Economia Social em...*, pp. 264-265 y 277.

áreas e aproximação aos indicadores médios da União Europeia. Se a mudança do escudo para o euro, em 2002, provocou um abalo financeiro negativo na sustentabilidade económica das políticas sociais, registou-se a sua progressiva e acentuada degradação até 2010, pelo crescimento permanente das despesas. As medidas aplicadas pelo programa de austeridade até 2014, realizando uma consolidação orçamental robusta e invertendo (pelo menos, parcialmente) o sentido de várias politícas sociais, permitiram estancar aquela tendência, ao mesmo tempo que diminuíram as desigualdades[52].

No âmbito da segurança social (manter-se-ia a designação introduzida em 1973), entre 1974 e 1986, estabeleceu-se o regime contributivo (seguro social obrigatório, financiado por contribuições dos trabalhadores – os seus beneficiários, em conjunto com as suas famílias – e pelos empregadores), o regime não contributivo e de ação social (estes últimos fornecendo prestações não contributivas pecuniárias e serviços, financiados pelo orçamento do Estado). Para os pensionistas foi criado o 13.º mês. Criou-se também o subsídio de desemprego para trabalhadores por conta de outrem. As parcerias com os privados cresceram por via das IPSS (das quais 40%, das que surgiram entre 1981 e 1985, tinham ligação institucional à Igreja Católica), que viram os seus objetivos serem reconhecidos como objetivos de segurança social[53]. Entre 1986 e 2000, deu-se uma expansão da proteção dirigida aos pensionistas, que cresceram em número significativo por causa do envelhecimento da sociedade, aumentando-se o valor das pensões. A integração europeia introduziu ainda a necessidade do combate aos elevados níveis de desigualdade do rendimento que o País apresentava. As respostas a dar passaram, num primeiro momento, por projetos de luta contra a pobreza, e, depois, pela introdução de medidas de discriminação positiva: a criação do RMG, diferenciação do abono de família e desenvolvimento de projetos de inclusão dos grupos minoritários e em maior risco de exclusão. Outra exigência europeia foi a da descentralização de responsabilidades, resultando na formação do Pacto

[52] Sofía A. PÉREZ e Manos MATSAGANIS: "The Political Economy of Austerity em Southern Europe", *New Political Economy*, 23 (2018), pp. 198-199.
[53] Rui BRANCO: "Sociedade civil e Estado-Providência...", pp. 545-546.

para a Cooperação e Solidariedade Social (1996), entre o governo, associações nacionais de municípios e freguesias, IPSS, mutualidades e misericórdias. Daqui nasceu a Rede Social e, com aplicação de fundos europeus, diversos equipamentos locais de ação social que transformaram a paisagem da assistência em território continental e nos arquipélagos da Madeira e dos Açores. Em 2000, quando uma nova lei de bases criou o sistema de solidariedade e segurança social, foi valorizada a componente não contributiva de proteção sobre a componente dos regimes contributivos e, por conseguinte, as parcerias com as instituições privadas para fornecimento de serviços e edificação de equipamentos locais. Com esta reforma, as prestações pecuniárias da ação social (prestações substitutivas de rendimentos que não atingem certos mínimos, subsídio social de desemprego) foram reconhecidas como direitos básicos universais. Introduziu-se ainda o complemento solidário para idosos e aumentou-se de forma contínua o salário mínimo. Os elevados custos financeiros deste sistema culminaram no problema da sustentabilidade do modelo social português, justificando que, entre 2010 e 2015, através das medidas de austeridade fossem determinados cortes, suspensão e congelamento de pensões, subsídios e salários[54].

Esse problema de sustentabilidade revelou, contudo, estreita conexão com questões da organização do trabalho, nomeadamente pela prevalência do modelo do emprego seguro ou pela profunda rigidez do mercado de trabalho. Os antecedentes destes dois aspetos encontram-se no período de transição para a democracia (e em linha com o que fora a evolução ao longo dos anos de 1960), quando se continuou a dispensar ao trabalhador maior proteção e compensação, condicionado-se o regime do despedimento e de extinção do contrato a prazo[55]. A rutura com o passado passou, então, por outras medidas como: o reconhecimento do direito à greve, da proibição do lock-out e estabelecimento de independência das associações patronais e sindicatos

[54] Ibídem, pp. 551-552; Renato CARMO, Frederico CANTANTE e Margarida CARVALHO: "Políticas públicas para a redução das desigualdades", em Maria de Lurdes RODRIGUES e Pedro ADÃO E SILVA (eds.): *Políticas Públicas em Portugal*, Lisboa, Instituto Universitário de Lisboa, 2012, pp. 315-317.

[55] Decretos-lei n.º 372-A/75 de 16 de julho e n.º 781/76 de 28 de outubro, respetivamente.

em relação ao Estado. Ainda assim, não se admitiu a liberdade sindical até à promulgação da Constituição, estabelecendo-se antes a unicidade sindical[56]. Já na contratação coletiva, que conheceu uma explosão até 1978, foi mantida a homologação das convenções de trabalho pelo Governo, dando-se só em 1976 o estabelecimento do primado do princípio da autonomia coletiva[57]. Até 1982, desenvolveu-se o quadro de proteção do emprego, com a consagração constitucional dos princípios de segurança no emprego e proibição dos despedimentos sem justa causa, por um lado, e criação do Conselho Permanente de Concertação Social (atual Conselho Económico e Social). Após a segunda intervenção do FMI no País (1983), esse quadro sofreu uma inflexão e procedeu-se à progressiva flexibilização da legislação laboral (que motivou, em 1988, a primeira greve geral apoiada pelas duas centrais sindicais), mediante a revisão do subsídio de desemprego, introdução de mecanismos de reformas antecipadas (1991) e alterações na idade de reforma das mulheres e na fórmula de cálculo das pensões (1995). Com o objetivo de reduzir a conflitualidade social, os anos de 1995 a 2001 deram prioridade a políticas de proteção social e o diálogo social, permitindo a celebração de acordos quanto à limitação da duração semanal das 40 horas, formação profissional e segurança e higiene no trabalho. A partir de 2003, com a publicação do Código de Trabalho e num quadro de crescente risco de se tornar insustentável o modelo português de articulação entre proteção social e criação de emprego, foram introduzidos mais mecanismos para flexibilizar o mercado de trabalho e promovidas alterações no regime de proteção ao desemprego (acesso a pensões de velhice a desempregados com 58 anos, diminuição de prazos de garantia ao subsídio de desemprego, introdução de princípios de caducidade dos instrumentos da contratação coletiva). Do regime de proteção ao desemprego, continuaram excluídos os que procuram o primeiro emprego. Entre 2005 e até ao final da assistência financeira e económica ao País, introduziram-se novos mecanismos com o mesmo sentido (novas regras para subsídios de desemprego, aumento do controle e limitação do recurso aos despedimentos por

[56] Decreto-lei n.º 215-B/75, de 30 de abril.
[57] Bernardo da Gama LOBO XAVIER: *Curso de Direito do Trabalho*, Lisboa, Editorial Verbo, 2004, pp. 103-104.

mútuo acordo)[58], que resultaram no aprofundamento indesejável da dualização do mercado de trabalho entre setor público e setor privado. Com efeito, alguns resultados de flexibilização do mercado de trabalho foram alcançados pelo setor privado, enquanto no setor público (o que estruturalmente, em democracia, tem apresentado maior empregabilidade) continuou a prevalecer o modelo de emprego seguro.

Para a redução de desigualdades sociais e económicas concorreram outras políticas, como a de educação, onde, também na senda do que fora sustentado pela reforma do ministro Veiga Simão (1973), se deu continuidade à aposta na escolarização da população: estendendo a escolaridade obrigatória para seis anos (até 1986), depois para nove anos, a par da universalidade da educação pré-escolar para crianças a partir dos quatro anos de idade (em 2009), e, por fim, introduzindo o ensino secundário como grau mínimo para alunos portugueses (2009). Gradualmente, as ações de alfabetização de adultos (frequentes até 1986), com a redução do analfabetismo, foram substituídas por planos de qualificação da população adulta (com o objetivo de superar os valores na ordem 30% de indivíduos em idade ativa que possuem apenas o ensino secundário) e de promoção do sucesso escolar em todos os níveis de ensino, que visaram combater o elevado abandono escolar (que em 2010 atingia ainda os 28%). Em 2005, procedeu-se à abertura de cursos profissionais em todas as escolas secundárias. Embora a progressão em diversos indicadores tenha sido positiva, as políticas seguidas não permitiram alcançar a convergência com a União Europeia. O programa de ajustamento implementado depois de 2010 não supriu as medidas de combate à baixa escolaridade e ao abandono escolar, mas impôs a redução de custos com a rede escolar, racionalizando os aprovisionamentos, a contratação de recursos humanos e os contratos de associação com escolas privadas[59].

Menos eficientes na redução de desigualdades foram as políticas para a habitação. Durante a transição, os Governo Provisórios optaram

---

[58] António DORNELAS e Mariana VIEIRA DA SILVA (eds.): "Políticas públicas de regulação...", pp. 158-160.

[59] Maria do Carmo GOMES e Alexandra DUARTE: "Políticas públicas de educação e formação", em António DORNELAS e Mariana VIEIRA DA SILVA (eds.): *Políticas Públicas em Portugal...*, pp. 351-352.

pelo congelamento das rendas e legalização de casas ocupadas, permitindo-se ainda o subarrendamento. Entre 1977 e até 2002, as leis das rendas continuaram a beneficiar os inquilinos e conduziram à descapitalização dos senhorios (com reflexos na degradação do parque urbano, necessitado de profunda reabilitação sobretudo nas cidades), sendo apenas permitida a atualização de valores naquele último ano (com a substituição do escudo pelo euro). Consequentemente, o mercado de arrendamento apresentou uma elevada distorção, marcada pela falta de casas para alugar e pelo desinvestimento em prédios para arrendamento. Essa situação só seria corrigida depois de 2011, quando, seguindo recomendações da Troika, o XIX Governo Constitucional impôs a atualização do enquadramento legal do arrendamento urbano, que permitiu a devolução ao mercado de diversas propriedades. A nova legislação garantia que a assunção pelo Estado do diferencial entre a renda justa e a renda passível de ser paga pelos inquilinos (de longa duração), em função dos rendimentos auferidos por este último. De notar ainda que a entrada na CEE permitiu a liberalização do crédito à habitação, o qual subiu exponencialmente depois de 1992, numa conjuntura de diminuição das taxas de juro. Foi o regresso da política de aquisição de casa própria (como havia ocorrido na década de 1960), que, apesar de provocar uma subida no preço da construção, foi, desta vez, acompanhada de maior investimento imobiliário na periferia das cidades. Esta tendência foi sustentada pelo aprofundamento da complementaridade entre o Estado central e local, tendo os municípios beneficiado desde 2006 de incentivos fiscais e financeiros para a construção, bem como entre atores públicos e privados, promovendo-se por esta via, com o apoio de fundos europeus, a reabilitação de edifícios e a requalificação urbana[60].

Foi na área da saúde que a democracia implementou um maior corte com as políticas seguidas pela ditadura, uma vez que o Estado se assumiu como financiador e principal prestador dos serviços de saúde, assumindo os seus custos e tendo começado por negligenciar/ rejeitar a cooperação com os privados com presença na área.

---

[60] Margarida ACCIAIUOLI: *Casas com Escritos. Uma história da habitação em Lisboa*, Lisboa, Editorial Bizâncio, 2015, pp. 641-654.

Durante a transição democrática, foram nacionalizados os serviços médico-sociais existentes antes de 1974, inclusive com estatização do Hospital da Companhia União Fabril, criado em 1945 e pertencente ao grupo económico Mello. Em 1979, foi criado o Serviço Nacional de Saúde (SNS) com uma lógica de prestação de cuidados de saúde universal, gratuita e financiada pelo orçamento do Estado. Só de 1984 em diante, os agentes privados recuperaram a sua posição no fornecimento de serviços de saúde, em particular as Misericórdias voltaram a controlar o seu património hospitalar e a auferir rendas pelos espaços utilizados pelo SNS. Essa mudança de modelo serviu ainda para a promoção de convenções e incentivo ao recurso a seguros de saúde. Nos serviços de saúde públicos, o Estado introduziu as taxas moderadoras, moderando a lógica da gratuitidade e implicando o beneficiário no suporte de um custo mínimo do sistema. Entre 1995 e 2002, colocou-se a possibilidade de privatização do SNS, que, todavia, não avançou. Em alternativa, face à necessidade de racionalizar custos na saúde, iniciou-se a aplicação de medidas de melhoria e eficiência, como novas regras de gestão para centros de saúde e a empresarialização de hospitais. Apenas em 2005, o Estado iniciaria a prestação de cuidados continuados, mas ainda assim em colaboração com a Rede Social. Desde 2002, o Estado revalorizou a referência ideológica do sistema público de saúde (com uma alteração semântica que foi a passagem de SNS para Sistema Nacional de Saúde) e tentou o alargamento e a modernização de serviços; em contradição com o referencial ideológico do próprio discurso governamental, para ser garantida a sustentabilidade do setor, deu-se início ao regime das parcerias público-privadas e criaram-se os Hospitais SA. A racionalização das unidades de saúde prosseguiu, assistindo-se depois de 2005 ao fecho das que tinham reduzida utilização. A austeridade imposta depois de 2010 não colocou em causa a sobrevivência do modelo de SNS, exigindo, porém, a reestruturação da ADSE (Instituto de Proteção e Assistência na Doença, que tem por missão estabelecer uma modalidade de acesso dos funcionários públicos e pensionistas do Estado a uma rede de prestadores convencionados nos domínios da promoção da saúde, prevenção da doença, tratamento e reabilitação) e diminuição do teto das deduções fiscais para despesas de saúde[61].

CONSIDERAÇÕES FINAIS

No intervalo temporal analisado, assiste-se a uma crescente complexidade na organização das políticas sociais em Portugal. Essa organização manifestou uma grande dependência do exterior: por um lado, quanto aos saberes e técnicas adquiridos e incorporados (junto da EFTA, OIT, OMS, entre outras), e, por outro lado, quanto aos financiamentos (com obtenção de fundos desde o Plano Marshall, passando pela CEE até à União Europeia). A democracia aprofundou tendências iniciadas nos anos 60 para as políticas sociais, com exceção do que veio a ser implementado nas políticas de saúde, aprofundando a sua eficiência e eficácia.

Nos primeiros dois anos após o 25 de Abril, as mudanças, embora significativas, foram poucas. Cresceram mecanismos de dependência do aparelho estatal e instâncias de centralização, registando-se dificuldades de funcionamento nos serviços públicos e, nalguns casos, de financiamento. O corte com o legado autoritário resultou, nos primeiros anos, no declínio da capacidade de solidariedade das instituições mais pequenas e na diminuição da responsabilidade privada e da provisão privada. Na interiorização da responsabilidade do Estado pela segurança dos cidadãos residiu a transformação mais significativa em relação ao modelo social herdado da ditadura, que havia procurado, a partir da década de 1960, garantir desenvolvimento a um sistema social peculiar, muito centrado na realidade de Portugal continental e menos nos territórios coloniais, onde o conflito militar se arrastava e se transformara na principal ameaça à preservação e durabilidade do próprio sistema político.

Nas décadas de consolidação da democracia, não houve mudanças paradigmáticas nas estruturas do Estado de Bem-estar ou nas diferentes

---

[61] Mariana VIEIRA DA SILVA: "Políticas públicas de saúde", em António DORNELAS e Mariana VIEIRA DA SILVA (eds.): *Políticas Públicas em Portugal...*, pp. 283.

políticas sociais desenvolvidas. Nesse sentido, houve também uma continuidade, um padrão institucional que se reproduziu e se reforçou entre 1960 e 2014 (até à atualidade, em rigor) e cuja reversibilidade, em matéria de Estado Social, não parece possível. É um típico caso de "path dependency", para usar uma expressão da ciência política, que significa a dificuldade de chegar a soluções mais eficientes. Com efeito, o caso português confirma o diagnóstico de Paul Pierson para a globalidade da Europa, de que há uma ausência de mudanças disruptivas[62]. Como aquele autor assinalou, tal pode dever-se: ao apoio generalizado ao Estado-Providência e à incapacidade de ser aceite o seu retrocesso (como comprovou a elevada contestação social durante a última intervenção do FMI em Portugal); à capacidade reivindicativa dos grupos que beneficiam diretamente do modelo social seguido (destacando-se os pensionistas que, através do voto, estão dispostos a penalizar os governos que promovem cortes nas pensões e não são seduzidos por cargas fiscais mais baixas).

Sendo verdade que os programas sociais implementados nos últimos 50 anos contribuíram para mitigar desigualdades na repartição do rendimento e na proteção social, também é verdadeiro que Portugal continua a apresentar uma enorme exposição da população à pobreza e que o sistema de Estado de Bem-estar, cada vez mais, se apresenta em risco de sustentabilidade. O País possui famílias (não apenas pobres, mas também de classe média) altamente vulneráveis a situações de pobreza, como revelaram a crise de 2008 e a pandemia de COVID-19. Tal pode ser avaliado pela subida de pedidos de ajuda alimentar, pelo realojamento ou desmantelamento de famílias que deixam de conseguir pagar habitação própria e têm necessidade de se dispersar por casas de familiares (normalmente, os pais), por grande exposição à subida de taxas de juro, de preços e a situações de desemprego, apresentado dificuldades de reingresso no mercado de trabalho. Finalmente, registe-se que, se hoje, as políticas sociais em Portugal apresentam uma estrutura que tributa as classes média e alta para beneficiar os pobres, também é verdade que, cada vez

[62] Argumento supracitado em: Mónica BRITO VIEIRA e Filipe CARREIRA DA SILVA: *O Momento Constituinte...*, p. 38.

mais, a tributação sobre a classe média e alta destina-se a assegurar serviços que beneficiam estas mesmas classes.

¿UN NUEVO SISTEMA SANITARIO PARA UN NUEVO PAÍS? LOS DEBATES EN TORNO A LA REFORMA SANITARIA EN LA DÉCADA DE LOS 70[1]

Enrique Perdiguero Gil
Instituto Interuniversitario López Piñero
Universidad Miguel Hernández de Elche

EL PECADO ORIGINAL: LOS PROBLEMAS DEL SEGURO OBLIGATORIO DE ENFERMEDAD

> SOE. Estas iniciales que parecen el grito de socorro SOS, no lo son, pero casi-casi .... En realidad se trata de las siglas del llevado y traído Seguro Obligatorio de Enfermedad. Y digo casi-casi porque, a estas alturas, todos sus componentes, o mejor dicho, sus principales componentes, médicos y enfermos, están pidiendo socorro a gritos, los primeros riñendo una verdadera batalla argumental desde las tribunas públicas y los segundos gruñendo su descontento, como lo gruñeron siempre, en la sala de espera de los ambulatorios y en los estira y afloja con ese hombre, el médico, que, a través de esta institución, más lo consideran un enemigo con el que hay que enfrentarse enseñando los dientes que un amigo a quien se debe depositar toda la confianza[2].

Con estas palabras abría Francisco Candel, escritor y periodista, el "Trozo Sexto.- El llevado y traído Seguro de Enfermedad" de su obra

[1] Este trabajo ha sido financiado por los proyectos "De la propaganda sanitaria a la educación para la salud: ideología, discursos y saberes en la España de Franco (1939-1975)", HAR2012-34588 (MINECO); "Reforma sanitaria y promoción de la salud en el tardofranquismo y la transición democrática: nuevas culturas de la salud, la enfermedad y la atención", HAR2015-64150-C2-1-P (MINECO/FEDER); y por la red NISALDes, RED2018-102413-T (Ministerio de Ciencia, Innovación y Universidades). La gran mayoría de las investigaciones que se plasman en este texto han sido llevadas a cabo juntamente con Eduardo Bueno, Josep M. Comelles y Josep Barceló, tal y como queda reflejado en la bibliografía citada. A los tres, mi más profundo agradecimiento. También a Aida Terrón, a quien debo mi acercamiento a la Historia de la Educación.

[2] Francisco CANDEL: *Ser obrero no es ninguna ganga*, Barcelona, Ariel, 1968, p. 11.

Ser obrero no es ninguna ganga, una etnografía dedicada a narrar las condiciones de vida del proletariado emigrado al área metropolitana de Barcelona desde 1936 hasta 1966, que conocía de primera mano, pues había vivido con su familia en una barraca en la montaña de Montjuic desde los años 30[3]. El capítulo describe, con los testimonios de algunos obreros, tal y como hace en el resto de los "trozos" de la obra, el mal funcionamiento del Seguro Obligatorio de Enfermedad (en adelante SOE) en la ciudad de Barcelona. Candel critica el sistema de financiación, las malas condiciones de trabajo de los médicos, a las que en la mayoría de los casos se acomodaban porque les permitía ejercer otras actividades, de modo que el sueldo del SOE era solo una parte de sus ingresos; las limitaciones de la medicina general, de ínfima calidad, con decenas de personas atendidas en menos de dos horas, sin ser exploradas y, como consecuencia, el papel central de la receta en una relación médico-enfermo desvirtuada, exigida por los pacientes ("para eso pago", en referencia a las cotizaciones que sostenían el sistema junto con la aportación de los empleadores), tolerada por los médicos ante la presión de los inspectores del *Seguro,* que solían ponerse del lado de los asegurados, y con los correspondientes beneficios para las empresas farmacéuticas[4]; la burocratización de la travesía por las diferentes instancias asistenciales (medicina general, especialistas, servicios de diagnóstico, hospitales, etc.); los problemas y limitaciones de la asistencia hospitalaria, especialmente graves en Barcelona, castigada por el franquismo con una menor dotación; la parquedad de las prestaciones por enfermedad y otros variados asuntos. Candel alude con frecuencia a las quejas de los asegurados y beneficiarios que ya aparecían en las páginas de los periódicos[5].

[3] Francisco Candel (1925-2007) alcanzó relevancia con su obra *El altres catalans* (1964), un texto de "periodismo social" sobre la inmigración en Barcelona, censurado en parte. Fue un prolífico autor de novelas, ensayos, reportajes.

[4] A este tema nos hemos referido repetidamente en nuestros trabajos sobre el SOE, la medicina rural y la reforma sanitaria que son citados a lo largo de este capítulo.

[5] Son múltiples los artículos y sueltos remitidos por lectores a la dirección de diarios como *La Vanguardia Española* criticando el mal funcionamiento del SOE, en especial, en lo referido a la asistencia urgente y las visitas a domicilio. Véase, por ejemplo, Joaquín HOSPITAL RODES: "Las bromas que son de veras", *La Vanguardia Española*, 30 de mayo de 1964. También menudearon las críticas provenientes de los médicos, como por ejemplo la de Joaquín HOSPITAL RODES: "El ejericio social de la medicina", *La Vanguardia Española*, 30 de noviembre de 1965.

La crítica más subrayada por el autor, a través de su irónica prosa, es la deshumanización de la asistencia médica. Remite, como contrapunto de tal situación, de modo un tanto paradójico, a un tipo ideal de médico, el de cabecera, defendido por la "clase médica" y habitualmente inaccesible para los obreros, elegido y no asignado como ocurría en el Seguro, y con pago por acto médico que, según el autor, permitiría ponderar, en su justa medida, el valor de la asistencia y de la prescripción[6].

La mayor parte del contenido de *Ser obrero no es ninguna ganga* había sido escrito entre 1964 y 1966, aunque hubo pequeños retoques posteriores, previos a su dificultosa publicación en 1969 (con fecha de 1968). Pero el vívido fresco de las condiciones de vida de los obreros no pudo ser leído. Como el mismo Candel explica en la edición íntegra del texto, publicada en 1976 (que incluye frases significativas ausentes en la primera versión) la edición de 1968 fue secuestrada[7].

Sin embargo, otras críticas al SOE, a la Ley de Bases de Seguridad Social (1963) y a la discusión de las enmiendas presentadas para su aplicación pudieron publicarse sin problemas, al formar parte de una obra académica. Son las debidas a Felip Solé i Sabarís, que aparecieron como introducción y notas a la traducción española de *Le grand tournant de la medecine libérale*, publicada en París en 1963[8]. Solé, apoyándose en datos estadísticos, incide en problemáticas del SOE similares a las apuntadas por Candel, si bien presta más atención a la opacidad presupuestaria de la Seguridad Social y a cuestiones relacionadas con los médicos[9], refiriendo con detalle sus crecientes

[6] Sobre el tipo ideal de médico, véase: Josep M. COMELLES *et al.*: "Por caminos y veredas: la práctica médica rural bajo el franquismo (1939-1979)", en José MARTÍNEZ-PÉREZ y Enrique PERDIGUERO GIL (eds.): *Genealogías de la reforma sanitaria en España*, Madrid, Los Libros de la Catarata, 2020, pp. 63-124.

[7] Francisco CANDEL: *Ser obrero no es...*, pp. 5-31.

[8] Felip Solé i Sabarís (1915-2005), teniente en el ejército franquista durante la contienda civil, se licenció en Medicina en 1943 y fue evolucionando en sus convicciones políticas hasta situarse en la oposición al Régimen e integrarse en el PSUC. Felipe SOLÉ SABARÍS: "Adaptación española con introducción, notas y apéndice bibliográfico", en Henri HATZFELD (ed.): *La crisis de la medicina liberal*, Barcelona, Ariel, 1965.

[9] Publicó posteriormente una obra en la que sistematizó y completó los argumentos de sus notas a la obra del caso francés: Felipe SOLÉ SABARÍS: *Problemas de la Seguridad Social española*, Barcelona, Pulso, 1971.

reivindicaciones[10]. Al comentar los pocos datos económicos a los que tuvo acceso, pone de manifiesto las profundas incoherencias en la financiación del sistema, entre las que cabe resaltar la baja aportación del Estado y las transferencias de los superávits a otras ramas deficitarias del sector público. No obstante, Solé, como Candel, incide en la burocratización y la deshumanización como uno de los principales problemas del Seguro a nivel asistencial, apoyándose en la opinión de figuras médicas de renombre, con mayor o menor cercanía al Régimen, como Pedro Laín Entralgo (1908-2001), Juan Rof Carballo (1905-1994) o Carlos Jiménez Díaz (1898-1967).

Uno de los elementos más interesantes en las notas de Solé es la inclusión de un extenso artículo de José Alberto Palanca y Martínez-Fortún (1888-1973)[11], director general de Sanidad entre 1939 y 1957[12], que mostró, tras su cese[13], las discrepancias que había tenido sobre el modo de poner en funcionamiento el SOE[14]. Así de rotundo es el inicio del escrito del militar:

> Que el SOE es una gran obra social no lo duda nadie. Que el SOE funciona mal y que tiene disgustados a todos los que de una

[10] Enrique PERDIGUERO GIL y Eduardo BUENO VERGARA: "«Hay una diferencia entre la medicina social y la socializada»: las resistencias de los médicos españoles a la colectivización de la asistencia sanitaria y la ampliación de la cobertura sanitaria (1944-1963)", en Damián Alberto GONZÁLEZ MADRID y Manuel ORTIZ HERAS (eds.): *El estado del bienestar: entre el franquismo y la transición*, Madrid, Sílex, 2020, pp. 95-124.

[11] Sobre Palanca, véase Jorge MOLERO MESA e Isabel JIMÉNEZ LUCENA: "Salud y burocracia en España. Los cuerpos de sanidad nacional (1855-1951)", *Revista Española de Salud Pública*, 74 (2000), pp. 45-79; y Esteban RODRÍGUEZ-OCAÑA: "España y la Organización Mundial de la Salud en tiempos de Palanca: una evaluación provisional", *Asclepio*, 71, (2019), pp. 254-265.

[12] El 27 de agosto de 1938 fue nombrado jefe del Servicio Nacional de Sanidad (*BOE*, de 30 de agosto de 1938) y con la reorganización ministerial que se produjo tras la guerra se le puso al frente de la Dirección General de Sanidad, dependiente del Ministerio de Gobernación.

[13] Cese que se produjo en el contexto de la gran reorganización ministerial de febrero de 1957 en la que también fue depuesto el muñidor del SOE, el falangista José Antonio Girón de Velasco. Los grandes contendientes en el tapete de la sanidad española de posguerra desaparecieron de la escena pública.

[14] Sobre el reparto de competencias en la sanidad franquista que había desatendido la Salud Pública, véase Pedro MARSET CAMPOS, José Miguel SÁEZ GÓMEZ y Fernando MARTÍNEZ NAVARRO: "La Salud Pública durante el franquismo", *Dynamis*, 15 (1995), pp. 211-250; y Joan SERRALLONGA I URQUIDI: "El cuento

> u otra manera intervienen o se benefician de él, también lo sabemos todos. Y aún añadiré una tercera afirmación: que gran parte de su defectuoso funcionamiento se debe a errores cometidos en sus comienzos y que, por cierto, fueron previstos y anunciados por muchos de nosotros.
>
> El examinarlos, el traerlos a colación, no es ciertamente una labor derrotista, muy por el contrario, porque si aún fuese tiempo de corregirlos sería un trabajo verdaderamente útil, ya que lo que deseamos, directivos, médicos, beneficiarios y hasta el país entero, es que el SOE marche a gusto de todos. Claro está que lo que al principio hubiera sido sencillo, relativamente, no lo es tanto ahora porque es más fácil crear una nueva organización que enderezar una viciosa, ya que los intereses creados a través de tantos años y las situaciones de hecho derivadas de una actuación tan larga son muy difíciles de enmendar, como lo es también la parte moral o imponderable, desvanecer los prejuicios creados en contra del funcionamiento del seguro, demasiado arraigados para corregirlos en un momento[15].

Palanca parece dispuesto a abogar por una ruptura más que por una reforma, tal y como indicaron algunos de los que debatieron sobre la sanidad durante la Transición[16]. En su texto, critica aspectos organizativos que pudieron ser encaminados de otro modo, como evitar el excesivo peso de las decisiones políticas en detrimento de las técnicas, implantar el SOE paulatinamente y no hacerlo en todo el territorio nacional y para todo tipo de enfermedades, haber formado convenientemente y dotado de independencia a los inspectores que

de la regularización sanitaria y asistencial en el régimen franquista. Una primera etapa convulsa, 1936-1944", *Historia Social*, 59 (2007), pp. 77-98. El artículo reproducido por Solé fue publicado en 1962, por el diario *Ya*, según indica el extracto que publica Enrique NOGUERA: "El Dr. Palanca expone los errores iniciales del Seguro de Enfermedad", *Profesión Médica*, 16 de diciembre de 1962.

[15] José Alberto PALANCA Y MARTÍNEZ-FORTÚN: "Los errores iniciales del Seguro Obligatorio de Enfermedad", en Henri HATZFELD (ed.): *La crisis de la medicina...*, p. 201.

[16] Véase Jacint REVENTÓS, Josep ARTIGAS y Josep Maria BRUNET: "Passos en la reforma sanitària", en VVAA: *Xè Congrès de Metges i Biòlegs de Llengua Catalana. II Ponència. Funció social de la medicina*, vol. 2, Barcelona, Acadèmia de Ciències Mèdiques de Catalunya i de Balears, Societat Catalana de Biologia, 1976.

controlaban la puesta en marcha del dispositivo asistencial, haber contado con instalaciones preexistentes y evitar duplicidades cuando se fueron construyendo nuevas, evitar el excesivo costo de los nuevos hospitales, organizar de otro modo la prestación farmacéutica, tanto en lo que se refiere al ciclo comercial, como a la prescripción y a la posibilidad de establecer algún tipo de copago; contar con la colaboración de médicos de prestigio tanto en la enseñanza como en la investigación, organizar adecuadamente la atención a la infancia teniendo en cuenta la existencia de los puericultores adscritos a la Dirección General de Sanidad, pagar mejor a los médicos, e indica: "y aun me he dejado en el tintero alguna esencial por lo delicado del asunto"[17]. Visto con perspectiva, el texto de Palanca resulta bastante certero a la hora de señalar algunos de los problemas más graves que viciaron la puesta en marcha del SOE, lastres que, en algunos casos, todavía no se han resuelto en la actualidad. Alguno de ellos va más allá de lo meramente organizativo, como el de establecer una cultura asistencial en la que la relación médico-paciente pivota sobre la prescripción.

Los escritos de Candel y Solé que he traído a colación tienen como objetivo mostrar que antes de la definitiva puesta en marcha, tras dificultosas negociaciones, de los elementos recogidos en la Ley de Bases de la Seguridad Social (1963)[18], el SOE fue percibido y considerado como un sistema asistencial lesivo tanto para los que asistían como para los asistidos. Requería, por tanto, una reforma que la puesta en marcha de la Seguridad Social no logró, a pesar de sus intentos de racionalización[19].

Los problemas del SOE presentes en la descripción etnográfica de Candel y en los análisis de Solé, coetáneos al problema del que

---

[17] José Alberto PALANCA Y MARTÍNEZ-FORTÚN: "Los errores iniciales...", p. 210.

[18] Ley 193/1963 de 28 de diciembre sobre Bases de la Seguridad Social. *BOE*, 30 de diciembre de 1963.

[19] Margarita VILAR-RODRÍGUEZ y Jerònia PONS PONS: "La ley de Bases de la Seguridad Social de 1963: ¿una oportunidad perdida?", en Damián Alberto GONZÁLEZ MADRID y Manuel ORTIZ HERAS (eds.): *El estado del bienestar...*, pp. 125-156. Tampoco lo lograron las reformas de 1972 y 1974: Francisco COMÍN COMÍN: "Los seguros sociales y el Estado de Bienestar en el siglo xx", en Jerònia PONS PONS y Javier SILVESTRE RODRÍGUEZ (eds.): *Los orígenes del estado de bienestar*

se ocupan, han sido corroborados y analizados con detalle por los estudios que, desde distintos campos historiográficos, se han publicado en las dos últimas décadas. Remito a los más significativos[20]. Todos inciden en los graves problemas de la institución, aunque algunos también valoran que su puesta en marcha permitiese a la larga, contar un sistema sanitario de calidad. También se ha profundizado en dos ámbitos generales de la asistencia sanitaria muy relevantes (no entro en lo que se refiere a parcelas todavía más acotadas como, por ejemplo, la asistencia psiquiátrica). Uno de ellos, que no tuvo demasiado protagonismo en las discusiones sobre la reforma sanitaria, es el de la medicina rural[21]. El otro, sin embargo, formó parte central de lo

en España, 1900-1945: los seguros de accidente, vejez, desempleo y enfermedad, Zaragoza, Prensas Universitarias de Zaragoza, 2010, pp. 17-50.

[20] Ana Marta GUILLÉN RODRÍGUEZ: *La construcción política del sistema sanitario español: de la postguerra a la democracia*, Madrid, Exlibris, 2000; Margarita VILAR-RODRÍGUEZ y Jerònia PONS PONS: "The Introduction of Sickness Insurance in Spain in the First Decades of the Franco Dictatorship (1939-1962)", *Social History of Medicine*, 26 (2012), pp. 267-287; ídem: "Labour repression and social justice in Franco's Spain: the political objectives of compulsory sickness insurance, 1942–1957", *Labor History*, 53 (2012), pp. 245-267; ídem: *El seguro de salud privado y público en España: su análisis en perspectiva histórica*, Zaragoza, Prensas de la Universidad de Zaragoza, 2014; y Eduardo BUENO VERGARA y Enrique PERDIGUERO GIL: "Mejor curar que prevenir: dispositivos asistenciales y actividades preventivas en el primer franquismo", en Mónica MORENO SECO, Rafael FERNÁNDEZ SIRVENT y Rosa Ana GUTIÉRREZ LLORET (eds.): *Del siglo XIX al XXI. Tendencias y debates*, Alicante, Biblioteca Virtual Miguel de Cervantes, 2019, pp. 1.972-1.983.

[21] Por ejemplo, Margarita VILAR-RODRÍGUEZ y Jerònia PONS PONS: "La cobertura social de los trabajadores en el campo español durante la dictadura franquista", *Historia Agraria*, 66 (2015), pp. 177-210; Josep M. COMELLES *et al.*: "Por caminos y veredas…"; Daniel LANERO TÁBOAS: "Previsión social y asistencia sanitaria en la españa rural (1950-1986): ¿qué sabemos? ¿qué nos queremos preguntar?", en Damián Alberto GONZÁLEZ MADRID y Manuel ORTIZ HERAS (eds.): *El estado del bienestar…*, pp. 69-94; y Manuel ORTIZ HERAS: "Médicos y pacientes rurales en el tardofranquismo y la transición. Entre los intereses corporativos y el empoderamiento social", en Damián A. GONZÁLEZ MADRID y Manuel ORTIZ HERAS (eds.): *El estado del bienestar…*, pp. 157-198.

propuesto para la reorganización de la sanidad pública. Me refiero al sistema hospitalario[22].

LOS DEBATES EN TORNO A LA REFORMA SANITARIA DURANTE LA DÉCADA DE LOS 70[23]

Como ya he indicado, a finales de los años 60, las deficiencias en la asistencia sanitaria y en las actividades de salud pública continuaron siendo prácticamente las mismas que se habían dado con anterioridad a la puesta en marcha de la Seguridad Social y sus posteriores reformas[24], por lo que, tras la muerte del dictador, tanto ciertos sectores gubernamentales, como diversos agentes sociales, incluidos partidos y centrales sindicales, todavía clandestinos, no tenían dudas sobre la necesidad de reformar el sistema sanitario público en su conjunto.

---

[22] Solo indico para esta cuestión algunas referencias que contienen estudios sobre el periodo que aquí interesa: Margarita VILAR-RODRÍGUEZ y Jerònia PONS PONS (eds.): *Un siglo de hospitales entre lo público y lo privado (1886-1986)*, Madrid, Marcial Pons, 2018; Josep BARCELÓ-PRATS y Josep M. COMELLES: "De la coordinación a la descentralización. La evolución del dispositivo hospitalario catalán durante el franquismo y la Transición (1939-1980)", en Damián Alberto GONZÁLEZ MADRID y Manuel ORTIZ HERAS (eds.): *El estado del bienestar…*, pp. 231-257; el dossier "La configuración histórica del sistema hospitalario en España", *Dynamis*, 41 (2021), pp. 15-162; y Josep BARCELÓ PRATS y Daniel LANERO TÁBOAS: "From Abandonment to Hospitalisation: Evolution of Hospital Care in Rural Spain (1939-1975)", *Social History of Medicine*, 35 (2022), pp. 661-681.

[23] La decisión de no traspasar los años 70 en este estudio tiene que ver con que el periodo inmediatamente anterior a la aprobación de la LGS es mejor conocido, aunque sigue pendiente un análisis que vaya más allá de lo escrito por quienes protagonizaron su gestación y aprobación. Véase, por ejemplo, Pedro F. SABANDO SUÁREZ: *Así se creó el Sistema Nacional de Salud (SNS)*, Madrid, Díaz de Santos, 2020.

[24] Para el lamentable estado de la Salud Pública, véase Esteban RODRÍGUEZ OCAÑA y Rosa BALLESTER AÑÓN: "El Informe del consultor de la OMS Fraser Brockington de 1967 en el contexto del reformismo sanitario franquista", *Dynamis*, 39, (2019), pp. 477-496. Sobre otras cuestiones referidas a este periodo, me remito a Enrique PERDIGUERO GIL y Josep M. COMELLES: "The Roots of the Health Reform in Spain", en Laurinda ABREU (ed.): *Health Care and Government Policy*, Évora, Publicações do Cidehus, 2019; y Enrique PERDIGUERO GIL y Josep M. COMELLES: "The defence of health. The debates on health reform in 1970s Spain", *Dynamis*, 39 (2019), pp. 45-72.

UN ÚLTIMO INTENTO DE REFORMISMO FRANQUISTA: LA COMISIÓN INTERMINISTERIAL PARA LA REFORMA SANITARIA

En los últimos meses del franquismo, el Régimen hizo un postrero intento y a finales de 1974 puso en marcha una Comisión Interministerial para la Reforma Sanitaria[25]. El *Informe al Gobierno* que elaboró tiene fecha de julio de 1975, reconoció las insuficiencias y efectuó recomendaciones sobre todos los aspectos relacionados con la sanidad[26]. Si bien las propuestas en muchos casos no fueron demasiado concretas, el informe sí se ocupó de muchos temas que aparecerían con frecuencia en los debates de los años siguientes, especialmente aquellos que proponían un sistema sanitario integrado. El informe incluía una declaración inicial de principios sobre la universalidad del derecho a la salud (tal y como reconoció la Constitución de 1978)[27] y recogió conceptos (por ejemplo, la salud colectiva y la medicina familiar) y cuestiones de interés, como la planificación familiar y el cuidado de las personas mayores a los que se había prestado poca atención[28]. El documento destacó la importancia de las medidas de prevención, promoción de la salud y educación para la salud, y propuso una importante reorganización de los servicios de salud pública. Las recomendaciones también incluyeron la necesidad de solventar el muy desigual acceso a los servicios de salud existentes debido a la falta de coordinación. A pesar de que no se planteaba la organización de un servicio nacional de salud unificado, el informe sí instaba una "ordenación unitaria del sector sanitario" y al

---

[25] Orden de 26 de diciembre de 1974 por la que se crea la Comisión Interministerial para la Reforrna Sanitaria. *BOE*, de 28 de diciembre de 1974.

[26] *Informe al Gobierno*, Madrid, Ministerio de la Gobernación. Comisión Interministerial para la Reforma Sanitaria, 1975.

[27] El artículo 43 reconoce "el derecho a la protección de la salud", Constitución Española, 6 de diciembre de 1978. *BOE*, de 29 de diciembre de 1978.

[28] Inma HURTADO GARCÍA y Aida TERRÓN BAÑUELOS: "La educación sexual durante la Transición: modelando discursos y modulando voces", en José MARTÍNEZ PÉREZ y Enrique PERDIGUERO GIL (eds.): *Genealogías...*, pp. 155-191; y Emilia MARTOS CONTRERAS: "«Envejecer es cambiar»: la institucionalización de la geriatría y la evolución del concepto de vejez durante el franquismo", *Dynamis*, 39 (2019), pp. 453-475.

establecimiento de una red de centros de salud locales y hospitales regionales distribuidos por todo el territorio[29].

LAS FALLIDAS PROPUESTAS GUBERNAMENTALES

En conjunto, las propuestas de los sucesivos gobiernos del período que va desde la muerte de Franco hasta finales de la década de los 70 perdieron, en cierto modo, el aliento integrador que sí estaba presente en el informe de la Comisión Interministerial. En 1976, se consideró un borrador del plan de reforma de salud que no se hizo público, encargado por el ministro de la Gobernación, Manuel Fraga Iribarne (1922-2012), a Luis Cañada Royo[30]. Se publicaron diversos trabajos sobre la Seguridad Social y diversos aspectos de la asistencia médica y farmacéutica que no se tradujeron en disposiciones legislativas[31]. El primer Gobierno democrático formado en julio de 1977 incluyó un nuevo Ministerio de Salud y Seguridad Social, al frente del cual se puso a Enrique Sánchez de León (1934-). No tuvo éxito en su proyecto de reforma, aunque llevó a cabo cambios de calado en la situación sanitaria del país. Suprimió el Instituto Nacional de Previsión y lo sustituyó por nuevos organismos, incluido el Instituto Nacional de Salud (1978), encargado de la atención médica y con largo recorrido en el caso de aquellas autonomías que tardaron en recibir las transferencias sobre la materia[32]. Introdujo el *numerus*

[29] Testimonios posteriores han puesto de manifiesto que el documento resultó incómodo y, obviamente, nunca fue operativo: Pedro F. SABANDO SUÁREZ: *Así se creó el Sistema Nacional de Salud…*, p. 11.

[30] Solo se tiene noticias de él a través de un breve artículo periodístico: "Reforma sanitaria: El PSOE plagió a Fraga", *Diario 16*, 21 de julio de 1979. Luis Cañada ocupó varios cargos en el organigrama de la sanidad española durante la Transición. En julio de 1979 era subdirector general de Medicina Preventiva del Ministerio de Sanidad y Seguridad Social.

[31] MINISTERIO DE TRABAJO: *Libro Blanco de la Seguridad Social*, Madrid, Ministerio de Trabajo, 1977. Federico MAYOR DOMINGO (ed.): *Investigación sobre la asistencia farmacéutica en España: estudio socioeconómico sobre el conjunto de la asistencia sanitaria española*, Madrid, Ministerio de Trabajo, 1977; ídem: *Necesidades sanitarias y recursos asistenciales*, Madrid, Instituto Nacional de la Salud. Ministerio de Sanidad y Seguridad Social, 1979; e ídem: *La asistencia sanitaria en las zonas rurales*, Madrid, Centro de Estudios de Asistencia Sanitaria, 1979.

[32] Josep BARCELÓ I PRATS, Josep M. COMELLES y Enrique PERDIGUERO GIL: "Las bases ideológicas y prácticas del proceso de regionalización de la sanidad

clausus para cursar la Licenciatura de Medicina y Cirugía (1977). Convirtió la Enfermería en una carrera universitaria (1977), reguló las especialidades médicas (1978), la formación mediante el sistema de Médicos Internos Residentes (1977-1978), y creó la especialidad de Medicina Familiar y Comunitaria (1978), en torno a la cual se organizaría la Atención Primaria de Salud (APS), la piedra sillar de la Ley General de Sanidad (LGS)[33]. Sánchez de León, que dejó el Ministerio el 5 de abril de 1979, presentó un anteproyecto de Ley de Reforma Sanitaria el 17 de diciembre 1978, tras haber manifestado las líneas directrices de las reformas sanitaria y de la Seguridad Social en el Congreso de los Diputados[34]. Se opuso a las propuestas que trataron de establecer un servicio nacional de salud con cobertura universal, pero no logró obtener el apoyo de los colegios de médicos y de los sectores favorables al mantenimiento de una asistencia sanitaria ligada al aseguramiento del trabajador. Estos dos modelos, que podemos identificar con el del *National Health Service* británico y los de corte bismarckiano, son los que centraron, en lo mollar, el debate sobre la reforma sanitaria, aunque hubo muchos matices técnicos[35].

A Sánchez de León le sustituyó como ministro de Trabajo y Seguridad Social Juan Rovira Tarazona (1930-1990), que estuvo en el cargo hasta el 8 de septiembre de 1980. Rovira encargó un proyecto de reforma sanitaria al secretario de Estado de Sanidad, José María Segovia de Arana (1919-2016), clínico de prestigio muy influyente en la educación médica de licenciados y especialistas en los 70 y 80.

en España (1955-1978)", en María Isabel PORRAS GALLO, Lourdes MARIÑO GUTIÉRREZ y María Victoria CABALLERO MARTÍNEZ (eds.): *Salud, enfermedad y medicina en el franquismo*, Madrid, Los Libros de la Catarata, 2019, pp. 146-167.

[33] Ley 14/1986, de 25 de abril, General de Sanidad, *BOE*, de 29 de abril de 1986. Omito las referencias a las disposiciones legislativas que establecieron cada una de estas reformas.

[34] Sobre este proyecto véase Manuel EVANGELISTA BENÍTEZ: *Medicina y sociedad: la reforma sanitaria*, Madrid, Ministerio de Trabajo y Seguridad Social, 1981, pp. 329-359.

[35] Para los debates en la prensa sobre la reforma sanitaria que muestran claramente esta oposición entre ambos modelos tal y como fue discutida en la esfera pública, véase Miguel Ángel RODRÍGUEZ ARRIERO: *La reforma sanitaria a través del diario "El País"*, Tesis doctoral, Universidad Complutense de Madrid, 2001; y Margarita VILAR-RODRÍGUEZ y Jerònia PONS PONS: "El debate en torno al seguro de salud público y privado en España: desde la transición política a la Ley General de Sanidad (1975-1986)", *Historia y Política*, 39 (2018), pp. 261-290.

Su proyecto, muy ambiguo en lo que se refiere a la financiación, fue presentado con el título *Líneas Generales para la Reforma Sanitaria* en la Comisión de Sanidad del Congreso de los Diputados el 29 de julio de 1979[36]. Objeto de amplia discusión, finalmente se aprobó en el Pleno del Congreso con los votos a favor de la Unión de Centro Democrático, el apoyo de Coalición Democrática, el voto en contra de la izquierda y la abstención de Minoría Catalana, tras los debates de los días 6 y 7 de mayo de 1980[37].

UN NUEVO SISTEMA SANITARIO PARA UN NUEVO PAÍS: HACIA UN SERVICIO NACIONAL DE SALUD

La legalización de los partidos políticos en 1977 permitió la publicación de sus propuestas sobre reforma sanitaria de manera explícita, aunque sus ideas se habían ido conociendo en obras publicadas desde principios de los 70. Con anterioridad, desde inicios de la década de los 60, se había discutido la necesidad de reformar la sanidad en reuniones de algunos colegios de médicos, conferencias o cursos de variado cariz. Tras la muerte de Franco, estos debates fueron muy frecuentes en un ambiente de gran conflictividad laboral en los hospitales. Vale la pena subrayar dos eventos. El primero fue el *II Congreso de Jóvenes Médicos* (Valencia, mayo de 1972)[38]. Algunas de las ponencias allí presentadas, ampliadas, se publicaron en una obra con textos debidos, principalmente, a médicos de filiación comunista[39]. En este libro se incluyó un capítulo sobre los movimientos vecinales, ejemplo de la imprescindible aportación del activismo de

---

[36] *Boletín Oficial de la Cortes Generales*, de 17 de octubre de 1979.

[37] Sobre la resolución aprobada, véanse los comentarios sobre este proyecto desde posturas políticas muy diferentes en Luis SÁNCHEZ HARGUINDEY: *Reforma sanitaria española*, Madrid, Acción Social Empresarial (A.S.E.), 1981; y Pedro F. SABANDO SUÁREZ: *Así se creó el Sistema...*, pp. 12-20.

[38] Pedro MARSET CAMPOS: "Estructuras político-administrativas y salud pública en España", *Revista de Sanidad e Higiene Pública*, 68 (1994), pp. 57-64.

[39] Alberto INFANTE (ed.): *Cambio social y crisis sanitaria. (Bases para una alternativa)*, Madrid, Ayuso, 1975.

base en la democratización de la sociedad española, al denunciar graves insuficiencias sanitarias[40].

El segundo, que tuvo gran impacto en los debates de los años 70 y 80, fue el *Desè Congrès de Metges i Biòlegs en Llengua Catalana*, celebrado en Perpiñán del 23 al 26 de septiembre de 1976[41]. Los participantes procedían de variadas posiciones políticas, aunque los médicos afiliados al PSUC desempeñaron un papel esencial[42]. Lo debatido reflejaba, en buen parte, opciones organizativas referidas a dos modelos europeos, los del Reino Unido e Italia. Los médicos socialistas y comunistas habían tenido un papel capital en los debates que condujeron a la reforma sanitaria italiana de 1978[43]. Los trabajos de Franco Bassaglia (1924-1980) en el campo psiquiátrico, de Alessandro Seppilli (1902-1995) en el ámbito de la salud pública y la educación sanitaria y de Giovanni Berlinguer (1924-2015) sobre políticas sanitarias, tuvieron un profundo impacto en las propuestas de sectores de la oposición para reformar la sanidad.

La prioridad de las organizaciones de izquierda era democratizar el país, por lo que, a juzgar por los documentos oficiales que fueron publicando, la sanidad no fue una prioridad. Por ejemplo, en el *Manifiesto del Partido Comunista de España* (PCE) de 1975, reimpreso en 1977, solo aparecieron algunas referencias: la necesidad de asistencia sanitaria gratuita para toda la población, la exigencia de llevar a cabo una planificación sanitaria, enfatizando la importancia de la investigación y de las medidas preventivas, y la reivindicación

[40] Alberto VILLA LANDA: "Las barriadas urbanas", en Alberto INFANTE (ed.): *Cambio social y crisis sanitaria*, Madrid, Ayuso, 1975, pp. 151-168; Rafael QUIROSA-CHEYROUZE Y MUÑOZ (ed.): *La sociedad española en la Transición. Los movimientos sociales en el proceso democratizador*, Madrid, Biblioteca Nueva, 2011. Sirva como ejemplo: "Graves deficiencias en el orden de la asistencia sanitaria en La Sagrera", *La Vanguardia Española*, 30 de octubre de 1974.

[41] Estos congresos comenzaron a celebrarse en 1913 y fueron interrumpidos por la guerra. El último antes de la contienda se celebró, también en Perpiñán, en 1936.

[42] Muchas de las reflexiones y propuestas aparecieron en libros publicados en torno a la celebración del congreso: Nolasc ACARÍN *et al.*: *La sanidad hoy. Apuntes críticos y una alternativa*, Barcelona, Avance, 1975; ídem: *La salud, exigencia popular*, Barcelona, Laia, 1976; e ídem: *Servicio Nacional de Salud. Una alternativa democrática a la sanidad*, Barcelona, Laia, 1977.

[43] Giovanna VICARELLI: "The creation of the National Health System in Italy (1961-1978)", *Dynamis*, 39 (2019), pp. 21-43.

de salarios adecuados para los trabajadores sanitarios[44]. Las resoluciones del *XVII Congreso del PSOE*, celebrado en 1976, hicieron una sola mención a la salud en el contexto de las medidas para promover la igualdad de la mujer: "Que el embarazo aún en el caso de que la mujer tenga que causar baja por razones de salud o cambiar de puesto de trabajo, no suponga nunca disminución de su salario o de su categoría profesional"[45]. Su programa electoral de 1977 se ocupó de cuestiones sanitarias en un par de ocasiones, una de ellas referida al derecho a la salud y otra defendiendo que "Todo miembro de la sociedad española, cualquiera que sea su condición, tendrá derecho a recibir de la Seguridad Social asistencia médica en caso de enfermedad y a percibir unos ingresos mínimos cuando no pueda trabajar por razón de edad, salud o falta de trabajo"[46]. En el *IX Congreso del PCE*, celebrado en Madrid en abril de 1978, se discutieron breve y superficialmente algunas cuestiones sobre el sector sanitario, junto con propuestas sobre cultura, educación, investigación y medios de comunicación[47]. Comisiones Obreras incluyó en el programa de su primer congreso un breve capítulo sobre política sanitaria en el que defendía un servicio nacional de salud que llevase a cabo una acción sanitaria integrada gestionada democráticamente[48]. La Unión General de Trabajadores también recogió el problema sanitario de manera muy breve insistiendo en la necesidad de una asistencia sanitaria integral[49]. Ambas organizaciones sindicales propusieron la

---

[44] PARTIDO COMUNISTA DE ESPAÑA: *Manifiesto-Programa del Partido Comunista de España 1975*, Madrid, Comisión Central de Propaganda del Partido Comunista de España, 1977, pp. 39 y 41.

[45] PARTIDO SOCIALISTA OBRERO ESPAÑOL: *Resoluciones del XVII Congreso del Partido Socialista Obrero Español. 4-7 de Noviembre de 1976*, Madrid, Partido Socialista Obrero Español, 1976, p. 13.

[46] PARTIDO SOCIALISTA OBRERO ESPAÑOL: *Programa Electoral del Partido Socialista Obrero Español. Elecciones Generales 1977*, Madrid, Partido Socialista Obrero Español, 1977, pp. 5 y 15.

[47] PARTIDO COMUNISTA DE ESPAÑA: *9º Congreso del Partido Comunista de España, 19-23 Abril 1978- Resoluciones*, Madrid, Partido Comunista de España, 1978, pp. 127-128.

[48] COMISIONES OBRERAS: *Primer Congreso. Programa de la Confederación Sindical de Comisiones Obreras*, Madrid, Secretaría de Información y Comunicaciones de la Confederación Sindical de Comisiones Obreras, 1978, pp. 23-24.

[49] UNIÓN GENERAL DE TRABAJADORES: *Memoria que presenta la Comisión Ejecutiva al XXXI Congreso de la Unión General de Trabajadores, Barcelona, 25-28 de*

nacionalización de la industria farmacéutica[50]. Jesús M. de Miguel, que durante los debates sobre la reforma sanitaria desempeñó un doble papel, el de sociólogo académico y el de activista, valoró negativamente las propuestas de reforma sanitaria de todas estas organizaciones, al indicar que estaban lastradas por la vaguedad y la confianza en "futuribles", sin atarlas a tierra ni establecer medidas de financiación[51]. El mismo año en el que De Miguel formuló tal crítica, las discusiones mantenidas en las conferencias del PSUC y del PCE, sí tuvieron algo más de concreción[52].

UN SERVICIO NACIONAL DE SALUD PARA PROTEGER LA SALUD

Todas las propuestas de quienes se identificaron con la oposición democrática tienen rasgos comunes. El modelo debía ser el de un servicio nacional de salud con cobertura universal para la población española financiado por el erario. Para lograr este objetivo España requería un sistema fiscal moderno, por lo que era precisa una etapa transitoria del antiguo al nuevo sistema de financiación[53].

Este servicio de salud debía ofrecer servicios integrales: educación sanitaria, salud pública y medicina preventiva, asistencia sanitaria,

mayo, 1978, Madrid, Unión General de Trabajadores, 1978, p. 156.

[50] Para un análisis pormenorizado de las propuestas sanitarias sindicales véase Fernando PÉREZ IGLESIAS: "Los planteamientos sanitarios de los sindicatos de clase en la trasición española", en Rafael HUERTAS GARCÍA-ALEJO y Ricardo CAMPOS MARÍN (eds.): *Medicina social y clase obrera en España (Siglos XIX y XX)*, Madrid, Fundación de Investigaciones Marxistas, 1992, pp 581-594.

[51] Jesús M. de MIGUEL RODRÍGUEZ "Los partidos políticos españoles ante la reforma sanitaria", en Jesús M. de MIGUEL RODRÍGUEZ (ed.): *Planificación y reforma sanitaria*, Madrid, Centro de Investigaciones Sociológicas, 1978, pp. 429-452. De Miguel, cercano a la órbita ugetista, fue un muy prolífico en aquellos años. Ernest Lluch, el ministro de Sanidad nombrado por Felipe González en 1982, le encargó un dictamen sobre el sector sanitario para orientar la reforma que se plasmó en Jesús M. de MIGUEL RODRÍGUEZ: *Estructura del sector sanitario*, Madrid, Tecnos, 1983.

[52] PARTIT SOCIALISTA UNIFICAT DE CATALUNYA: *I Jornades de Sanitat del PSUC. Ponències i comunicacions. 11-12 de febrer de 1978*, Barcelona, Comissió de Sanitat del Comitè Central. PSUC, 1978. PARTIDO COMUNISTA DE ESPAÑA: *Primeras Jornadas Sanitarias del PCE. Madrid. 10 y 11 de Junio, 1978. Ponencias y Comunicaciones*, Madrid, Partido Comunista de España, 1978.

[53] Jacint REVENTÓS, Josep ARTIGAS y Josep M. BRUNET: "Passos en la reforma..."; y Francisco FERNÁNDEZ ORDOÑEZ: "La reforma fiscal de 1977-1978", en Luis GAMIR (ed.): *Política económica de España*, Madrid, Alianza, 1986, pp. 79-96.

rehabilitación y reinserción social. La protección de la salud, en lugar de la curación de la enfermedad, debía ser el principal objetivo. El sesgo del sistema existente hacia el tratamiento generaba un gasto farmacéutico excesivo, provocado por la prioridad dada a las recetas en las consultas médicas generales y una legislación favorable a la industria farmacéutica que le proporcionaba pingües beneficios[54].

Proteger la salud exigía la identificación de las causas biológicas, ambientales y sociales de las enfermedades. Para lograr este objetivo era indispensable la ayuda de la ciudadanía, que también debería participar en la planificación, gestión y evaluación del servicio de salud a través de consejos de salud organizados a nivel nacional, regional y local. Estarían formados por autoridades, profesionales y ciudadanos. Esta cuestión fue enfatizada por los comunistas que se inspiraron en las propuestas del Partido Comunista Italiano e insistieron en la influencia de municipios y barrios en el desarrollo de las actividades sanitarias[55].

También fue prioritario eliminar las desigualdades de acceso a los servicios sanitarios mediante un proceso de "regionalización" y "descentralización". Para ello todas las actividades sanitarias tendrían que organizarse a través de una red jerarquizada de centros con grados de especialización crecientes. En Cataluña, ya se habían discutido planes de este cariz en el primer tercio del siglo XX y en los años 50 y 60[56]. Esta cuestión fue uno de las más destacadas en los debates sobre la reforma. Se discutieron detalladamente los diferentes niveles asistenciales, sus funciones, la población asignada a cada uno de ellos y la coordinación. Algunos autores criticaron el predominio de los hospitales y destacaron la importancia de los centros de salud,

---

[54] Félix LOBO: "Estructuras monopolísticas y análisis industrial en España: el caso de la industria farmacéutica", *Boletín de Estudios Económicos*, vol. 32, 102 (1977), pp. 795-833; e ídem: "Qué hacer con la industria farmacéutica", en PARTIDO COMUNISTA DE ESPAÑA (ed.): *Primeras Jornadas Sanitarias del PCE*..., pp. 121-130.

[55] E. BARNOLA *et al.*: "La gestión democrática de los servicios médicos y sanitarios", en PARTIT SOCIALISTA UNIFICAT DE CATALUNYA (ed.): *I Jornades de Sanitat del PSUC*..., pp. 17-24; y Nolasc ACARÍN y Antoni ARTEMAN: "Sanitat i política muncipal", en PARTIT SOCIALISTA UNIFICAT DE CATALUNYA (ed.): *I Jornades de Sanitat del PSUC*..., pp. 69-76.

[56] Josep BARCELÓ I PRATS, Josep M. COMELLES y Enrique PERDIGUERO GIL: "Las bases ideológicas...".

pensados para ofrecer asistencia básica integrada y reemplazar los atestados ambulatorios. Señalaban que un primer nivel asistencial de calidad redundaría en un menor gasto farmacéutico[57]. No obstante, fueron los hospitales y los sanitarios que trabajan en ellos a los que se prestó mayor atención[58]. Se habló del bajo número de camas hospitalarias, de los problemas generados por los nosocomios altamente especializados, de la falta de integración entre las diversas redes hospitalarias, de la creciente relevancia del sector privado y de la escasez de enfermeras y matronas. En las discusiones sobre la descentralización sí encontró cierto acomodo el problema de la asistencia sanitaria en el medio rural. La paradoja que supone que se estuviese propugnando un sistema sanitario integrado y se primase la discusión sobre los hospitales se debe a que estos eran el lugar de trabajo de muchos de los que escribieron sobre la reforma sanitaria, en especial, desde el PSUC.

Los escritos más originales sobre la reforma fueron aquellos que profundizaron en situar la protección de la salud como eje central de los servicios sanitarios, algo que exigía un cambio radical con respecto a los existentes. Surgieron varios enfoques, generalmente superpuestos: la conceptualización de la salud, el sesgo biologicista de la medicina, la necesidad de considerar tanto la multicausalidad de las enfermedades como el papel de la organización de la sociedad en la génesis de las enfermedades[59].

La propuesta más influyente sobre el concepto de salud fue la del médico general Jordi Gol Gurina (1924-1985). Criticó los conceptos predominantes, especialmente el de la Organización Mundial de la Salud, y propuso una noción dinámica, basada en la capacidad de

[57] Carlos BORASTEROS: *Salud, enfermedad y sociedad*, Madrid, Forma, 1978, pp. 58 y 101-124.

[58] Jesús M. de MIGUEL RODRÍGUEZ : *La reforma sanitaria en España (El capital humano en el sector sanitario)*, Madrid, Cambio 16, 1976; Jordi GOL I GURINA *et al.*: *La sanitat als Països Catalans. Crítica y Documentació*, Barcelona, Edicions 62, 1978; y José CUERVO ARGUDÍN: "Notas para el debate sobre la situación actual y perspectivas de los trabajadores y profesionales sanitarios", en PARTIDO COMUNISTA DE ESPAÑA (ed.): *Primeras Jornadas Sanitarias del PCE...*

[59] Se trata de cuestiones también estudiadas por personajes que, desde la sanidad franquista actuaron, en cierto modo, como versos libres, como, por ejemplo: Primitivo de la QUINTANA LÓPEZ: *Sociedad, cambio social y problemas de salud. Discurso de ingreso*, Madrid, Real Academia Nacional de Medicina, 1966.

alcanzar la autorrealización en una sociedad determinada a través de la autonomía, la solidaridad y la felicidad[60]. Los médicos del PCE respaldaron el concepto propuesto por el salubrista Enrique Nájera Morrondo (1934-1994), que subrayó el equilibrio social y la integración en la sociedad[61]. Ambos autores destacaron el valor positivo de la salud y la relación entre los factores biológicos, ambientales y sociales.

Desde este punto de partida, el objetivo de los servicios sanitarios debía ser evitar cualquier circunstancia que obstaculizase la realización personal, la integración social y la felicidad, mediante una redistribución de la riqueza que eliminase las desigualdades basadas en la clase social o la localización espacial. El estudio más riguroso en este sentido fue el de Martínez Navarro para la organización del servicio de salud del País Valenciano, en el que desde la Epidemiología analizó cómo las estructuras económicas, sociales y políticas generan enfermedades[62].

Algunos médicos comunistas, utilizando el marxismo y la historia de la medicina como herramientas analíticas, concluyeron que la lucha contra los orígenes sociales de la enfermedad no tenía sentido en una sociedad capitalista basada en el ánimo de lucro. La medicina había evolucionado hacia el biologicismo y, centrada en el diagnóstico y el tratamiento de las enfermedades, no consideraba el contexto social. El resultado era que su pretendida neutralidad naturalizaba la desigualdad. La medicina de los países llamados desarrollados se centraba en un enfoque individual, en la tecnologización y en la creciente mercantilización de fármacos y productos sanitarios. Estos autores instaban a un cambio epistemológico de la investigación médica, centrado en un conocimiento médico en el que participasen las ciencias sociales, sin circunscribirse a la causalidad biológica[63]. La "ruptura sanitaria"

---

[60] Jordi GOL I GURINA: "Cap un nou concepte de salut", en Jordi GOL I GURINA *et al.* (eds.): *Salut, sanitat i societat. Per una resposta socialista a l'actual situació sanitària*, Barcelona, 7 x 7 edicions, 1977, pp. 11-29.

[61] La concepción de salud de Nájera fue recogida posteriormente en: Enrique NÁJERA: *Desarrollo de la teoría y la práctica de la Salud Pública*, Washington, OPS, 1991, pp. 4-13.

[62] Ferrán MARTÍNEZ NAVARRO: *Estructura i malaltia. Una alternativa sanitària per al País Valencià*, València, Tres i Quatre, 1978.

[63] Ramón ESPASA I OLIVER: "Relaciones sociales y medicina", en Nolasc ACARÍN *et al.* (eds.): *La sanidad hoy...*, pp. 11-26; Francisco CATALÁ: "Ideología burguesa

requerida para construir un nuevo servicio de salud, fundamentado en un nuevo enfoque del conocimiento médico, se consideró una batalla "estratégica" en la campaña por lograr cambios en la sociedad. El análisis de las causas sociales de las enfermedades y la participación de la ciudadanía en la gestión de los servicios de salud mostrarían las contradicciones del sistema capitalista y alentarían movilizaciones y/o iniciativas "revolucionarias". Por tanto, las propuestas sanitarias de algunas fuerzas políticas de izquierda, en especial las comunistas, formaron parte de su estrategia política general[64].

Íntimamente relacionado con el problema de cómo se había desarrollado el conocimiento médico estaba la cuestión de cómo y qué medicina debía enseñarse, pues el nuevo sistema sanitario requería un nuevo tipo de médico. La Comisión Interministerial ya había reconocido que la formación médica estaba demasiado centrada en el ámbito hospitalario[65]. Se pusieron de manifiesto las considerables limitaciones de las facultades de medicina franquistas: el autoritarismo de los profesores, la falta de personal y locales docentes, los problemas de los hospitales universitarios y el papel de los de la Seguridad Social en la educación médica, las insuficiencias de los planes de estudio y los obsoletos métodos pedagógicos, así como el problema del exceso de estudiantes de medicina. Se propusieron algunas soluciones, pero no se dieron detalles de un nuevo plan de estudios. Hubo un acuerdo general sobre la necesidad de introducir las ciencias sociales en la educación médica, algo en lo que se había fracasado con anterioridad, pero no hubo propuestas detalladas sobre las materias que capacitarían a los médicos para estudiar los

---

y sanidad", en PARTIDO COMUNISTA DE ESPAÑA (ed.): *Primeras Jornadas Sanitarias del PCE...*, pp. 85-92; y Joan CAMPOS I AVILLAR: "Hacia un modelo de ruptura educativa para la reforma sanitaria", en Jesús M. de MIGUEL RODRÍGUEZ (ed.): *Planificación y reforma sanitaria...*, pp. 121-151.

64 Ramón ESPASA I OLIVER: "La promoció de la salut, objectiu primordial de la medicina i de l'organització sanitària", *Xè Congrés de Metges i Biòlegs de Llengua Catalana...*, pp. 282-287; Carlos BORASTEROS: "Sanidad y Seguridad Social", *Nuestra Bandera*, 68 (1977), pp. 69-72; y COMISIÓ DE SANITAT DEL PARTIT SOCIALISTA UNIFICAT DE CATALUNYA: "Bases polítiques per a un programa sanitari del PSUC", *Nous horizons*, 38 (1977), pp. 57-62.

65 COMISIÓN INTERMINISTERIAL PARA LA REFORMA SANITARIA: *Informe al Gobierno...*, p. 38.

determinantes sociales, económicos y políticos de las enfermedades[66]. Con toda probabilidad, los médicos que escribieron sobre la reforma no tenían suficiente distancia del mundo clínico o la capacidad crítica para proponer cambios sustanciales en la educación médica[67].

Frente a los nuevos conceptos de salud y de servicios sanitarios que se proponían en la reforma, la educación para la salud era uno de los elementos clave para detectar problemas sociales que generasen enfermedad, denunciar insuficiencias de los servicios sanitarios y participar en su planificación, gestión y evaluación[68]. Asimismo, ayudaría a lo que, formulado de una u otra manera, se consideraba "uso racional" de los servicios, algo que había sido enfatizado en las propuestas gubernamentales. Sin embargo, ya aprobada la LGS, años después de las numerosas afirmaciones sobre la trascendencia que la educación sanitaria debía tener en la nueva sanidad, se podía leer:

> La Educación para la Salud se ha convertido, con el tiempo, en uno de los leitmotiv [*sic*] de toda reforma sanitaria. No hay discurso programático sobre política de salud que no incluya una expresa referencia a la Educación Sanitaria, si bien, en ocasiones, es tan solo el tópico que, como otros varios, los políticos quieren no olvidar. Pero hoy sabemos que la Educación para la salud es un tema bastante más complejo de lo que se creía hace unos años[69].

---

[66] Josep BARCELÓ-PRATS y Josep M. COMELLES: "¿Qué carrera para qué medicina? El fracaso de la introducción de las ciencias sociosanitarias en la formación médica del primer franquismo (1938-1959)", *Historia y Memoria de la Educación*, 15 (2021), pp. 29-61.

[67] Josep LAPORTE: "L'ensenyament de les ciències sanitàries", en Jordi GOL I GURINA *et al.* (eds.): *Salut, sanitat i societat...*; Joan CAMPOS I AVILLAR: "Hacia un modelo..."; GRUPO DE ESTUDIOS SOBRE LA ENSEÑANZA DE LA MEDICINA: "La crítica al sistema educativo de la medicina", en Jesús M. de MIGUEL RODRÍGUEZ (ed.): *Planificación y reforma sanitaria...* y Pedro MARSET CAMPOS: "¿Crisis en la enseñanza de la medicina?", en PARTIDO COMUNISTA DE ESPAÑA (ed.): *Primeras Jornadas Sanitarias del PCE...*

[68] La Constitución en su artículo 43 establece: "Los poderes públicos fomentarán la educación sanitaria, la educación física y el deporte".

[69] CENTRE D'ANÀLISI I PROGRAMES SANITARIS (CAPS) (ed.): *Tendencias actuales en educación sanitaria*, Barcelona, CAPS, 1987. El CAPS, fundado en Barcelona en 1983, tiene como objeto contribuir, a través del análisis pluridisciplinar de la sanidad, al intercambio de ideas, a la reflexión y a la investigación de todo lo relacionado con la salud.

En conjunto, puede afirmarse que la importancia dada a la educación sanitaria de la población fue tan grande, como ingenuo, clásico e inconcreto su planteamiento, y con una mayoritaria consideración del cometido hegemónico de los médicos para guiar las actividades educativas. Solo de manera incipiente, a final de la década de los 70, algunos profesionales, a través de iniciativas creativas –muchas veces de cariz municipal–, y/o debido a la influencia de corrientes internacionales, fueron poniendo las bases de lo que sería una "educación para la salud" desarrollada de manera más concreta, sistemática y consciente durante las dos décadas siguientes[70].

REFLEXIONES FINALES

Mediada la década de los 60 hubo un acuerdo, casi general, sobre las insuficiencias del SOE. La puesta en marcha de la Seguridad Social (1967) trató, entre otras cosas, de reformar el sistema sanitario. Es cierto que aumentó significativamente el porcentaje de población cubierta, intentó simplificar y racionalizar la financiación y trató de ofrecer la misma cartera de servicios a todos los asegurados. Pero, en gran medida, los cambios fueron insuficientes y no mejoraron la asistencia sanitaria, con una medicina general de baja calidad en las ciudades, graves problemas asistenciales en el ámbito rural, una relación médico-paciente desvirtuada por las recetas y los volantes

[70] Enrique PERDIGUERO GIL y Eduardo BUENO VERGARA: "The role assigned to health education in the Spain of the Democratic Transition", *Historia y Memoria de la Educación*, 15 (2022), pp. 137-202. La educación sanitaria escolar, componente fundamental de la educación sanitaria en su conjunto, ha sido estudiada con detalle en los últimos años por Aida TERRÓN BAÑUELOS: "La educación higiénica de los escolares españoles: evitando piojos; aumentando estatura (1938-1965)", *Con-Ciencia Social*, 19 (2015), pp. 37-47; ídem: "La Educación sanitaria escolar, una propuesta curricular importada para la escuela española del Desarrollismo", *Education Policy Analysis Archives*, 23 (2015), pp. 1-31; Josep M. COMELLES *et al.*: "Health education and medical anthropology in Europe: the cases of Italy and Spain", *Salud Colectiva*, 13 (2017), pp. 171-198; Aida TERRÓN BAÑUELOS, Josep M. COMELLES y Enrique PERDIGUERO GIL: "Schools and health education in Spain during the dictatorship of General Franco (1939-1975)", *History of Education Review*, 46 (2017), pp. 208-223; e Inma HURTADO GARCÍA y Aida TERRÓN BAÑUELOS: "La educación para la salud en la escuela española (1970-1990): desafíos en la intersección de campos de saberes", *Historia y Memoria de la Educación*, 15 (2022), pp. 99-135.

de remisión a los especialistas, y una creciente tendencia hacia un descoordinado hospitalocentrismo. La necesidad imperiosa de una reforma sanitaria en profundidad no ofrecía dudas para la población, la oposición y el sector más aperturista del Régimen.

Durante la década de 1970, las demandas de reforma no fueron satisfechas ni por los gobiernos previos a las elecciones de 1977, ni por los que le sucedieron hasta la victoria socialista de 1982. En este contexto, médicos (y otros profesionales) de izquierdas comprometidos con la oposición democrática propusieron una reforma (o más bien una transformación radical) mediante la implantación de un servicio nacional de salud financiado con el erario, descentralizado y que integrase todas las acciones sanitarias primando la prevención de la enfermedad frente a la curación, para lo cual se consideraba fundamental la educación sanitaria. Estas líneas programáticas se plasmaron solo parcialmente en la LGS, que tuvo un largo y dificultoso proceso de gestación. No hubo servicio nacional de salud, sino un Sistema Nacional de Salud para acomodar la realidad autonómica. Es importante subrayar que los debates sobre el sistema sanitario, al considerar las causas sociales de la enfermedad, ausentes en la evolución de la medicina científico-experimental, de la educación y de la práctica médicas, trataron de traspasar lo meramente organizativo y considerar las actividades en defensa de la salud como parte de un proceso que condujese a un cambio social más profundo. Ni las poderosas fuerzas socioeconómicas y corporativas implicadas en la gestión de los problemas de salud, ni los intereses de la sociedad española, plasmados en las urnas, permitieron reformas tan radicales como las pergeñadas. No obstante, las propuestas de ir más allá de la terapéutica inspiraron nuevas especialidades como la Medicina Familiar y Comunitaria y nuevos dispositivos sanitarios centrados en la APS.

Me resulta imposible finalizar estas líneas, en 2023, sin considerar que la APS, solo una parte de los ambiciosos planes de reforma, se hunde. Aquella soñada sanidad pública de calidad naufraga por razones complejas que van mucho más allá del objetivo de este capítulo.

LA ASISTENCIA SANITARIA EN EL RURAL: "DON JOSÉ O EL MÉDICO DEL SEGURO"[1]

Manuel Ortiz Heras
Universidad de Castilla-La Mancha
Seminario de Estudios del Franquismo y de la Transición

En los últimos doce años la Sanidad se ha convertido en el segundo problema que más afecta a los españoles, según los datos elaborados por el CIS (noviembre 2022). En concreto, la cifra ha aumentado casi un 30% a lo largo de ese periodo. Este país tiene un grave problema con el Sistema de Salud cuyos orígenes, fundamentalmente, se remontan al estallido de la crisis sistémica de 2008. Estas semanas estamos asistiendo a movilizaciones en las calles en defensa de la Sanidad Pública. Coinciden con huelgas y paros de diferente calado en distintas Comunidades Autónomas, verdaderas responsables de la parcela después de la aprobación de la Constitución de 1978. Esta dio lugar a un sistema auténticamente federal que dejó al Ministerio con pocas competencias y escasa capacidad de maniobra para coordinar y regular un sistema que se ha mostrado a la postre muy heterogéneo y desigual.

Dicho sistema cumple ahora 37 años si ponemos el punto de partida en la Ley General de Seguridad Social de 1986. En la agenda historiográfica, sin embargo, apenas se ha hecho hueco al estudio de un tema tan sensible para la sociedad civil, y no se trata de recurrir al manoseado argumento que justifica muchas veces nuestros trabajos[2]. Analizar los antecedentes del actual modelo y comprobar que algunos de los problemas se han cronificado o no se han querido/

---

[1] Investigación que forma parte del proyecto *Ciudadanía social y construcción del Estado del bienestar. La España meridional, 1963-1986* (HAR2017-83744-C3-1-P) del MICINN-AEI.

[2] A pesar de todo, con las notables novedades de los últimos años, hay razonables motivos para el optimismo como se puede apreciar en el reciente trabajo de Eduardo BUENO VERGARA y Enrique PERDIGUERO GIL: "Los estudios sobre salud y

sabido solucionar en décadas pasadas pero recientes, se nos antoja una necesidad imperiosa. Y es que, en realidad, durante el periodo transicional se vivió con intensidad la adaptación del obsoleto sistema franquista a un modelo verdaderamente moderno y equiparable a los Estados europeos del bienestar democrático. La suma de todos aquellos esfuerzos dio lugar a un sistema de salud que durante décadas se ha tenido por modélico y que ahora necesita una urgente revisión y adaptación al marco socioeconómico en el que vivimos y en el que los valores y las percepciones sociales también han mutado[3]. Lo que nos proponemos abordar en este trabajo guarda relación con un periodo de profundos contrastes y cambios. La dictadura, a partir del periodo desarrollista, quiso adaptar su ya obsoleto sistema sanitario a los modelos más avanzados del momento, aunque sin dedicar las partidas presupuestarias que ese ingente esfuerzo requería y sin resolver las múltiples diferencias y contradicciones que existían en la asimétrica geografía ibérica, particularmente agudas entre el mundo urbano y el rural, y entre los distintos intereses corporativos que actuaban en él.

Siguiendo una estela que emprendimos ya en trabajos anteriores, hemos podido recoger diversos materiales que nos permiten analizar la situación de la sanidad en el medio rural con especial atención a la postura que los profesionales de la medicina adoptaron ante los sucesivos cambios y rumores que se barajaron en la etapa final del franquismo[4]. Eso supone auscultar el funcionamiento del Seguro Obligatorio de Enfermedad, una iniciativa de la dictadura que se remonta a 1942 y que fue ganando competencias y recursos sin llegar nunca a atender mínimamente las necesidades de una enorme cantidad de asegurados que tardaron mucho en comprender que la ciudadanía social pasaba también por reivindicar unos servicios que, a su vez, formaban parte de sus derechos fundamentales.

---

enfermedad en el franquismo: una tarea en curso", *Historia Actual Online*, 59 (2022), pp. 187-206.

[3] Fernando LAMATA: "El Sistema Nacional de Salud necesita una refundación", *El País*, 25 de enero de 2023.

[4] Damián Alberto GONZÁLEZ MADRID y Manuel ORTIZ HERAS (coords.): *El Estado del bienestar en el Franquismo y la Transición*, Madrid, Sílex, 2020.

En los últimos años, la constatación del fenómeno de la España despoblada o deshabitada, la recuperación del rural, sobre todo a raíz del impacto de la pandemia, ha servido para volver la mirada a una realidad que de alguna manera se había olvidado y que, en cierta forma, sirve para reivindicar nuestra apuesta por su conocimiento. En este caso, además, nos encontramos con un tema que está directamente relacionado con las mentalidades y la percepción de los derechos sociales. En este punto nos movemos en una permanente ambigüedad social ya que, en cierta medida, se sigue venerando en los pueblos la memoria del médico rural a pesar de evocar en el imaginario colectivo situaciones de precariedad y abandono. Cuando, en los años 70 básicamente, se asentó un cambio de valores producto del cambio generacional y del crecimiento económico y la modernización social, las viejas reivindicaciones de la sanidad agraria habían dejado de tener demasiado sentido. Tampoco la dictadura podía corregir los defectos estructurales de un sistema que ya no admitía remiendos ni componendas, fundamentalmente por falta de proyectos y recursos económicos que tenían que ver con la incorporación masiva de la población agraria y, a la vez, con un éxodo rural que obturaba, vía cotizaciones, la financiación. De alguna manera, algo similar a lo que ocurrió con la más conocida y tratada reivindicación de la reforma agraria que en la Transición acabó siendo papel mojado.

En este caso, nos centraremos sobre todo en la perspectiva profesional, la de unos médicos que afrontaron una verdadera transición entre un modelo de política sanitaria que se desvanecía sin haber dado los frutos apetecidos y otro que se abría camino sin saber con exactitud qué camino se iba a seguir. Además, aquellos profesionales también se enfrentaban al choque generacional de una profesión en la que coincidían médicos seniors con mentalidad "liberal", en muchos casos trasnochada, con jóvenes que pretendían ejercer una profesión con otros valores, aunque el común denominador era que el campo no era precisamente un terreno amigo donde poder ejercer en igualdad de condiciones, porque a la falta de recursos tradicionales se unía ahora el despoblamiento y la competencia de un sistema que tendía a concentrar recursos en las capitales, en torno al sistema hospitalario y los grandes centros de salud.

En ese sentido, el debate en torno a las igualas, base de un sistema subsidiario del público, se convierte en todo un reto para intentar explicar ese mundo cambiante que sigue intentando reformar un modelo que, en realidad, tenía sus días contados. Y era así porque, después de muchos intentos y de aceptar corregir una clamorosa desigualdad, finalmente los agrarios serían incorporados al régimen general de la Seguridad Social, lo que dejaría a muchos médicos rurales sin coartada para seguir reivindicando el ejercicio privado de la profesión y la reclamación de un cobro por servicio prestado. No obstante, eso no impidió que en la práctica muchos usuarios siguieran manteniendo su iguala, por tradición, por desconfianza al seguro y, también, por temor a unas personas que ejercían un poder simbólico en sus localidades, que no pocas veces se traducía en un poder más que real y ominoso.

El paso de los años no ha erosionado el éxito del relato franquista y el de sus postreros hagiógrafos. Nos referimos al mito de que fue realmente aquella dictadura la que sentó las bases de un sistema del bienestar homologable a los europeos del momento. La construcción de complejos hospitalarios, la puesta en marcha de ambulatorios y centros de salud, el acceso a determinadas medicinas y la incorporación a ciertas prestaciones por parte del Seguro llevaron a muchos asegurados y pacientes que venían de disfrutar, en el mejor de los casos, una pírrica beneficencia, a aceptar y "comprar" la idea de que se había alcanzado una cobertura sanitaria óptima. De hecho, a juzgar por los informes y las fuentes orales consultadas, son pocos los que se quejaban entonces de los posibles problemas estructurales del sistema, más allá de las puyas contra las cotizaciones, al alza en la etapa final. Por otro lado, la demostrada continuidad entre el franquismo y la Transición en varias parcelas también ha contribuido a no marcar las diferencias y las novedades que se fueron introduciendo en aquel periodo. Claro que eso también coincide con el masivo trasvase de población del campo a la ciudad, la mejora de los transportes y las comunicaciones y el desarrollo científico que supuso un avance muy importante en estas parcelas. El caso es que, al cabo de los años, los problemas de una Sanidad que se ha visto especialmente golpeada por los recortes presupuestarios a raíz de la crisis de 2008 han vuelto a abrir un debate en el que los nostálgicos del pasado insisten en reivindicar lo que en la práctica nunca existió o que, en el mejor de los casos, nada tiene que ver con una supuesta imagen idílica.

CONTEXTO Y MARCO TEÓRICO

Esta contribución, continuación de un trabajo de equipo desarrollado por el Seminario de Estudios del Franquismo y la Transición (SEFT), forma parte de un proyecto de investigación nacional del Ministerio de Ciencia e Innovación. El objetivo era el estudio de las políticas sociales en el tardofranquismo y la Transición que, a su vez, desarrollaba líneas de exploración anteriores, que se vienen abordando desde una perspectiva de Historia social que pone el foco en lo local y el mundo agrario. En este punto no podemos dejar de remarcar las importantes dificultades para abordar la investigación relativas al acceso a las fuentes y los archivos que pudieran contener información sobre estos temas. Asimismo, hay que seguir incidiendo en la escasez de trabajos sobre la cuestión desde un punto de vista historiográfico, aunque en los últimos años, afortunadamente, se han ido conociendo resultados muy importantes y prometedores[5].

Nos preocupaban, sobre todo, tres cuestiones: la arraigada idea en el imaginario colectivo de que el franquismo puso en marcha el Estado de Bienestar, a partir de la socialización que desplegaron con sus obras sociales de marcado carácter falangista –Girón y Solís– y una utilización de la propaganda que caló hondo y ha llegado hasta hoy con el resultado del blanqueo de la dictadura y la banalización de los aspectos más terribles de su acción y legado. Como hemos tratado de demostrar en varios trabajos, realmente la dictadura no supuso una ruptura con el modelo liberal de asistencia sanitaria en general. Desde un punto de vista retórico a partir de los postulados falangistas y de sus iniciativas, podría dar esa impresión; sin embargo, la socialización de la medicina llegó tarde y con dificultades,

[5] José MARTÍNEZ PÉREZ y Enrique PERDIGUERO GIL: *Genealogías de la reforma sanitaria en España*, Madrid, Catarata, 2020.

atendiendo siempre a los intereses del gremio médico. El cambio social de finales de los 60 lo aceleró y la llegada de la Transición lo confirmó. No obstante, la pugna entre lo viejo y lo nuevo, con las consabidas líneas de continuidad, impregnaron el naciente sistema de vicios y defectos que hoy seguimos padeciendo. Pero, hay que insistir, como se viene haciendo desde diferentes tribunas expertas, que "en ningún caso, el objetivo de las políticas del Régimen fue alcanzar la cobertura sanitaria universal, homologable a la existentes en otros países europeos, algo que únicamente se materializó con el Sistema Nacional de Salud desarrollado en España a partir de 1986"[6].

Además, también nos interesa el debate sobre la verdadera paternidad del modelo de Estado de Bienestar que se construyó en la Transición, sobre todo, entre los dirigentes de la UCD y del PSOE. En ese sentido, es preciso atender a los múltiples elementos de continuidad entre el periodo dictatorial y el democrático. Para su completa comprensión no podemos prescindir del contexto europeo y de la coincidencia de nuestro incipiente y precario modelo con el comienzo de la crisis del *welfare state*, lo que ha generado una serie de peculiaridades en nuestro caso. La tercera cuestión, que será la que abordemos aquí, se centra en el papel de los médicos y sus planteamientos ante el cambio sociopolítico que se vivió a partir de los 60 y en los 70 y, en menor medida, las respuestas de los propios asegurados por los servicios recibidos, cuestión que por problemas de espacio abordaremos en otra ocasión.

En ese sentido, esta contribución pretende profundizar en la construcción de la ciudadanía social, posterior al desarrollo de la reconquista de los derechos políticos y civiles que emprendieron los movimientos sociales del antifranquismo. El franquismo prolongó las políticas asistenciales con las que cohesionar y disciplinar a la sociedad y, por ende, alcanzar la ansiada aceptación social y su legitimación. En concreto, los falangistas, como hemos puesto de manifiesto en un texto que se publicará en breve, participaron de un debate intenso a propósito de la puesta en marcha de la Seguridad

[6] Eduardo BUENO VERGARA y Enrique PERDIGUERO GIL: "Los estudios sobre salud...", p. 194.

Social con un indiscutible conocimiento de lo que se proponía en Europa desde la influencia de Beveridge –Antonio Perpiñá Rodríguez y Carlos Martí Bufill[7].

El proyecto también contempla el impacto de aquellas políticas en una sociedad en cambio –actitudes y comportamientos sociales–. De hecho, en los años 60 se pasa del *homo patiens*, resignado, estoico, que acepta las desigualdades sociales y las concesiones discrecionales como naturales, a otro sujeto inserto en la sociedad de consumo progresivamente desculpabilizado y reivindicativo de servicios y atenciones[8]. Si el lema de la autarquía fue sobrevivir, durante el desarrollismo se impuso el de prosperar, a partir del éxito del Régimen en la inoculación social de una creciente valoración de lo material frente a lo ideológico. Se impuso el concepto de progreso asociado a la prosperidad material en el marco de una cultura consumista. Así, la década de los 60 inauguró la etapa del discurso legitimador basado en el lema "paz y progreso". Los derechos sociales pasaron a un segundo plano y empezó a prevalecer lo material, las infraestructuras y, sobre todo, la vivienda, frente a servicios como la sanidad, incluso la educación.

En el periodo elegido asistimos a un importante cambio de mentalidad tanto entre los pacientes, que, lentamente, empezaron a considerar la salud como un derecho social por el que tenían que movilizarse contra un Estado que, ahora sí aunque de una manera suigéneris, se planteaba la puesta en marcha del Estado de Bienestar, pero también de los médicos que vivían las transformaciones sociales como un cambio de modelo profesional –privado o social/publico– y generacional –la medicina se había democratizado en su acceso social y ya no se trataba de castas y clichés que reclamaban sobre todo status y una manera de entender la profesión que no se correspondía con las nuevas demandas y necesidades.

---

[7] Damián Alberto GONZÁLEZ MADRID y Manuel ORTIZ HERAS: "Del seguro a la seguridad social: la «modernización» del concepto y sus límites durante el primer franquismo", *Historia Social* (en prensa).

[8] Salvador CAYUELA FERNÁNDEZ: *Por la grandeza de la patria: la biopolítica en la España de Franco, 1939-1975*, Madrid, FCE, 2014.

Se trata, además, de un tema que la pandemia ha agudizado por "unas carencias estructurales que no acaban de abordarse, pese a que existe un amplio consenso político sobre la necesidad de hacerlo". Según cualificados testimonios recientes, "mejora las condiciones de quienes ya trabajan en la sanidad en situación precaria, pero no resuelve el déficit estructural de recursos humanos que sufre el Sistema Nacional de Salud, que lleva años afrontando incrementos sostenidos de la demanda por el envejecimiento de la población y el aumento de las patologías crónicas"[9].

LA MEDICINA EN EL MUNDO RURAL

En una reciente aportación, Daniel Lanero se planteaba una serie de preguntas que nosotros hemos querido recoger para este texto. Tienen que ver con el grado real de implantación de una infraestructura pública hospitalaria en el mundo rural español desde los años 40 y, en especial, desde la década de 1950 en adelante, porque ¿existieron diferencias entre regiones y existió en el mundo rural español algo semejante a una infraestructura sanitaria privada?[10]. Otros interrogantes igualmente interesantes tienen que ver con los déficits en la asistencia médica y la infraestructura sanitaria (consultorios médicos, ambulatorios, hospitales) y si fueron un factor de descontento que contribuyó a la movilización social y política de algunos sectores de la población rural durante los años finales del franquismo, la Transición y la primera mitad de la década de 1980, al menos hasta la promulgación de la Ley General de Sanidad, el 25 de abril de 1986[11].

---

[9] Editorial: "Alivio en la sanidad pública", *El País*, 5 de julio de 2022, https://elpais.com/opinion/2022-07-05/alivio-en-la-sanidad-publica.html

[10] Sobre las infraestructuras hospitalarias en la España contemporánea, véase: Margarita VILAR-RODRÍGUEZ y Jerònia PONS PONS (eds.): *Un siglo de hospitales entre lo público y lo privado (1886-1986)*, Madrid, Marcial Pons, 2018.

[11] Daniel LANERO TÁBOAS: "Previsión social y asistencia sanitaria en la España rural (1950-1986)", en Damián Alberto GONZÁLEZ MADRID y Manuel ORTIZ HERAS (eds.): *El Estado del bienestar*..., pp. 69-94.

La primera cuestión que queremos aclarar hace referencia al propio concepto de medicina rural. En apariencia se trata de algo sencillo, casi banal, sin embargo, conviene ser preciso en su definición porque ello facilitará determinadas perspectivas que en su momento fueron objeto de muchas controversias. En todo caso, hay que subrayar que al igual que la sociedad y la propia profesión, el paso de los años ha llevado a una inevitable evolución del concepto. De hecho, como es obvio, hoy sigue habiendo medicina y médicos rurales, pero con un planteamiento que apenas mantiene algunos puntos en común con la situación de partida.

> La medicina rural es la ejercida en un ambiente especial, caracterizado en su conjunto por una distinta forma de vivir y de reaccionar de la población y del propio médico, y modelado por la reunión de algunos de los factores siguientes: bajo nivel socioeconómico y cultural, geografía y climatología adversas, pequeñez y diseminación de los núcleos de población, medios de comunicación deficientes, lejanía de ciudades importantes, y servicios sanitarios muy simples, reducido muchas veces a la existencia de un solo profesional sanitario[12].

Precisamente, ese tipo de médico es el que estaba sufriendo una profunda y rápida transformación con la férrea resistencia de una corporación muy numerosa, poderosa y muy bien representada en los órganos de poder del Régimen que, desde la puesta en marcha del SOE, había dejado notar su malestar y reticencia al sistema impuesto, aunque con sordina y, normalmente, mucho tacto. En sucesivas oleadas –1944, 1959, 1966, 1971 y 1975– se había creado un complejo sistema que procuraba contentar a los grupos con mayor capacidad de presión, médicos y farmacéuticos, y poner parches en las lastimosas economías familiares que apenas disfrutaban en los pueblos de servicios, porque las leyes no los habían amparado, en la práctica los excluían implícita o explícitamente, las cotizaciones habían

[12] Andrés GARCÍA ALONSO: "Asistencia sanitaria para el medio rural", *Cuadernos para el Diálogo,* 46 (1975), p. 169.

sido escasas o víctimas del fraude. Por un lado, las presiones de los médicos y de sus poderosos instrumentos de mediación permitieron que el Estado funcionarizara a un buen número de profesionales a través de sucesivas ofertas de empleo público (en 1959, se alcanzaba la cifra de los 24.000 médicos en el SOE[13]). Las constantes protestas y reivindicaciones salariales del gremio también llevaron a una notable subida salarial que, además, seguía perpetuando el privilegio de la compatibilidad entre el ejercicio libre de la profesión, es decir, privado, y su participación en el Seguro público.

Si bien no afloraron protestas contra el sistema en sí, más allá de lo meramente retributivo, lo cierto es que también se produjeron críticas porque se partía del convencimiento de que la Dictadura no podía hacer frente a un ambicioso proyecto de inclusión en el Seguro Obligatorio de toda la población potencial porque "las posibilidades no corresponden al deseo". Es decir, había más de quince millones de beneficiarios acogidos al Seguro de enfermedad y en buena lógica, "esa gran masa de población sin tener los servicios necesarios bien acondicionados, proporcionan gastos estériles, el descontento y el desprecio consiguiente para el Seguro y para sus médicos". Ese desprestigio repercutía negativamente contra el propio sistema y, por ende, también contra aquellos médicos que "han dado forma a la socialización y la están sosteniendo a pesar de no haber podido sentir entusiasmo por ella", y es que "se ha querido hacer un organismo que creciera rápidamente sin tener pies para sostenerse" y con una financiación deficiente, "aunque sea quizá deliberadamente insuficiente"[14].

Por otro lado, hay que recordar que la puesta en marcha del SOE descansó sobre las economías de empresarios y de los propios asegurados, vía cotizaciones, porque el esfuerzo del Estado fue muy pequeño a pesar de los enormes costes necesarios para hacer frente a los gastos de personal sanitario, farmacéutico, infraestructuras y gasto médico y hospitalario. A esta problemática, que dice mucho de

[13] Francisco POLO Y FIAYO: *El médico encadenado. Seguro de enfermedad, seguridad social, asistencia médica libre, boticas y boticarios, prontuario de patología familiar*, Madrid, 1959.
[14] Ibídem, pp. 84, 92 y 121.

la auténtica voluntad política del Régimen que no comprometió su esfuerzo al servicio de una importante capa social que había sido, en gran medida, el basamento de su apoyo social inicial, habría que añadir la solución propuesta y aplicada de los principales financiadores del sistema: los empresarios. Nos referimos al fraude estructural de un sistema de cotización que, de entrada, se hacía difícil de aplicar por la peculiaridad de las relaciones laborales en el medio rural, donde faltaban estadísticas fiables y donde predominaba el trabajo estacional y la ausencia de contratos. Esto suponía que no siempre se cotizaba lo que hubiera debido de ser y se enquistó el problema del déficit endémico del sistema. Aquel fraude al Estado en las cotizaciones que, por parte del asegurado, se agradecía en plena vida laboral porque suponía cobrar más, a la larga sería una trampa por la paupérrima pensión a la que daría derecho en el momento de la jubilación. Además, seguía vigente en el rural la primacía del individualismo que llevaba a pensar en la necesidad de procurarse el remedio por sus propios cauces y no plantearlo como un derecho por el cual debería ser el Estado el que los prestara. La idea predominante de aquellos años, muy arraigada en la sociedad rural, era que la previsión social consistía en una concesión política o, en el peor de los casos, un auténtico regalo del Régimen o del propio dictador, lo que sin lugar a duda redundó en la legitimación del propio Franco y de su poder.

De aquella concepción, realmente, poco es lo que podemos apreciar hoy. Algunos testimonios actuales se refieren a la medicina rural como "la de toda la vida", la más cercana y auténtica que facilita una estrecha relación entre doctor y paciente y en la que aquellos se implican más con el medio. De hecho, así se expresaba un facultativo recientemente:

> La medicina rural es una forma peculiar de ejercer la medicina y aunque todo el mundo parece saber identificar al médico rural, es difícil definir el concepto de medicina rural. Es la medicina de toda la vida, es cercana, atiende a todas las edades y todas las patologías en todas las formas de presentación. La medicina rural y, por tanto, los médicos rurales suelen ser polifacéticos y con capacidad de dar una respuesta adecuada a la mayoría de las demandas

que solicita su paciente. Los pacientes suelen mostrar gran agradecimiento por la gran implicación profesional[15].

El testimonio de este profesional nos coloca ante el resultado de un profundo cambio en la praxis sanitaria muy alejada de aquella vieja concepción que tenía la mayoría de los galenos que ejercían en las medianías del siglo pasado. Para su correcta comprensión debemos de contemplar variables como el propio acceso a la profesión, donde ya no hablamos de clanes familiares que perpetuaban a una clientela y unos privilegios. Hay que hacer notar los elementos que estos nuevos profesionales destacan de su trabajo frente a los que hacían ver sus antepasados, más preocupados por el prestigio social, sus emolumentos o la complicada relación con unos pacientes de muy diferente extracción social y cultural:

> Sí, tenía muy claro que quería ser médico, no pensé nunca en una especialidad, sino en el concepto de "ser médico" con todo lo que conlleva. Pero como nací en un pueblo y las circunstancias laborales me llevaron a trabajar en una zona rural, entendí que era lo que realmente me gustaba y parecía mí destino. Desde entonces, hasta ahora, he continuado de médico de pueblo, a pesar de que he tenido oportunidades de cambiar de ámbito laboral y de hábitat… A la vez, comparto muy estrechamente mi profesión con mi familia, ya que vivimos en el mismo pueblo que trabajo, Cañada Rosal, viéndose implicada a diario en mi relación médico-paciente y sociedad donde vivimos[16].

En todo caso, resulta complejo dibujar una foto fija del médico rural en los años 70. Como ya hemos explicado en trabajos anteriores, sus circunstancias de habitabilidad, el contexto económico, el medio

[15] "La medicina rural es la de toda la vida, es cercana y atende a todas las edades y patologías", *Noticias en Salud*, 28 de abril de 2020, https://www.noticiasensalud.com/entrevistas/2020/04/28/la-medicina-rural-es-la-de-toda-la-vida-es-cercana-y-atiende-a-todas-las-edades-y-patologias/?fbclid=IwAR3wpReRLZEnLN-D96139A6JsIiDr-d7BWU6uzIn__B1oFObvohY5uILbDU

[16] Este médico ejerce la profesión en una pequeña localidad de 3.847 habitantes de la provincia de Sevilla. Ibídem.

geográfico y otros factores representaban elementos diferenciales que los singularizaban de manera implacable y que hacen prácticamente imposible establecer un perfil que lo defina de manera unívoca, más allá de su proclamada insatisfacción y generalizada falta de auténtica vocación. A medida que su número fue aumentando y que el contexto político del país evolucionaba, se fueron abriendo, si cabe, todavía más diferencias que abundaban en su condición individualista y mayoritariamente conservadora frente a otra manera de ejercer más acorde con la nueva sociedad. En todo caso, sí parece que el matiz de profesional rural emparentaba más con el modelo liberal de sanitario que paulatinamente se iba quedando atrás y que no pocos recordaban con cierta nostalgia de un pasado idolatrado. Por otra parte, si algo contribuía a hacer mayor su aislamiento y pérdida de protagonismo podría haber sido la falta de asociacionismo que caracterizó a una parte de la profesión que se definía más bien por su aislamiento y su heterogeneidad.

Los cambios sociales y económicos de la España del segundo franquismo redujeron notablemente la población rural como consecuencia de la crisis de la agricultura tradicional y del consiguiente éxodo del campo a la ciudad o la emigración exterior. La reducción de esa población redundó también en la de los propios médicos como se recogía en el *Libro Blanco del Ministerio* elaborado en 1977, recién creado, donde se calculaba que a mediados de los años 70 apenas el 13% de los médicos españoles trabajaban en el medio rural y tres cuartas partes lo hacía en lo que se conocía como partidos médicos cerrados, es decir, por debajo de los seis mil habitantes, donde los médicos titulares ejercían la profesión de manera excluyente, monopolizando la zona y a sus pacientes. En los 5.911 partidos médicos del país, el 85% sería cerrado, donde solo ejercía un médico propietario de la plaza del SOE y el restante 15% sería abierto. El 40% de los partidos médicos tenía menos de 1.000 habitantes, el 31% atendía entre 1.000 y 3.000, el 10% entre 3.000 y 5.000, el 7% entre 5.000 y 10.000, y solo el 11,1% superaba los 10.000 habitantes. Estas cinco categorías de ayuntamientos se correspondían con asignaciones económicas diferentes en función de la cantidad de población. Sus emolumentos resultaban de la suma de una cantidad por cartilla de beneficiario y otra fija por la categoría del pueblo, a lo que se le añadirían las igualas contratadas que podrían ser también satisfechas en especie.

Llama poderosamente la atención que desde un principio la clase médica opuso una tenaz resistencia a las iniciativas gubernamentales de crear un seguro médico, como el SOE, que acabara admitiendo a toda la sociedad por temor a perder su "clientela" y sus privilegios económicos, aunque lo camuflaran con argumentos técnicos o científicos. A esas trabas se sumaría el escaso apoyo financiero del Estado y su incapacidad para construir un sistema verdaderamente eficaz, a pesar de sus campañas publicitarias y sus eslóganes más populistas y demagógicos. Lo cierto es que el SOE tardó prácticamente tres lustros en demostrar una cierta eficacia y, además, dejaba al margen al campo español y su población más vulnerable. De hecho, en 1960 solo atendía al 40% de la población. Algunos sectores de la profesión médica aplaudieron de manera entusiasta su puesta en marcha como "símbolo de la redención de su economía", con lo que valoraron muy positivamente los esfuerzos del ministro Girón por plasmar las vindicaciones de los doctores dentro de las competencias de su ministerio, aunque también muchos dejaron oír su malestar ante el SOE, nunca de manera explícita un abierto rechazo, aunque poco a poco fueron comprobando sus beneficios particulares a pesar de que acarreara, también, una cierta pérdida de *status* social, que no siempre se ajustaba a la realidad, porque en la práctica los médicos siguieron manteniendo un importante prestigio y consideración por parte de las gentes del rural[17]. Ahora bien, de la ineficacia del sistema al finalizar la década de los años 60 no hay duda. Baste el análisis que elaboró en 1967 el médico Fraser Brockington, experto en Salud Pública de la Organización Mundial de Salud, después de realizar un viaje a España para desarrollar un proyecto conjunto (OMS-España) de gestión y formación de profesionales sanitarios, en el que

[17] "Él, por su parte, procura mantener una cierta distancia con la gente a fin de conservar el prestigio y el respeto". Ángel María de LERA: *Por los caminos de la medicina rural*, Salamanca, Graficesa, 1966, p. 204.

concluyó que "los grandes problemas estructurales y profesionales de la Sanidad española continuaban incólumes"[18].

NO ESTAMOS CONTENTOS

Cuando ya parecía que el SOE se había consolidado y que la clase médica se abría, aunque desigualmente, a admitir su existencia, entramos en una etapa de convulsiones en la que el debate se avivó entre los propios sectores gubernamentales, más dispuestos a ampliar coberturas e introducir reformas que, al menos teóricamente, aproximaran nuestro sistema de Salud a los estándares europeos, y quienes seguían porfiando por el mantenimiento de un modelo liberal, cada vez más difícil de sostener. La consulta del *Boletín del Colegio de Médicos* nos ha sido de gran ayuda para ir recogiendo testimonios que confirman esa recalcitrante postura que se mantuvo hasta los estertores de la propia dictadura. Así, con el malestar como principal denominador común se fueron enquistando una serie de argumentos que actuaron como lastre de unas tímidas reformas que iban apareciendo.

> No estamos contentos de que, por una serie de factores imponderables algunos y ponderabilísimos los más, nuestras relaciones con los enfermos se ven perturbadas e interferidas tanto en la Asistencia Colectiva, llamada libre, como en el Seguro Obligatorio; no estamos contentos con los procedimientos que se siguen para la selección de profesionales en orden a la provisión de plazas; no estamos contentos con la formación que en la Universidad reciben las nuevas promociones; no estamos contentos con las oportunidades de trabajo que se ofrecen a los jóvenes médicos y a muchos que ya no son tan jóvenes; no estamos contentos con la organización

[18] Esteban RODRÍGUEZ OCAÑA y Juan ATENZA FERNÁNDEZ: "El proyecto E30 OMS-España para el establecimiento de una zona de demostraciones sanitarias en Talavera de la Reina, 1965-1976", en María Isabel PORRAS GALLO *et al.* (eds.): *Salud, enfermedad y medicina en el franquismo*, Madrid, Los Libros de la Catarata, 2019, pp. 124-145.

> asistencial del Seguro Libre; tampoco lo estamos con la del Seguro Obligatorio; las condiciones en que se desenvuelve la profesión en el medio rural tampoco son satisfactorias; la inseguridad del futuro, a la triste hora de la jubilación, de la mayoría de nuestros compañeros tampoco puede ser motivo de júbilo; no estamos conformes con los módulos retributivos que a la Corporación Médica han sido impuestos, ni en los Cuerpos dependientes del Estado; provincia o municipio; ni en el tan asendereado Seguro O.E. ni menos en el denominado libre[19].

Ese tipo de argumentario convivió con una contumaz y muy reiterada defensa del sistema asistencial y, sobre todo, de la profesión ejercida por aquellos médicos del rural que podían ser el punto más débil de la cadena y blanco del debate planteado. El testimonio que ahora incorporamos mezcla ideas en las que se trata de defender el arquetipo gubernamental con unos intereses particulares que solo ellos podían encarnar, supuestamente, para garantizar la salvaguarda del propio sistema.

> Tenemos una medicina desarrollada en un país en desarrollo, gracias sobre todo y antes que nada a la inmensa muchedumbre de médicos llamados de "cabecera" y, entre éstos, y de modo especial, a los médicos rurales. Si en las altas esferas de la Medicina somos iguales, más o menos, a Europa, en la Medicina rural, de la que tengo amplia experiencia, en no pocos países, yo puedo decirle a usted, señor director, que, exceptuando quizá Francia, no hay ninguna nación en Europa donde la cultura médica y humanista, la conciencia profesional, el sentido del deber, la magnanimidad, la caridad y el desprendimiento del médico rural pueda compararse a la del español, el cual ejerce en este país verdadero sacerdocio desde hace más de cien años[20].

[19] Carta abierta al director de *La Vanguardia*. *Boletín del Colegio de Médicos*, 1962.
[20] "Excelencia de la medicina rural", *Boletín del Colegio de Médicos*, 1966.

Esta idea del sacerdocio, esa abnegada entrega al ejercicio de una tarea benéfica cuasi religiosa sin contraprestación dineraria por medio, como piedra de bóveda de la profesión se acabó convirtiendo en una cortina de humo que victimizó a los médicos ante unas transformaciones que también a ellos les tenían que afectar más allá de una concepción de la profesión u otra. Esta misiva se hacía eco por fin de su principal argumento porque "a uno le produce inquietud el sin número de cartas que uno recibe todos los días, en las que médicos rurales jubilados cuentan la angustia con que llevan esperando más de un año a que las autoridades fijen el coeficiente en que ha de basarse la cantidad de la pensión que, con arreglo al nuevo sistema, les corresponde"[21].

En efecto, lo que se demuestra por la consulta de las diversas fuentes es que el *leitmotiv* de las protestas y de sus respuestas a los estudios realizados desde diferentes instancias tiene que ver con las pérdidas económicas, también de prestigio y consideración social, sufridas por la clase médica a consecuencia de la implantación de la Seguridad Social en las zonas rurales. Y si alguna institución se hizo especial eco de esas reclamaciones será con especial ahínco la Mutualidad Nacional de Previsión Social Agraria. Claro está que la situación admitía matices porque aquella pérdida de ingresos no se dejó notar por igual en todo el país, de tal forma que la zona centro-levante y la zona sur eran, en líneas generales, las más afectadas, frente a las provincias del norte que sufrieron un menor quebranto en sus ingresos.

> En permanente soledad frente al enfermo, se encuentran con el dolor y la muerte en una penuria de medios que exalta la permanente angustia del hombre de nuestros días. Ello exige un cambio profundo en la Medicina Rural. (...) En estos días se está valorando la misión del Médico como funcionario público y tenemos el temor de que se enfoque erróneamente como un problema cuántico de economía nacional. Es preciso decir, respetuosa y

[21] Ibídem.

> serenamente, al Gobierno que los Médicos no son responsables de que se haya minimizado su función como sanitarios[22].

Ante este tipo de presiones y reclamaciones, el Consejo General del Colegio de Médicos llevó a cabo un ambicioso estudio sobre la reestructuración de la medicina que se estaba intentando llevar a cabo desde el Estado y que afectaba especialmente al medio rural. Sin embargo, a juzgar por la documentación consultada, no parece que la respuesta del colectivo fuera masiva, más bien podríamos decir todo lo contrario. Lo cual se puede interpretar como desinterés, impotencia ante las reformas acometidas o temor a manifestarse en contra del poder. Entre sus valoraciones algunas reconocen la necesidad de aplicar modificaciones en el sistema, entre otras cosas porque formaban parte de él y no se podían oponer frontalmente a sus dirigentes, pero sin renunciar a defender sus propios intereses que poco tenían que ver con la mejora de una medicina que no ofrecía las soluciones que se requerían:

> Los que vivimos en el campo, y mucho más los médicos titulares, por nuestra mentalidad universitaria, sabemos de la utilidad de estos cambios en el agro español, y nos damos cuenta y comprendemos la necesidad de la modernización de sus cultivos, [pero]... creo que la mala situación en que en la actualidad se desenvuelven muchos médicos titulares, se hará cada vez más y más angustiosa. Por otro lado, la efectividad de la Medicina rural es en la actualidad baja por múltiples motivos, que todos los que la ejercemos conocemos, y entre los que destacan la mala situación económica de muchos de nosotros[23].

Sin embargo, lo que continuó publicándose en el *Boletín* fue un sinfín de testimonios que seguían incidiendo en los múltiples problemas de la profesión en los pequeños municipios porque habían "dejado de

---

[22] Los APD –Asistencia Pública Domiciliaria– eran médicos titulares de la plaza del seguro que en 1947 fueron incorporados automáticamente al SOE. *Boletín del Colegio de Médicos*, 1964.

[23] *Boletín del Colegio de Médicos*, 1965.

proporcionarles un decoroso vivir", ante lo cual solo podían hablar de "perspectivas fatalmente sombrías". Se llegó a hablar de partidos "deficitarios" en los que el Estado debería de aportar "una fuerte compensación económica" a esos profesionales que habrían tenido que "renunciar a casi todo". Pero todo tenía un límite y este radicaba particularmente en la posibilidad de dar una buena educación a sus hijos "por modesta que esta sea". Pero también se echaba mano del hostil ambiente que padecían los médicos cuya vida social quedaba reducida a la de un "universitario en el ambiente más inculto y pobre de la sociedad". La propuesta, que partía de la provincia de Guadalajara para el año 1965, establecía una asignación mensual de 15.000 pesetas, al mismo tiempo que abogaban por una remuneración que debería de "hacerse con arreglo al número de cartillas asignadas"[24].

Lo que está fuera de duda es la gran preocupación que se extendió entre todos aquellos médicos del conjunto del país. Hemos podido comprobar que los propios Colegios de Médicos pusieron en marcha iniciativas para conocer con el mayor rigor posible la situación que sufrían dichos profesionales. Una de ellas, por ejemplo, dio paso a unos formularios que los propios galenos contestaron y enviaron. En el caso de Oviedo, con 168 médicos afectados, llama la atención la escasa respuesta recibida, ya que solo se recogieron 28. La inmensa mayoría, eso sí, era bastante indiferente o se inclinaba por manifestar un claro rechazo a la reestructuración programada. En el fondo subyacía la repulsa colectiva frente al proyecto de "desarraigarlos de esos partidos médicos que durante tantos años han servido con toda competencia y cariño". Se volvía a ponderar la "honorabilidad profesional y el prestigio, así como la preocupación científica y el ejercicio honesto, honrado y libre de la profesión" como características indiscutibles que les definían, pero que chocaban con una enorme cantidad de obstáculos en su quehacer cotidiano que, por pura lógica, reducían su actuación en muchas ocasiones a "rellenar volantes, firmar papeles y recetas, sufrir la intolerancia de quien no nos comprende cuando le negamos lo que creen su derecho a una baja en el trabajo justificada, repartir pacientes entre especialistas,

[24] Guadalajara. *Boletín del Colegio de Médicos,* 1965.

laboratorios y servicios radiológicos, ganándose la confianza y el respeto del enfermo con una actuación capacitada profesionalmente y humana en el más amplio sentido". Ante ese reguero de problemas los propios médicos "reconocían" la necesidad de permanecer en sitios "menos cómodos, para poder garantizar la asistencia", pero proponían como solución "la creación de secciones rurales en las distintas Jefaturas Provinciales", así como la puesta en marcha de "hospitales rurales"[25].

Frente a este masivo malestar, que apenas deja espacio para denunciar la falta de recursos o la mala planificación de las políticas públicas del franquismo en materia social y, más concretamente, sanitaria en el medio rural, particularmente, podemos comprobar por otras vías la verdadera situación de la Sanidad durante aquella etapa que coincide con el crecimiento económico del desarrollismo. A través de un interesante trabajo sobre la Jefatura de Sanidad de Almería, podemos conocer que casi todos los médicos de aquella Jefatura también ejercían como médicos de Asistencia Pública Domiciliaria (APD) en la beneficencia municipal del Ayuntamiento de la capital andaluza y, además, en los cupos del Seguro de Enfermedad. Aparte, algunos de ellos tenían consulta particular. El sistema retributivo y funcionarial durante el franquismo propició que fueran compatibles varios puestos de trabajo y que, por muy alta responsabilidad que se tuviera, se pudiera a la vez, mantener actividades y servicios privados, directa o indirectamente relacionados con la actividad pública. Sin embargo, no se abordó con suficiente ahínco el problema sanitario de la población rural, tanto en el aspecto preventivo como en el asistencial. Ello dejaría mucho que desear en la calidad de la atención recibida por parte de los usuarios. Desde 1960 hasta 1975, el medio rural fue perdiendo personal médico creando situaciones de inasistencia permanente en muchos pueblos. El estudio llega a afirmar que nunca en este siglo el medio rural estuvo tan desprovisto de profesionales sanitarios, hasta el punto de que las 24 vacantes de médicos registradas afectaban al 25% de la población almeriense. En aquel medio rural, cosa que fácilmente se puede extrapolar a la

---

[25] Oviedo. *Boletín del Colegio de Médicos*, 1965.

inmensa mayor parte de las provincias, se encontraban los centros primarios de higiene en estado de abandono. En el resto de los cien pueblos rurales de la provincia se carecía de casi todo recurso adicional al escuetamente personal, es decir, médico y practicante[26].

En la práctica, el servicio asistencial en los municipios más afectados por la despoblación y la crisis del sector agropecuario se fue deteriorando al mismo ritmo que los médicos abandonaban el medio, siempre que podían. Los que, por diferentes motivos, tuvieron que mantener su presencia en el rural, contemplaron la aplicación de la Ley de Seguridad Social como una auténtica amenaza. Sin embargo, pocos reconocían abiertamente su oposición a la nueva ley. Sí que continuaron expresando su disconformidad apelando a la deficiente forma de prestar la asistencia médica, de tal forma que algunos subrayaban que "más que oponerse, lo que hace es demostrar que el sistema no favorece ni al enfermo ni al médico". La mayor parte de las cartas enviadas al *Boletín* se apuntan a una especie de tríada que pasaba por defender la libre elección del médico por el enfermo, no interferir las relaciones enfermo-médico y, tercero, que los honorarios médicos se satisficieran por acto de servicio, "aun cuando no sea necesario subrayar que este régimen de honorarios tendrá presente el fundamento social de la Seguridad Social y las posibilidades económicas de los pacientes". Al cabo de los años, veinticinco en concreto, el SOE llegó a ser asumido, pero muchos propugnaban la puesta en vigor del régimen especial de la Seguridad Social agraria, aunque matizaban la relación con los trabajadores por cuenta propia[27].

Esa especie de estribillo en sus manifestaciones se prolongó en el tiempo. En el *Estudio Sociológico* que el Ministerio de Trabajo encargó en 1964, los médicos, en un alto porcentaje, apuntaban que las quejas de los usuarios no "tienen motivo real" y se "deben a la poca formación social y cultura de los asegurados"; asimismo, consideraban que el asegurado "desea que el médico haga lo que él diga «porque paga»". Por último, se referían al supuesto abuso en

[26] Porfirio MARÍN MARTÍNEZ: *La Jefatura Provincial de Sanidad de Almería, 1940-1983*, Tesis doctoral inédita, Universidad de Granada, 1994.
[27] *Boletín del Colegio de Médicos*, 1966.

los servicios por acudir sin necesitarlo. No obstante, la principal reivindicación de los médicos cuando hablaban de los problemas que afectan a la relación médico-asegurado, tenía que ver, una vez más, con "la poca retribución". En porcentajes muy inferiores, también se recogían críticas de los médicos contra el SOE, más en las capitales de provincia donde se llegaba al 7%, aunque muy pocos, casi irrelevante, decían apostar por la "reestructuración del SOE". En torno al 6,7% se refería al exceso de "papeleo" y, sobre todo, en los municipios se señalaba un tímido 4%, el "abuso que los beneficiarios hacen de los servicios del SOE", aunque llegaba al 9,5% el porcentaje de médicos que decía que "el régimen debe enseñar al asegurado lo que es el SOE y lo que significa". Llama también la atención que es totalmente irrelevante el porcentaje de médicos que se apunta a la idea de que "pertenecen al SOE no solo los económicamente débiles, quitando clientela a los médicos". Por otro lado, cuando se preguntaba a los médicos sobre el estímulo profesional en el Seguro, alrededor de un 20% contestaba que lo consideraban "muy poco" y hasta el 53% "ninguno"[28].

SOCIALIZACIÓN Y CAMBIO DE MENTALIDAD

El debate sobre la socialización de la medicina fue abriéndose camino, pero no decayeron las quejas por lo que muchos entendían el deterioro de las condiciones laborales de los propios médicos, especialmente de los rurales que acabaron por aglutinar la atención del colectivo y del propio *Boletín* hasta el punto de ser definido como "nuestro problema fundamental"[29]. Desde la publicación se admitía que en bastantes provincias no estaban cubiertos "elevados números de puestos médicos", sobre todo por problemas económicos, aunque se apuntaba una solución al "haber quedado el médico rural configurado como

[28] GABINETE DE SOCIOLOGÍA: *Estudio sociológico sobre el Seguro de Enfermedad en España*, Madrid, Ministerio de Trabajo, 1964.

[29] Se decía que, ante los problemas generados por el SOE, muchos médicos veían con nostalgia los tiempos del ejercicio libre de la profesión porque, en definitiva, "hay diferencia entre don Fulano y el Médico del Seguro, sin personalidad, un ser anónimo". Francisco POLO Y FIAYO: *El médico encadenado*..., p. 26.

funcionario público, quedando incluido dentro del campo de la Ley de Retribuciones de funcionarios Civiles", lo que invitaba a pensar que había "fundadas esperanzas de que sus condiciones económicas alcancen un nivel digno". Con todo, las reivindicaciones siguieron haciendo también mención de otros déficits de los galenos rurales, como la carencia de relaciones sociales o la imposibilidad de facilitar a los hijos educación universitaria, lo que para muchos pasaba por "exigir una moderna restructuración de la geografía médica"[30].

La perspectiva que recogen los propios boletines rezuma mayoritariamente una posición de connivencia con los poderes públicos, hasta el punto que todas aquellas protestas, más o menos veladas, no impedían que la postura más oficialista fuese complaciente con las medidas adoptadas, aunque fuera muy contradictorio, dejando constancia de ello con comentarios muy elogiosos basados en que algunos médicos habrían "visto aumentados de cinco a seis veces sus emolumentos, establecidos los trienios sin limitación alguna, así como sus pensiones como funcionarios del Estado y la auténtica actualización de las mismas". Por eso, se deshacían en elogios, ya que si se "contemplara retrospectivamente la situación de los titulares hace solamente unos años con dotaciones inapreciables, sin derechos pasivos y siempre a merced del cacique rural de turno, debemos reconocer que lo conseguido ahora es la mejora más sustancial y trascendente otorgada a aquellos". No obstante, ese reconocimiento era aprovechado para seguir reivindicando mejoras retributivas básicamente porque, a pesar de todo, no estaba "todo logrado, antes al contrario, debe considerarse solamente un importante objetivo que sirva de base hasta llegar a la meta que todos deseamos den tal aspecto, es decir, la dignificación total del ejercicio profesional en el medio rural que incluye no solo la Sanidad, sino también la Medicina asistencial libre y la Seguridad Social"[31].

Podríamos decir que la puesta en marcha de la Ley de Seguridad Social fue un acicate para que la Asamblea del Colegio de Médicos activara con más énfasis una serie de propuestas de cara a marcar

[30] Declaraciones del presidente del Consejo de Colegios a la Agencia Europa Press. *Boletín del Colegio de Médicos*, 1966.

[31] Ávila. *Boletín del Colegio de Médicos*, 1967.

las diferencias en el medio rural, ya que la posibilidad, cada vez más inmediata, de incorporar a los trabajadores del campo al sistema público suponía más presión para sus intereses, al menos desde su punto de vista. Por todo ello, se acordaron una serie de medidas que planteaban desde el abono al médico de zona de la Iguala Mínima vigente o, al menos, el establecimiento de un cupo mínimo, hasta la consideración de no beneficiarios a los familiares ascendientes, ya que se asumía que la mayor parte de las veces ni convivían con el asegurado ni mucho menos a sus expensas, por lo que solicitaban que fuesen considerados una familia aparte. Otras medidas que se propusieron fueron el pago por persona asegurada y no por familias, el pago de los transportes a lugares alejados y la revisión del régimen de asistencia a los desplazados, porque en zonas turísticas o de veraneo podría llegar a suponer una sobrecarga del médico[32].

Reformas y mejoras salariales aparte, las igualas centraron en aquellos años que nos ocupan una buena parte de la atención de los Colegios Médicos y, sobre todo, de los médicos del rural. Se trata de un seguro de enfermedad primitivo, de implantación nacional y de entronque tradicional entre las costumbres de las familias campesinas. Con ellas los vecinos arrendaban unos servicios médicos básicos y los doctores conseguían una cierta estabilidad a sus ingresos. Para muchos de ellos, constituían el capítulo mayor de ingresos ante el avance de la Seguridad Social "incesante y cada vez más importante, imposible, por otra parte, de frenar por su justo contenido social, [que] va mordiendo poco a poco al médico rural". Ante esta imparable evolución, muchos se preguntaban cuánto tiempo más podrían persistir dichas igualas. El foco de sus propuestas caía en los pequeños propietarios autónomos, auténticos sostenedores del sistema igualatorio, que no percibían los beneficios asistenciales del médico de cabecera. Pero muchos se planteaban "¿cómo se podrá superar la caída vertical de los ingresos del médico al desaparecer las cantidades percibidas por las igualas y ser sustituidas por las muy inferiores abonadas por cartilla?". La diferencia estaba entre las 70 pesetas de iguala mínima aprobada y las 27 pesetas que abonaba la

[32] Sobre la Seguridad Social Agraria. *Boletín del Colegio de Médicos*, 1967.

Seguridad Social por asegurado. Esta alarmante situación obligaba a reflexionar sobre un necesario cambio en la mentalidad de los médicos, porque cada vez estaba más cerca el momento en el que la totalidad de la población campesina fuese englobada en la Seguridad Social, ante lo cual se proponía la "tan aireada reforma estructural de la Sanidad rural" de muy incierto resultado[33]. Arreciaron entonces desde los Colegios unos cuestionarios en los que se pretendía averiguar los problemas profesionales más urgentes. Con esa intención se interrogaban sobre la existencia de plétora profesional o la de pluriempleo entre los doctores, y se planteaban también el "porvenir de las nuevas generaciones de médicos". No faltaban en ese contexto las consabidas preguntas sobre la posible implantación de igualatorios colegiales y la eliminación de intermediarios. La respuesta colegiada de Pontevedra es un claro referente:

> Es indispensable revalorizar la figura del médico ante la sociedad española, analizando las causas que han motivado su pérdida de prestigio personal y de clase, algunas veces debida a factores y errores propios, pero las más por circunstancias derivadas de la nueva modalidad de ejercicio que conlleva la medicina actual. El problema cumbre de la Medicina española es, sin duda, la Seguridad Social que, nacida de un imperativo pleno de sentido humano, ha sido creada cargando el excesivo peso de su andamiaje sobre las espaldas de los médicos[34].

Las primeras conclusiones a la encuesta subrayaban, entre otras cosas, la necesidad de aprobar retribuciones complementarias a los médicos rurales y darles una jornada completa, pero también se señalaba la necesidad de crear un Ministerio de Sanidad. En cuanto a las igualas, la principal novedad era la propuesta de unificación, con lo que se pensaba poder fidelizar la permanencia del médico en el medio rural. Lo cierto es que aquellos trabajos sirvieron para abrir frentes que habían estado soterrados o silenciados. Trascendió así

[33] "Las Igualas", *Boletín del Colegio de Médicos,* 1968.
[34] Pontevedra. *Boletín del Colegio de Médicos,* 1968.

una problemática de mayor calado que lo meramente retributivo, porque había partidos médicos vacantes con ingresos importantes, es decir, afloraba el abstencionismo de las nuevas generaciones a cubrir determinadas plazas. En los informes se recogen críticas a los que antes se quejaban de recorrer "largas distancias" para atender a sus pacientes cuando, en realidad, las mejoras en las carreteras y en los medios de transporte convertían esos recorridos en algo casi anecdótico. Pero, más allá de estos debates de poco calado ya, se dejan ver propuestas más interesantes como las que sugerían constituir agrupaciones de pequeñas localidades para permitir el mantenimiento de sus más "perentorios servicios". Además, se advertía de la dificultad de montar la imprescindible infraestructura sanitaria de las nuevas comarcas y subcomarcas sanitarias y, lo que era mucho más novedoso y sobresaliente, se destacaba lo complicado que resultaría "luchar contra la tradicional costumbre y visión que de la asistencia médica poseen los campesinos de nuestra Patria". A la vez, se practicaba la autocrítica, ya que para "muchos médicos rurales también será duro aceptar unos nuevos sistemas de ejercicio profesional que supondrá cambios radicales en su actual manera de ejercer la Medicina". Y, a continuación, se dejaba ver lo que se había venido madurando durante los últimos años; a saber, un "cambio de mentalidades por parte tanto del pueblo como de los funcionarios", que necesariamente sería "lento y costoso de conseguir". La fórmula ideal para introducir los cambios necesarios pasaba por aceptar una aplicación pausada para evitar su rechazo e impopularidad y una mejor campaña informativa, porque a pesar del "individualismo feroz que caracteriza a nuestra Clase Médica y de los múltiples roces que el ejercicio supone, semillero de rencillas, celos y egoísmos … mantenemos una gran fe en los médicos rurales"[35].

La reestructuración de los cuerpos sanitarios locales emprendida a finales de los 60 generó un debate importante en las Cortes franquistas. El *Boletín* reproduce intervenciones notables. Una de ellas, a cargo del procurador De La Mata, defensor de la proposición, era

[35] Reproduce el editorial de la revista *Medicina rural. Boletín del Colegio de Médicos*, 1969.

en realidad un emotivo y retórico homenaje al médico rural que volvía a la carga con los manidos argumentos de su "temple férreo de soldado o de misionero"[36]. Resulta más sugerente el editorial de la revista *Medicina Rural*, donde se defendía la iniciativa por ser "necesaria y oportuna". Partía del reconocimiento de una sanidad rural que cada año se hacía "más insostenible" y, lo que era mucho peor, "la imposibilidad de obtener con los medios actuales una Sanidad efectiva" que hiciera posible un perfeccionamiento sanitario con el que ejercer "una profesión en niveles superiores". Es decir, aunque tardíamente, se dejaban ver ya reivindicaciones que iban más allá de las subidas salariales y el reconocimiento social. La calidad de la sanidad en el rural empezaba así a ser un argumento importante en el debate que no terminaría entonces, ni mucho menos[37]. Aunque despacio, las cosas estaban cambiando también en esta parcela social durante la crisis final de la dictadura, de tal forma que en los boletines se da paso a otro tipo de discurso más crítico. Fue el caso, por ejemplo, de un texto firmado por José Espriú, fundador del cooperativismo sanitario en Girona, que se atrevió a decir que "los fallos actuales de la medicina se deben a la intervención de un sistema cuyas estructuras son pésimas"[38].

> La Seguridad Social no es una cosa abstracta, sin consecuencias materiales exclusivamente humanas, sino todo lo contrario, pues va en busca del bienestar del hombre y la familia, de su salud y de todas sus necesidades, por lo que no es justo ni razonable que tantos beneficios, que pretenden variar la faz envenenada de la sociedad por otra amigable y cordial vayan a quedar administrados por los eternos negociantes, ventajistas de los Seguros libres, buenos explotadores de médicos y enfermos[39].

[36] Enrique de la Mata Gorostizaga fue nombrado, en 1966, secretario general de Sanidad y también ocuparía la presidencia de la Comisión de Sanidad, Seguridad Social y Asistencia del III Plan de Desarrollo.
[37] Editorial de la revista *Medicina rural. Boletín del Colegio de Médicos*, 1969.
[38] Abordaba el tema de la crisis médica y, concretamente, del igualatorio colegial. *Boletín del Colegio de Médicos*, 1970.
[39] Francisco POLO Y FIAYO: *El médico encadenado...*, p. 127.

La implantación de la ley de Seguridad Social impulsó una serie de iniciativas con las que perfilar el grado de satisfacción que los usuarios podrían llegar a tener de los servicios sanitarios públicos. Una de ellas fue el ya mencionado *Estudio sociológico del Ministerio de Trabajo*. Entre sus conclusiones destaca para nuestros intereses que los trabajadores de la agricultura fuesen los que en menor número consideraran bueno o afectuoso, o estuvieran conformes con el trato personal del médico. Por el contrario, eran los que en mayor medida resaltaban las diferencias de trato y lo poco correcto de éste con el excesivo número de enfermos en las consultas. Sin embargo, para los médicos la principal reivindicación cuando hablaban de los problemas que afectan a la relación médico-asegurado, tenía que ver con "la poca retribución"[40]. Los problemas que el trabajador presenta en torno a su relación con la organización del Seguro están referidos por orden de importancia, fundamentalmente, a tres aspectos: la elevación de las prestaciones, a los problemas que surgen por el exceso de trámites y, por último, los que hacen referencia a lo excesivo de la cotización. Pero, en todo caso, son los trabajadores de la capital los que en mayor medida y con un porcentaje sensiblemente superior consideraban que las prestaciones no eran suficientes y que la cotización era excesiva. Entre las causas de las deficiencias en la asistencia médica, solo los especialistas se quejaban (16,4%) de la propia organización del Seguro, aumentaban (11,3%) los que señalaban la poca remuneración del médico, y se elevaba hasta el 27,8% los que se quejan de la "falta de tiempo del médico". La quinta parte de los médicos, aproximadamente, consideraban bueno aquel sistema, aunque de éstos algunos con limitaciones, por considerarlo incompleto.

La persistencia de la precaria situación de asegurados y doctores en el medio rural se prolongará a lo largo de toda la década de los años 70. Durante la Transición y después de los acelerados cambios socioeconómicos que tuvieron lugar, el panorama cambió exponencialmente; sin embargo, a juzgar por algunos testimonios que hemos podido recoger, el malestar siguió siendo un denominador común entre los galenos, ya que se habría erosionado su vocación

[40] GABINETE DE SOCIOLOGÍA: *Estudio sociológico sobre…*

y habrían quedado convertidos en meros asalariados[41]. Recientes investigaciones han demostrado que, todavía en 1984, la resistencia del Consejo General de Colegios Médicos era muy tenaz ante los cambios promovidos por el ministro socialista Ernest Lluch. Pero el cambio estaba servido, aunque no supuso el final de todos los múltiples problemas que afectaban a un medio rural muy deficitario en servicios sanitarios. Al menos, sí parece que las reivindicaciones de los movimientos de médicos demócratas y progresistas que se habían dado en las dos décadas anteriores sirvieron para aprobar un sistema sanitario basado en la sanidad pública con cobertura universal y financiación a través de los presupuestos generales del Estado[42].

---

[41] "¿Qué pasará con la medicina rural?", Cartas al director, *El País*, 11 de febrero de 1985, https://elpais.com/diario/1985/02/11/opinion/476924404_850215.html

[42] Jordi SANCHO GALÁN: "Los movimientos de renovación sanitaria y la creación del sistema de atención primaria en España (1974-1986)", en Mónica FERNÁNDEZ AMADOR y Adrian FLORIN TUDORICA (eds.): *Transición a la democracia y bienestar social*, Madrid, Sílex, 2022, pp. 624-644. Por falta de espacio no hemos podido hacer referencia a otros fenómenos que confirman la existencia de múltiples factores transformadores de la profesión, como, por ejemplo, la significativa presencia de mujeres que empezaron a salir "en masa de la universidad" y que ayudaron a acelerar los cambios, aunque todavía no consiguieran "crear un modelo para mujeres profesionales". Teresa ORTIZ GÓMEZ, Ana TÁVORA, Ana DELGADO y Lola SÁNCHEZ: "Ser mujer y médico en la España de los años sesenta", *Asparkia*, 12 (2001), pp. 125-136.

DISCAPACIDAD Y TRANSICIÓN HACIA UNA SOCIEDAD MÁS INCLUSIVA

Emilia Martos Contreras
Universidad de Almería

A finales de los años 60, empezó a gestarse un nuevo modelo de comprensión de la discapacidad, el modelo social, que puso en entredicho los avances que se habían conseguido hasta el momento. Desde principios de siglo, el modelo conocido como rehabilitador, había permitido la evolución médica y había entroncado con las reivindicaciones laborales de parte del colectivo. Sin embargo, este paradigma de comprensión había colaborado también con la institucionalización de la segregación y había condenado a los afectados a responsabilizarse de su inserción social. Por lo tanto, a pesar de la evolución, casi a finales del siglo XX, se mantenían con pocos cambios las asunciones más tradicionales, aquellas que entendían a las personas con discapacidad como seres "debajo" de la normalidad y "menos" válidos. La originalidad del nuevo modelo de comprensión social era que señalaba el entorno como el verdadero factor incapacitante, responsabilizando a la sociedad de la integración de sus miembros y no viceversa, como había ocurrido hasta el momento. El ejemplo que más fácilmente demostraba las barreras impuestas lo constituía el espacio urbanístico, que se construía, y en muchos casos se sigue construyendo, a la medida de lo normalizado, obstaculizando y excluyendo a parte de sus usuarios. Esta tendencia se repetía en todos los demás ámbitos sociopolíticos y culturales, encerrando a las personas con discapacidad en una realidad claustrofóbica, en muchos casos, incluso, de forma literal.

El surgimiento de este nuevo paradigma explicativo solo se puede entender junto a la eclosión de los movimientos reivindicativos de los afectados, cuya máxima expresión fue el Movimiento de Vida Independiente, surgido en Estados Unidos, y que irrumpió en la escena pública con el lema "Nada sobre nosotros, sin nosotros"[1]. Aunque las movilizaciones de las personas con discapacidad tenían claros antecedentes, hay que reconocer que estas actuaciones de los años 70 adquirieron una dimensión superior, acorde con el desarrollo general de los nuevos movimientos sociales. España, que en estos años estaba inmersa en un proceso de cambio a diferentes niveles, también vivió el florecimiento de las acciones reivindicativas en torno a la discapacidad y se contagió, en algunos aspectos, del nuevo modelo social.

Sin embargo, en la actualidad, medio siglo después, este modelo social sigue representando la vanguardia, a pesar de las crecientes críticas, mientras que continuamos reproduciendo tendencias propias de otro siglo, tal como simboliza la permanencia de denominaciones como "minusválidos". Los colectivos organizados, cada vez más plurales, continúan luchando por sus derechos, entre los que se encuentra la ocupación del espacio público y del imaginario social, aún claramente encorsetado a pesar de la creciente oda a la diversidad.

Por supuesto, esto no significa que no haya habido mejoras en las últimas décadas. Al respecto, hay que recordar que cada una de estas conquistas de las personas con discapacidad ha implicado una evolución de nuestros estados democráticos y su vocación igualitaria, lo que justifica la deuda que tiene la sociedad con el activismo cívico. La historia reciente de España nos sirve de laboratorio de investigación para indagar en esa indiscutible relación entre democracia, movimientos sociales y derechos individuales. En este capítulo nos aproximaremos a esa relación, a través de los movimientos organizados en torno a la discapacidad y su papel en el proceso de transición a la democracia.

LA DISCAPACIDAD A FINALES DEL FRANQUISMO

La apertura de España a los organismos internacionales, en los años 50, y al turismo extranjero, en los 60, conllevó una cierta permeabilidad

[1] Susan P. O'HARA: *Oral History Interview with Edward V. Roberts*, Berkeley, Universidad de California, 1994.

a las ideas extranjeras, palpable también en el ámbito de la discapacidad. Así, igual que en otros países occidentales, en España asistimos a la proliferación de asociaciones de familiares de personas con discapacidad intelectual que, en la segunda parte del franquismo, se convirtieron en los principales representantes en la lucha por los derechos de las personas con discapacidad[2]. Estas asociaciones, unidas en la Federación de Asociaciones de Padres de Subnormales (FEAPS), promovieron soluciones prácticas a problemas urgentes, tal como era la atención educativa, y fueron claves para la incipiente concienciación social, consiguiendo que la discapacidad intelectual irrumpiera en la opinión pública. Mercedes Carbó, una madre que consiguió la atención social a través de un programa televisivo, viajó por toda España propagando un mensaje de reivindicación, como representa el siguiente fragmento:

> Ha pasado la época de la compasión para los subnormales y para los padres de los niños. Y tiene que pasar aún más. (...) Los padres deben tratar de que el niño aprenda y trabaje: se sitúe de lleno en el mundo de todos, en nuestra sociedad. Y la sociedad debe dejar de mirar con compasión a niños y padres de subnormales para verlos con comprensión[3].

Las conquistas de estos años se hicieron caminando por los límites impuestos por el sistema dictatorial e intentando sacar el mayor provecho de la estructura caritativa imperante, tal como simbolizó la anual cuestación del "Día del Subnormal". Hasta la aparición de las asociaciones de familiares, el panorama de la discapacidad había estado representado únicamente a través de dos instituciones: la Organización Nacional de Ciegos (ONCE) y la Asociación de Inválidos Civiles (ANIC), dos órganos de carácter vertical, que tenía entre sus misiones el control social. Esta esencia se puede rastrear fácilmente en la ANIC que, nacida en los años 50, pretendía aglutinar

---

[2] Mercedes del CURA GONZÁLEZ y José MARTÍNEZ PÉREZ: "From resignation to non-conformism: association movement, family and intelectual disability in Franco's Spain (1957-1975)", *Asclepio*, 68 (2016), pp. 1-12.

[3] *La Voz de Almería*, 11 de marzo de 1970, pp. 18-19.

a todos los inválidos, incluyendo en este espacio a los heridos del bando republicano que no habían sido admitidos en el Cuerpo de Mutilados de Guerra[4].

Desde estas organizaciones paragubernamentales, los afectados intentaron presionar por sus derechos, siendo el desempleo su principal preocupación[5]. Sin embargo, la esencia caritativa de las políticas sociales de la dictadura, la falta de apoyo presupuestario y las trabas impuestas a la participación de los implicados, fueron algunas de las claves que justificaron el limitado alcance de estos organismos, aunque es fundamental marcar una gran distancia con el caso particular de la ONCE[6]. Esta institución, aprovechando la ventaja que le ofrecía la exclusividad de la venta del cupón, pudo ofrecer empleo a gran parte de sus afiliados, lo que supuso, sobre todo en las décadas centrales del franquismo, una ventaja comparativa con respecto a otros colectivos. En principio, la ONCE había planteado el cupón como una solución a corto plazo, mientras se resolvía la inserción laboral de sus afiliados. Sin embargo, tras casi 40 años de su nacimiento, el cupón se había institucionalizado como principal vía de financiación del colectivo, que se había visto encorsetado y limitado a esta actividad, a pesar de las opciones educativas que ofrecía la institución. En realidad, el franquismo había coartado el proyecto inicial de la ONCE, al impedir una participación más activa de sus miembros, a la vez que la organización había mimetizado las formas jerárquicas y represoras del gobierno dictatorial, lo que claramente limitó su desarrollo.

En todo caso, no podemos afirmar que la dictadura franquista no propusiese políticas en el ámbito de la discapacidad, notándose

---

[4] Emilia MARTOS CONTRERAS: "Trabajo y «minusvalía» durante el primer Franquismo: La asociación nacional de inválidos civiles", en Damián Alberto GONZÁLEZ MADRID *et al.* (eds.): *La Historia: lost...*, pp. 2.787-2.796; y Salvador CAYUELA SÁNCHEZ y Mercedes del CURA GONZÁLEZ: "Los niños quebrados del franquismo. La vivencia de la discapacidad en un colegio de educación especial de la ANIC", *Historia y Memoria de la Educación*, 15 (2022), pp. 229-258.

[5] Gildas BRÉGAIN: "«Nous ne demandons pas la charité. Nous voulons du travail!». La politique franquiste d'assistance aux invalides", *Alter. European Journal of Disability Reserach*, 7 (2013), pp. 206-221.

[6] Roberto GARVÍA: *En el país de los ciegos. La ONCE desde una perspectiva sociológica*, Barcelona, Hacer, 1997.

especialmente a partir de los años 60 una profusión de normas, que se comprende dentro de la evolución del Estado hacia una "democracia orgánica" y la búsqueda de la aceptación europea. En las medidas aprobadas en estos años, el discurso franquista demostró haber asumido el llamado paradigma médico o rehabilitador, la forma de comprender la discapacidad que había surgido a principios de siglo y que tenía como principal objetivo "rehabilitar" y "adaptar" a las personas afectadas para su reincorporación al mercado laboral[7]. El máximo ejemplo de esta política fue la creación del Servicio de Recuperación del Minusválido (SEREM), en cuyo prólogo se declaró:

> La incorporación de los minusválidos al trabajo constituye un importante objetivo en la política social, por cuanto, a la par que recobran la conciencia de su valer al servicio de la comunidad y contribuyen a su dignificación personal, acrece el potencial humano que constituye factor principal y básico en todo proceso de desarrollo económico y social[8].

Como ya indicamos anteriormente, esta forma de enfocar la discapacidad permitió el desarrollo de la medicina y del sistema asistencial, aunque como efecto secundario tuvo la responsabilización de las personas con discapacidad y la preferencia de la normalidad frente a la funcionalidad[9]. El mayor ejemplo de esta tendencia se podía rastrear en el ámbito de la discapacidad auditiva, donde se impulsó la oralidad frente al uso de la lengua de signos, lo que supuso una gran rémora al movimiento asociativo, como recuerda Gregorio Vílchez Rueda, presidente de la Asociación de Sordos de Almería: "La mayor dificultad era la comunicación (...) no teníamos forma de enseñarnos ni de comunicarnos, la verdad es que era un tema grave"[10].

---

[7] José MARTÍNEZ PÉREZ: "Consolidando el modelo médico de discapacidad: sobre la poliomielitis y la constitución de la traumatología y ortopedia como especialidad en España (1930-1950)", *Asclepio*, 61 (2009), pp. 118-142.

[8] "Decreto 2531/1970, de 22 de agosto, sobre empleo de trabajadores minusválidos", *BOE*, 15 de septiembre de 1970, p. 15.156.

[9] José MARTÍNEZ PÉREZ y Mercedes del CURA GONZÁLEZ: "Divulgando nuevas ideas sobre la diversidad humana: la dimensión educativa del discurso sobre la discapacidad en la España franquista", *Asclepio*, 71 (2019), pp. 255-271.

[10] Entrevista a Gregorio Vílchez Rueda, Almería, 25 de junio de 2011.

A las limitaciones teóricas de las propuestas políticas del franquismo hay que sumarle dos agravantes: la permanencia del sistema caritativo decimonónico, y su percepción paternalista de la discapacidad, y la escasa voluntad que trascendía, esencialmente, en la falta de presupuesto. El contraste entre el discurso del Gobierno y la absoluta ausencia de mejoras prácticas, confabularían para potenciar el hastío de los afectados, que a partir de los 70 van a configurar un nuevo panorama asociativo. De hecho, a partir de estos años, los jóvenes con discapacidad física van a tomar el relevo a las asociaciones de familiares y se convertirán en punta de lanza del movimiento, forzando a la conciencia social a avanzar un paso más. Estos jóvenes, en su mayoría, habían sido víctimas de los brotes de poliomielitis de los 50 y se habían asociado a través de organizaciones religiosas como Fraternidad Cristiana de Enfermos y Minusválidos (Frater) o Auxilia, a cuyo amparo habían ido desarrollando un discurso cada vez más crítico[11]. Según reconocen diversos activistas del periodo, en estos años previos a la Transición, ya se distinguía claramente una creciente oposición a las estrategias que se habían utilizado durante el franquismo, tal como lo recuerda María del Carmen Riu i Pascual:

> Casi todos coincidíamos en que no era suficiente con seguir haciendo un trabajo tan suave (...); hacía falta más energía y denunciar lo que se estaba haciendo con nosotros. Intentábamos introducirnos en lugares decisorios dentro de las asociaciones, pero eso era casi imposible (...). Esto dio como resultado que la gente se fuese de las asociaciones y formar diferentes grupos que actuaban, en la medida de lo posible, presentando pequeñas denuncias[12].

Además, este discurso crítico entroncó con una creciente conciencia política que empezó a situar la problemática en una dimensión más

---

[11] Juan Antonio RODRÍGUEZ SÁNCHEZ: "Las secuelas sociales de la polio: los inicios del movimiento asociativo en España (1957-1975)", *Dynamis*, 32 (2012), pp. 391-414.

[12] María del Carmen RIU I PASCUAL: "La coordinadora de disminuidos físicos. Interpretación histórica del movimiento de las personas en situación de discapacidad física desde finales de la década de los años setenta hasta el año 1977", en Antoni VILÀ I MANCEBO (ed.): *Crónica de una lucha por la igualdad: apuntes para la historia del*

amplia. En *Minusválidos*, un libro publicado en 1971 por el escritor Rodrigo Rubio, ya podemos palpar esta evolución:

> El problema [...] no se soluciona con campañas, aunque estas sean promovidas por nuestra alta sociedad y las apoyen las altas personalidades de la política y las finanzas. El problema tiene una raíz que está podrida en sus estructuras e infraestructuras. El problema es de legislación y de sentido de justicia[13].

Este ambiente crítico de principios de la década se sintió en la *Conferencia sobre la integración de los minusválidos*, más conocida como *Minusval-74*. En este congreso nacional organizado por el SEREM, las diferentes organizaciones del periodo dieron cuenta de su situación, discutieron sus problemáticas y demostraron que el novedoso paradigma social que se estaba desarrollando en otros países occidentales estaba empezando a calar y a influir en la dirección de las exigencias, tal como simbolizó el propio lema del evento: "La sociedad y el minusválido: una actitud a cambiar"[14]. En el siguiente fragmento, Lluís Martí recuerda el activismo del evento:

> Durante la Conferencia, la labor entre pasillos fue realmente espectacular. Una vez más se comprobó la vitalidad de las asociaciones privadas, que movilizaban y conseguían una notable participación ciudadana en la lucha para erradicar la injusticia social que se había apoderado de los sectores más débiles de nuestra sociedad[15].

Como consecuencia de *Minusval'74* nació la Comisión Interministerial para la Integración Social de los Minusválidos, que incluyó en su organigrama a unos pocos representantes del asociacionismo. No

---

movimiento asociativo de las personas con discapacidad física y sensorial en Catalunya, Barcelona, Fundación Institut Guttmann, 1994, p. 98.

[13] Rodrigo RUBIO: *Minusválidos*, Barcelona, Plaza y Janés, 1971, p. 114.

[14] VVAA: *Minusval-74. Conferencia Nacional sobre Integración del Minusválido en la Sociedad*, Madrid, Ministerio de Trabajo y Asuntos Sociales, 1974.

[15] Lluís MARTÍ BOSH: "La reflexión: Minusval. El año de Minusval", en Antoni VILÀ i MANCEBO (ed.): *Crónica de una lucha...*, p. 51.

obstante, la comisión tan solo demostró la insuperable inmovilidad del sistema. Así, según las palabras de Manovel Báez, la organización "no asumía las reivindicaciones por ellas planteadas y (...) la composición de la misma no era lo suficientemente representativa como para defender adecuadamente los intereses de los minusválidos"[16]. A pesar del ambiente de esperanza generado en *Minusval'74*, la mayoría de los sectores organizados tuvieron claro que su situación se encontraba en punto muerto y que el cambio de gobierno era un imperativo para avanzar. La lucha por los derechos implicaba la lucha por la democracia. La activista María de los Ángeles Cózar Gutiérrez recordaría: "corrían los años 70. Franco estaba agonizando y yo había encontrado mi causa, un motivo por el que levantarme a diario cargada de proyectos e ilusiones"[17].

MOVILIZACIÓN SOCIAL DE LAS PERSONAS CON DISCAPACIDAD EN LA TRANSICIÓN

El nuevo horizonte que abrió la muerte del dictador fue aprovechado por los afectados para renovar su activismo. Mientras que las instituciones públicas daban sus últimos coletazos, las asociaciones privadas expandieron su área de actuación utilizando el nuevo marco normativo y la libertad y derechos que conllevaba, al tiempo que se adaptaban a la nueva realidad política. El activista Antonio Guillén recuerda esa evolución en las actuaciones:

> Este cambio de estrategia se produce al llegar al convencimiento de que la responsabilidad de dar soluciones a los problemas que tienen planteados las personas con disminución es de los poderes públicos. Esto representa un profundo cambio, ya que se pasa de la instalación de mesas en la calle para pedir colaboración económica

---

[16] María Jesús MANOVEL BÁEZ: "Comisión Interministerial para la integración social de los minusválidos", en VVAA: *10 años del Servicio Social de Minusválidos (1972-1982)*, Madrid, Serem, 1983, p. 51.

[17] Juan Antonio LEDESMA HERAS: *Activistas, 15 historias de vida de activistas de la discapacidad*, Madrid, CERMI, 2012, p. 146.

a reivindicar la creación de un marco legal y de unos servicios en igualdad de condiciones que el conjunto de los ciudadanos[18].

El asociacionismo que había empezado a gestarse desde principios de la década se condensó en los años de la Transición, tratándose en la mayoría de los casos de escisiones de instituciones religiosas como Frater o Auxilia, a cuyo calor habían crecido aquellos que se convertirían en los activistas más representativos del momento. José Alba, miembro de Frater, secretario general de la Coordinadora Estatal de Minusválidos Físicos de España (CEMFE), señaló en 1979:

> Así nacieron estos grupos independientes de minusválidos, con mucho fervor y fuerza, un poco desorganizados, quizá no solamente protestando contra las estructuras que hasta entonces les habían marginado, sino reclamando los derechos que les eran debidos y enfrentándose contra la caridad y el paternalismo que había existido. Desde 1975 las cosas empezaron a cambiar. Los grupos independientes dejaron de serlo. Hicieron sus estatutos, se acogieron a unas legalizaciones y mantuvieron una estructura que quizá les quite cierta agresividad, pero les va dando la solidez necesaria si algún día queremos llegar a grupos que defiendan con eficacia los intereses del minusválido[19].

Esta efervescencia asociativa coincidió con la eclosión de las acciones reivindicativas, que encajaban con el ambiente general de movilizaciones que vivió España en estos años. Uno de los implicados, Eugeni Pérez, rememoró así estos años:

> En ningún momento dejaron los grupos de base de manifestarse en la calle. En sus reivindicaciones, actuaron con contundencia a todos los niveles, subiendo en silla de ruedas a los autobuses y bajando al metro en un intento de mentalizar a los ciudadanos, y provocando, en éstos, reacciones contrarias, tanto en pro como

[18] Antonio GUILLÉN: "La participación", en Antoni VILÀ i MANCEBO (ed.), *Crónica de una lucha...*, p. 63.

[19] *Minusval*, 29, mayo 1979, p. 18.

> en contra. (...) En aquellos días de plena euforia, apareció en la cabecera de un periódico local un artículo con el siguiente título: "¡El grito del minusválido!". Nunca se pudo decir mayor verdad. Este grito encendió la mecha, cual reguero de pólvora, como un revulsivo liberador en la piel de toro. Madrid, La Coruña, Andalucía, Valencia, Zaragoza..., se sumaron a la moda[20].

Son los años en los que se da el fenómeno que Planella llamó "la rebelión de los cojos", haciendo referencia, esencialmente, a las movilizaciones de Barcelona y que iniciaron el periodo también conocido como de "insurgencia de la discapacidad"[21]. Las protestas en la ciudad condal tuvieron su máximo exponente en el encierro realizado en la propia sede del SEREM y que concluyó con la respuesta positiva del gobierno local y la reactivación de las políticas centrales[22]. También tenemos constancia de actuaciones subversivas y manifestaciones en otros puntos de España, esencialmente en las grandes capitales. Sin embargo, la escasa presencia de estos movimientos en la prensa diaria nos da indicios de su relativa repercusión sobre la opinión pública. Ciertamente, en un contexto de gran agitación social, con constantes manifestaciones en torno a temas considerados capitales en la Transición y con un claro monopolio de las cuestiones obreras organizadas a través de los sindicatos, las movilizaciones de las personas con discapacidad se movían en el ámbito de lo anecdótico. La heterogeneidad del colectivo, la falta de tradición y medios organizativos y el indiscutible aislamiento contra el que debían luchar los individuos afectados, nos da cuenta de las dificultades para adoptar estrategias de presión coordinadas. Sin embargo, este mismo panorama nos da pistas de la capital importancia que tuvieron esas pioneras manifestaciones, pues no solo mostraban el empoderamiento de los sujetos activos, sino la conquista del espacio público, con su ocupación física,

[20] Eugeni PÉREZ: "Radiografía de un cuento de nunca acabar", en Antoni VILÀ i MANCEBO (ed.): *Crónica de una lucha...*, p. 65.

[21] Jordi PLANELLA RIBERA: *Proyecto Docente: Cátedra de Teoría e Historia de la Educación*, Barcelona, Universitat Oberta de Catalunya, 2012, p. 105.

[22] Emilia MARTOS CONTRERAS: "Activismo, movimientos y participación social de las personas con diversidad funcional durante la transición a la democracia", *Historia Contemporánea*, 65 (2018), pp. 747-779.

en el sentido espacial y de corporalidad. Recordemos, a propósito, este testimonio de un joven:

> Los grises cargaron sobre nosotros, en plena Rambla. De pronto uno de ellos se abalanzó sobre mí y me dio con la porra. Caí de mi sillón de ruedas, rodé por el suelo, y recibí otro golpe en la cabeza. Aquél fue el momento más hermoso de mi vida. Creo que nunca fui más feliz. Es cierto que los golpes me dolieron, es cierto que tuve miedo. Pero ese día me di cuenta, que podía ser como los demás. (...) A aquel gris que me sacudía, hubiera querido abrazarlo. Basta de lástima, de indiferencia con nosotros, ¿comprendes? Si no somos buenos para tener trabajo, para tener oportunidades como los demás, por lo menos somos buenos para encajar porrazos[23].

Los diferentes testimonios del periodo inciden en el empoderamiento que implicó la lucha social y cómo influyó en la confirmación de su lugar en el espacio público, un aspecto que debemos de tener en cuenta, más allá de las conquistas políticas concretas. Según escribía Federico Giralt en 1978:

> Los minusválidos han elegido, sin embargo, un camino irreversible. Han asumido su condición. Han descubierto su marginación y quieren superarla por la única postura posible: la liberación de sus ataduras. Hoy ya no son sombras tras una ventana, ya no se los ve, humildes, en el "ghetto" de su quiosco de lotería o periódicos. Han salido a las calles y a las plazas, a luchar. Sin cuartel. Y en esa lucha han encontrado su propia identidad. Desde 1974, en toda España, los minusválidos, como contagiados por un frenesí, se unen en un movimiento reivindicativo. Ellos, minoría hasta hoy silenciosa, han aparecido de pronto a la luz del día, otra de las caras -ávida, potente, fresca- de esta España subterránea que, con la libertad, está encontrando su propia voz[24].

[23] Federico GIRALT: *Los minusválidos*, Barcelona, Dopesa-2, 1978, pp. 10-11.
[24] Ibídem, p. 10.

Entre las personas con discapacidad, condenadas al aislamiento y al encierro, al espacio privado y oculto, hubo quien transgredió la norma imperante, desechando el papel pasivo que se le había asignado, reivindicando su papel en la construcción de un nuevo Estado democrático y señalando que esa nueva realidad solo podía llamarse democrática si colaboraba con la abolición de las injusticias históricas. La activista María José Vázquez recordaba:

> ...descubro que las personas disminuidas que, durante la década de los setenta, tuvimos algún protagonismo y responsabilidad en los grupos de base, vivimos los años más creativos e intensos, tanto a nivel personal como a nivel colectivo. Este aspecto contribuyó a que como colectivo disfrutáramos de la mejor etapa en cuanto a participación y presencia activa en la sociedad[25].

Un caso paradigmático de movilización fue la ejercida en el seno de la ONCE y cuyo esfuerzo supuso la transición del organismo a una estructura más democrática. La institución, que en su origen tenía una clara vocación de autodeterminación, había acabado sometida durante sus cuatro décadas a las directivas franquistas[26]. La institución funcionó durante la dictadura, en la mayoría de los aspectos, como una réplica reducida del Gobierno, transitando, a través de su jerarquizado sistema, el control social y la represión hacía cualquier intento de renovación. A principios de los años 70, una nueva generación de afiliados empezó a desafiar las estructuras dictatoriales de la ONCE y, desde su interior, lucharía por la democratización del organismo, que se haría por fin efectiva con sus primeras elecciones de 1982[27].

Hasta el momento hemos hablado, esencialmente, del activismo de corte político-reivindicativo de las asociaciones en torno a la

---

[25] María José VÁZQUEZ: "La normalización: la Lismi", en Antoni VILÀ I MANCEBO (ed.): *Crónica de una lucha...*, p. 71.

[26] Emilia MARTOS CONTRERAS: "Los no-validos en la construcción de una nueva España: dictadura, discapacidad y la Organización Nacional de Ciegos", *Historia del Presente*, 38 (2021), pp. 127-142.

[27] Emilia MARTOS CONTRERAS: "«Encima de ciegos, rojos»: el largo camino hacia la democratización de la Organización Nacional de Ciegos", *Historia Social*, 98 (2020), pp. 81-88.

discapacidad. Sin embargo, cuando hablamos de estas organizaciones, hay que tener en cuenta sus dos grandes líneas de actuación: la presión política y la oferta de servicios. De hecho, ese último aspecto va a ser, en la mayoría de los casos, la preocupación y ocupación principal, pues debemos recordar las acuciantes necesidades que heredó la democracia. Así, por ejemplo, en España, al contrario de lo que anunciaba la Ley de Educación de 1970, aún no existía la educación universal y las personas con discapacidad eran los principales marginados del sistema educativo. La solución de los colegios especiales, planteada en los años 50, no había llegado a desarrollarse lo suficiente, habiendo una clara falta de plazas. En realidad, la ley de Educación de 1970 había supuesto un importante avance, pues planteaba la educación integrada en los colegios públicos. Sin embargo, en la práctica, los menores con discapacidad terminaban en la mayoría de los casos expulsados del sistema educativo, en muchos casos por problemas tan inaceptables como las barreras arquitectónicas de los colegios.

Las asociaciones de progenitores de los años 60 se erigieron como el máximo ejemplo de organizaciones creadores de servicios y centros de aprendizaje y divulgación. Con gran esfuerzo inauguraron colegios y centros de ocupación profesional, donde en muchos casos se formó la vanguardia profesional y se desarrollaron proyectos innovadores, que tiempo después serían asumidos por el Estado democrático. En los años de la Transición esta actividad se intensificó y, a pesar de quedar en un segundo plano, eclipsada por las actuaciones reivindicativas, en la práctica fue la línea de actuación mayoritaria y principal de las diferentes organizaciones, no solo en el ámbito de la discapacidad intelectual. Mientras que el Gobierno español estaba concentrado en su cambio de estructura y se perfilaban las bases para la construcción de un Estado de Bienestar, las organizaciones privadas, viejas y nuevas, sustentadas con trabajo voluntario, fueron las que continuaron resolviendo los problemas de los más necesitados. Aunque se continuaron usando las estrategias tradicionales, tal como la vía benéfica para conseguir los recursos económicos necesarios, en la ejecución práctica de los proyectos se notó el beneficio de la recién conquistada libertad, que permitió a los nuevos profesionales de lo social experimentar con innovadoras metodologías educativas. En muchos casos, a la cabeza de estas propuestas estaban los referentes del movimiento asociativo o familiares de afectados, como fue el caso de María Victoria Troncoso, que popularizó el sistema de aprendizaje de lectura con el que había aprendido a leer su hija con síndrome de Down[28]. El trabajo social ejercido por las asociaciones, no solo en el ámbito de la discapacidad, es fundamental para comprender el desarrollo del Estado de Bienestar, ya que en los siguientes años las instituciones públicas irían asumiendo, poco a poco, algunas de estas actividades, sirviéndose en muchos casos de estas experiencias previas.

HACIA LA LEY DE INTEGRACIÓN DEL MINUSVÁLIDO

A principios de 1977, veinticuatro partidos políticos, cinco organizaciones sindicales y catorce asociaciones suscribieron el documento "Subnormales, minusválidos y enfermos psíquicos. Documento por una alternativa democrática", un informe altamente crítico, elaborado por los grupos organizados, en los que se apuntaban las numerosas necesidades y la alarmante ineficacia de las prestaciones públicas, reivindicando la atención del nuevo Estado que se estaba formando[29]. La reivindicación tuvo una cierta repercusión y los sectores implicados vieron complacidos que la temática irrumpió en la campaña electoral. Los diferentes partidos políticos, que en su mayoría habían secundado el documento, hicieron referencia a la discapacidad en algunos de sus mítines y asistieron a diferentes mesas redondas para discutir la temática. Sin embargo, el éxito de la estrategia demostró ser un mero espejismo, pues apenas unos meses después, los Pactos de la Moncloa confirmaron lo rápido que habían caído las promesas en el olvido[30].

---

[28] María Victoria TRONCOSO HERMOSO DE MENDOZA e Íñigo FLÓREZ: *Mi hija tiene Síndrome de Down: el emotivo testimonio de una madre, presidenta de la Fundación Síndrome de Down de Cantabria*, Madrid, La esfera de los libros, 2006.

[29] VVAA: "Subnormales, minusválidos y enfermos psíquicos. Documento por una alternativa democrática", *Archivo Imserso*, publicado casi en su integridad en *Documentación Social*, 28 (1977), pp. 243-251.

[30] "Los partidos políticos no cumplen sus compromisos con los subnormales", *El País*, 8 de diciembre de 1977, https://elpais.com/diario/1977/12/08/madrid/250431858_850215.html

Las organizaciones, decepcionadas, entendieron que el cambio político no suponía una evolución instantánea de las dinámicas sociales y que el único camino era intensificar la lucha, lo que justifica la eclosión de movilizaciones de estos meses, pero también el distanciamiento con respecto a los nuevos partidos políticos. A propósito, debemos recordar que este nuevo ámbito político continuaba siendo un espacio inaccesible para las personas con discapacidad. José Gómez Amate, primer presidente de la asociación de personas con discapacidad Verdiblanca de Almería recordaba que "una persona con discapacidad en un partido político era una persona pues que estaba allí sentado, pero más bien ignorado"[31]. De hecho, salvo varios ejemplos paradigmáticos, como el de Emilio Barbón Martínez, no hubo representación de personas con discapacidad en las direcciones políticas, ni siquiera en las bases. A pesar de que la historia local nos señala sinergias entre los movimientos más reivindicativos y los partidos de izquierda, en el ámbito nacional, en la cúpula política, no encontramos grandes diferencias entre los distintos partidos. Cuando el tema de la discapacidad se planteó en el Senado, se hizo casi siempre a través de unos pocos diputados, personas de diferentes facciones con una implicación concreta, como fue el caso más conocido del catalanista Trías Fargas padre de un hijo con síndrome de Down, que encabezó el desarrollo de la Ley de Integración del Minusválido.

Esta hermeticidad para acceder a los puestos de poder también la encontramos en otros organismos como fueron los sindicatos, una pieza clave en el proceso de democratización y en la canalización de las necesidades sociales hacia el Gobierno. Aunque sí existieron acercamientos puntuales en las bases, la verdad es que las personas con discapacidad apenas tuvieron relación con estos organismos, lo que en gran medida se justifica por su clara exclusión del ámbito laboral remunerado. Hay que recordar que la tasa de paro en el colectivo era de un 85%, una media que, además, no tenía en cuenta la gran heterogeneidad entre las personas con discapacidad, que conllevaba

[31] Entrevista a José Gómez Amate, Almería, 25 de abril de 2011.

unas cifras de desempleo aún más sangrantes entre las personas con discapacidad intelectual.

Por otra parte, el desempleo de las personas con discapacidad acusaba una clara brecha de género. Si en la sociedad postfranquista la mujer aún no había llegado a conquistar el mercado laboral, en el ámbito de la discapacidad el problema era mucho más acusado. Este aislamiento de las mujeres del mundo laboral subrayó su encierro en el ámbito privado y determinó las dificultades para contactar con los sectores organizados y reivindicativos de la Transición. Aun así, las dificultades añadidas que padecían las mujeres con discapacidad no impidieron que algunas de ellas se unieran a la lucha, surgiendo referentes como el de Pilar Ramiro, una joven que, desplazándose en sillas de ruedas, trasgredió todas las barreras impuestas, estudiando en la Universidad, emancipándose de casa al irse a vivir a un piso compartido, participando activamente en política y convirtiéndose en una pieza clave del activismo específico[32]. En estos casos, la emancipación requería de una lucha a diversos bandos. A propósito, señaló la activista María de los Ángeles Cózar Gutiérrez:

> Recuerdo a una chica de mi edad, también con discapacidad, que se pasaba el día sentada en un banquillo en la calle. Le llevaba libros para leer, aunque su madre me dijo un día que no permitiría que su hija fuera una "caldeosa" como yo. Aquella niña estudió y hoy es una mujer independiente. Fue la primera recompensa a esa militancia social[33].

Por lo tanto, la lucha de las personas con discapacidad, como ocurrió con otros movimientos de la época como el feminismo, se terminó concentrado en el movimiento específico y consolidándose como una fuerza independiente. Según señala Eugeni Pérez:

---

[32] Gonzalo WILHELMI CASANOVA: "No digas que no se puede: luchas de grupos en la transición", en Rafael QUIROSA-CHEYROUZE Y MUÑOZ (ed.): *La sociedad española en la Transición: los movimientos sociales en el proceso democratizador,* Madrid, Biblioteca Nueva, 2011, p. 300.

[33] LEDESMA HERAS, Juan Antonio: *Activistas, 15 historias...*, p. 146.

> En general, se trataba de movilizaciones autónomas, donde las posiciones políticas eran individuales y los partidos no estaban mezclados como grupos de presión. La unidad no se cuestionaba; lo que importaba en esos momentos era la lucha concreta y los pasos que se estaban dando dejaban en segundo término las polémicas políticas[34].

La intensificación de las protestas, a finales de 1977 y a lo largo del año siguiente, dio como resultado la creación de una comisión especial, con participación de todos los partidos parlamentarios. La institución, encabezada por el diputado catalanista Trías Fargas, se encomendó la labor de la creación de una ley específica para el colectivo. Sin embargo, aunque a lo largo de su primer año de creación, en 1978, ya apareció el primer borrador, aún pasarían cuatro años hasta que dicha norma se hiciese una realidad.

En los últimos años de la década, el movimiento asociativo continuó evolucionando, extendiéndose por todas las provincias de España y madurando su presencia, canalizándola a través de diferentes federaciones. En 1980 nació la Asociación Coordinadora Estatal de Minusválidos Físicos de España (CEMFE), germen de la actual Confederación Española de Personas con Discapacidad (COCEMFE). La organización se presentó al público con la difusión del cortometraje "1981: Una silla para Alfonso", que por una parte simbolizó la evolución de los medios del colectivo. Sin embargo, por otro lado, con un mensaje centrado esencialmente en la superación personal, constató la permanencia de las visiones más tradicionales de la discapacidad, demostrando la convivencia de los diversos paradigmas de comprensión dentro del propio colectivo[35]. Esta diversidad de planteamientos se hizo patente en los diferentes eventos organizados en 1981, a propósito del Año Internacional de los Minusválidos, en los que rastreamos la convivencia de las nuevas asociaciones, cada vez más institucionalizadas y en cierta medida menos agresivas, con

---

[34] Eugeni PÉREZ: "Radiografía de un cuento de nunca acabar", en Antoni VILÀ i MANCEBO (ed.): *Crónica de una...*, p. 65.

[35] CEMFE: "1981: Una silla para Alfonso", en *Youtube*: https://www.youtube.com/watch?v=pelCw387SuQ

las asociaciones más tradicionales. A pesar del trabajo conjunto de estas organizaciones, se podía detectar las diferencias teóricas en la búsqueda de soluciones. El siguiente testimonio, de un hombre con discapacidad física de 55 años, recogido en 1978, nos señala una cierta incomprensión, o incluso derrotismo, frente a las reivindicaciones más vanguardistas:

> Lo de ahora no lo comprendo. Eso de las barreras arquitectónicas por ejemplo ¿Qué esperamos los minusválidos? ¿Qué nos hagan ciudades para nosotros? Creo que todo este movimiento es contraproducente. Crea ilusiones falsas en muchos inválidos. Quizá sea que, por mi edad, ya no puedo comprenderlos. Un lisiado será siempre un lisiado[36].

La propia elaboración de la Ley de Integración del Minusválido puso sobre la mesa la permanencia de diferencias teóricas a la hora de comprender la discapacidad, resultando en el texto final una clara preponderancia del modelo "rehabilitador", a pesar de las puntuales referencias a las propuestas del nuevo "modelo social". Por otro lado, hubo incluso unos pocos sectores que se opusieron frontalmente a la ley, por considerarla "una norma diferenciadora que legalizaba la marginación"[37]. No obstante, una amplia mayoría del colectivo estuvo de acuerdo con su elaboración, enfocándola desde una estrategia práctica y argumentando la imperante necesidad de sistematizar la caótica normativa previa. Su proceso de creación fue un referente en la historia del movimiento, tal como recordaría Paulino Azúa, posterior presidente de FEAPS: "esta iniciativa dio pie a uno de los mayores fenómenos de participación por parte de los sectores implicados en nuestra vida democrática"[38]. Su aprobación por unanimidad en el Parlamento supuso un hito en la historia de la discapacidad, aunque, como sabemos, su publicación no conllevó

[36] Federico GIRALT: *Los minusválidos*..., p. 87.

[37] Amparo FERRER: *25 Años dando Voces*, Madrid, Feaps, 2003, p. 46.

[38] Paulino AZÚA BERRA: "Evolución de la legislación española de discapacidad en la etapa democrática", en Luis Cayo PÉREZ BUENO (ed.): *Hacia un Derecho de la Discapacidad. Estudios en Homenaje al profesor Rafael de Lorenzo*, Pamplona, Editorial Aranzadi, 2009, p. 127.

la mejora inmediata de las personas afectadas y prueba de ello son los problemas que se mantienen 40 años después. La ley heredó de sus precedentes la falta de apoyo presupuestario y la ausencia de voluntad para un desarrollo efectivo. Aun así, no podemos negar la importancia del marco normativo que creaba, así como, sobre todo, la conquista que suponía: para el colectivo en particular, al crear precedentes en la participación política y social, y para la sociedad general, al obligar a los estamentos políticos a trabajar en las bases del Estado de Bienestar y evolucionar en los principios democráticos planteados en la nueva Constitución.

A MODO DE BALANCE

Los años de Transición a la democracia fueron momentos de grandes cambios, en los que la metamorfosis de su sistema político se concretó bajo las múltiples presiones sociales que luchaban por moldear el resultado. Entre esas presiones se encuentra la ejercida por las personas organizadas en torno a la discapacidad. Su lucha tenía una clara conexión con las dinámicas internacionales, pues desde los años 60 asistimos a una renovación de conceptos teóricos y prácticos que pusieron en entredicho la evolución de las sociedades democráticas surgidas después de la Segunda Guerra Mundial, más concretamente, sus modelos de Bienestar Social y su forma de intervenir en las desigualdades sociales. En el ámbito de la discapacidad rastreamos, ya desde finales del franquismo, la llegada de la corriente teórica más novedosa, el llamado modelo social, aunque la dinámica imperante será la permanencia, y convivencia, con las acepciones más tradicionales, como es el modelo caritativo decimonónico o el posterior paradigma médico, asumido por el propio franquismo.

Una de las características fundamentales del nuevo modelo era su estrecha relación con un desarrollo sin precedentes del movimiento asociativo y su claro avance en la conquista del espacio público. Este florecimiento de los movimientos organizados también se puede rastrear en los últimos años de la dictadura, aunque será con el cambio de gobierno y el nuevo marco legislativo, que en España se llegue a hablar de la "insurgencia de la discapacidad".

La repercusión de estos movimientos sociales se debe entender en tres direcciones: en primer lugar, en la clara incorporación de sus reivindicaciones en la agenda política, siendo el máximo exponente la aprobación de la Ley de Integración del Minusválido. El segundo ámbito en el que debemos sopesar su influencia es en el desarrollo de su faceta como creadores de servicios, un ámbito decisivo para entender cómo evolucionó el Estado de Bienestar en estos años, ya que no solo fueron los encargados de ocupar algunos de los muchos espacios asistenciales desatendidos, sino que también crearon referentes para las futuras instituciones públicas. A propósito, debemos tener en cuenta la efervescencia innovadora que se desarrolló en estos años al amparo de las nuevas libertades, que llevó a que el ámbito social y educativo viviese uno de los momentos más creativos y fructíferos en cuanto a nuevas formas de intervención se refiere.

Por último, pero no menos importante, debemos considerar el significado y la repercusión de la participación social activa de las personas con discapacidad. A nivel individual, como hemos visto en diversos testimonios, supuso un proceso de empoderamiento indiscutible, consagrado por el gran esfuerzo que suponía la ruptura de las múltiples, y superpuestas, barreras. Por otra parte, este empoderamiento no solo tuvo una repercusión individual, sino que esta conquista del espacio público obligó a la sociedad a empezar a visualizar su diversidad. En ese sentido, es fundamental distinguir entre la irrupción de la temática en la opinión pública, que en un principio se sitúa en una dimensión intangible, y la verdadera ocupación física de los espacios públicos, con una dimensión corporal, que en el caso de la discapacidad adquiere unas connotaciones fundamentales. El simbolismo de esta conquista conllevó acepciones particulares en el caso de mujeres con discapacidad, pues su efecto erosivo sobre el encasillamiento social atacaba desde diferentes ángulos.

Ciertamente, no podemos sobredimensionar la expansión y el alcance del movimiento en torno a la discapacidad en los años de la Transición y, a pesar de su clara presencia, hay que distinguir diferentes niveles de evolución, en función de las características particulares de sus integrantes o, muy importante, el espacio geográfico en el que se dieron. Evidentemente, las opciones de reunión y actuación fueron más accesibles en los grandes núcleos, frente a la realidad de los extensos espacios rurales, donde la diseminación se convirtió en una dificultad casi insalvable. Sin embargo, aun teniendo en cuenta su relativa extensión, es innegable su repercusión y su colaboración con la construcción del nuevo Estado democrático.

Efectivamente, los años de la Transición no acabaron con los graves y variados problemas que acosaban a los afectados y el camino hacia una sociedad inclusiva está siendo mucho más largo de lo esperado. Sin embargo, un paso fundamental en esa dirección es incluir en la historiografía esta realidad de nuestro pasado, para alcanzar una comprensión cada vez más poliédrica de nuestra sociedad y poder, por tanto, encarar con mayor precisión la permanencia de ciertas problemáticas y los caminos para su solución. Sin duda, tal como nos recuerda nuestra historia reciente, la vía indiscutible para la progresiva construcción de una sociedad más democrática es la inclusión de todos sus sectores y el reconocimiento de su presencia, en todos los sentidos.

TRANSICIÓN POLÍTICA Y CONFLICTIVIDAD LABORAL EN UNA ECONOMÍA EN CRISIS

Antonio Gutiérrez Vegara
Secretario general de CCOO (1987-2000)

Quiero agradecer, en primer lugar, la invitación a participar en la edición de este libro al profesor Rafael Quirosa-Cheyrouze, catedrático de Historia Contemporánea de la Universidad de Almería. Sobre todo, quiero felicitarle por esta iniciativa que servirá para enriquecer nuestra memoria histórica que, además de contar ya con el marco normativo de la Ley de Memoria Democrática, aún necesita atesorarse. La historia de un país nutre la memoria de su ciudadanía si se enseña con rigor en todos los niveles de su sistema educativo. A este afán, esencial para inducir un futuro superador de los errores del pasado, espero que contribuya esta obra sobre la Transición.

DOS CONTROVERSIAS INICIALES: ¿CUÁNDO EMPEZÓ Y QUIÉNES PROTAGONIZARON LA TRANSICIÓN?

No es intrascendente la discusión pues la primera cuestión, fijar la fecha en la que arranca la Transición determina la respuesta a la segunda pregunta. Así, señalar que comenzó con la proclamación de Juan Carlos I como rey de España o para usar la precisión empleada en su día por Adolfo Suárez, quien la acotó en el período comprendido entre la formación del primer Gobierno íntegramente designado por el monarca en julio de 1976 (presidido por el propio Suárez) y la rúbrica real del texto constitucional aprobado en referéndum en diciembre de 1978, es congruente con la versión que acota igualmente sus protagonistas a un grupo de prohombres, encabezados por el rey, seguido por sus más fieles y próximos asesores, que primero inspiraron la Ley para la Reforma Política, sometida a referéndum por el primer gabinete Suárez el 15 de diciembre de 1976, al que se incorporaron paulatinamente los representantes de los principales partidos de la oposición antifranquista. Paradójicamente, Adolfo Suárez confesaba años después que "la gran mayoría de los españoles eran ya demócratas antes de serlo formalmente"[1].

Como es sabido, la resistencia (incluso armada) comenzó desde el mismo día de la proclamada victoria de Franco; fue creciendo con altibajos aún en las más extremas condiciones de clandestinidad y represión; se extendió hasta incorporarse a ella las generaciones de la postguerra con independencia de que sus padres y abuelos hubiesen militado en el bando de los vencedores o en el de los vencidos, como revelaron las luchas estudiantiles desde mediados de la década de los 60. A pesar del descabezamiento de las Comisiones Obreras con la detención de sus dirigentes en el convento de los Oblatos de Pozuelo de Alarcón, el 24 de junio de 1972, nuestro movimiento sindical no solo no quedó paralizado, sino que en un corto espacio de tiempo recompuso su dirección y relanzó una campaña de movilizaciones que fue creciendo ininterrumpidamente hasta lograr las libertades.

Entre 1973 y 1976 se registró la mayor oleada de huelgas, asambleas y manifestaciones de toda la dictadura (solo en 1976 se registraron 101.106.000 horas de huelga en más de 30.000 empresas). En expresión de José María de Areilza, conde de Motrico, "la democracia llegó en mitad de una galerna de huelgas". Es por tanto este período en el que se va fraguando la Transición, si por tal entendemos un proceso irreversible que tiene como meta la restauración de la democracia, en el que van comprometiéndose paulatinamente diversos sectores sociales y fuerzas políticas de distinto signo. Y en ese proceso, el papel de CCOO fue determinante en tres direcciones esenciales: en el hostigamiento del régimen franquista para poner en evidencia su insostenibilidad; en la permeabilización de otros movimientos sociales para generalizar la lucha por mejorar las condiciones de vida y por las libertades; y en catalizar la confluencia entre las fuerzas políticas en la perspectiva de construir un sistema democrático pleno,

---

[1] VVAA: *Veinticinco años de Reinado de S.M. Don Juan Carlos I*, Madrid, Espasa Calpe, 2002, p. 108.

abortando cualquier pretensión de proyectar el franquismo después de la muerte del dictador.

En el primero de ellos fue indiscutible el protagonismo de CCOO en cuantas movilizaciones se produjeron entonces, gracias a las cuales se hizo evidente incluso en los entornos económicos, sociales y culturales del régimen que éste ya era incapaz de asegurar la paz social mínimamente necesaria para mantener siquiera el normal funcionamiento del país y menos aún para afrontar los graves desajustes que la crisis económica internacional derivada del primer shock del petróleo a principios de la década de los años 70 había revelado con mayor crudeza en España.

También es legítimo que desde CCOO recordemos nuestra aportación al surgimiento y desarrollo de otros movimientos sociales como los vecinales que se promovieron por militantes de Comisiones en los barrios de la mayoría de las ciudades; el apoyo prestado al movimiento estudiantil en sus protestas por el cierre de distintas universidades que ordenaron las autoridades académicas franquistas en aquellos años; nuestra vinculación con los incipientes colectivos de actores y actrices que llevaron a cabo una memorable lucha por la mejora de sus condiciones de trabajo; con intelectuales de diferentes ramas de la cultura que promovieron manifiestos y pronunciamientos con los mismos objetivos democráticos y en solidaridad con los represaliados. Como tampoco puede ignorarse que fue CCOO el principal cauce para la incorporación activa a la lucha antifranquista de los sectores más progresistas de la Iglesia Católica y el nexo entre dichos colectivos y la izquierda política. Incluso cabe señalar nuestra contribución al nacimiento de las primeras organizaciones de agricultores (en algunas zonas adoptaron inicialmente hasta el nombre de "Comisiones campesinas", "Comisions labriegas", etc.). Años más tarde, ya en democracia, tuvimos una considerable influencia en la gestación de los primeros sindicatos en la Policía Nacional. Singularmente destacado fue nuestro apoyo al nacimiento del Sindicato Unificado de la Policía (SUP) o a los promotores del Sindicato Unificado de la Guardia Civil (SUGC) que aspiraron legítimamente a los mismos derechos de asociación que les habían sido reconocidos a los policías; pero en este caso no se logró tal equiparación de derechos y a los guardias civiles que lo intentaron se les reprimió con especial dureza, ya que fueron detenidos y encarcelados (además de la solidaridad confederal, les prestamos asistencia jurídica) para terminar expulsados del Cuerpo varios de ellos. La desmilitarización de la Guardia Civil fue uno de los primeros incumplimientos del "programa para el cambio" con el que ganó el PSOE de Felipe González las elecciones de 1982. Pero la razón argüida para justificar tal incumplimiento, que sigue tan arraigada que ya casi nadie la refuta, significó y sigue significando una seria incongruencia democrática, más inquietante si cabe que el propio agravio comparativo que siguen sufriendo los guardias civiles. Los mandos militares del momento vinieron a decir que "la democratización del Cuerpo le haría perder eficacia en su labor". Contraponer democracia y eficiencia es un argumento inaceptable venga de donde venga, en este caso de la cúpula militar del momento, pero más injustificable aún es que un Gobierno socialista y los sucesivos, de un color o de otro, habidos hasta la fecha lo hayan aceptado y asumido como propio.

Con esta última referencia tal vez haya incurrido en una pequeña digresión respecto del tema central que debería ocupar mi texto, pero me parece oportuno insistir, con situaciones concretas como la descrita, en la necesidad y hasta en la obligación moral y política de mantener una visión crítica del desarrollo de la democracia en España, precisamente para reforzar nuestro compromiso con ella.

El tercero de los planos apuntados se refiere a la confluencia entre diferentes fuerzas antifranquistas que tuvieron lugar en el tramo final de la dictadura. La primera de las iniciativas, la Junta Democrática, auspiciada por el PCE, empezó a pergeñarse en los últimos meses de 1973 y se presentó públicamente desde París a finales de Julio de 1974. Comisiones Obreras formamos parte de la Junta Democrática desde el primer momento y tanto nuestra participación como las movilizaciones que se venían desarrollando durante aquel año no fueron ajenas a la superación de las reticencias que inicialmente mostraban personalidades provenientes del Opus Dei, como Rafael Calvo Serer, quien sobre todo hacía de portavoz oficioso del entorno de Juan de Borbón, de personajes tan singulares como García Trevijano, el Partido Socialista Popular de Tierno Galván, el Partido

Carlista o el Partido de los Trabajadores. Un año más tarde se formó la Plataforma de Convergencia Democrática en torno al PSOE que aglutinó a Izquierda Democrática, Movimiento Comunista y a la Organización Revolucionaria de Trabajadores. Pero el catalizador que terminó por sumar a estas agrupaciones antifranquistas, absurdamente separadas, fueron las movilizaciones sociales generalizadas que contaron siempre con el acicate de mayor relevancia en las CCOO. No fue mera coincidencia que los pruritos diferenciadores se disiparan felizmente para la causa de la democracia en marzo de 1976, cuando se creó Coordinación Democrática, que se conoció como "la Platajunta", en el contexto de las trascendentales luchas del primer trimestre de aquel año; que lamentablemente tuvieron su momento más álgido y trágico el 3 de marzo en Vitoria, donde murieron cinco trabajadores, tres de ellos militantes de CCOO, por disparos de la policía bajo el mando de Fraga Iribarne, quien acababa de proclamar: "¡la calle es mía!". Se sucederían las movilizaciones el resto del año y el 12 de noviembre se realizó la Jornada de Paro Nacional, convocada por la Coordinadora de Organizaciones Sindicales (COS, UGT, USO y CCOO) en la que además de protestar contra el ajuste económico impuesto por el Gobierno, los motivos más reseñables fueron: "amnistía total y laboral...y un Gobierno de amplio consenso democrático"; así aparecía en los pasquines que hicimos en CCOO. De nuevo la represión se cebó sobre todo contra CCOO con numerosos despedidos y detenidos.

Aunque se haya popularizado el estereotipo de la "transición pacífica", nunca está de más recordar el elevadísimo precio que pagamos por la democracia durante toda la dictadura y en los últimos años que coincidieron con la Transición. Además de los innumerables despidos, las continuas detenciones de militantes de Comisiones, estuvieron las muertes de trabajadores cada uno de aquellos años postreros de la dictadura: Antonio Huertas, Manuel Sánchez y Cristóbal Ibáñez, en julio de 1970 en Granada durante una huelga de la construcción; en septiembre del 71 fue Pedro Patiño quien cayó asesinado durante la jornada de huelga de la construcción madrileña que había convocado Comisiones; el 10 de marzo del 72 murieron Daniel Niebla y Amador Rey de la Bazán de Ferrol en la protesta contra el convenio firmado por los "verticalistas"; Manuel Fernández Márquez perdió la vida en la térmica del Besós el 3 de abril de 1973. Los cinco de Vitoria fueron: Pedro Martínez, Francisco Aznar, Romualdo Barroso, José Castillo y Bienvenido Pereda; cinco días más tarde la policía mató en Basauri a Vicente Ferrero en una manifestación en protesta precisamente por los sucesos de Vitoria. Dejo para el final de esta luctuosa relación a nuestros abogados del despacho de Atocha asesinados el 24 de enero de 1977: Enrique Valdelvira, Luis Javier Benavides, Francisco Javier Sauquillo, Serafín Holgado y Ángel Rodríguez Leal.

En definitiva, esta descripción de luchas, iniciativa y sacrificios sirve para desmontar otra falacia que sirve de base a la versión deformada de la Transición señalada anteriormente y que viene a sugerir que, dado que Franco murió en la cama, la oposición antifranquista no fue tan artífice de la Transición como las destacadas personalidades del régimen que encabezadas por el rey emprendieron la democratización del país tras el entierro del tirano. Sí, Franco murió en la cama, pero a la dictadura se la derrotó en las calles, en los barrios, en las fábricas. Y fue esa presión social la que impidió la continuidad del franquismo más o menos edulcorado después de la muerte del dictador. Intentos y ganas no faltaron en algunos ámbitos del régimen.

CCOO Y SU APUESTA POR LA DEMOCRACIA SIN EXCLUSIONES

Hubo distintas operaciones tendentes a dosificar el tránsito a la democracia limitando su alcance inicial. La más conocida fue la urdida por Fraga Iribarne e inspirada en la experiencia griega pilotada por Karamanlis para pasar de la "dictadura de los coroneles" a la democracia en dos fases: la primera con la legalización limitada hasta el PASOK (Movimiento Socialista Panhelénico, de Grecia) y, tras elaborar una constitución con ese espectro parlamentario restringido, pasar en segunda instancia a legalizar al resto de partidos, como el comunista, que habían sido excluidos de la primera tanda. Aquí se motejó de "Operación Fragamanlis" y pretendió dejar fuera al PCE en un primer tramo de la andadura democrática y que la legalización de partidos alcanzase tan solo hasta los socialistas. Afortunadamente no fue Fraga sino Suárez el elegido por Juan Carlos I para encabezar el último Gobierno del postfranquismo, pero ensayaron la discriminación en el campo sindical. Así, mientras autorizaron el XXX Congreso Confederal de la UGT celebrado en Madrid en abril de 1976, se nos denegaba a nosotros la solicitud para hacerlo igualmente en la capital. Razón por la cual decidimos trasladarnos a Barcelona para realizar allí nuestra asamblea nacional y darle un claro carácter de desafío frente a las autoridades gubernamentales y de conquista de nuestro derecho a obtener la misma carta de naturaleza otorgada a la UGT.

La cuestión se resolvió finalmente a nuestro favor en tanto en cuanto pasamos acto seguido de la asamblea de Barcelona a la apertura de sedes de CCOO por toda España, lanzamos la primera campaña de preafiliación con la emisión de un millón de bonos de 25 pesetas a modo de primer vínculo expreso e individual de cada trabajador con Comisiones, es decir, conseguimos nuestra legalización de hecho un año antes de la que se reguló para todos los sindicatos, unos meses después de la de los partidos políticos. Una discriminación injustificada, puesto que, habiendo sido el movimiento sindical tan decisivo en la lucha por la democracia, quedó establecida desde el primer momento esa prevalencia de los partidos respecto de los sindicatos que se mantiene hasta hoy.

En todo caso lo cierto es que se abortó la "operación Fragamanlis" y Adolfo Suárez comprendió que sin la legalización del PCE no podría culminarse con éxito la transición hacia la democracia y que el hipotético régimen engendrado con tal estratagema difícilmente hubiera podido establecerse con la estabilidad mínima indispensable ni obtenido el reconocimiento internacional necesario para su plena homologación con los estados europeos.

CCOO EN EL PROCESO CONSTITUYENTE

El profesor Fuentes Quintana, vicepresidente económico del primer Gobierno de Adolfo Suárez formado tras las elecciones del 15 de junio de 1977, advirtió con razón que "una economía en crisis constituye un problema político fundamental para una democracia débil" y consideraba que "los graves desequilibrios macroeconómicos respondían a un comportamiento insostenible que no concedía el tiempo necesario para pactar una Constitución". Con esa inquietud se convocaron las negociaciones que alumbraron los Pactos de la Moncloa en el otoño de 1977. Pero solo fueron convocados los partidos del arco parlamentario para consensuar unas medidas que debían ser aplicadas en la economía real por los agentes sociales, es decir, por empresarios y sindicatos. Se arguyó para tal exclusión que aún no se conocía la representatividad de los sindicatos puesto que no se habían celebrado elecciones sindicales que la constataran. No es una ucronía decir hoy que tal argumento fue falaz ya entonces, puesto que con la misma representatividad "indemostrada" que invalidaba a los sindicatos para sentarse a la mesa de negociaciones, se les encomendaba el estricto cumplimiento de lo acordado. Así quiso presentarse un pacto realmente negociado a dos bandas, Gobierno y partidos políticos como si lo hubiese sido a cuatro. Pese a ello, quienes ni siquiera fuimos convidados de piedra en aquella mesa de negociaciones, defendimos los acuerdos con la convicción de estar contribuyendo a consolidar la democracia y los aplicamos a rajatabla aun observando que se incumplían uno tras otro los principales compromisos de corte social, como ocurrió con las aportaciones al desempleo que de comprometer 60 mil millones de pesetas para "extender progresivamente la cobertura del seguro de desempleo a todos los parados, agilizándose el reconocimiento y pago de sus prestaciones", se pasó a ver como caía la cobertura al 46,7% en 1978 y otras tres décimas en el 79; o la inyección de 40 mil millones a la Seguridad Social, que nunca llegó, para compensar la reducción de la cuotas patronales que sí se hicieron efectivas desde el primer momento, ni el incremento de la contribución del Estado a su financiación hasta alcanzar el 8,2% en 1978 y el 20% en 1983 (se pagaban los costes de toda la sanidad y las prestaciones sociales más diversas con las cuotas de la Seguridad Social). Tampoco se cumplió con el Plan Extraordinario de Escolarización que debía haberse dotado con otros 40 mil millones de pesetas para "la expansión efectiva de la gratuidad de la enseñanza…. la construcción de escuelas y la creación de 400.000

plazas de EGB, 200.000 de preescolar y 100.000 de bachillerato", todo ello a ejecutar en el primer año de vigencia, 1978, porque para el siguiente se debían "incluir en los Presupuestos Generales del Estado las medidas que tiendan a la adecuada retribución del profesorado, la gratuidad total de los servicios de comedores y transporte en los niveles de la enseñanza obligatoria".

Sin embargo, CCOO y UGT, en la parte que nos comprometía, nos atuvimos a lo estipulado y aceptamos cambiar el modelo de negociación colectiva indiciando el crecimiento salarial a la inflación prevista en lugar de a la realmente registrada y contenerlo en los márgenes establecidos en los Pactos (el 20% como máximo, más un margen del 2% para los complementos salariales), de forma tal que los salarios permanecieron estancados durante 1978 y perdieron un 1,4% de poder adquisitivo en 1979. Esta disciplina salarial fue la que soportó todo el combate contra la inflación que pasó del 26,4% al término de 1977 al 19,8% en el 78 y al 15,7% en el 79. El "indicador de precios de determinados productos de consumo más frecuentes por las clases de rentas más bajas", el "sistema de precios controlados que afectará a los que se formen bajo condiciones monopolísticas", se quedaron en papel mojado, pese a que ya entonces era falso que el principal agente inflacionario fuese la retribución de los asalariados. El desbocamiento inflacionario estuvo provocado por la irresponsable política energética tras el shock del petróleo de 1973 que, lejos de seguir las pautas de los países europeos en los que se multiplicó por seis el precio de los derivados del crudo, en España se subvencionó el consumo, apenas subió la mitad el precio al consumidor y se elevó la importación de productos energéticos en un 300% en apenas dos años (por cierto, otro flagrante incumplimiento de los Pactos de la Moncloa fue la elaboración de un Plan Energético Nacional). Y siempre, entonces y ahora, los márgenes comerciales que aplican las empresas en los precios finales de sus bienes y servicios han influido bastante más en la evolución de la inflación que los aumentos de los costes laborales unitarios en términos reales.

Se atenuaron algunos desequilibrios, además del ya apuntado de la inflación, como el déficit de la Balanza de Pagos por cuenta corriente que se tornó en un modesto superávit del 0,1% el año

1978 y del 0,6% al siguiente ejercicio; pero se debió a la Balanza de Servicios (fundamentalmente turismo), porque el saldo comercial entre exportaciones e importaciones se mantuvo en negativo durante los mismos años, en el -2,5%. No ayudaron los Pactos a imprimir un cambio notable en el crecimiento económico, por el contrario, puesto que el PIB creció seis décimas menos en el 78 y en 1979 aún se ralentizó mucho más quedándose en un raspado 0,6%, lo que supuso una caída de 2,7 puntos porcentuales respecto del momento de la firma de los acuerdos en 1977. Y aún fue más decepcionante el comportamiento de la inversión privada ya que, lejos de repuntar con vigor tras incrementarse los beneficios empresariales con la contención salarial, las subvenciones directas y con las rebajas de cotizaciones sociales, cambió a signo negativo y, del 0,1% de aumento registrado en 1977, pasó a ser del -2,2% en 1978 y del -0,7% en 1979. En consecuencia, el paro que a mediados del 77 era del 5,2% de la población activa escaló hasta el 6,9% al año de la firma de los pactos, al 8,6% en el 79 y dio un salto de vértigo hasta el 11,4% en 1980. Ya no volvería a medirse el paro con un solo dígito hasta los primeros años del siglo XXI, en la época expansiva en la que se cebó la burbuja inmobiliaria.

He creído conveniente hacer este repaso por los criterios económicos que presidieron los Pactos de la Moncloa porque son los que han venido inspirando reiteradamente todas las reformas laborales; los que básicamente parten de considerar que la competitividad de la economía española, y por ende la creación de empleo, está lastrada por la excesiva rigidez del mercado laboral español y sus elevados costes laborales. Pero esa ecuación ni era cierta entonces y menos lo es en el contexto de la integración europea y de la mundialización de los mercados. Devaluar el empleo, tanto en su retribución salarial como en sus condiciones para hacerlo cada vez más precario, ha servido para la recomposición de la tasa de beneficio empresarial y aun para financiar la deuda de las empresas con cargo a sus partidas de personal; pero eso no comporta ganar competitividad en los parámetros en los que compiten los países desarrollados de Europa, que no lo hacen precisamente por tener salarios más bajos sino por ganar en productividad añadiendo más valor tecnológico a los bienes y servicios que comercializan en los mercados internacionales. Ya a principios de los años 70, el profesor e insigne economista Nicolas Kaldor, que estuvo nominado para el premio Nobel de 1978, formuló la conocida como "paradoja de Kaldor", que venía a demostrar tras una larga y rigurosa investigación que los países europeos mejoraban su competitividad cuando ganaban productividad por hora trabajada invirtiendo simultáneamente en la investigación, la innovación y el desarrollo desde el factor capital y en la cualificación del factor trabajo, mientras que la perdían cuando pretendían competir vía precios y salarios, lo que desincentivaba la inversión innovadora.

Haberle facilitado al empresariado español acumular beneficios con inversiones intensivas en mano de obra, obtenerlos en el más corto plazo de tiempo posible y con el menor riesgo posible, es lo que ha mantenido una estructura productiva mayoritariamente basada en los servicios de poco valor añadido y en la construcción; y no ha incentivado el cambio hacia un modelo de crecimiento innovador tecnológicamente y orientado hacia la economía del conocimiento, la que requiere de empleos de calidad y procura mayores y más sostenibles crecimientos de la productividad. Los datos al respecto son concluyentes e inapelables; si por la época en que se firmaron los Pactos de la Moncloa nuestro diferencial en productividad con Alemania era de dieciséis puntos porcentuales, en 2007, en plena expansión económica y después de tantas reformas laborales, de la incorporación a la UE y a la Unión Monetaria, y de un espectacular crecimiento de la riqueza, la brecha no solo no se redujo sino que se agrandó hasta los veinte puntos (evolución similar en términos relativos hemos tenido respecto de otros países centrales europeos e incluida Italia). Es decir, el principal escollo para nuestra competitividad no está en los salarios y los precios, sino en la productividad. En esta parte esencial del diagnóstico de los males que aquejaban a nuestra economía es en la que se equivocó Fuentes Quintana y en consecuencia erró también al aplicar medidas clásicas del monetarismo. Por eso, los principales desajustes en balanza de pagos e inflación volvieron a reproducirse a los pocos años. Lo más grave es que desde entonces se persiste en el error de reiterar también las mismas terapias: las que degradan el empleo para mantener una economía inercial que lleva camino de ser arrollada por la revolución digital y configura una sociedad cada vez más desigual. Afortunadamente, tal enfoque ha empezado a corregirse con la reforma laboral del actual Gobierno de coalición progresista.

CCOO EN EL CONSENSO CONSTITUCIONAL

En la gestación del respaldo mayoritario que obtuvo el texto constitucional en el referéndum de diciembre de 1978, Comisiones Obreras se volcó con todas sus fuerzas y convicción. Ni por los incumplimientos de los Pactos de la Moncloa ya señalados, ni por otros que apuntaré a continuación y que afectaron muy directamente al movimiento sindical, dejamos en ningún momento de anteponer nuestro compromiso con su principal objetivo, aunque no estuviese explícitamente recogido el texto: consolidar la democracia ensanchando el consenso social y político que hiciera posible dotarnos de una Constitución avanzada.

Ni siquiera la ruptura del consenso social por parte de las patronales debilitó nuestro empeño. En el punto seis del capítulo de Empleo incluido en los "criterios previos" de los Pactos de la Moncloa acordados el 9 de octubre de 1977, se contemplaba la elaboración de una Ley de Acción Sindical o Código de Derechos de los Trabajadores, que tras un primer borrador muy deficiente dio paso a otro texto más homologable a los códigos laborales de otros países europeos. Fue el primer intento de legislar sobre relaciones laborales y los criterios de representatividad sindical; laguna necesaria de cubrir por lo ya comentado anteriormente sobre la excusa con la que se nos dejó fuera de la mesa de negociaciones y porque las primeras elecciones sindicales se iban celebrando durante el primer semestre de 1978 con el único amparo legal de una normativa decretada al efecto por el Consejo de Ministros. Estas elecciones dieron una abultada victoria a Comisiones Obreras ya que, según la certificación final que hizo el Ministerio de Trabajo, obtuvimos el 34% de los delegados elegidos, por un 21% de la UGT. Eso demostraba que en aquel aciago debate televisivo en el que Nicolás Redondo le espetó a Marcelino Camacho: "Marcelino mientes y tú lo sabes" cuando éste estaba dando los resultados de las elecciones sindicales, quien mentía a sabiendas era Redondo.

Pues en aquel contexto de vacío normativo y sin embargo de demostrada corresponsabilidad sindical ante los retos económicos, sociales y políticos que afrontaba nuestro país, la gran patronal CEOE antepuso su rancia cultura predemocrática y su mezquino interés corporativo montando una descomunal campaña contra el borrador del proyecto de Ley sobre la acción sindical en las empresas. Reunieron a miles de empresarios en el Palacio de los Deportes de Madrid para exigir la retirada de la proposición de ley. Así, empresarios tan influyentes de la época como Luis Olarra apuntó la "inevitabilidad de un Videla español", el patrón de los banqueros, Aguirre Gonzalo bramó que "la ley de asociación (sic) sindical supone un cambio de régimen político y económico en la dirección de lo que pretende el Partido Comunista" y el entonces presidente de la CEOE, Carlos Ferrer Salat, llevó la campaña hasta los Estados Unidos y en Washington denunció a Adolfo Suárez porque iba a "sovietizar la economía española". Ante tales presiones, el 4 de mayo de 1978 en la Comisión de Trabajo del Congreso, se trabó una alianza entre la UCD, Alianza Popular y Minoría Catalana para eliminar todas las enmiendas que ya se habían pactado con la izquierda y acto seguido se retiró el proyecto de ley.

En los múltiples estudios y análisis sobre la Transición publicados hasta la fecha, se echa en falta una investigación rigurosa (tampoco abundan otras que pudieran ser más superficiales) y específica sobre el papel jugado por las patronales en aquel decisivo período de nuestra historia reciente. Una laguna que aún llama más la atención si se pone en contraste con la abundante literatura respecto de todos los demás intervinientes: partidos políticos, instituciones de la época, sindicatos u otros movimientos sociales, culturales, intelectuales, etc. A modo de apunte señalaré, por ejemplo, que no hubo ni la más mínima aproximación de grupo patronal alguno, ni tan siquiera a título individual, a los diferentes grupos opositores o a las plataformas democráticas en las que se agruparon en el tramo final del franquismo. Tampoco se conocen pronunciamientos de representantes empresariales a favor de la democratización de España. Es decir, no tuvieron el papel proactivo a favor de la democracia que tuvieron todos los demás agentes sociales y políticos. Por el contrario, salvo un puñado de empresarios que se atrevieron a mantener negociaciones, muy discretamente, con los sindicatos todavía ilegales, la mayoría de ellos siguió aceptando su subordinación a la jerarquía del entramado verticalista del régimen franquista, donde era habitual encontrar a sus jefes de personal en la cúspide de la CNS. Y fueron estos, por cierto, quienes fraguaron las primeras redes de coordinación patronal, pero ¡para intercambiarse las "listas negras" de sindicalistas demócratas que se hubiesen destacado en sus respectivas empresas! E igualmente fueron estos mismos cargos directivos (que no empresarios), que a su vez lo eran del Sindicato Vertical, quienes estuvieron en la gestación de la Confederación Española de Organizaciones Empresariales (CEOE). Este peculiar proceso de configuración de las patronales españolas generó una distorsión que se mantiene hasta el presente: quienes la dirigen y representan no son empresarios (salvo alguna excepción), pero son quienes intervienen en representación del empresariado ante las instituciones y en la vida pública, mientras que los empresarios más destacados mantienen sus cauces particulares de influencia acerca de los poderes públicos al margen de la CEOE.

Sin embargo, la democracia española ha sido excesivamente generosa con las patronales. Se les otorgó la unicidad y la exclusividad representativa sin mecanismo de verificación alguno que pueda validarse democráticamente. Se da la paradoja de que siendo España un país de "pymes" (el 99,23% de las empresas tienen menos de 50 trabajadores), su primigenia organización, la Confederación Empresarial de la Pequeña y Mediana Empresa (CEPYME) fue absorbida en 1981 por la CEOE, creada en principio para representar a las grandes empresas. Nadie en democracia obtiene su legitimidad representativa, sea en el espacio político o en el sindical, sin someterse a la voluntad de sus representados libremente expresada en unas urnas. Al margen de tal mecanismo de legitimación democrática solo están los grupos de presión o las sectas. Menos aún se le otorga por ningún poder público la exclusividad representativa a nadie. Habérselo dado a la CEOE-CEPYME entraña negarles a otros actores la representatividad que pudieran acreditar de acuerdo con las normas establecidas al respecto y en consecuencia impedirles que ejerzan las funciones inherentes a su naturaleza socio-profesional, como de hecho viene ocurriendo con organizaciones de pymes, como fue la COPYME y otras patronales de ámbitos sectoriales y/o territoriales, que prácticamente han desaparecido. Esta diferencia a la española en el ámbito empresarial tiene serias repercusiones también en el modelo productivo de nuestro país, pues no es ajeno a la contumaz precarización del empleo como vía primordial para obtener ventajas competitivas; modelo que siempre es el reflejo de proyectos empresariales precarios que, alejados de la búsqueda de la competitividad en valor añadido tecnológico de sus bienes y servicios, persiguen la mayor recomposición de sus tasas de beneficio con la menor inversión, el menor riesgo y en el menor plazo temporal posible, esto es, con actividades intensivas en mano de obra como la construcción o los servicios de restauración y hostelería.

Pero este generoso tratamiento dispensado a las patronales no fue correspondido con su compromiso democrático ni durante la Transición ni después en tan trascendentales momentos por los que ha atravesado la democracia, como fue la intentona golpista del 23-F. El silencio de la CEOE durante aquellos episodios fue clamoroso; ni una nota de condena ni una leve muestra de discrepancia siquiera ante lo que estaba sucediendo dentro de las Cortes. Algunos historiadores han llegado a insinuar que la dirección de la patronal, encabezada entonces por Carlos Ferrer Salat, mostró algo más que su condescendencia con los golpistas[2]. En una posición totalmente contraria e inequívoca, los sindicatos CCOO y UGT, desde el primer momento de aquella fatídica tarde, nos pusimos clara y abiertamente en contra de los golpistas y, de hecho, el primer comunicado publicado en tal sentido fue el que suscribimos unitariamente ambos sindicatos; acto seguido nos pusimos en contacto con el llamado "Gobierno de los subsecretarios" para ponernos a su disposición en cuantas iniciativas se acordasen para frenar el golpe y restablecer el orden constitucional,

---

[2] A ello hizo referencia el profesor Álvaro Soto Carmona en el *IX Congreso Internacional Historia de la Transición en España. El bienestar de la ciudadanía*, celebrado en Almería del 21 al 23 de septiembre de 2022.

y pusimos todas nuestras estructuras organizativas en todo el país en orden a evitar las provocaciones de algunos jefes militares de distintas regiones implicados en la trama golpista, informar a los trabajadores y a la opinión pública en general. Así, por ejemplo, la confección de la edición especial del diario *El País* se llevó a cabo por militantes de CCOO en el periódico, donde teníamos la práctica totalidad de la representación sindical en el Comité de empresa, y su posterior distribución manual por las calles y barrios de Madrid, incluidas las inmediaciones del Palacio del Congreso de los Diputados, por piquetes de militantes de las Comisiones Obreras de Madrid. Unas diferencias en el compromiso con la democracia y su desarrollo en España entre las patronales y los sindicatos CCOO y UGT que siguen, hoy en día, muy patentes.

LA CONCERTACIÓN SOCIAL EN ESPAÑA: DEMOCRATIZAR LAS RELACIONES LABORALES, APUNTALAR LA TRANSICIÓN POLÍTICA[1]

Ángeles González Fernández
Universidad de Sevilla

La concertación social ha dado lugar a una amplia literatura que se sostiene sobre perspectivas de análisis muy diversas, desde aquella que explora su faceta jurídica y económica hasta la centrada en su dimensión sociológica, politológica e histórica. La diversidad de miradas explicativas, que responde al carácter poliédrico de la concertación, se hace extensiva a sus actores –los agentes sociales y el Gobierno–, a sus actitudes y estrategias en la medida que protagonizan la práctica concertadora conforme a objetivos propios y diferentes. En la delicada coyuntura que atravesó España mediada la década de los 70, sin embargo, todos ellos participaron de un afán similar, la salida de la dictadura y la configuración de un sistema político homologable a los de la Europa occidental, aunque no mantuvieran una misma concepción acerca de los rasgos definitorios que habían de sustentar la futura democracia. Cabe argüir por ello que la política concertadora –como procedimiento que posibilitó la intervención de los agentes sociales en la elaboración y ejecución de las políticas públicas– contribuyó de forma determinante a la configuración de un nuevo marco de relaciones laborales, pero también a fijar la naturaleza del sistema democrático resultante del cambio político. Acorde a este planteamiento, el proceso democratizador y la concertación social se desplegaron, al igual que las dos caras de Jano, como procesos paralelos e interdependientes; esto es, la segunda operó –y así fue

[1] Estas páginas se insertan en el marco del Proyecto de Investigación "Construir Democracias. Actores y narrativas en los procesos de modernización y cambio en la península ibérica (1959-2008)". Ref. PID2019-107169GB-I00.

percibida por los actores involucrados– como condición necesaria e indispensable para el éxito de la primera.

Esta interpretación viene a corroborar aquello que viene reivindicando la historiografía especializada desde los años 90 acerca de la pluralidad y heterogeneidad de los actores intervinientes en el proceso democratizador. Un protagonismo coral que, en el caso analizado en estas páginas, enfatiza el papel desempeñado por los interlocutores sociales: la CEOE en cuanto organización cúpula del sistema de representación de intereses empresariales forjada en el verano de 1977, y las organizaciones sindicales, CCOO y UGT, en su calidad de sindicatos mayoritarios. Hecha esta consideración inicial, se hace preciso subrayar otras cuestiones que ejercieron una influencia determinante en las actitudes y estrategias de los agentes sociales y del Gobierno en aquella coyuntura. Entre ellas, la propia experiencia de la Guerra Civil y de la larga dictadura que contribuyó a diluir las viejas pasiones y los odios enconados de manera que unos y otros tendieron a replantearse sus ideas sobre la política y las instituciones, sobre la identidad de sus aliados y de sus enemigos en un aprendizaje extensivo a la ciudadanía y a buena parte de las elites –franquistas y democráticas– que, conscientes de los conflictos que podía provocar la evocación del pasado, pusieron en marcha medidas conducentes a cerrar las heridas aún abiertas y sellar la reconciliación que el franquismo había impedido. La experiencia, en suma, facilitó la asunción de planteamientos y políticas inéditas que, ante todo, se orientaban a la construcción del futuro. Ese aprendizaje fue particularmente interesante para los agentes sociales puesto que ya en el tardofranquismo y como corolario inevitable de la entrada en vigor de la Ley de Convenios Colectivos de 1958, se difundió paulatinamente, aunque no sin obstáculos y reticencias, una cultura de la negociación[2] que se desplegó al margen de los estrechos cauces oficiales –el Sindicato Vertical– entre los patronos y los trabajadores, organizados básicamente en las alegales –ilegales a partir de 1967– Comisiones Obreras.

---

[2] Nancy BERMEO: "Democracy and the Lessons of Dictatorship", *Comparative Politics*, vol. 24, 3 (2009), pp. 273-291 ; y Santos JULIÁ: "Orígenes sociales de la democracia en España", *Ayer*, 3 (1994), pp. 181-182.

Al margen de las circunstancias y actores domésticos, el desarrollo de la concertación social en España se desenvolvió en un contexto internacional abiertamente favorable a las ideas de acuerdo y negociación entre los agentes sociales. Como es sabido, las políticas concertadoras conocieron una etapa esplendorosa en Europa occidental a partir de los últimos años 60 como la fórmula adecuada para afrontar los primeros síntomas de agotamiento del modelo de crecimiento de posguerra y sus secuelas en forma de incremento de las tasas de inflación y desempleo, de revitalización de las organizaciones sindicales y de aumento de la conflictividad laboral. La agravación de la crisis, fruto del primer choque energético de 1973, reforzó la percepción benéfica de la interlocución entre el Gobierno y los agentes sociales como mecanismo capaz de restablecer la paz en las relaciones laborales y distribuir los sacrificios que imponía solventar el deterioro del desempeño económico[3]. España, por tanto, no aportó ningún elemento novedoso, sino que se sumó, con cierto retraso debido a condicionantes de carácter político derivados de la aplicación de la llamada política compensatoria durante los últimos gobiernos de la dictadura y, luego, tras la muerte de Franco, de la prioridad otorgada a la reforma política, a la tendencia hegemónica en los países de nuestro entorno.

La demora en la implementación de medidas anticrisis acentuó de manera inevitable sus negativos efectos sobre la actividad económica, las tasas de inflación y de empleo[4]. El balance de las principales variables económicas en las fases iniciales de la Transición era tan preocupante como desolador, resultado del acusado déficit en la balanza de pagos por cuenta corriente, el aumento de la deuda externa, la caída en picado de las inversiones y una desenfrenada espiral inflacionista. Todo ello, además, aderezado por la difusión

---

[3] Marcial SÁNCHEZ MOSQUERA: "Concertación social y transición a la democracia en la península ibérica. Un análisis comparado del corporatismo en España y Portugal, 1976-1986", *Revista de la Historia de la economía y de la* empresa, 10 (2016), pp. 321-342.

[4] Cfr. José Luis GARCÍA DELGADO y José María SERRANO SANZ: "De la primera crisis energética a las elecciones del 77: tiempo de incertidumbre", en José Luis GARCÍA DELGADO (dir.): *Economía española de la transición y la democracia*, Madrid, CIS, 1990, pp. 3-21.

de una cultura antiempresarial y por una eficaz presión sindical que se sustanció en una conflictividad laboral muy superior a la del resto de países de la OCDE y que añadía a su patente dimensión económica ante el retroceso del poder adquisitivo de los salarios, una naturaleza política igualmente clara para apoyar la salida rupturista de la dictadura[5].

Sobre ese telón de fondo y como ya ha sido dicho, la concertación social surgió como la respuesta a una situación de crisis estructural cuya solución precisaba del principio de corresponsabilidad, la aceptación de sacrificios compartidos para la elaboración y ejecución de un programa de estabilización que era percibido, también por las fuerzas de la oposición antifranquista, como requisito necesario para la construcción y consolidación de la democracia. Dicho de otro modo, fue el sistema que posibilitó la intervención en la esfera política de los agentes sociales como actores del proceso de cambio, un rol que llevaba aparejada, especialmente en el caso de los sindicatos, el control sobre sus bases para impedir, o cuando menos reducir, la conflictividad sociolaboral y los riesgos de inestabilidad social y política que comportaban para la operación democratizadora[6].

En este punto conviene anotar una serie de consideraciones acerca de conceptos clave tales como consenso y negociación y pacto. Pese a la connotación negativa que pesa hoy día sobre el primero de esos vocablos, resultado de la mitificación de que fue objeto en el marco de una interpretación plácida, modélica y exportable de la democratización, pero también de una visión presentista que o bien reniega del proceso de cambio político, al que imputa buena parte de los problemas actuales de la sociedad española, o bien añora la supuesta

[5] En 1977 la tasa interanual de inflación se situó en el 22% (44% en el mes de junio) y el paro alcanzó el 6% de la población activa. Álvaro ESPINA: *Empleo, democracia y relaciones industriales en España*, Madrid, MTSS, 1991, p. 53; y José María MARÍN ARCE: "Condicionantes económicos y sociales de la transición", en Carme MOLINERO RUIZ (ed.): *La Transición, treinta años después. De la dictadura a la instauración y consolidación de la democracia*, Barcelona, Península, 2006, pp. 83-87.

[6] Ángel ZARAGOZA y José VARELA: "Pactos sociales y corporativismo en España", en Ángel ZARAGOZA (comp.): *Pactos sociales, sindicatos y patronal en España*, Madrid, Siglo XXI, 1990, p. 51; Luis E. ALONSO: *La crisis de la ciudadanía laboral*, Barcelona, Anthropos, 2007, pp. 187-188; y Óscar MOLINA y Fausto MIGUÉLEZ: *From negotiation to imposition Social dialogue in austerity times in Spain*, Working Paper 51, Ginebra, International Labour Office, 2013.

convergencia de voluntades, el clima de diálogo y negociación, como piedra sillar de la escena política de aquellos años, el consenso no comporta necesariamente unanimidad. El Diccionario del Uso del español define el consentimiento como la "conformidad de una persona con una cosa o acuerdo de varias personas entre sí", enunciado que permite incidir sobre dos cuestiones: de un lado, el consenso no se basa necesariamente en el convenio de todos los actores políticos y/o sociales, de manera que alguno, o algunos de ellos, pueden mantenerse voluntariamente al margen o directamente expresar su disenso, como efectivamente ocurrió en la práctica concertadora. De otro, el consenso no se refiere únicamente al final de un proceso, porque puede referirse también a su principio, a la existencia previa de perspectivas similares en torno a problemas y objetivos compartidos, de manera que puede ser resultado, y desplegarse, como consensos sucesivos. Esto es, en el caso aquí analizado, el acuerdo se sostenía sobre la convicción previa de la existencia de problemas económicos estructurales y de la necesidad, asumida por todas o, simplemente, por la mayor parte de las fuerzas en presencia, de implementar un paquete de medidas que permitieran solucionarlos[7].

Argumentos similares pueden hacerse extensivos a la negociación, que puede desenvolverse como un intercambio formal de proyectos y reivindicaciones, pero también como un proceso en desarrollo constante en el que los distintos actores exponen cuáles son sus objetivos y cuáles las estrategias y recursos de que disponen para conseguirlos en todo o, al menos, en parte. La negociación, en consonancia, suele configurarse como un escenario dinámico en el que las diferentes partes interactúan condicionadas por diversas motivaciones: sus objetivos máximos y mínimos, el marco de oportunidades políticas, la situación interna que atraviesan cada una de ellas en esa coyuntura concreta y, como es obvio, las actitudes y estrategias de sus *partners*.

[7] Sobre el concepto de consenso, cfr. Glicerio SÁNCHEZ RECIO: "Consenso y desacuerdo en la democracia española actual", *Pasado y Memoria*, 9 (2010), pp. 16-17.

UN COMIENZO ATÍPICO: LOS PACTOS DE LA MONCLOA

La presencia de agentes sociales organizados legalmente y en libertad, requisito obligado para el establecimiento de un marco democrático de relaciones laborales y, por ello mismo, de la puesta en marcha de políticas concertadoras, no fue un logro inmediato ni obedeció a un programa previamente diseñado y planificado. La reforma sindical, planteada por el Gobierno Arias en 1974, careció de un plan bien definido y articulado a causa de la misma complejidad del aparato de la Organización Sindical y de su estrecha vinculación con la estructura del Estado, rasgos que contribuyen a explicar las vacilaciones y cambios introducidos en un proyecto que contó con el beneplácito del franquista Consejo Nacional de Empresarios (CNE) y la radical oposición de los sindicatos clandestinos Comisiones Obreras, UGT y USO[8].

La inviabilidad del texto impulsó que en el primer semestre de 1977 el Gobierno Suárez encadenara de manera unilateral la aprobación de una serie de medidas que implementaron lo que puede considerarse como la ruptura con la ordenación sindical de la dictadura. En el mes de marzo, la regulación por decreto de la negociación colectiva sobre la base de la plena autonomía de empresarios y trabajadores –a los que se reconocía el derecho de huelga y del cierre patronal respectivamente–, fue seguida apenas un mes más tarde por la Ley de Asociación Sindical que afirmaba el derecho que asistía a unos y otros para formar asociaciones profesionales, la adhesión de España a los convenios 87 y 98 de la Organización Internacional del Trabajo (OIT), sobre libertad sindical y acción sindical, y, ya en vísperas de las primeras elecciones legislativas libres, por la erradicación de la sindicación obligatoria.

La rapidez con que se incorporaron esas novedades a la legislación no discurrió de forma paralela al ritmo con que procedía la configuración y consolidación organizativa de los agentes sociales.

[8] José PÉREZ LEÑERO: "Panorámica actual de la reforma sindical española", *Revista de Fomento social*, 124 (1976), pp. 339-358; y Ángeles GONZÁLEZ FERNÁNDEZ: "«El mundo no empieza hoy ni partimos de la nada». El Consejo Nacional de Empresarios ante la reforma sindical", en Abdón MATEOS LÓPEZ y Ángel HERRERÍN LÓPEZ (eds.): *La España del Presente: de la dictadura a la democracia*, Madrid, Asociación de Historiadores del Presente, 2006, pp. 276-277.

Las discrepancias en torno a la estructuración y el liderazgo del sistema asociativo entre las tres grandes asociaciones empresariales que habían surgido precipitadamente en el transcurso de 1976 dilataron las conversaciones para la creación de una patronal unitaria que solo se formalizó –en buena medida gracias a la intervención del Gobierno– a finales de junio de 1977 como Confederación Española de Organizaciones Empresariales (CEOE). Su aparición contribuyó a esclarecer el panorama asociativo en el mundo empresarial, si bien es de reseñar que en esos momentos otras instituciones ambicionaban asumir la representación de los intereses del mundo de los negocios y, en consonancia, operar como interlocutores del Gobierno, tales como las Cámaras de Comercio, el Círculo de Economía, la Asociación para el Progreso de la Dirección, etc.

Los sindicatos, por su parte, beneficiarios de la tolerancia gubernamental hacia sus actividades y de un espectacular incremento de la afiliación –aunque este fuera más sobre el papel que en la realidad[9]–, afrontaron con urgencia su reestructuración para adaptarse a las exigencias del nuevo escenario político en una dinámica que UGT afrontó con mayor decisión y facilidad que CCOO debido a la endeblez del aparato orgánico de la primera y a los debates y disensiones internas sobre el futuro modelo orgánico de la segunda. En cualquier caso, resultaba meridianamente claro a estas alturas que, frente a la inicial pretensión de Comisiones Obreras de avanzar en la creación de una central única, similar a la Intersindical portuguesa, y a la presencia de otras fuerzas sindicales, se asistía a la conformación de un modelo plural, pero bipolarizado.

Como es sabido, los primeros comicios democráticos dieron lugar a un Gobierno de UCD en minoría, de manera que el Ejecutivo hubo de adecuar sus propósitos de reforma a la realidad impuesta por las urnas; es decir, la falta de mayoría absoluta impuso el acuerdo con las fuerzas políticas representadas en las Cortes conforme a un

[9] Ángeles GONZÁLEZ FERNÁNDEZ: "La configuración del sistema asociativo empresarial en la transición a la democracia a través del caso sevillano", *Historia Social*, 44 (2002), pp. 21-38. Cfr. Víctor PÉREZ DÍAZ: *Clase obrera, orden social y conciencia de clases*, Madrid, Fundación del Instituto Nacional de Industria, 1980; y Salvador AGUILAR y Jordi ROCA: *Sindicalismo i canvi social a Espanya*, vol. 1, Barcelona, Fundació Jaume Bofill-Fundació Volkswagen, 1991, p. 221.

programa que se desdoblaba en dos vertientes: la elaboración de una constitución que estableciera las nuevas reglas del juego político y el postergado saneamiento de una economía inmersa en una crisis estructural. La dramática y pedagógica exposición que hizo en TVE Enrique Fuentes Quintana, ministro de economía, sobre la perentoriedad de las medidas de ajuste y la posterior ejecución de algunas de ellas, sentó las bases para el inicio de contactos con los partidos del arco parlamentario en la convicción de que se trataba de llegar a un pacto eminentemente político. Fuentes Quintana, no obstante, deseoso de contar con la colaboración de los agentes sociales, de los que dependía al fin y al cabo la implementación de lo acordado en el ámbito de las relaciones laborales, también convocó a las organizaciones empresariales y sindicales para darles a conocer su programa[10].

Las conversaciones con los partidos políticos se desarrollaron sin excesivos problemas, puesto que todos –conscientes del grave deterioro del desempeño económico– compartían, con matizaciones de calado menor, los objetivos y directrices a ejecutar. Con los agentes sociales, sin embargo, los problemas afloraron de modo inmediato. La CEOE rechazó de plano la pretensión de Fuentes Quintana de convocar a las distintas asociaciones empresariales existentes, recabando para sí la interlocución en exclusiva con el Ejecutivo y, en consecuencia, el monopolio representativo del mundo de los negocios. No se recató, al mismo tiempo, de mostrar su profundo escepticismo hacia un acuerdo que, afectando directamente a las empresas, asignaba un papel subalterno a la CEOE, mera ejecutante –junto con los sindicatos– de la ejecución de unas medidas de ajuste que priorizaban el combate contra la inflación cuando, a su juicio, la clave para superar la crisis estribaba en la aplicación de políticas económicas expansivas que sostuvieran la demanda y animaran la inversión[11]. Ello no quiere decir que la CEOE rechazara la iniciativa del pacto social; bien al contrario,

[10] Enrique FUENTES QUINTANA: "De los Pactos de la Moncloa a la Constitución (julio 1977-diciembre 1978)", en José Luis GARCÍA DELGADO (dir.): *Economía española de la transición y la democracia 1973-1986*, Madrid, CIS, 1986, pp. 27-28.

[11] En contraposición a las medidas anunciadas por el Gobierno sobre restricción de créditos, una reforma tributaria y la limitación de los incrementos salariales, la CEOE planteó la introducción de la libertad de contratación y despido, una política crediticia flexible y la reforma de la financiación de la Seguridad Social, entre otras.

distintos sectores empresariales venían abogando desde el otoño de 1975 por un gran acuerdo social e incluso Manuel Conde Bandrés, presidente del franquista Consejo Nacional de Empresarios (CNE), se había referido explícitamente a "la concertación de las relaciones laborales" en estrecha colaboración con los igualmente franquistas Consejos de Trabajadores y Técnicos, y al "diálogo social" con la Administración como horizonte ineluctable[12], elementos que no concurrían de ninguna forma en la iniciativa de Fuentes Quintana.

Los sindicatos mayoritarios, por el contrario, se opusieron a un pacto social que equiparaban a moderación salarial y cuyo coste, denunciaban, recaería sobre los trabajadores. No obstante, las posiciones de ambos presentaban divergencias reseñables, derivadas de las estrategias elaboradas por los partidos políticos hermanos. Comisiones Obreras –en la estela de las directrices defendidas por el PCE– abogó por una "política económica concertada de emergencia" que, lejos de apuntar a la concertación social, planteaba la formación de un Gobierno de concentración, de ahí que en su propuesta no se detallaran los objetivos ni el contenido de las políticas de ajuste y saneamiento más allá de aseverar la necesidad de austeridad, pero también de distribuirla "de forma justa". UGT, acuciada por la necesidad de ofrecer un perfil propio, apostó –igual que la CEOE– por una política expansiva del gasto público, si bien puso mayor énfasis en la consolidación de una verdadera democracia, que en el sindicato quedaba asociaba a democracia sindical, esto es a la participación de los trabajadores en la gestión de las empresas[13].

La negativa de los agentes sociales no paralizó el proceso de consulta e intercambio entre los partidos políticos, como tampoco retrasó la firma de los Pactos de la Moncloa[14]. Su conformidad, a posteriori y poco, más bien nada entusiasta, se ha relacionado con el marco

[12] AGA. Fondo Sindicatos, Caja 33. Informe del presidente del CNE, 5 de mayo de 1975.

[13] Rodrigo ARAYA: *Del combate a la dictadura a la preservación de la democracia. Movimiento sindical y políticas de concertación social. Los casos de Chile y España (1975-1994)*, Tesis doctoral, Barcelona, Universidad Autónoma de Barcelona, 2012, pp. 97 y 142.

[14] Josep Maria TRULLÉN I THOMÀS: *Fundamentos económicos de la transición política española. La política económica de los Acuerdos de la Moncloa*, Madrid, Ministerio de Trabajo y Seguridad Social, 1993, pp. 158-221; Enrique FUENTES QUINTANA: "De los Pactos...", pp. 31-32; y Mercedes CABRERA CALVO-SOTELO: "Los

de las oportunidades políticas y el cálculo costes-beneficios para sus respectivas organizaciones. Pese a la incomprensión y resistencias de sectores no desdeñables de la militancia, el apoyo inmediato de CCOO, de Marcelino Camacho en particular, que presentó los Pactos como una conquista de los trabajadores, mecanismo para frenar la crisis económica y apuntalar la democracia, contrastó con el taxativo rechazo de UGT, aunque su renuencia obedecía a la conveniencia de presentar una imagen y una estrategia claramente diferenciada de Comisiones, por entonces el sindicato hegemónico.

La divergencia, no obstante, desapareció con rapidez y tanto uno como otro aceptaron los Pactos –enmascarados en no pocas ocasiones como pacto económico-político para no apellidarlo social, como medio para ayudar al proceso democratizador y condicionado a contraprestaciones que aseguraran el poder adquisitivo de los trabajadores–. Expresado de otra manera y ante la disyuntiva del ámbito prioritario de la acción sindical –el político o el económico-social– en ambos sindicatos prevaleció el afán de colaborar con la democratización en la convicción de que sin democracia no sería posible la defensa de los intereses de los trabajadores. A esa convicción no eran ajenos, por otra parte, dos asuntos de no menor relieve: de un lado, la necesidad de afianzar el protagonismo político del PSOE –que a estas alturas se presentaba como alternativa real del Gobierno– y sobre todo de un PCE un tanto desmoralizado tras los resultados electorales de junio de 1977; de otro, la valoración de las contrapartidas obtenidas, especialmente las expectativas de potenciación de las centrales sindicales como "instrumento fundamental de negociación"[15].

La CEOE, por su parte, denunció el procedimiento y los objetivos de los Pactos como incongruentes y paradójicos, pero la frustración de sus dirigentes no se tradujo en una negativa a participar en su

Pactos de la Moncloa: acuerdos políticos frente a la crisis", *Historia y Política*, 26 (2011), pp. 81-110.

[15] Manuel REDERO SAN ROMÁN: "Las relaciones laborales en el franquismo y la transición democrática (1958-1978). Acotaciones al caso de la UGT", en VVAA: *Estudios de la Historia de UGT*, Salamanca, Ediciones de la Universidad de Salamanca, 1992, p. 165; ídem: "Los sindicatos en la democracia: de la movilización a la gestión", *Historia y Política*, 20 (julio-diciembre 2008), pp. 129-158; y Rubén VEGA GARCÍA: *Historia de la UGT. La reconstrucción del sindicalismo en democracia, 1976-1994*, Madrid, Siglo XXI, 2011.

ejecución. Pese a la dureza y persistencia de las críticas a su contenido, pesó más la urgencia de lograr su reconocimiento como asociación representativa de los intereses empresariales y, como tal, interlocutora única de los poderes públicos y de los sindicatos[16].

En suma, los Pactos de la Moncloa inauguraron, aunque fuera de manera atípica, una política de acuerdos que proporcionó a los agentes sociales, por entonces con una débil institucionalización y una representatividad cuando menos cuestionable, una posición privilegiada dado que el Gobierno dictó una serie de normas que fijaban el índice de representatividad (10% de los delegados sindicales) como condicionante de las posibilidades de acción, gran parte de las vías de financiación y, también de su estatus ante los poderes públicos[17]. El sistema, arbitrado precisamente para facilitar la concertación ante la proliferación de organizaciones sindicales y el incremento de la conflictividad, facilitó su institucionalización y su actuación en el ámbito político a cambio, como ya se ha dicho, de su compromiso de garantizar el cumplimiento de las políticas acordadas o, lo que vino a ser lo mismo, de eludir el recurso a cualquier forma de conflicto colectivo.

El problema de la representatividad, de otro lado, se resolvió a lo largo de 1978. La celebración de las primeras elecciones sindicales, a comienzos de ese año, cerró el ciclo gobernado por las dinámicas asamblearias, corroboró la posición de Comisiones Obreras y UGT como sindicatos mayoritarios y, en consonancia, su condición como interlocutores del Gobierno en la elaboración de las políticas públicas. La CEOE hubo de esperar algo más, si bien –tras una eficaz y llamativa campaña de "autoafirmación empresarial"– obtuvo ese reconocimiento en el otoño gracias al buen hacer de Fernando

[16] Mercedes CABRERA CALVO-SOTELO: "Empresarios y políticos en democracia. De la crisis económica a las incertidumbres de la transición", *Revista de Economía Industrial*, 340-350 (2003), pp. 51-62; y Ángeles GONZÁLEZ FERNÁNDEZ: "Los empresarios en tiempos de cambio. Poder, negocio y política en la transición a la democracia", *Alcores*, 4 (2007), pp. 167-186.

[17] Joaquín GARCÍA MURCIA: *Organizaciones sindicales y empresariales más representativas. Posición jurídica y dimensión política*, Madrid, MTSS, 1987; y Wifredo SANGUINETTI: "Sindicatos y libertad sindical en España: Dos décadas de vigencia constitucional", en Agustín GARCÍA LASO y Wifredo SANGUINETTI (eds.): *Sindicatos y cambios económicos y sociales*, Salamanca, Universidad de Salamanca, 2002, pp. 27-29.

Abril Martorell, ministro de economía en sustitución del dimitido Fuentes Quintana.

En tanto que apuesta política con una finalidad igualmente política, la iniciativa de la concertación correspondió al Gobierno, lo que nos lleva a plantearnos cuáles fueron las actitudes y estrategias de los agentes sociales, habida cuenta de que sostenían interpretaciones distintas, si no opuestas, sobre qué era el pacto social y cuáles sus objetivos. Para la CEOE se trataba del mecanismo idóneo para abordar los problemas estructurales de la economía y reactivar la inversión, pero también para contener el arrollador poder de los sindicatos. Por último, y no menos importante, a los ojos de la patronal el pacto social permitiría mantener e incluso profundizar la fragmentación sindical mediante el desarrollo de contactos preferentes con aquel sindicato que se mostrara más proclive al diálogo y al entendimiento. En este punto, la CEOE dispuso de una baza inestimable debido a la fuerte competencia entablada entre los dos sindicatos mayoritarios, pese a que en el transcurso de 1978 desarrollaran acciones comunes como las desplegadas en torno al proyecto de Ley de Relaciones Sindicales o la conmemoración conjunta del 1º de Mayo.

UN DESARROLLO DESIGUAL: LOS PACTOS BILATERALES CEOE-UGT

El combate por la hegemonía sindical, cuestión de fondo que enfrentaba a CCOO y UGT, se libró en el bienio 1979-1980 en un pugilato que dio lugar a un juego de rivalidades y cooperaciones insospechables unos años atrás con la concertación social como escenario. El primer acto se desarrolló en el otoño de 1978 con ocasión de los preparativos para un nuevo acuerdo que fijara las reglas de la negociación colectiva para el año siguiente y sobre el que los actores, CCOO y UGT en particular, sostenían concepciones sustancialmente distintas. En línea con la postura que venía defendiendo desde 1977, CCOO mantuvo la bondad de los Pactos de la Moncloa, presentados ahora como la primera parte de un plan de reconversión de la economía nacional, objeto del pacto en ciernes que, con el propósito de incluir a los partidos políticos, sería negociado a cuatro bandas para un período de tres o cuatro años. Su propuesta, coincidente con el Plan de Emergencia contra el Paro y el Programa Económico a Medio Plazo presentado en esas mismas fechas por el Partido Comunista[18], suscitó duras críticas por parte de UGT no tanto por su contenido, que también, cuanto por la absoluta identificación entre Comisiones Obreras y el PCE, que –denunciaba– perseguía asegurar el protagonismo del partido en la esfera política y la hegemonía comunista en el ámbito sindical. En consonancia con ello, y pese a que compartía la idea de acuerdos que preservaran el poder adquisitivo de los salarios y en defensa del empleo, los planteamientos del sindicato socialista acerca del pacto eran muy otros. Lejos de contemplar un acuerdo negociado a cuatro bandas de la enjundia y duración defendido por su rival, UGT abogaba por un pacto tripartito –Gobierno y agentes sociales– limitado a la aprobación de un paquete de medidas concretas, de aplicación inmediata y circunscritas a aspectos económicos y sindicales, entre los que sobresalía la creación de un marco democrático de relaciones laborales que sancionara el papel nuclear de las centrales sindicales. El sindicato, con ello, descartaba la implicación de los partidos políticos tanto como un acuerdo a tres años que pudiera condicionar las expectativas electorales del PSOE –al fin y al cabo, las suyas– de cara a las próximas elecciones municipales y autonómicas[19].

El rechazo compartido por ambos a la pretensión del Gobierno de un pacto focalizado en el combate contra la inflación a través de la contención de los incrementos salariales no fue suficiente para salvar las profundas diferencias que les distanciaban, aunque no impidieron los contactos para una evaluación conjunta de las negociaciones y la elaboración de una plataforma reivindicativa. La CEOE, que había asumido como propios el control de precios y salarios enunciado por el Gobierno y siempre reacia a negociar

[18] *El País*, 4 de julio de 1978.

[19] "Nosotros, como UGT, estamos totalmente en desacuerdo con llegar a unas negociaciones que nos puedan abocar a un compromiso para tres años. Creemos que es dar un cheque en blanco a UCD, que es primar a un Gobierno de derechas, que es impedir, en cierta manera, una alternativa en el Gobierno de un partido de izquierdas". Declaraciones de Nicolás Redondo, *El País*, 3 de octubre de 1978. José María ZUFIAUR: "El sindicalismo español en la transición y en la crisis", *Papeles de economía española*, 22 (1985), pp. 202-234.

con un sindicato comunista, como definía a Comisiones Obreras, no puso reparos, sino todo contrario, a la decisión unilateral del Ejecutivo de imponer un tope del 13% a los aumentos salariales en la negociación de los convenios colectivos.

Tal como era previsible el decreto-ley fue denunciado por los sindicatos, que denostaron la injerencia del Ejecutivo en la libertad de negociación entre los agentes sociales reconocida en la Constitución[20], y desencadenó una negociación colectiva que, por primera vez, se desarrolló conforme a una estrategia y una planificación global previamente elaboradas por las partes, lo que inevitablemente se tradujo –dada la disparidad de posiciones– en un extraordinario incremento de la conflictividad[21]. La unidad de acción trabada entre los dos sindicatos mayoritarios en el marco de la negociación de los convenios no comportó la desaparición de las suspicacias entre ellos o, por mejor decir, de UGT hacia Comisiones, tachadas reiteradamente como sindicato comunista al servicio del PCE. La desconfianza, unida a la decepción ocasionada por los resultados electorales del PSOE y la necesidad de ofrecer un concepto y acción sindical diferenciadas que posibilitaran allegar un espacio social propio, se materializó en una dinámica que combinaba la negociación y la presión controlada y, por consiguiente, en un clima de confrontación y ruptura de la unidad de acción sindical[22].

El distanciamiento respecto de CCOO se tradujo en un acercamiento táctico a la CEOE y, a instancias del PSOE, al Gobierno ucedista, que principió con el Estatuto de los Trabajadores (ET), texto que, tal como estipulaba la Constitución, fijaría los términos de

[20] "Todos los trabajadores españoles acaban de conquistar, al aprobar la Constitución, el derecho a negociar ellos mismos sus condiciones de trabajo y sus salarios, sin tener que aceptar, en ningún caso, intromisiones de alguien que no les representa, por muy vicepresidente del Gobierno que sea". *Mundo Obrero*, 26 de diciembre de 1978.

[21] La CEOE transmitió a sus asociados las directrices para los nuevos convenios, que fijaban un tope del 10% de incremento salarial, en tanto los sindicatos acordaron conjuntamente las bases para la negociación colectiva que, entre otras, incluían aumentos del 16%. El resultado fueron 1.789 conflictos y 171.067.049 horas de trabajo perdidas por parte de 10.068.000 huelguistas.

[22] "La UGT intentará agotar la vía de la negociación porque "así es como se defiende realmente a los trabajadores y no convocándolos a huelgas generalizadas que no conducen a nada positivo y desgastan al movimiento obrero". Nicolás Redondo en *El Socialista*, 127, 23 de septiembre de 1979.

un marco democrático de relaciones laborales. Conforme al mandato constitucional, el Gobierno elaboró un proyecto de ley posibilista que sería debatido en Cortes a comienzos del verano de 1979, si bien ante las críticas del PSOE y de UGT, que estimaron inaceptable el procedimiento debido a la ausencia de los agentes sociales en la discusión, Suárez se avino a que su contenido fuera negociado por separado al margen del ámbito parlamentario. La iniciativa, secundada de modo inmediato por la CEOE[23], no fue asumida ni compartida por CCOO, que consideraba el ET como una suerte de Constitución para los trabajadores y, en esa condición, debía plantear un modelo de relaciones laborales alternativo que incluía, entre otros aspectos, desde la cogestión hasta la financiación de la Seguridad Social. Un planteamiento ambicioso, muy alejado del que sostenían ugetistas y empresarios, quienes atribuían al Estatuto unos objetivos limitados, ceñidos a la configuración de un nuevo marco de relaciones laborales sostenido por el principio de la negociación.

La negociación del ET, que corroboró las elecciones sindicales, la representatividad y el comité de empresa como instituciones fundamentales de la representación de los sindicatos, resultó un proceso "impresionantemente largo y complejo" que se prolongó hasta finales de año[24], tiempo en que la dinámica colaborativa entre la patronal y el sindicato socialista se afianzó con la negociación y posterior rúbrica, en el mes de julio de 1979, del Acuerdo Básico Interconfederal (ABI). Se trataba de un texto de alcance restringido que no reunía los requisitos que caracterizan los acuerdos de concertación puesto que los firmantes –CEOE y UGT– se limitaban a reconocerse mutuamente como interlocutores y legítimos representantes de sus asociados y se manifestaban partidarios de negociaciones que facilitasen el diseño de un nuevo marco de relaciones laborales, es decir, la redacción del

[23] Ángeles GONZÁLEZ FERNÁNDEZ: "La estrategia del pacto social. La CEOE ante la transición española a la democracia", en Rafael QUIROSA-CHEYROUZE Y MUÑOZ (ed.): *La sociedad española en la transición. Los movimientos sociales en el proceso democratizador*, Madrid, Biblioteca Nueva, 2011, pp. 200-201.

[24] Entrevista de la autora a Miguel Ángel Olalla Mercadé, cuadro técnico de CEOE, 29 de mayo de 2001.

ET[25]. Pese a su notoria insuficiencia, el ABI supuso un serio revés para CCOO, no solo porque evidenciaba la ruptura de la unidad de acción con UGT; también porque visibilizaba al sindicato socialista, dueño ya de una estrategia y de una imagen moderada que, *nolens volens,* forzaba la radicalización de unas Comisiones Obreras situadas, por voluntad propia y para satisfacción de la CEOE, al margen de las negociaciones de los convenios[26].

Consciente del daño y de las tensiones en la militancia que cuestionaban su fortaleza interna, Comisiones Obreras intentó superar su aislamiento auspiciando un ciclo de conversaciones tripartitas para la firma de un nuevo acuerdo. Sus esfuerzos, no obstante, resultaron baldíos, incluso contraproducentes, una vez que se retiró de las negociaciones y se negó a suscribir el Acuerdo Marco Interconfederal (AMI), argumentando la trasposición al texto de las condiciones de la CEOE y la inclusión de elementos francamente contrarios a algunos aspectos básicos de las plataformas reivindicativas de los convenios. En suma, pese a la postura favorable de UGT, explicable por la existencia de un acuerdo previo con la patronal, su contenido –en opinión de CCOO– resultaba claramente lesivo para los intereses de los trabajadores[27].

La firma del AMI en enero de 1980, que ha de entenderse como una derivación lógica del ABI, reforzó la ruptura sindical y el aislamiento de CCOO en un contexto político marcado por la necesidad de asegurar la viabilidad del ET y el despliegue de un marco inédito de relaciones laborales regido por una nueva ordenación de la negociación colectiva, cierto reconocimiento de los derechos sindicales y la reorientación de la política económica gubernamental para su

---

[25] Hohlm Detlev KÖHLER: *El movimiento sindical en España. Transición democrática, regionalismo y modernización económica*, Madrid, Fundamentos, 1995.

[26] "Nos auto-reconocimos UGT y nosotros como interlocutores para negociar. Entonces era natural que los empresarios les dijéramos (que) nuestro socio es UGT, no CCOO, cuide usted a nuestro socio nada más (...) y si CCOO no entraba por el modelo pues no era un sindicato con el que pudiésemos cambiar impresiones". Entrevista de la autora a Fabián Márquez, presidente de Analistas de Relaciones Industriales y asesor de la CEOE, 28 de enero de 2003.

[27] La oposición de Comisiones estribaba básicamente, aunque no solo, en la duración bianual del acuerdo y en la banda salarial estipulada que suponía un nuevo retroceso en la capacidad adquisitiva de los salarios.

adaptación al paradigma hegemónico, basado en el abaratamiento del coste de la mano de obra y en la flexibilización del mercado laboral como respuestas a la crisis[28].

Los problemas para CCOO, resultado tanto de la difícil convivencia interna entre las distintas sensibilidades que integraba el sindicato como de su creciente marginación, se vieron acentuados por las estrategias habilitadas por la CEOE para reducir, precisamente, su condición de sindicato hegemónico[29]. Los dirigentes empresariales habían realizado una intensa labor de pedagogía entre sus organizaciones asociadas para sostener, e incluso acrecentar, el peso de UGT de cara a preservar la fragmentación del mapa sindical y en la convicción de que, faltado de ese apoyo, el sindicato socialista estaba abocado a la desaparición. Esa labor persuasiva, necesaria ante la incomprensión y resistencias de no pocos de sus asociados, se amplió y profundizó con ocasión de las elecciones sindicales de 1980, en las que la organización empresarial prestó apoyo técnico y financiero a la UGT[30]. De forma paralela, el Gobierno, que inicialmente había favorecido la negociación con CCOO para debilitar no tanto a la UGT como al PSOE, decidió apoyar la colaboración entre empresarios y ugetistas para atemperar y racionalizar la conflictividad tanto como, en la esfera política, afianzar el bipartidismo, aunque ello no fue obstáculo para que, con la pretensión de contar con una plataforma sindical propia, intentara, con escaso éxito, transformar a USO en tercera fuerza sindical.

El elevado coste de la estrategia de la confrontación para CCOO frente a los halagüeños resultados de la moderación adoptada por UGT –tal como evidenciaron los resultados de las elecciones sindicales celebradas en 1980–, unido a las presiones del PCE para que

[28] Miguel Ángel SOLANS LATRE: *La concertación social y otras formas de neocorporatismo en España y en la comunidad europea*, Madrid, Taurus, 1996, p. 126. Sobre el AMI, José María MARÍN ARCE: *Los sindicatos y la reconversión industrial durante la transición, 1976-1982*, Madrid, CES, 1997.

[29] "Nosotros no queríamos para España el modelo intersindical portugués, de un sindicato único. El protagonismo, la implantación y la fuerza la tenían CCOO. Dimos tiempo al tiempo y ayudamos, sí, a que creciese UGT". Félix MONTEIRA: "La huelga general", en Joaquín PRIETO, Santos JULIÁ y Javier PRADERA: *Memoria de la Transición*, Madrid, Taurus, 1996, p. 626.

[30] Ángeles GONZÁLEZ FERNÁNDEZ: "La estrategia del...", pp. 201-202.

Comisiones reconstruyera la perdida unidad de acción, propició una atemperación de sus posiciones maximalistas, aunque finalmente descartó –al igual que hiciera el año anterior– suscribir la renovación del AMI[31].

LA CONCERTACIÓN SOCIAL *STRICTO SENSU*

Los acuerdos hasta aquí examinados no pueden insertarse propiamente en el marco de la concertación social. Se habían sucedido un pacto político con ausencia de los agentes sociales y pactos parciales entre éstos apoyados por el Gobierno, pero en realidad el que ha sido considerado como primer y auténtico pacto social de la democracia no se produjo hasta 1981, bajo el impulso del shock provocado por el fallido golpe de Estado del 23F y de la aguda crisis interna que atravesaba UCD, el partido que sustentaba el poder ejecutivo. Urgido por la necesidad de firmar un pacto que fortaleciera su posición ante el electorado, el Gobierno Calvo Sotelo convocó a los agentes sociales, igualmente presionados por el riesgo de involución política, para negociar el Acuerdo Nacional de Empleo (ANE) de junio de 1981. El ANE estipulaba, entre otros aspectos, la renuncia sindical a aumentos salariales superiores al 11% a cambio de compromisos encaminados a fomentar el empleo, mejorar las pensiones y subsidios y la cobertura del desempleo. Al mismo tiempo, reforzaba el estatus público de los agentes sociales, que pasarían a estar representados en los consejos de determinados organismos de la Administración. En este sentido, CCOO obtuvo importantes réditos de un acuerdo que posibilitó su retorno al ámbito de la negociación, reactivar la unidad de acción con UGT, pero también porque su presencia en un pacto tripartito constituyó una excelente ventana de oportunidad para evidenciar la bondad de su estrategia sobre la firma de acuerdos

---

[31] José María MARÍN ARCE: *Los Sindicatos y...*, pp. 283-284; y Rafael SERRANO DEL ROSAL: *Transformación y cambio del sindicalismo español contemporáneo*, Córdoba, CSIC, 2000, p. 103.

generales y, en consonancia, denunciar la firma de los pactos bilaterales suscritos por la CEOE y el sindicato socialista.

El ANE, con todo, resultó un acuerdo viciado de origen a causa de la debilidad del Gobierno, incapaz de afrontar con éxito el deterioro de las principales variables económicas y obligado a realizar importantes concesiones a los sindicatos, y las renuencias de la CEOE a acatar el cumplimiento de un acuerdo al que se había visto forzado por imposición del Ejecutivo, toda vez que, a su juicio, los grandes beneficiarios habían sido los sindicatos. Sus resistencias mudaron en indignación tras conocer la existencia de una cláusula por la que el Gobierno había garantizado la entrega a los sindicatos de 800 millones de pesetas anuales entre 1982 y 1984 a cuenta de la devolución del patrimonio del sindicato vertical. Sus dirigentes, irritados por lo que entendían una financiación directa a las centrales sindicales, remitieron a sus organizaciones asociadas una serie de directrices orientadas a obstaculizar la aplicación del ANE, del que –sostenían sus dirigentes– "solo tenía eficacia relativa". Conforme a esas instrucciones, anunciaba que en la negociación colectiva en curso no podrían abordarse cuestiones que no hubieran sido explícitamente contempladas en el acuerdo y recordaba la exclusión de CCOO de aquellas que hubieran sido estipuladas en los acuerdos bilaterales firmados con UGT[32].

Las dificultades para su aplicación, por otro lado, se acentuaron en el otoño cuando la patronal anunció su retirada de la comisión de seguimiento con el argumento del incumplimiento gubernamental de los compromisos acordados en materia de presión fiscal y déficit público[33], decisión que fue respondida por una intensa movilización de los sindicatos que, a su vez, criticaron al Ejecutivo por el "incumplimiento de determinados compromisos de reestructuración, la falta de una política industrial, el electoralismo y la ineficacia de la política económica", junto a su subordinación a las exigencias de

[32] La CEOE advirtió que el compromiso de llegar a las 1.880 horas no afectaba a Comisiones, por lo que en aquellas negociaciones en las que tuviera un peso preponderante no debía examinarse la reducción del horario de trabajo. AHCCOOA. "La patronal define su postura ante la Negociación colectiva de 1982".

[33] Leopoldo CALVO SOTELO: *Memoria viva de la transición*, Barcelona, Plaza y Janés-Cambio 16, 1990, p. 163.

la gran patronal[34]. En suma, la primera experiencia auténtica de la concertación social en España resultó fallida para todos sus actores que, por otro lado, a partir del verano de 1982 priorizaron en sus respectivas agendas la inminente celebración de unas elecciones legislativas que auguraban el fin de ciclo de la UCD y el triunfo de un partido, el PSOE, que había incluido en su programa electoral las propuestas de la UGT. Una hermandad que dejaba a CCOO en una delicada posición, acentuada por las disputas entre los distintos grupos y tendencias que cohabitaban en su seno y la consiguiente pérdida de cohesión interna, así como por la crisis que asolaba a sus referentes políticos, el PCE y, en Cataluña, el PSUC[35].

La formación del primer Gobierno socialista tras las elecciones de octubre de 1982 señaló el inicio de una nueva etapa en la política concertadora, marcada –a nivel internacional– por la profunda crisis de concertación social que fue, en parte, resultado de la coyuntura económica recesiva que obligó a la realización de pactos no para distribuir riqueza cuanto para repartir sacrificios y, en parte, de la reflexión que hicieron los actores participantes sobre los beneficios y costes de los acuerdos. La percepción de los gobiernos de que se trataba de un instrumento lento e ineficiente, incluso negativo para sus intereses como había demostrado la experiencia laborista en Gran Bretaña entre 1974 y 1979, impulsó el "unilateralismo"; es decir, la convicción de que correspondía a los gobiernos, en virtud del mandato democrático de las urnas y de la gravedad y urgencia de los problemas, fijar las políticas públicas. Entre los sindicatos, paralelamente, cundió la idea de la inutilidad de los acuerdos puesto que si la crisis era resultado de fallos estructurales difícilmente podrían resolverse con la moderación de los salarios y la pérdida de poder adquisitivo de los trabajadores; medidas que, por otro lado, habían repercutido negativamente en la credibilidad y prestigio de

[34] AHCCOOA. *Manifiesto Conjunto de UGT-CCOO*, 1982.

[35] La distinta atmósfera que vivían ambos se tradujo en las elecciones sindicales de ese mismo año, en las que UGT superó a CCOO en número de delegados sindicales.

las centrales, como demostraba la general reducción de la tasa de trabajadores afiliados[36].

Los rasgos antes descritos se hicieron extensivos a España, donde –por primera vez en democracia– el Ejecutivo disponía de una holgada mayoría parlamentaria que aseguraba la gobernabilidad del país y la realización de su programa modernizador sin necesidad de acuerdo con los agentes sociales basado en la aplicación de medidas de ajuste estructural orientadas a la reconversión industrial, de liberalización económica de cara al ingreso en la CEE y en la construcción de un Estado del Bienestar[37]. Persuadido de la bondad de su programa, el Gobierno adoptó actitudes equívocas, cuando no contradictorias, en lo relativo a la práctica concertadora, de manera que la aprobación unilateral de la política económica y sociolaboral convivió con una política de pactos que contó con la cooperación de UGT debido a la afinidad ideológica que le unía al PSOE, pero también a la idea de que el coste social derivado del plan de ajuste tendría, como contrapartida, el fortalecimiento institucional del sindicato, mientras que CCOO asumió una estrategia radical y proclive a la maximización del conflicto con el objetivo, precisamente, de acoger en su seno la probable pérdida de poder sindical ugetista. La CEOE, por último, se sumó sin reparos a unos acuerdos que se hallaban en perfecta sintonía con sus planteamientos.

El primero de los pactos, el Acuerdo Interconfederal (AI), rubricado en 1983 solo por los agentes sociales pese a las presiones de CCOO y de CEOE/CEPYME para que el Ejecutivo se implicase directamente, contenía los elementos propios de una política de rentas y recogía muchos de los aspectos incluidos en acuerdos anteriores. La continuidad, sin embargo, resultó efímera puesto que poco después el Gobierno aprobó un paquete de medidas que facilitaban el abaratamiento de los despidos, la desregulación del mercado laboral, la flexibilización de las plantillas, así como el inicio de la traumática

[36] José Luis MONEREO PÉREZ: *Concertación y diálogo social*, Valladolid, Lex Nova, 1999, p. 50; y José María MARAVALL: *Los resultados de la democracia. Un estudio del Sur y el Este de Europa*, Madrid, Alianza editorial, 1995, p. 222.

[37] Joaquín ESTEFANÍA MOREIRA: "El segundo ajuste económico de la democracia", en Álvaro SOTO CARMONA y Abdón MATEOS LÓPEZ (dirs.): *Historia de la época socialista: 1982-1996*, Madrid, Sílex, 2013, pp. 127-146.

reconversión industrial. La unilateralidad de estas disposiciones suscitó una fuerte decepción en los sindicatos, si bien únicamente CCOO se inclinó por la ruptura y la organización de una campaña de movilizaciones de protesta.

El segundo, el Acuerdo Económico y Social (AES), fue, también, el último. Firmado en 1984 por el Ejecutivo, las organizaciones empresariales y una UGT obligada por las presiones del PSOE, el texto estipuló una reforma del mercado de trabajo en clave desreguladora y competitiva que tensionó las relaciones entre los distintos actores hasta el punto de la ruptura y puso fin a la política de concertación social. El primero en descolgarse fue, de nuevo, CCOO, que se autoexcluyó de las negociaciones ante los objetivos enunciados por el Ejecutivo, en tanto que la CEOE, frustrada por el incumplimiento gubernamental de algunos puntos del acuerdo, sobre todo el relativo al despido colectivo, abandonó la comisión de seguimiento[38]. En lo que se refiere a UGT, la infracción gubernamental de algunos de los compromisos contraídos derivó en un distanciamiento que tuvo su primer exponente en el mismo 1985, cuando su líder, diputado por el PSOE, votó en contra de la Ley sobre la Reforma de las Pensiones. A partir de entonces se instaló entre partido y sindicato un clima de crispación que preludiaba la posterior confrontación que gobernó sus relaciones en los años siguientes.

CONCLUSIONES

La concertación social en España no surgió, ni se desarrolló, "desde abajo", fruto de la iniciativa de los agentes sociales sino "desde arriba", bajo el impulso de los sucesivos gobiernos y siempre condicionada por intereses políticos. Este rasgo, derivado de la fragilidad organizativa y débil representatividad de la CEOE y de los sindicatos obreros en las

---

[38] Es reseñable que, por entonces, determinados círculos de la CEOE participaran activamente en una estrategia orientada a provocar un relevo en el Gobierno o, al menos, impedir una nueva mayoría absoluta socialista en las elecciones previstas para 1986. Adrián MAGALDI: "La «Operación Roca»: el fracaso de un proyecto liberal en la España de los 80", *Historia Contemporánea*, 59 (2019), pp. 307-342.

fases iniciales del proceso de cambio, situó a las centrales sindicales y a la patronal en una posición subalterna respecto del Ejecutivo, si bien esa subalternidad resultó desigual en virtud de la paulatina penetración del nuevo paradigma económico centrado en la oferta y de la fragmentación sindical, reflejo de la división de la izquierda política y, más aún, de su intervención, con objetivos partidarios, en la vida interna y estrategias de los sindicatos. Si el primero aseguró la participación de la CEOE en unos acuerdos orientados por unos planteamientos en sintonía con los suyos, la segunda condicionó las actitudes y posición negociadora de UGT y de CCOO, y explica la ausencia de la segunda en buena parte de los pactos.

El despliegue de la concertación, por otro lado, se verificó en unas circunstancias y tiempo concretos, modulados por la crisis económica y por la incertidumbre política que gobernó el país durante el proceso democratizador y como una derivación, en la esfera social, del consenso entre los partidos políticos. En este sentido y a diferencia de lo ocurrido en los países de la Europa occidental, la política concertadora no puede considerarse únicamente como procedimiento reactivo para afrontar una coyuntura de grave crisis económica mediante el acuerdo entre el Gobierno y los agentes sociales con el propósito de diseñar y ejecutar un plan de saneamiento y estabilización de la economía. Bien al contrario, desempeñó un papel político de primer orden como mecanismo que fortaleció la legitimidad de los nuevos poderes públicos y posibilitó la participación de las organizaciones representativas de los empresarios y trabajadores en la configuración de un nuevo marco de relaciones laborales, en la construcción y consolidación de la democracia, así como en la construcción de un moderno Estado del Bienestar como fenómenos paralelos y complementarios.

EL SISTEMA ESPAÑOL DE PENSIONES EN EL SIGLO XX

Álvaro Espina Montero
Profesor de Estado de Bienestar. UCM (jubilado)

Este trabajo se divide en tres partes: la primera estudia las pensiones en el primer tercio de siglo, la segunda las pensiones durante el franquismo y la tercera las pensiones en la democracia. El apartado final resume y concluye[1].

LAS PENSIONES EN EL PRIMER TERCIO DEL SIGLO

Dentro del sistema de bienestar social, el subsistema de pensiones obligatorio para los trabajadores del sector privado data del período de entreguerras. Con anterioridad, algunas grandes empresas ya habían venido implantando sistemas voluntarios de pensiones. Las primeras conocidas habían sido la Compañía de Ferrocarriles del Norte de España y la Compañía Transatlántica, en 1873, mientras que MZA no lo hizo hasta 1899. En ciertos casos, estos sistemas de pensiones se mantendrían, tras la adopción del seguro obligatorio, mediante regímenes especiales para grandes empresas con "montepíos exceptuados". A título de ejemplo, en 1913 el gasto en pensiones de las dos grandes compañías ferroviarias equivalía al 2,5% del resto de gastos de personal, cuantía que llegaría a duplicarse a comienzos de los años 30. Por su parte, en 1904 la previsión voluntaria de tipo asociativo a través de las sociedades de socorros mutuos no cubría más que a 84.465 obreros, afiliación que aumentó a 400.000 en 1925.

[1] Todos los diagramas, cuadros y gráficos, así como otros datos a los que se refiere este trabajo, están tomados de las obras de Álvaro ESPINA: *Modernización y Estado de bienestar en España*, Madrid, Fundación Carolina/Siglo XXI, 2007, y *Pensiones y Estado de bienestar en España. La reforma del estado español de pensiones*, Londres, Editorial Académica Española, 2018.

Estas sociedades protegían mayoritariamente contra la enfermedad (389.169), los gastos por fallecimiento (237.360) y contra la invalidez (124.285), pero muy poco contra la vejez (28.489).

Además de la actuación sobre los funcionarios públicos[2], la intervención efectiva del Estado en materia de jubilación se inició en el sector privado con la creación del Instituto Nacional de Previsión (INP), el 27 de febrero de 1908[3]. A través del INP se practicó, primero, una política de fomento del seguro de vejez que subvencionaba su coste mediante bonificaciones del Estado a las cuotas cotizadas voluntariamente por las empresas a favor de sus trabajadores. Este régimen estuvo vigente desde 1909 (regulado por Real Orden de 17 de agosto de 1910). En 1921, el INP tenía 115.031 afiliados al mismo, que cotizaban por todos los conceptos siete millones de pesetas al año. Estas cifras se elevarían a 182.219 afiliados y 32 millones de cotizaciones en 1933. De este modo, el sistema español comenzó alineándose con el sistema belga, denominado de "libertad subsidiada", contrapuesto al sistema obligatorio de aseguramiento alemán, dirigido desde sus inicios hacia un conjunto amplio de trabajadores.

La obligatoriedad de afiliación al Seguro de Retiro Obrero fue establecida en España por el Decreto-Ley de 11 de marzo de 1919[4], cuya aplicación se haría efectiva tras la aprobación de su Reglamento por Real Orden de 23 de enero de 1921[5]. El nuevo seguro de vejez cubría a todos los asalariados privados con edades comprendidas entre 16 y 65 años –aunque no al servicio doméstico– y con ingresos anuales inferiores a 4.000 pesetas. Los afiliados se dividían en dos grupos según tuvieran menos o más de 45 años en el momento de la afiliación. Para estos últimos se estableció un régimen de capitalización individual hasta constituir una renta vitalicia de 180 pesetas anuales. Para los primeros se estableció un régimen de capitalización

[2] Actuación estudiada en Álvaro ESPINA: *Modernización y Estado*..., pp. 93-100.

[3] Antonio MARTÍN VALVERDE (coord.): *Legislación social en la historia de España. De la Revolución liberal a 1936*, Madrid, Congreso de los Diputados, 1987, p. 110.

[4] Ibídem, p. 113. El preámbulo de la norma deja clara la motivación política y el contexto de conflicto social.

[5] Ibídem, p. 114.

colectiva y una prestación inicial de una peseta diaria a partir de los 65 años (que se revalorizó hasta 400 pesetas al año a partir de 1924).

En ambos casos, si las cotizaciones efectuadas no permitían constituir una renta superior a 180 pesetas al año, al jubilado se le abonaban 30 pesetas mensuales hasta agotar el fondo acumulado. Hay que señalar que la patronal se opuso a que el seguro de retiro se implantase a través del régimen de capitalización, que fue el finalmente adoptado, habiendo preferido el de reparto. Las cotizaciones correspondían con carácter general a la empresa (13 pesetas al mes por obrero, aunque el Estado se comprometía a contribuir en cuantía igual a la aportación obrera voluntaria, con un máximo de una peseta al mes). Se preveía que en una segunda fase –que nunca se implantó– el trabajador cotizaría tres pesetas al mes. En el *sistema de mejoras*, si el obrero satisfacía adicionalmente, al menos, una peseta al mes, tras un año de cotización quedaba cubierto por el seguro de invalidez (que concedía una renta vitalicia de una peseta diaria; en ausencia de mejoras, el único riesgo cubierto era la invalidez derivada de accidentes de trabajo[6]), y las obreras conseguían una mejora de 50 pesetas en el subsidio de maternidad. Además, estas imposiciones –mejoradas en un 5% por el Estado– se capitalizaban para anticipar la edad de jubilación, para aumentar la pensión hasta un máximo de 3.000 pesetas anuales y/o para formar un capital-herencia de hasta 5.000 pesetas.

Junto al sistema obligatorio –con mejoras o sin ellas–, administrado por el INP, existían sistemas estrictamente voluntarios administrados por Mutualidades, Cajas de Empresas, Sindicatos y Montepíos[7], la afiliación a los cuales en muchos casos era colectiva y se negociaba por los Jurados Mixtos, estableciéndose las correspondientes obligaciones en las Bases de Trabajo. Los principales perjudicados del escalón inflacionista de la primera guerra mundial fueron los pensionistas: antes de la guerra la proporción

[6] La Ley de Accidentes de trabajo, de 1900, había declarado al patrono responsable directo del coste del riesgo, permitiéndole trasladar su responsabilidad mediante aseguramiento voluntario. Ibídem, p. 99.

[7] Reguladas por RD el 14 de julio de 1921: "Reglamento provisional de las Entidades aseguradoras de Gestión Complementaria".

de la pensión media respecto al salario medio en la Compañía del Norte se situaba entre el 37% y el 40%. A comienzos de los años 20, esta tasa de sustitución llegó a caer por debajo del 15% (tras multiplicarse por 2,5 la población protegida, al extenderse el derecho a pensión a los eventuales en 1913, limitado antes al personal de plantilla) y su recuperación habría de ser extraordinariamente lenta hasta alcanzar el 30% en 1935[8].

En 1922 el INP afilió a 838.598 personas en el régimen obligatorio de retiro obrero, cuyas cotizaciones ascendieron a 20,4 millones de pesetas; en 1933, sobre un total de 8,4 millones de ocupados en España, los afiliados al Instituto sumaban 4,8 millones, el 87% de los cuales se habían incorporado antes de cumplir 45 años (de ellos, menos de 22.000 se habían acogido al régimen de mejoras). Si se agregan los afiliados al régimen de libertad subsidiada, al seguro infantil y a la Mutualidad de la Previsión, el total de afiliados ese año asciende a 5,5 millones. Las cuotas anuales al Seguro de Retiro Obrero ascendían a 421 millones de pesetas y los pagos por pensiones a 7,1 millones. Agregando aquellos otros tres conceptos, las mejoras y el seguro de maternidad (estas dos últimas cotizaban juntamente con las de retiro), las cotizaciones ascendieron a 488 millones y las prestaciones totales a 17,6 millones de pesetas, ya que tan solo el seguro de maternidad –que se había hecho obligatorio en 1929[9]– abonó siete millones en prestaciones, habiéndose multiplicado por 2,6 en un solo año[10]. En general, el desequilibrio entre cotizaciones y prestaciones por retiro refleja la escasa proporción de afiliados que habían madurado sus derechos de pensión, ya que la cifra de prestaciones de todo el seguro de retiro obrero del INP (6,6 millones en 1932) apenas superaba los

[8] Entre 1906 y 1935 el número de pensionistas por empleado pasó de 6,6% a 23,8%. En 1913 había 10.346 empleados en plantilla y 15.359 eventuales, cálculos realizados a partir de cifras totales de gastos de personal, plantillas, gastos y número de pensiones de la Compañía del Norte (1940).

[9] Antonio MARTÍN VALVERDE (coord.): *Legislación social en la...*, pp. 189-191.

[10] Mariano GONZÁLEZ ROTHVOSS: *Anuario Español de Política Social 1934-1935*, Madrid, Sucesores de Rivadeneyra, 1934, p. 1.733.

gastos de pensiones de las dos grandes compañías ferroviarias, que ascendieron a 6,4 millones en ese mismo año[11].

LAS PENSIONES EN EL "CORPORATIVISMO" FRANQUISTA

El sistema de seguros sociales obligatorios de antes de la guerra, diseñado bajo un régimen de capitalización, quedó inutilizado por la inflación de la primera etapa del franquismo. Sin embargo, una ley de 1 de septiembre de 1939 había transformado el viejo Retiro Obrero en el Subsidio Obligatorio de Vejez e Invalidez (SOVI), con pensiones de cuantía fija –aunque revalorizables– para los trabajadores mayores de 65 años, o de 60 con incapacidad grave. El SOVI estableció un límite de ingresos tanto para la afiliación –inicialmente 6.000 y más tarde 40.000 pesetas al año– como para la percepción del "subsidio", así denominado porque las cotizaciones corrían exclusivamente a cargo del empresario y el sistema funcionaba en régimen de reparto, aunque el INP –que se encargaba de gestionarlo– estaba formalmente obligado a equilibrar los capitales de cobertura de las pensiones con las cuotas del seguro, pero era una obligación nominal.

Además, entre 1939 y 1967 al INP –que ya venía gestionando los seguros de accidentes y de maternidad– se le fueron encargando la gestión del Seguro de Enfermedad, el Subsidio Familiar, el Régimen Especial Agrario, el Seguro de Desempleo y el Plus Familiar, a medida que se creaban, bajo un principio de caja única que facilitaba la subvención cruzada entre regímenes y la opacidad financiera.

En 1946 había venido a añadirse al SOVI un sistema de previsión social obligatoria para todos los trabajadores por cuenta ajena –sin límites de ingresos excesivamente restrictivos–, gestionado por una Mutualidad Laboral diferente en cada rama de la industria y los servicios, que protegía contra las contingencias de jubilación,

[11] En Francia, el seguro de vejez adoptado en 1910 solo cubría al 40% de los inscritos en 1913. En ese país el avance más rápido del período de entreguerras en materia de bienestar se registró en los fondos familiares, adoptados por Ley en 1932. En 1934 cubrían a 5,4 millones de trabajadores, aproximadamente la mitad de la fuerza de trabajo. Una síntesis de todo ello en Álvaro ESPINA: *Modernización y Estado...*, diagrama VIII, p. 91.

invalidez, larga enfermedad, orfandad y viudedad, otorgando prestaciones cuya cuantía se relacionaba con las cotizaciones realizadas durante el período de actividad, siendo éstas inicialmente distintas para cada mutualidad. Con el tiempo, cotizaciones y prestaciones convergieron, como lo hicieron también los sistemas de gestión y el propio mecanismo de solidaridad corporativista, que se difuminó a partir de la creación de la Caja de Compensación del Mutualismo Laboral. El proceso trae a la memoria lo que había ocurrido con el sistema de Montepíos militares y para funcionarios civiles a lo largo del siglo XIX, antes de su normalización entre 1919 y 1927, probablemente porque ese sistema corporativista era el mejor conocido por los dirigentes militares del régimen de Franco y por el propio dictador.

En principio, el sistema mutualista fue diseñado en régimen de capitalización, obligando a las Mutualidades a constituir reservas para garantizar los derechos y la cobertura de riesgos y a invertirlas en deuda del Estado (65%), otros fondos públicos cotizados (15%) o en todo tipo de valores cotizados, inmuebles o préstamos hipotecarios e inversiones sociales determinadas por el Ministerio de Trabajo (20%). Pero la progresión de las prestaciones para pensiones se hizo enseguida más rápida que la de las cotizaciones, ya que su cuantía inicial se calculaba sobre las cotizaciones inmediatas a la jubilación, muy superiores a las del conjunto de la carrera laboral. En 1966 la *ratio* reservas/pensiones solo era de 4,9 (habiendo descendido desde 5,8 en 1964 y obteniéndose por las inversiones una rentabilidad media en torno al 4%). El hecho es que, a partir de 1956, las pensiones se concedieron de forma graciable y clientelar –al amparo de las disposiciones transitorias de creación del mutualismo laboral, que permitían conceder derecho a pensión después de diez años de cotización– lo que hizo que su número se multiplicara casi por tres en diez años, elevándose a 703.000 en 1966. Ese año la pensión media anual (14.500 ptas.) equivalía al 27,1 % del salario medio industrial, mientras que en 1956 se había situado en el 34,2%[12].

[12] Una síntesis de todo ello en Álvaro ESPINA: *Modernización y Estado...*, diagrama IX, p. 107.

La Ley de Bases de la Seguridad Social de 1963 y su texto articulado (Decreto 907/66 de 21 abril), que entró en vigor el 1 de enero de 1967, declaró extinguidos los regímenes anteriores. Estas leyes acentuaron el carácter público y la integración del conjunto de seguros sociales vigentes hasta entonces, adoptando como principio general el sistema de reparto: el tipo de cotización era del 10% a cargo de la empresa y el 4% a cargo del trabajador. Estos tipos se aplicaban a unas bases tarifadas establecidas cada año por el Gobierno (junto al salario mínimo), que enseguida resultaron radicalmente insuficientes para una financiación equilibrada del sistema a medio plazo. A lo largo del primer cuatrienio de aplicación, las bases mínimas pasaron de representar el 49,6% a situarse en el 51,2% del salario medio industrial, mientras que las máximas pasaron de representar el 112% al 94 %. Solo las primeras reflejaron la evolución salarial efectiva, desincentivando el uso del empleo de baja cualificación. El sistema se articuló en un Régimen General y varios especiales (hasta doce, en su etapa de máxima dispersión), disponiendo también el primero de "sistemas especiales de encuadramiento y cotización" para ciertos grupos profesionales. En general, solo el Régimen General se concibió con la pretensión de resultar económicamente equilibrado a largo plazo –en los términos de un sistema de reparto, con reservas–, mientras que el resto de los regímenes nació deficitario, necesitando desde su fundación aportaciones del Régimen General y del Estado.

La gestión del sistema se articuló de la siguiente manera: el INP se encargaba del Régimen General, excepto la invalidez por accidente laboral y el sistema de pensiones; las Mutualidades y Cajas Laborales del Régimen General (de acuerdo con su definición y ámbito de actuación), gestionaban el conjunto de prestaciones derivadas de accidente laboral, así como todas las pensiones de este régimen; las Mutualidades y Cajas Laborales de los regímenes especiales y las propias empresas gestionaban todas las prestaciones correspondientes a su ámbito. Una serie de servicios comunes a todo el sistema gestionaba el seguro de accidentes, la incapacidad laboral y los servicios sociales de ancianos y discapacitados. Finalmente, una Caja de Compensación y Reaseguro de las Mutualidades gestionaba los niveles mínimos garantizados para las pensiones, las pensiones residuales del SOVI y algunas prestaciones económicas adicionales. El régimen económico del sistema preveía que las entidades gestoras constituyeran diferentes fondos de garantía y las correspondientes reservas, pero estos preceptos fueron incumplidos a medida que iban creciendo los déficits de los regímenes especiales, cuyo porcentaje de autofinanciación durante el primer cuatrienio solo alcanzó al 54%. Los recursos libres se destinaron a inversión sanitaria.

La combinación de toda esta estrategia de regulación estatal del mercado de trabajo y de prestaciones sociales maximalistas fue presentada conjuntamente por los ministros de Trabajo y de Sindicatos en la sesión extraordinaria del Consejo de Administración de la Organización Internacional de Trabajo (OIT) reunida en mayo de 1970 para elegir nuevo secretario general; esto es, a falta de ratificar los Convenios 87 –de libertad sindical– y 98 –sobre negociación colectiva– de la OIT, el Régimen se disponía a presentar un currículum muy cuidadoso de "realizaciones sociales" –hasta el punto de que en 1977 España habría de ser el país con mayor número de convenios ratificados–, ofreciéndolos como toma y daca de la no-injerencia de la OIT en los asuntos políticos internos. Esta política evitó la condena abierta del Régimen en la *54ª Conferencia Internacional del Trabajo* (CIT) –conocido ya el *Informe Ruegger*, que sería presentado oficialmente al Consejo en noviembre de 1970–, sustituyendo la OIT a partir de entonces la política de hostilidad abierta por una estrategia de presión sostenida.

Además, la nueva estrategia facilitó el Acuerdo de Comercio Preferencial España-CEE suscrito el 29 de junio de 1970[13]. A ello no debió de ser ajeno el hecho de que la implantación del sistema de seguridad social de 1967 significase durante el siguiente cuatrienio un crecimiento medio anual de las cotizaciones sociales totales del 14,3%, superior al crecimiento de los salarios medios industriales, dado el crecimiento de las bases tarifadas y de la población cotizante. Los salarios, a su vez, se veían impulsados por la mayor autonomía negociadora de los representantes sindicales electos en 1966, creciendo a una tasa del 11,9% anual, frente a una inflación media del IPC del

[13] España había solicitado la asociación en 1962.

5,25%. Todo ello debió de contribuir a despejar el miedo tradicional del Mercado Común a la práctica del "*dumping social*" por parte de los estados miembros y de sus socios comerciales.

Sin embargo, el ritmo de crecimiento de los gastos sociales durante el cuatrienio 1968-71 se situó en el 16,6% medio anual, todavía superior al de las cotizaciones. Además de no poder constituir las preceptivas reservas (a las que solo se aportó el 9,5% de los gastos), el conjunto del sistema de seguridad social incurrió en un déficit equivalente al 5,2% de su gasto total (un 4% el régimen general y un 10,9% los regímenes especiales). Y ello pese al hecho de que la protección a la familia –que en 1967 absorbía el 30% de los gastos del sistema– había caído hasta solo representar el 22% en 1971, año en que la primera partida de gasto ya eran las pensiones (26%) y la segunda las prestaciones sanitarias (24%), no destinándose a reservas más que el 5,6%. De hecho, en 1971 el volumen total de reservas era de 185.157 millones de pesetas (aunque solo 50.000 en forma de cartera de valores), lo que representaba algo menos del coste total de prestaciones de ese mismo año (208.199 millones), de modo que el equilibrio financiero del sistema a medio plazo volvía a verse amenazado[14].

Durante la etapa terminal del franquismo sus dirigentes adoptaron la táctica de toma y daca, intercambiando "desarrollo material por libertad"[15] y "realidades" por "retórica", defendida por sus representantes ante la *57ª CIT.* Ni siquiera la detención de las cúpulas sindicales socialistas (UGT y USO) en febrero de 1973, acumulada a la de la cúpula del PSOE y a la escalada de represión antisindical de la primavera de ese año, consiguió que el CLS condenase al Régimen, que se defendía esgrimiendo un 8% de crecimiento de los salarios reales en 1972 y una tasa de paro inferior al 1,5%.

En el informe ante la comisión de expertos que examinaba el estado de las libertades sindicales en 1972, el Gobierno afirmó que

[14] Una síntesis de todo ello en Álvaro ESPINA: *Modernización y Estado...*, diagrama XI, p. 121.

[15] A cambio de la elección, el Gobierno decidió ratificar el convenio 135, sobre protección de los representantes de los trabajadores en la empresa, relacionado con el convenio 87.

las normas de desarrollo de la Ley sindical (con sendos decretos sobre garantías sindicales, sobre negociación colectiva y sobre conflictos colectivos) aseguraban la negociación colectiva y la garantía del puesto de trabajo a los cargos sindicales, cuyas elecciones estaban abiertas a todos los trabajadores. La excusa para no ratificar el Convenio 87 era, según el Gobierno, la exigencia de pluralidad sindical, ya que en España la unidad sindical había sido aprobada en referéndum. De esta forma el Régimen no evitaba que cada ronda del Consejo de la OIT o de la CIT –como la *58ª Conferencia*, de 1973– sirviese para recordar públicamente la anomalía de la dictadura –junto a la de Portugal, y la recientemente instalada en Grecia–, pero conseguía salvarse de una condena formal.

Las cosas empeoraron durante la segunda *Conferencia Regional Europea* de la OIT celebrada en enero de 1974, que reconoció por primera vez como representantes de los trabajadores españoles a los delegados de los sindicatos clandestinos, pero no por eso salieron adelante las Resoluciones contra el Régimen, aunque a partir de entonces aquellos participarían regularmente en la CIT, hasta que la Ley 19, de 1 de abril de 1977, una vez muerto Franco, tuvo que reconocer el derecho de asociación sindical, desmantelando la OSE e incorporando su patrimonio al del Estado.

En el ínterin, sin embargo, a medida que las cosas se iban haciendo más difíciles para el Régimen en el terreno político, éste optaba por profundizar sus concesiones sociales. En lo que se refiere al sistema de seguridad social, la "Ley de Financiación y Perfeccionamiento" de 1971 amplió las prestaciones económicas del Régimen General y las cotizaciones. Éstas se desdoblaron en dos componentes: la base tarifada, según categorías profesionales, y una base complementaria, equivalente a la diferencia entre aquélla y la base de cotización, que se pretendía quedase igualada al salario efectivo en cinco años (estableciendo un tipo de cotización sobre la base complementaria que resultó excesivamente bajo, como siempre, desde que se emprendió la estrategia de demagogia social). En abril de 1976, las bases tarifadas mínima –correspondiente a la séptima categoría laboral– y máxima –la de la primera– se mantenían en el 50% y el 93,5% del salario medio industrial, mientras las bases de cotización máximas iban desde el 79% al 147% de aquél. Al mismo tiempo, las prestaciones económicas sustitutivas del salario se elevaron, adaptando su cálculo a las bases de cotización –pero computando exclusivamente los dos años previos a la jubilación– y se eliminaron buena parte de las limitaciones, períodos de carencia y prescripción de derechos, especialmente en lo relacionado con el acceso a jubilaciones anticipadas por causas económicas, prestaciones por accidente, incapacidad laboral o desempleo. A partir de 1974 se establecieron pensiones mínimas y revalorizaciones periódicas; se facilitó la jubilación a partir de los 60 años y se generalizó la pensión de viudedad para supervivientes con menos de 45 años.

Todo ello comprometía considerablemente el gasto futuro, pero elevaba con carácter inmediato los ingresos actuales –que crecieron a una tasa del 25,4% hasta 1976, algo menos que los gastos– y los incentivos para afiliarse. Eso era lo que al Régimen le interesaba para ir sobreviviendo, por mucho que en el debate sobre la Ley –celebrado en secreto en el Consejo Nacional del Movimiento, que actuaba a modo de Senado del Régimen– el presidente del Consejo Nacional de Empresarios presentase cálculos actuariales vaticinando la quiebra del sistema en un plazo no superior a diez años. De hecho, 1972 fue el único año que arrojó superávit y, en conjunto, el quinquenio 1972-76 incurrió en un déficit del 2,7% que hubo que financiar consumiendo reservas. En 1976 la partida principal de gastos del sistema ya eran las pensiones (35%), seguida de las prestaciones sanitarias (32%) y de la protección a la familia, pero el peso de ésta ya había descendido al 7%, muy próximo al de la incapacidad laboral (6,6%) y del desempleo (5,7%). Los regímenes especiales no lograron autofinanciar más que un 41% de sus gastos durante todo el quinquenio, teniendo que aportarles el Régimen General otro 45%. Como resultado de todo ello, en 1976 el volumen total de reservas era de 303.801 millones de pesetas (aunque solo 20.000 invertidas en forma de cartera de valores), lo que representaba menos de la mitad del coste total en prestaciones de ese mismo año (717.066 millones) y abocaba a una nueva reforma.

En síntesis, puede decirse que el programa político del tardofranquismo consistió en tratar de comprar paz social y tolerancia internacional a costa de admitir elevaciones salariales exorbitantes y de otorgar derechos de protección social no sostenibles a largo plazo. De esta forma, los últimos quince años del Régimen añadieron a la eliminación de las restricciones de financiación para las empresas –derivadas de la política monetaria inflacionista, con líneas privilegiadas de financiación a tipos de interés real generalmente negativos– la ausencia de restricción salarial, ya que los salarios medios industriales crecieron entre 1960 y 1975 en términos reales a una tasa del 7,6%, avanzando por delante de la productividad industrial, que, sin embargo, creció a un 5,1%, empujada por el fuerte ritmo de crecimiento: el PIB se multiplicó por 3, creciendo a una tasa anual del 7,7%. No obstante todo lo anterior, en 1975 el salario industrial representaba algo más del 50% de la productividad media sectorial, pero la dinámica desencadenada resultaba incontenible y la transición democrática tardaría un quinquenio en dominar la situación explosiva heredada, porque el sistema de relaciones industriales no había generado mecanismos de autocontención, dado que, en ausencia del juego libre de discusión y confrontación política, el Régimen acabó convirtiéndolo en el único *test* de su propia capacidad de supervivencia, propiciando así la confusión e indiferenciación entre ambos sistemas, lo que venía a coincidir con las estrategias políticas inspiradas en las ideológicas marxistas más extremadas y rudimentarias, defensoras de un híper-corporativismo de clase.

La contrapartida de todo esto durante los últimos quince años del franquismo fue un fuerte aumento de la relación capital/trabajo, que se multiplicó por 1,9, mientras las disponibilidades de capital se multiplicaban por 2,1 (muy por debajo del PIB real, que se multiplicó por 3), lo que dejaba muy poco margen para el crecimiento del empleo. Este solo creció un 9 %, frente a un crecimiento de la población mayor de 15 años del 17%, así que la tasa de ocupación, que había llegado a situarse en el 53,1% en 1960, disminuyó hasta el 50,8% de la población mayor de 15 años en 1975, lo que obligó a emigrar hacia el resto de Europa con carácter permanente durante todo ese período a casi dos millones de personas, muchas de ellas provenientes del área rural, cuya productividad se veía arrastrada por los salarios, en una dinámica ya por entonces dominada por el sector industrial[16].

Pero el mundo rural disponía de muy escasa capacidad para crear y visualizar conflicto, cuyo control fue prácticamente el único motor de la acción política a lo largo de los 35 años de duración del Régimen. Ellos fueron los verdaderos *outsiders* de toda esta segunda etapa del Régimen, que consolidó el "capitalismo corporativo español", cuyas características y fragilidades fueron descritas con todo detalle por Fuentes Quintana[17]. Desde esta perspectiva, establecer las bases para acometer la corrección de tales distorsiones fue el propósito hacia el que se orientaron los nuevos agentes políticos de la democracia naciente al consensuar los Pactos de la Moncloa, que proporcionan uno de los ejemplos más señalados del modelo de transición "rápida y pactada" desde una dictadura a la democracia en tiempos de paz de que dispone la sociología política.

EL SISTEMA DE PENSIONES EN LA DEMOCRACIA

La transición política significó desmantelar el sistema de seguros sociales corporativistas, que habían sido gestionados por las mutualidades laborales en forma compartimentada y facultaban al sistema político para conceder privilegios discriminatorios de acuerdo con sus prioridades clientelares, de forma no transparente e irresponsable de cara al futuro –dada la ausencia de mecanismos creíbles de control–, ya que el Gobierno dispuso siempre de la facultad para transferir el déficit de los regímenes privilegiados al presupuesto del Estado o al Régimen General. Este disfrutó de amplios superávits, dada la asimetría entre cotizantes y beneficiarios, como correspondía a un sistema de creación reciente, afiliación obligatoria y amplios períodos de carencia para acceder a los beneficios del sistema de pensiones.

---

[16] Una síntesis de todo ello en Álvaro ESPINA: *Modernización y Estado...*, diagrama XII, p. 130.

[17] Enrique FUENTES QUINTANA: "Tres decenios de la economía española en perspectiva", en José Luis GARCÍA DELGADO (coord.): *España, economía,* Madrid, España Calpe, 1988, pp. 1-75.

En este sentido, puede considerarse al régimen franquista como un decidido partidario (*malgré soi*) de la teoría de los recursos de poder, por cuanto durante los años 60 y 70 se comportó como un consumado virtuoso en manipular la cobertura de los riesgos vitales diferenciales –a los que se ven sometidos los ciudadanos en razón de su clase socioeconómica y de otras características sociales– como instrumento de subordinación política, a través de la puesta en marcha de una modalidad de Estado de bienestar basado en la discriminación corporativista, en lugar de articularlo en forma de derechos subjetivos *erga omnes*[18]. Para llevar a cabo aquella transformación, los Pactos de la Moncloa incluyeron un capítulo sexto sobre la Reforma de la Seguridad Social y el seguro de desempleo, en aplicación de la cual se crearon una Tesorería General Única y cuatro grandes órganos gestores especializados: el Instituto Nacional de la Seguridad Social (INSS), el Instituto Nacional de Salud (INSALUD), el Instituto Nacional de Empleo (INEM) y el Instituto Nacional de Servicios Sociales (INSERSO)[19]. Estos fueron los cimientos institucionales del sistema universalista de seguridad social que habría de irse conformando paso a paso a lo largo del último cuarto del siglo XX, participando los agentes sociales en el proceso a través de los grandes acuerdos de concertación y de su presencia en los consejos ejecutivos de todos los entes gestores, tanto a escala estatal como provincial.

La ruptura del régimen de semiaislamiento económico en que había venido produciéndose el desarrollo económico español se realizó con la adhesión tardía de España a las Comunidades Europeas, institución supranacional que era fruto, a su vez, de la lenta evolución de un conjunto de instituciones transnacionales –inicialmente, la Comunidad Europea del Carbón y del Acero (1951) y la Comunidad Económica Europea (1957)– establecidas por los principales países europeos al término de la Segunda Guerra Mundial para llevar a cabo prioritariamente ese mismo propósito de forma cooperativa,

---

[18] Para el riesgo diferencial como fundamento del Estado de Bienestar, siguiendo a Korpi, véase Álvaro ESPINA: *Modernización y Estado...*, capítulo 4.

[19] Las normas desencadenantes de la creación de las nuevas instituciones fueron el Decreto-Ley 36/1978 de 16 de noviembre, sobre gestión institucional de la Seguridad Social, la salud y el empleo, y la Ley 51/1980, de 8 de octubre, Básica de Empleo.

a través de la formación del Mercado Común Europeo, tratando de mantener bajo control las asimetrías de los flujos comerciales interiores y de ganar peso negociador en los foros globales.

El conjunto de prerrequisitos, adaptaciones institucionales e incorporaciones al derecho interno del "acervo comunitario" acumulado por la CE durante su primer cuarto de siglo de funcionamiento –que iban a permitir alcanzar la integración en las Comunidades Europeas en 1986– fue la forma que adoptó en España la exigencia de congruencia en la conformación de los grandes sistemas institucionales que definen el sistema social moderno. En este sentido, la experiencia española avala este tipo de esfuerzos cooperativos de difusión del conocimiento y la práctica institucional, que exigen una actitud nacional modesta, libre de cualquier complejo de inferioridad a la hora de imitar las mejores prácticas observadas en el entorno trasnacional adoptado como referencia, algo de lo que España ya se había venido beneficiando con la participación en la Organización para la Cooperación y el Desarrollo Económicos (OCDE), organismo en el que el país fue admitido como miembro de pleno derecho en julio de 1959.

Desde el punto de vista interno, el impacto acumulativo del proceso de socialización se observa especialmente en el caso de la evolución de la preferencia de los valores relacionados con los sistemas económico y de bienestar. Por ejemplo, un aspecto crucial en el proceso de modernización de los sistemas de valores –que convencionalmente se define como el tránsito entre el particularismo y el universalismo– consiste en el avance en la valoración de la equidad frente a la igualdad y en el fortalecimiento de la asociación entre equidad y mérito –frente a las practicas premodernas de adscripción, pero también frente al igualitarismo extremado–. Tal avance implica que toda sociedad moderna acepta convivir con un cierto grado de desigualdad, en ausencia de la cual desaparecen los incentivos para la acción. Pero tal proceso no es uniforme, sino que la modernización de valores en las preferencias de la población se ha visto modulada por el perfil de los regímenes económico y de bienestar en que vive y el mantenimiento de los incentivos no requiere en todas partes el mismo nivel de desigualdad.

Cuadro 1.- Confianza en el sistema de Seguridad Social (UE-15)

País	%	País	%
Luxemburgo	70	Irlanda (59)	56
Finlandia (75)	71	Suecia (46)	51
Bélgica (67)	69	Portugal (47)	51
Dinamarca (69)	67	Alemania (58)	44
Francia (70)	67	Gran Bretaña (34)	36
Austria (68)	67	Italia (38)	34
Holanda (68)	65	Grecia	19
España (50)	63	MEDIA TOTAL (54)	50

Fuente: Entre paréntesis, el dato de 1990, si existe. Ronald INGLEHART *et al* (eds.): *Human Beliefs and Values*, México, Fundación BBVA y Siglo XXI, 2004, E077_1 (entre paréntesis, el dato de 1990, si existe).

Esto se debe a que el marco institucional de los diferentes sistemas de bienestar –o de su ausencia– enfatiza y se orienta por los valores que son más coherentes con su lógica interna –alternativamente: la justicia, la equidad o la solidaridad–, lo que favorece la consolidación de las preferencias hacia una mayor o menor actuación del Gobierno en favor de la distribución de los ingresos. Y, viceversa, la formación de tales preferencias tiende a consolidar en el tiempo la dependencia de los sistemas sociales en relación con su trayectoria anterior y con la experiencia derivada de ella. Por ejemplo, el grado de confianza en el sistema de seguridad social es muy distinto en los diferentes países europeos (cuadro 1), lo que no solo depende de tal experiencia –o de su generosidad relativa–, sino también del grado de asentimiento con la capacidad del mercado para proporcionar bienestar, de los efectos de las políticas redistributivas y del nivel cognitivo acerca de la sostenibilidad del sistema de bienestar, de la perentoriedad y de los efectos de la reforma, como ponen de manifiesto los estudios del equipo de Boeri, Börsch-Supan y otros.

UN MODELO BISMARCKIANO TENDENTE HACIA LA UNIVERSALIDAD

Todo ello condujo a la conformación de un sistema español de bienestar que desde la transición política adoptó el modelo neo-corporatista, orientado en sus orígenes por los rasgos del modelo bismarckiano de Esping-Andersen[20], aunque plenamente regulado por normas y con gestión estatal, al modo continental.

No obstante, el sistema fue incorporando paulatinamente rasgos inequívocamente universalistas en algunos de sus subsistemas, aunque para analizar esta dinámica no sirve el modelo canónico de los "tres mundos", que debe sustituirse por otro de tres dimensiones, no obligando a caracterizar cada sistema nacional dentro de uno de los "mundos", sino conformándolo como un sistema compuesto de varios subsistemas, cada uno de los cuales responde a distintos arreglos dentro del cubo tridimensional, lo que, de mantenernos en el esquema de Esping-Anderesen, debería caracterizarse como un "mundo híbrido" de los tres mundos genuinos. De este modo, el sistema final de pensiones de la democracia española acabaría estructuraándose de acuerdo con el modelo OCDE-Banco Mundial de tres pilares, que se dibuja en el diagrama adjunto.

Imagen 1.- Sistema español de ingresos para la jubilación

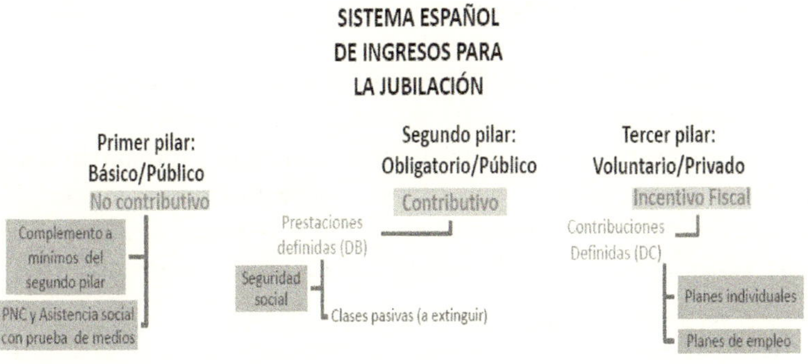

[20] Álvaro ESPINA: *Pensiones y Estado...*, diagrama I, p. 16.

La crisis económica de los años 70 produjo una reducción del número de cotizantes, encubierta, al comienzo, por la extensión sucesiva del derecho a pensión y la obligación de cotizar hacia nuevos colectivos de beneficiarios, que vinieron a engrosar la afiliación de los regímenes especiales. Pero, a partir de 1977, ya se percibieron descensos de afiliación en el Régimen General, que llegaría a perder 450.000 cotizantes entre 1980 y 1984[21]; de modo que la tasa de crecimiento de la recaudación por cuotas durante el período 1977-85 solo fue del 13,5% anual, frente a un crecimiento de los salarios industriales a una tasa del 16,5%. Esta última determinaba el cálculo de las prestaciones económicas, que pasaron de representar el 40% del gasto corriente en 1977 al 61% en 1985, creciendo a una tasa anual del 18,1%, mientras el resto de las prestaciones lo hacía al 14,4%, y el gasto corriente total al 16,8%[22].

En 1982, una Comisión *ad hoc* creada por el Acuerdo Nacional sobre Empleo (ANE) reconoció la crisis del sistema y elaboró un diagnóstico (o *Libro Verde*) remitido al Parlamento en el que se constataba: a) la existencia de amplios colectivos de población sin protección contra la vejez; b) el abuso de la protección –especialmente a través de la invalidez– por parte de los colectivos mejor situados en el mercado de trabajo; c) el incumplimiento de la obligación de cotizar y la manipulación de la misma para hacer fraude de ley, elevando de forma ficticia la cotización durante el periodo inmediatamente anterior a la jubilación (que era el de cómputo de la base reguladora de la pensión y solo duraba dos años); d) la utilización de la Seguridad Social para resolver indebidamente problemas de crisis industrial; y e) la confusión contable en las fuentes de financiación. Para remediarlo, se elevaron los topes máximos de cotización, aproximándolos paulatinamente a los salarios reales, hasta equipararlos; se corrigió el crecimiento de la invalidez; se redujo a la mitad el número de regímenes especiales y se homologaron las prestaciones entre ellos.

[21] Véase SEGURIDAD SOCIAL: *La Seguridad Social en el umbral del siglo XXI. Estudio económico Actuarial,* Madrid, Ministerio de Trabajo y Seguridad Social, 1995, Anexo estadístico, cuadro 3.

[22] Véase SEGURIDAD SOCIAL: *Análisis económico-financiero del sistema español de seguridad social. 1964-1985,* Madrid, Ministerio de Trabajo y Seguridad Social, Col. Informes, 1985, pp. 178-79. Álvaro ESPINA: *Pensiones y Estado...*, diagrama VIII, p. 32.

Finalmente, la Ley 26/1985 estableció un mejor equilibrio entre cotizaciones y prestaciones, al elevar progresivamente de dos a ocho los años de cotización que se tomaban como base para el cálculo de la pensión y de 10 a 15 años el periodo mínimo de cotización para tener derecho a una pensión contributiva. Al mismo tiempo, se estableció la revalorización automática anual de las pensiones de acuerdo con el IPC y la mejora paulatina de las pensiones mínimas hasta igualarlas al salario mínimo. Pese a que la Ley de 1985 recortaba las expectativas desproporcionadas respecto a la tasa de reposición derivadas de la normativa anterior, en 1989 la tasa efectiva de reposición para una carrera laboral completa se situó en el 90%, la más elevada de los siete países de la CEE, mientras la tasa alemana era del 53%.

Gráfico 1.- Ratio "Importe medio de la pensión mensual por clase/Coste salarial ordinario por trabajador y mes"

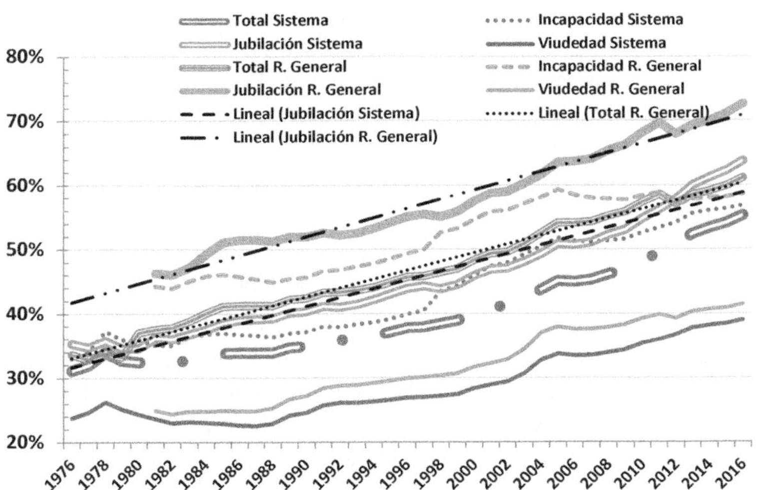

Fuente: CSOTM, datos del apéndice

El gráfico 1 refleja la evolución de la proporción que representa la pensión media mensual (según clases) respecto al salario medio mensual. En general, cabe afirmar que durante los primeros 30 años de democracia la pensión media del sistema (la tercera línea de guiones y puntos empezando por abajo, superando solo a las pensiones de viudedad) pasó de representar la tercera parte del salario medio al 45% del mismo en 2006. Aunque las tasas teóricas de reposición han sido siempre muy elevadas en España en términos comparativos, las tasas efectivas medias se mantuvieron durante cierto tiempo en un nivel moderado debido a la incorporación tardía de muchos cotizantes, dado que el sistema era relativamente joven y a que una parte considerable de los nuevos jubilados lo hacían de forma anticipada, como consecuencia de la reestructuración empresarial practicada durante los primeros decenios de democracia.

Sin embargo, esta dinámica experimentó después cambios muy rápidos, como se observa en el gráfico 1[23]. Y si en lugar de las pensiones medias del sistema –que incluyen pensiones de muy distinta naturaleza y fecha de acceso– tomamos en consideración tan solo las pensiones de jubilación del Régimen General (las de la línea gruesa de la parte superior), se observa que la progresión hacia la equiparación entre las tasas teóricas y las tasas efectivas fue mucho más rápida. Además, en ausencia de medidas de prolongación del período de cómputo, como las que se adoptaron en 1985 –ampliándolo en un año cada anualidad, pasando de dos años en 1985 a ocho en 1993– y en 1996 –prolongándolo hasta quince años efectivos entre 1997 y 2003, de acuerdo con las recomendaciones de los Pactos de Toledo, consensuados entre todos los partidos políticos en 1995–, la elevación de la tasa de reposición venía disparándose, como volvió a suceder en 2004, alcanzando el 64% en 2006 y el 73% en 2016.

Como es fácil suponer, estos movimientos sincopados de la tasa de reposición se agudizan en las pensiones iniciales de jubilación, que son las que arrastran hacia arriba a las pensiones medias, hasta el punto de que la tasa inicial de reposición del Régimen General avanzó rápidamente hacia la tasa teórica, creciendo en veinticinco

---

[23] Series tomadas de Álvaro ESPINA: *Pensiones y Estado*..., cuadro A-3, p. 85.

puntos porcentuales entre 1996 y 2006 y situándose diez años más tarde ya muy próxima a la tasa bruta de reposición derivada de la legalidad vigente en 2004 (90,5%), lo que abocaba a importantes reformas, cuyo estudio y prognosis no son objeto de este trabajo.

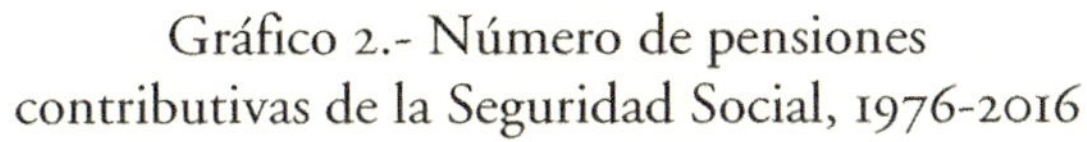
Gráfico 2.- Número de pensiones contributivas de la Seguridad Social, 1976-2016

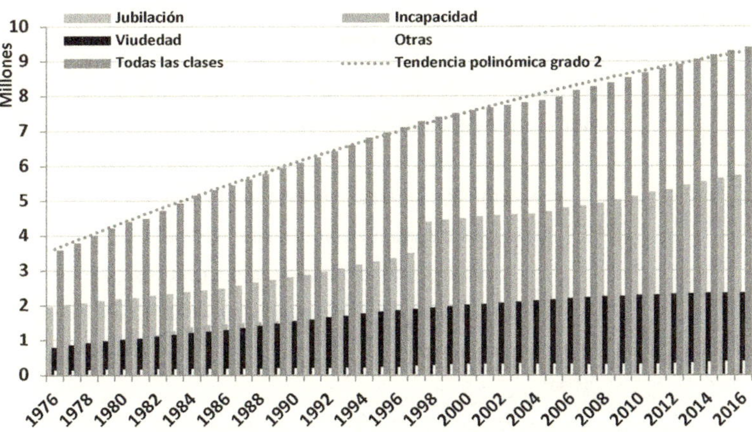

Por lo que se refiere a la cobertura del sistema de pensiones, el gráfico 2 permite observar que el número de pensiones contributivas de la Seguridad Social creció aproximadamente en seis millones a lo largo de los 40 años representados en el mismo, desde algo menos de 3,6 millones hasta algo más de 7,4 millones en 2016.

Aunque este número de pensiones no equivalga al número de pensionistas, ya que se producen algunas duplicidades –especialmente por las pensiones de viudedad compatibles con las de jubilación– y aunque las pensiones de incapacidad no recaigan sobre personas en edad de jubilación desde la conversión en 1998 de estas últimas en pensiones de jubilación al llegar los beneficiarios a la edad correspondiente, puede considerarse que el crecimiento futuro de esta cifra vendrá determinado fundamentalmente por la de la población en edad de jubilación y por las tasas de actividad de la población en edad laboral, ya que la Ratio de Cobertura (o cociente entre el número de pensionistas y la población por encima de la edad legal) viene situándose ligeramente por encima del 75 por ciento desde 2005, sin variaciones significativas. Es razonable por tanto pensar que el sistema ha llegado a su nivel de saturación y que su crecimiento futuro vendrá determinado por las variables ya apuntadas, a lo que coadyuvará la elevación paulatina de la edad legal de jubilación, que alcanzará los 67 años en 2027, establecida por la reforma de 2011[24].

Gráfico 3.- Crecimiento del importe de las pensiones medias: total y R. G. (en %)

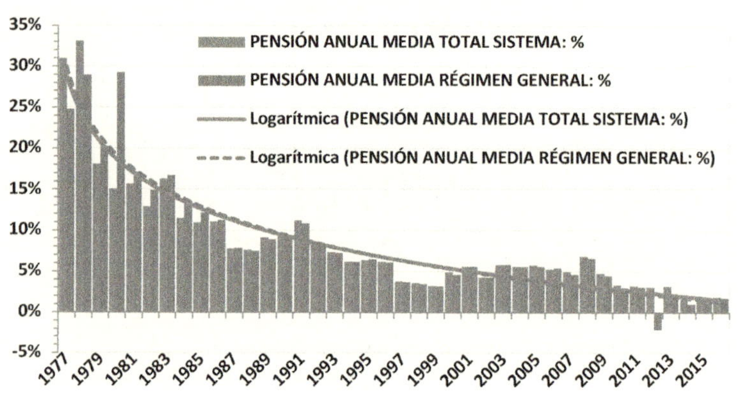

Las pensiones medias de jubilación han venido aumentando en 381,56 €/año, aunque la tendencia se ha desacelerado algo en el siglo XXI, lo que parece deberse a que el sistema se acerca a su etapa de madurez y puede estar alcanzando su velocidad de crucero. Igualmente ocurre con las pensiones medias totales (cuyo importe ha aumentado en 354.72 €/año).

La gráfica 3, por su parte, refleja las tasas de crecimiento anual de las pensiones. Haciendo abstracción de las fluctuaciones cíclicas, la línea de tendencia de estas tasas es logarítmica y desde finales de

[24] Álvaro ESPINA: *Pensiones y Estado…*

los años 70 el crecimiento de estos importes pasó de tasas del 30% en 1977 y del 15% a comienzos de los 80, a tasas en torno al 2% en 2016. Los dos gráficos siguientes descomponen el crecimiento del gasto total en pensiones en un "efecto revalorización", relacionado fundamentalmente con la marcha de la inflación, y en los efectos "población" derivados de las cifras del gráfico 2, y "sustitución", debido a la diferencia entre las pensiones de las nuevas altas de jubilación, cuyo número medio de años cotizados se situó en 37,22 años en 2016, y las restantes, que respondían a carreras de cotización más cortas.

Gráfico 4.- Tasas de crecimiento anual del GP: Total y Efecto Revalorización (%)

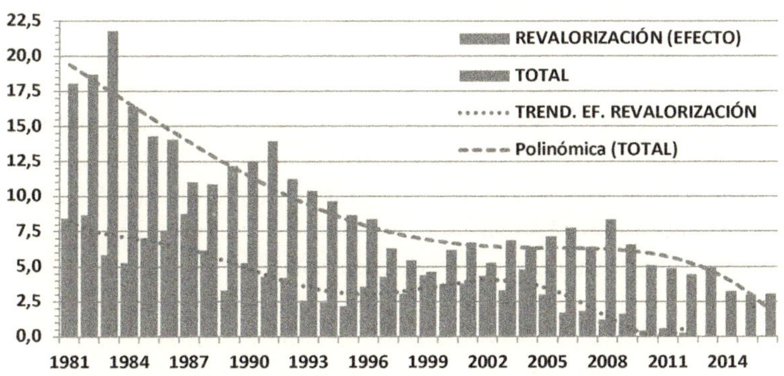

En el gráfico 4 se observa además que el perfil de la tendencia polinómica del crecimiento del gasto total en pensiones es parecido al del "efecto revalorización", separados ambos por una distancia que en promedio es de 2,9 puntos porcentuales, derivada de la agregación multiplicativa de los otros dos efectos, que resulta mucho más estable, como se comprueba en el gráfico 5, en el que la tendencia lineal indica que uno y otro pasaron de aportar un crecimiento del 3,5% y el 3% al gasto total a comienzos del periodo considerado a aportar un uno por ciento en 2016.

Gráfico 5.- Tasas de crecimiento anual del GP total: efectos Población y Sustitución (en %)

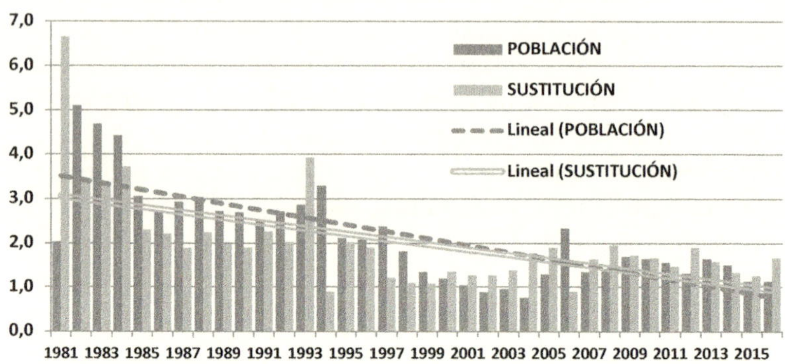

Todo ello se refleja en los cuadros 2 y 3. El primero da cuenta de que el número total de pensiones en 2016 se situaba en 10,5 millones, de las que las pensiones contributivas de la Seguridad Social representaban casi el 90%, completándose el sistema con las de clases pasivas (a extinguir, pues en 2011 los funcionarios se integraron en la SS), que suponían un 6,2%, y las pensiones no contributivas (un 4,4%, creadas por ley en 1990), ya que las de asistencia social habían desaparecido.

Cuadro 2.- Número de pensiones (2016), pensión media y crecimiento 2010-2016

	Total	Jubilación	Incapacidad	Viudedad	Tasa %
Contributivas Seguridad Social	9.409.174	5.731.951	938.343	2.358.667	1,4
No contributivas S. Social y PAS	458.951	254.917	204.033		-0,3
Clases pasivas (a extinguir)	625.634	365.817	39.866	144.860	0,9
Total	10.493.759	6.352.685	1.182.243	2.503.527	1,3
Total, en ‰ población	226 ‰	137 ‰	25 ‰	54 ‰	
Pensión media anual en €	12.879*	15.013	12.105	9.115	2,6

* En junio de 2022 la cifra se elevó a 15.263 €, con crecimiento anual del 5,5%.

Además, las pensiones de jubilación representaban el 60,5%, las de incapacidad el 11,3% y las de viudedad el 23,9% del conjunto, aunque en gasto total aportaba cada una el 71,1%, el 10,1% y el 16,5%, respectivamente (cuadro 3). El número total de pensiones venía creciendo desde 2010 a una tasa anual del 1,3% y la pensión anual media (que ascendía en 2016 a 12.879 €) lo hacía a una tasa anual del 2,6%, de modo que el gasto total venía creciendo a una tasa del 3,9% por año y representaba ese año un 12,1% del PIB, similar a la media de la Eurozona (12,1% en 2019) y equivalente al 25,7% de la Remuneración total de los asalariados de Contabilidad Nacional). Esta cifra es relevante, pues el tipo de cotización para la pensión se sitúa en España en el 23,5% del salario (dedicándose el resto de la cotización a otras contingencias).

Cuadro 3.- Gasto total en pensiones según clases (2016) y crecimiento 2010-2016, en % PIB

	Total	Jubilación	Incapacidad	Viudedad	Tasa/ año %
Contributivas Seguridad Social	10,7*	7,5	1,1	1,9	3,9
No contributivas S. Social y PAS	0,2	0,1	0,1		1,2
Clases pasivas	1,2	0,9	0,1	0,2	4,3
Total en % PIB	12,1	8,6	1,3	2,0	3,9
Total en % Remuneración de Asalariados	25,7	18,1	2,7	4,3	

* En junio de 2022 la cifra se situó en 11,8%, con crecimiento anual del 4,7%

RESUMEN Y CONCLUSIÓN

Puede decirse que, a lo largo del siglo XX, el sistema español de pensiones atravesó por tres grandes etapas. La primera, hasta la guerra civil, transitó a su vez desde los balbuceos iniciales a una fase de afiliación con libertad subsidiada durante los años 20 y a otra de corporativismo democrático orientado hacia un sistema bismarckiano en los años 30, encontrándose ya afiliados en 1933 al seguro obligatorio de retiro obrero (SOOV) el 85% de los mayores de 45 años, aunque la proporción de ellos que habían madurado sus derechos de pensión resultaba muy escasa y la cifra de prestaciones del INP apenas superaba los gastos de pensiones de empresa abonados por las dos grandes compañías ferroviarias, establecidas en el siglo XIX (en paralelo con las sociedades de socorros mutuos, voluntarias y de implantación mínima).

La involución del primer franquismo y su política hiperinflacionista destruyeron el sistema de capitalización del INP para pasar inicialmente a un sistema de reparto con prestaciones de cuantía fija (SOVI), añadiéndosele a partir de 1946 un sistema de pensiones de capitalización (con reservas) de corte tímidamente bismarckiano, en un contexto de corporativismo autoritario gestionado con generosidad clientelista por mutualidades laborales de rama. En 1966 el sistema proporcionaba una pensión media equivalente al 27% del salario medio industrial, pero los beneficiarios eran muy pocos.

Entre 1963 y 1967 se integraron los seguros sociales añadiéndosele al Régimen General 12 regímenes especiales. El sistema de reparto tenía bases tarifadas limitadas y cotizaciones de empresa (10%) y de trabajadores (4%), admitiéndose sistemas de pensiones complementarios de empresa o rama y regímenes sustitutorios de empresa.

Durante su etapa final, el franquismo llevó a cabo una fuga hacia adelante que intercambió la ausencia de libertades por concesiones sociales desmesuradas, fácilmente gestionables por un sistema de pensiones de creación reciente con amplia base cotizante y una exigua minoría de beneficiarios, no obstante lo cual, en 1971, el nuevo sistema ya arrastraba déficits crecientes. En la reforma de ese año, a las bases tarifadas se agregaron bases complementarias (entre el 50% y el 150% del salario medio) y las pensiones se equipararon a los salarios medios de cotización de los dos últimos años trabajados, lo que facilitaba el fraude tanto individual como a través de la negociación colectiva. Los gestores ya preveían la quiebra del sistema al cabo de diez años.

Los Pactos de la Moncloa establecieron como fundamento de la transición política el intercambio social entre una política de rentas de contención salarial –imprescindible para hacer frente a la escalada de hiperinflación de los años 70, que retroalimentaba el conflicto industrial–, y el establecimiento a medio plazo de un Estado de Bienestar que adoptó la dinámica a la que la sociología política denominó "neocorporatismo". Durante la etapa de gobierno de la UCD se adoptó el modelo "bismarckiano-continental", que se orientó en la etapa subsiguiente hacia el modelo "universalista", de acuerdo con el esquema de los "tres mundos del Estado de bienestar" de Esping-Andersen (sustituida en este trabajo por un modelo de tres dimensiones).

Estas políticas deben ser analizadas a largo plazo, ya que las opciones inicialmente adoptadas solo surten efecto cuando se completan las trayectorias de ciclo vital de las tres generaciones principalmente afectadas, 45 años más tarde. De ahí que las decisiones fundacionales de 1971 y de la transición política se evalúen en este trabajo a través de su evolución hasta 2016, cuando el sistema español de ahorro para la jubilación se adecúa ya al modelo OCDE-BM de tres pilares: el primero, básico, de carácter público, con un segmento de complemento a mínimos en el segundo pilar y con pensiones no contributivas con prueba de medios; el segundo, contributivo obligatorio, de reparto, con "prestaciones definidas" (DB) en relación con las cotizaciones, y un tercer pilar de tipo privado y voluntario con aportaciones definidas (DC), en planes individuales o colectivos y prestaciones fijadas por la rentabilidad del mercado.

Puede decirse que el segundo pilar alcanzó su plena madurez a mediados del segundo decenio del siglo XXI, cuando las prestaciones del sistema se equipararon al volumen total de las prestaciones y al nivel relativo de unas y otras vigentes en la zona Euro, aunque con tendencias fuertemente crecientes. Su sostenibilidad a medio y largo plazo vendrá condicionada a la adopción de medidas orientadas por las mejores prácticas vigentes en la Unión Europea, que cuenta con un observatorio permanente sobre la economía del envejecimiento (*Ageing Reports*, el último, de 2021), además del de la OCDE (*Pensions at a Glance*, el último, también de 2021).

Uno y otro, además de recopilar información comparada de los sistemas de pensiones de los estados-miembro, realizan proyecciones sobre su sostenibilidad en los próximos 50 años. Según estos análisis, la edad legal de jubilación avanzará a lo largo de ese período hasta alcanzar los 70 años (con un máximo de 73 en Dinamarca) y el promedio de la relación entre la pensión inicial del sistema obligatorio y el último salario de cotización será del 62%. Estas proyecciones se realizan tomando en consideración los principales parámetros de los sistemas de ahorro para la jubilación vigentes en los distintos países, que son los siguientes: un período de cómputo mayoritario equivalente a la carrera total de cotizaciones; una acumulación anual del 1,5% en la ratio de sustitución de la pensión inicial –lo que, con carreras superiores a 40 años, explica la ratio prevista– (en España actualmente es de 2,5%) y un índice de revalorización equivalente al de crecimiento anual de los salarios (o el promedio entre estos y el IPC).

Finalmente, para compensar la merma que estas ratios de sustitución supondrán respecto a las expectativas existentes, el tercer pilar español debería contar también con fuertes estímulos fiscales e incluso con algún incentivo para el ahorro para pensiones de las rentas más bajas. Para equiparar el estímulo fiscal español al de la OCDE debería minorarse la tributación de las retiradas de los fondos, que es en España del 40%, frente al 20% en el promedio de países, todo ello modulado progresivamente según el nivel de renta.

LA POLÍTICA DE VIVIENDA EN LA TRANSICIÓN: DEL SISTEMA DE APOYO A LA PIEDRA AL SISTEMA DE APOYO A LA PERSONA

María Teresa Sánchez Martínez
Universidad de Granada

La instauración de un régimen democrático en España supuso un periodo de grandes cambios, tanto políticos como económicos y sociales. Durante la etapa de transición política se produjeron importantes reformas en lo que se refiere a la configuración de las distintas políticas desarrolladas por el sector público. En lo referente a la política de vivienda, la Constitución de 1978 estableció el derecho de todos los ciudadanos a una vivienda digna y favoreció la inclusión de objetivos sociales en este ámbito. Había llegado el momento de plantearse un cambio en el sistema predominante de la etapa franquista, de apoyo a la piedra, para centrarse en un sistema de apoyo a la persona. Con este nuevo sistema se intenta imitar la política practicada en el resto de los países europeos, donde se realiza con bastante éxito una ayuda financiera a los adquirientes de viviendas, de forma selectiva en función del nivel de rentas.

Partiendo de estas consideraciones, en este trabajo se estudian los cambios que experimentó la política de vivienda en España en la transición democrática (1976-1981), para lo cual se hace necesario analizar sus antecedentes durante la etapa franquista, pues no se puede entender lo acontecido en este periodo sin reinterpretar el pasado, así como comprender la importancia de los cambios que se introdujeron y la huella que supuso para su futuro. Asimismo, es oportuno comenzar con un acercamiento al conocimiento de las características especiales de la vivienda y de los objetivos por los que la sociedad la cataloga como un bien preferente, lo que ayudará a responder no solo al interrogante de porqué interviene el Estado en este mercado, sino también de cuáles son las formas que esa intervención suele tomar.

INTERVENCIÓN PÚBLICA EN EL MERCADO DE VIVIENDA: JUSTIFICACIÓN E INSTRUMENTOS

El bien vivienda atesora unas características que lo hacen totalmente diferente de cualquier otro bien o mercancía. En primer lugar, es un bien de primera necesidad, considerado un bien preferente, que cubre una de las necesidades básicas de todo ser humano como es el refugio básico, esencial para el desarrollo de una vida digna. En segundo lugar, puede afirmarse que es la decisión de consumo más importante para una familia, por cuanto supone una gran proporción del presupuesto familiar, tanto si decide vivir de alquiler o adquirirla. La vivienda tiene un alto coste de construcción, es cara, al tiempo que su propiedad constituye también una inversión muy segura (es una de las formas preferidas de colocación del ahorro familiar, por las plusvalías que suele generar). Por tanto, en la decisión de comprar una vivienda pueden entrar motivos de consumo, como servicio de alojamiento, pero también motivos de cartera, como un bien de capital o activo inmobiliario. En tercer lugar, la vivienda aparece como un sector estratégico para la economía. Es de sobra conocida la importancia de las actividades de construcción, en cuanto a formación de capital y de creación de empleo, además de sus efectos de arrastre sobre el resto de las actividades productivas, lo que le convierten en un sector clave del crecimiento económico.

Habitualmente se suele justificar la intervención pública en la economía con base en criterios de eficiencia, equidad y estabilización del ciclo económico[1]. Los argumentos de equidad son los que explican en mayor medida la presencia del sector público en el mercado de la vivienda, pues se debería garantizar a todos los

[1] Para un mayor desarrollo consultar: Paul A. SAMUELSON y William D. NORDHAUS: *Economía*, Madrid, McGraw-Hill, 1999, pp. 34-38; y Richard A. MUSGRAVE y Peggy B. MUSGRAVE: *Hacienda Pública: Teórica y Aplicada*, Madrid, McGraw-Hill, 1991.

ciudadanos el derecho a una vivienda digna y adecuada. Planteada desde el prisma de la eficiencia, la intervención pública tendría que solventar algunos fallos de mercado, aspectos como condiciones mínimas de seguridad y salud pública de las viviendas, conservación y rehabilitación de edificios, precios y financiación asequibles, etc. Por último, el objetivo macroeconómico de estabilización plantea la intervención pública como un medio para obtener una tasa adecuada de crecimiento económico, un alto nivel de empleo y de estabilidad de los precios. En coyunturas de bajo crecimiento es frecuente que los gobiernos se hayan apoyado en la política de vivienda como instrumento anticíclico, desarrollando en estos casos actuaciones de estímulo a la construcción.

Asimismo, la extensión y persistencia de esta intervención pública puede explicarse también, aunque no justificarse, por razones de cálculo político[2]. La toma de decisiones de un gobierno, en un contexto político de democracia se decantará por aquellas políticas que sean percibidas por los ciudadanos como más favorables, con el fin de maximizar el mayor número de votos.

Sin duda, la consecución simultánea de estos objetivos no es nada fácil, dado que se requieren instrumentos diferentes para el logro de cada uno de ellos[3]. Resulta especialmente complejo compatibilizar los objetivos redistributivos con los macroeconómicos, dado que los primeros suelen requerir la adopción de medidas de carácter selectivo, donde los beneficiarios suelen ser las familias con menores recursos económicos, en tanto que el logro del segundo tipo de objetivos, en la medida en que buscan incentivar la actividad del sector, suele traducirse en medidas de carácter más indiscriminado, más generalistas, dirigidas a todos aquellos agentes con interés en el mercado de vivienda, como promotores, constructores y compradores.

Por otro lado, aunque todos estos objetivos justifican la intervención del mercado, esto no quiere decir que un determinado programa

[2] José Manuel GONZÁLEZ-PÁRAMO y Jorge ONRUBIA: "El Gasto Público en Vivienda en España", *Hacienda Pública Española*, 120/121 (1992), pp. 189-217.

[3] Jesús LEAL MALDONADO: "Desigualdad residencial y sistema de bienestar en España", en Jesús RUIZ-HUERTA CARBONELL (ed.): *Políticas públicas y distribución de la renta*, Madrid, Fundación BBVA, 2005, pp. 291-436.

público sea necesariamente deseable. Para evaluar los programas públicos, debe tenerse en cuenta no solo sus objetivos, sino cómo se diseñan y se llevan a la práctica, pues a veces esta intervención puede dar lugar a efectos contrarios a los deseados. Como ejemplos de lo anteriormente expuesto, tenemos las consecuencias perniciosas que el control de alquileres puede introducir en el mercado de la vivienda en alquiler[4], o de cómo la política urbanística puede provocar subidas especulativas de los precios del suelo, en un intento de corregir fallos de mercado[5]. En cuanto a los objetivos distributivos, si los incentivos fiscales no se diseñan adecuadamente, pueden ser poco efectivos, llegando incluso a ser regresivos[6].

Resumiendo, la constante preocupación acerca de la eficiencia en la asignación de recursos, así como de las desigualdades en la distribución del consumo de la misma, hacen que la política de vivienda constituya uno de los componentes básicos del Estado de Bienestar[7].

LA POLÍTICA DE VIVIENDA DURANTE EL FRANQUISMO

Al término de la Guerra Civil, el parque de viviendas se encuentra en una situación de importante deterioro. La enorme destrucción que se produjo del patrimonio inmobiliario acrecentó el ya crónico déficit de viviendas que se arrastraba en nuestro país desde hacía tiempo. Este hecho, agravado por la escasísima actividad constructora

---

[4] Para un análisis más detallado de los efectos del control de alquileres, puede consultarse Montserrat PAREJA-EASTAWAY y Teresa SÁNCHEZ-MARTÍNEZ: "Private rented market in Spain: can regulation solve the problem?", *International Journal of Housing Policy*, 25 (2022).

[5] Amadeu PETITBÒ I JUAN: "Suelo y vivienda. Precios altos y fallos de regulación", en José María PÉREZ HERRERO (coord.): *Hacia un nuevo urbanismo: curso sobre ordenación del espacio y régimen del suelo*, vol. 2, Madrid, Fundación de Estudios Inmobiliarios, 2005, pp. 919-940.

[6] María Teresa SÁNCHEZ-MARTÍNEZ: "El coste de la política de vivienda", en Jesús LEAL MALDONADO (coord.): *La política de vivienda en España,* Madrid, Fundación Pablo Iglesias, 2010, pp. 299-346.

[7] Manuel JAÉN GARCÍA y Agustín MOLINA MORALES: "La intervención gubernamental en el mercado de la vivienda", *Hacienda Pública Española*, 127 (1993), pp. 103-114; y Monserrat PAREJA-EASTAWAY y María Teresa SÁNCHEZ-MARTÍNEZ: "La política de vivienda en España: lecciones aprendidas y retos de futuro", *Revista Galega de Economía*, vol. 21, 2 (diciembre 2012), pp. 203-232.

en los primeros años de la posguerra, debido fundamentalmente a la insuficiencia de materiales, así como el fuerte éxodo de población del campo a la ciudad, hacen que el Estado trate de fomentar de forma prioritaria la construcción de viviendas, mediante la concesión de ayudas directas o indirectas, y a través de una abundante legislación que a continuación examinaremos, dividiendo este amplio periodo en dos bloques claramente diferenciados: periodo 1939-1954 y periodo 1960-1976.

EL PERIODO 1939-1954. RÉGIMEN AUTÁRQUICO

Esta primera etapa coincide básicamente con los años del régimen de autarquía, que significó el aislamiento de España, no solo político (al terminar la Segunda Guerra Mundial se produjeron multitud de sanciones políticas y diplomáticas), sino también económico, al excluirse a España de las ventajas del comercio internacional y tener que optar por el autoabastecimiento. Durante dos décadas se prolongó y agudizó la escasez y carestía que se había producido en la Guerra Civil, arrastrando al país a una situación prácticamente de estancamiento económico.

En este contexto tan desfavorable, la capacidad para hacer frente a las necesidades de alojamiento era muy escasa. La primera decisión en esta materia fue la creación del Instituto Nacional de la Vivienda (Ley de 19 de abril de 1939), consolidándose durante toda su vigencia como el verdadero motor de la promoción institucional de la vivienda, formulando planes de vivienda y determinando cifras anuales previsibles de construcción[8]. En esta ley se habla por primera vez de "Viviendas Protegidas". Con este nuevo régimen se perseguía romper con la anterior legislación de casas baratas

[8] Las primeras evaluaciones para cuantificar las necesidades de viviendas se plantearon en el Plan de 1944-54 (aunque éste no llegó a realizarse), en unos momentos donde se carecían de fuentes de información estadística fiables. Los únicos datos disponibles eran los Nomenclátor de la Dirección General del Instituto Geográfico, Catastral y de Estadística de 1939, muy básicos, pues no recogían el número de viviendas, de hogares, ni de familias, sino el de edificios y el de habitantes por edificio. El Censo de Edificios y Viviendas de 1950 puso de manifiesto la verdadera gravedad del problema de vivienda.

y demás grupos[9] y aglutinar, bajo una sola clasificación toda la gran cantidad de disposiciones en materia de vivienda que hasta ahora se hallaba dispersa. Estas viviendas construidas debían ser alquiladas a renta módica. Paralelamente al régimen de Viviendas Protegidas se establece el régimen de Clases Medias y Viviendas Bonificables (Ley de 25 de noviembre de 1944 y Decreto-Ley de 19 de noviembre de 1948).

Las Viviendas Protegidas iban destinadas a las capas de población con nivel más bajo de rentas, en tanto que las de Clases Medias y Bonificables pretendían dirigirse a sectores menos necesitados desde el punto de vista económico. En un principio ambos sistemas eran perfectamente compatibles. Sin embargo, en la práctica fueron utilizados para apoyar a un mismo sector de la población, las "clases medias", sector sobre el que progresivamente se venía apoyando el régimen político de la posguerra. Los beneficios concedidos por el sistema de Viviendas de Clase Media y Bonificables eran más amplios que el de las Protegidas y, ante todo, lo más atractivo para los promotores era que se les dejaba libertad para vender los pisos de las casas construidas. Aquí residía el principal incentivo de estas viviendas. Suponía un magnífico negocio para los promotores construir viviendas con dinero del Estado, que vendían más tarde con márgenes realmente escandalosos. Desde una perspectiva de la política social, los efectos redistributivos del sistema de Vivienda de Clases Medias y Bonificables no podían ser más contradictorios, puesto que el Estado estuvo financiando la construcción de viviendas que solamente podían comprar las clases de ingresos altos[10].

---

[9] Con anterioridad a 1939 cabe destacar fundamentalmente dos leyes, la primera es la Ley de 12 de junio de 1911 sobre Habitaciones Higiénicas y Baratas, más conocida como la Ley de "casas baratas", que se consolida en la dictadura de Primo de Rivera, y la "Ley Salmón" de 25 de junio de 1935. Para mayor detalle recomendamos consultar José Luis VILLAR EZCURRA: *La Protección Pública a la Vivienda*, Madrid, Montecorvo, 1981.

[10] Además del fracaso en sus efectos redistributivos, su finalidad social también se encontraba tremendamente desdibujada a causa de los matices de tipo político, pues para la concesión de los préstamos encomendados al Instituto de Crédito para la Reconstrucción Nacional, se especificaba en la normativa que: "dichos propietarios habrían de ser, en todo caso, afectos al Glorioso Movimiento Nacional". José Luis VILLAR EZCURRA, *La Protección Pública a la Vivienda*..., p. 147.

Los resultados de ambos programas, tanto de Viviendas Protegidas, como de Viviendas de Clase Media y Bonificables fueron muy limitados, debido sobre todo a la escasez de materiales de construcción (hierro, cemento, madera). Cotorruelo estimó que el número de viviendas edificadas cada año debía satisfacer, como mínimo, las necesidades impuestas por el crecimiento vegetativo, para evitar que el déficit existente aumentase[11]. Este crecimiento necesario se evaluó en unas 70.950 viviendas por año. Observando el cuadro 1, se comprueba que las cifras construidas por ambos regímenes entre 1944 y 1955 alcanzó un total de 191.959 viviendas, lo que supone un promedio de 15.996 por año y era a todas luces insuficiente para paliar el problema de falta de alojamiento de viviendas, ni siquiera el mero crecimiento vegetativo.

Junto a estas normativas, hay otra paralela, la política de control de alquileres, puesta en marcha con la Ley de Arrendamientos Urbanos (LAU) de 1946. Esta LAU era sumamente rígida en lo referente al bloqueo de alquileres, pues las rentas se estipulaban libremente por las partes en el primer contrato, y a partir de entonces se congelaban, no pudiéndose elevar ni siquiera en el caso de un nuevo contrato con otro arrendatario. Asimismo, se estableció un marco legal muy favorable al inquilino frente al arrendador, con una serie de derechos, entre los que hay que destacar el de prórroga forzosa una vez finalizado el plazo de duración estipulado en el contrato y la posibilidad de derecho de tanteo, retracto e impugnación del precio en caso de venta del inmueble para, en última instancia, facilitar que pudiese ser adquirida por aquél a un precio reducido. Finalmente, hay que destacar las amplias posibilidades de subrogación que ofrecía esta LAU una vez fallecido el titular inicial del contrato. Como consecuencia de esta regulación, se va a producir una progresiva disminución del mercado de viviendas en alquiler.

[11] Agustín COTORRUELO: *La Política Económica de la Vivienda en España*, Madrid, Consejo Superior de Investigaciones Científicas, Instituto Sánchez Moncada, 1960, p. 98.

PERIODO 1954-1976. LA LEY DE VIVIENDAS DE RENTA LIMITADA Y EL I Y II PLAN DE VIVIENDAS

A comienzos de la década de los 50 ya se evidenciaba el fracaso de la política llevada a cabo hasta el momento, al tiempo que comenzaba a producirse el desmantelamiento del modelo autárquico. El contexto económico de nuestro país inicia algunos cambios importantes, despuntando los primeros síntomas de una cierta recuperación económica. En el ámbito internacional, el aislamiento va cediendo y se empiezan a recibir las primeras ayudas del exterior, que permiten importar materiales y equipamiento para nuestro sector productivo, ayudando a paliar algunas de las escaseces existentes. Todo lo anterior y el conocimiento más exacto del problema de la escasez de alojamientos que permitió la publicación del Censo de Población y Vivienda de 1950, animó al Gobierno a intentar solucionar de una manera más decidida el déficit habitacional.

Entre las medidas adoptadas en este periodo se pueden citar, en primer lugar, la promulgación de la Ley de 15 de Julio de 1954 sobre construcción de Viviendas de Renta Limitada, con la que se va a intentar sistematizar todo el régimen de ayudas oficiales en esta materia y mediante la cual se sientan en buena medida las bases de la política de ayudas a la vivienda que se desarrollará hasta 1975[12]. El concepto de Viviendas de Renta Limitada no se diferencia demasiado de los regímenes hasta entonces establecidos, quizás el aspecto más sustancial vendría dado por la división de las viviendas en dos grupos, Grupo I (reciben menos ayudas, pero no tienen limitaciones de superficie ni de requerimientos en coste de ejecución material) y Grupo II (destinadas a familias de bajos ingresos).

Por otro lado, dentro del régimen de Viviendas de Renta Limitada surgieron como sistemas complementarios otros regímenes destinados a resolver determinados problemas en ciertas regiones:

- Las Viviendas Subvencionadas nacieron al amparo del llamado Plan de Urgencia Social de Madrid.

[12] Alfonso FERNÁNDEZ CARBAJAL: "La política de vivienda en España durante el franquismo", *Ciudad y Territorio. Estudios Territoriales,* XXXV-138 (2003), p. 643.

- Las Viviendas de Tipo Social constituyen otro de los sistemas complementarios destinados a resolver el problema de las clases económicas más débiles.

En segundo lugar, la otra gran medida adoptada en este periodo fue la creación del Ministerio de la Vivienda en 1957. Con la creación de este ministerio las competencias administrativas en materia de vivienda se incrementan considerablemente[13]. En sus inicios estuvo al frente del ministerio José Luis de Arrese, quien imprimirá un giro sustancial en la política de la vivienda. Defendió la implantación de una política de propiedad de la vivienda a ultranza. Basta con consultar su famoso discurso pronunciado ante los agentes de la propiedad inmobiliaria en 1959, donde decía: "No queremos una España de proletarios, sino de propietarios" (figura 2). Se reforzará la política de ayuda directa a la "piedra", denominada así porque no se tienen en cuenta las características del futuro usuario o adquirente de la misma a la hora de conceder dichas ayudas, sino que es la propia vivienda como tal la que da derecho a obtenerlas, siempre y cuando cumpla los requisitos establecidos para ello y porque estas ayudas se canalizan mayoritariamente por el lado de la oferta, es decir, es el promotor de las viviendas[14].

Por otra parte, dentro de este amplio periodo que abarcamos (1954 a 1976) hay que destacar los primeros intentos del Estado por planificar a medio y largo plazo en materia de vivienda. De hecho, se llevaron a cabo a dos Planes de Viviendas:

1) Plan Nacional de Vivienda 1955-1960
2) Plan Nacional de Vivienda 1961-1976

El I Plan Nacional 1955-1960 se propuso la realización de 550.000 viviendas de Renta Limitada en el plazo de cinco años. La distribución geográfica de las viviendas se llevó a cabo con preferencia por las zonas de Madrid, Barcelona, Sevilla, Valencia, Vizcaya, Oviedo

[13] Hasta entonces, el Instituto Nacional de la Vivienda, creado en 1939, dependía del Ministerio de Trabajo, por lo que se encontraba con unas competencias en ocasiones enfrentadas con otros organismos, fundamentalmente con la Delegación Nacional de Sindicatos, a través de la "Obra Sindical del Hogar", lo que le restó el protagonismo que en principio le correspondía.

[14] María Teresa SÁNCHEZ-MARTÍNEZ: *La política de vivienda en España. Análisis de sus efectos redistributivos*, Granada, Universidad de Granada, 2002, p. 104.

y su área minera, Zaragoza, Campo de Gibraltar y Málaga. Los resultados previstos casi se alcanzaron, entre el periodo 1956-1960 se construyeron 493.114 viviendas (cuadro 1). No obstante, a pesar de los buenos resultados cuantitativos, no se consigue atender a las capas de población con rentas más bajas, puesto que, si nos atenemos exclusivamente a las Viviendas de Renta Limitada construidas, solo se alcanza el 37% sobre el total. Además, se produce una evidente desviación hacía las viviendas del grupo I y en menor cuantía a las del grupo II.

La realidad puso de manifiesto que esta política de apoyo a la "piedra", a pesar de que en los Planes de viviendas se contemplase el problema de alojamiento para las clases más débiles, terminará asignando los recursos procedentes en gran medida del sector público hacia viviendas de 200 m^2, adquiridas por sectores de la población con auténtica capacidad económica para poder acceder a una vivienda en el mercado libre. Se evidencia, por tanto, como el efecto redistributivo que debería perseguir una auténtica política de vivienda fracasa nuevamente[15].

Respecto del mercado de alquiler, se inicia una nueva etapa con la LAU de 1956, que intenta, aunque de una forma tímida, una actualización de los alquileres, permitiendo que propietario e inquilino pactasen libremente el alquiler en los contratos a partir de la vigencia de la nueva Ley. Sin embargo, las revisiones no se fijaban de forma automática conforme a algún índice establecido, sino mediante disposiciones del Gobierno, no siendo estas regulares en el tiempo y, además, dejaron de efectuarse, con lo cual los alquileres perdían toda posibilidad de recuperar la inflación pasada[16].

El II Plan Nacional de Vivienda 1961-1976 fue elaborado poco después del Plan de Estabilización Económica y en un momento en el que en el país se estaban produciendo grandes transformaciones en el orden económico y demográfico. Uno de los rasgos más importante

[15] Pedro MAESTRE YENES: "La Política de Vivienda en España", *Información Comercial Española*, 548 (1979), pp. 11-27.

[16] Monserrat PAREJA-EASTAWAY y María Teresa SÁNCHEZ-MARTÍNEZ: "El alquiler: una asignatura pendiente de la Política de Vivienda en España", *Ciudad y Territorio. Estudios Territoriales*, 167 (2011), pp. 53-70.

de esta época se centra en el éxodo de grandes masas de población, que abandonaban las zonas rurales hacia las ciudades y hacia Europa.

En el preámbulo del Plan de Vivienda se reconocía el grave problema de la escasez de vivienda[17], que no se había podido solucionar en los periodos anteriores, pues las viviendas terminadas eran insuficientes para hacer frente a las carencias derivadas del aumento vegetativo de la población en la periferia de las ciudades, especialmente las más grandes, donde se extendieron las chabolas y los tugurios, y se reconocía, además, la inexistencia, hasta ese momento, de un auténtica política planificadora en esta materia.

Al igual que sistemas anteriores, los beneficios tributarios, económicos y financieros están orientados al fomento de la actividad constructora, es decir, sigue apoyando directamente a la piedra. El periodo que estudiamos supone la etapa de mayor expansión de la construcción, llegando a alcanzar un auge sin precedentes. El número total de viviendas construidas entre 1961 y 1976 llegó a superar la cifra prevista por el Plan Nacional de Vivienda. Sin embargo, habría que matizar esta realidad, ya que el sector de la construcción, dada la buena coyuntura por la que atravesaba la economía, evolucionaba al margen del Plan. En las cifras del cuadro 1 comprobamos cómo el número de viviendas libres superaron sus previsiones, pues pasaron de tener un peso del 9% en 1961 sobre el total construidas, a ser casi la mitad en 1976 (49,25% del total), mientras que las viviendas acogidas a regímenes de protección oficial fueron inferiores a las programadas.

Aunque la calidad de las viviendas mejoró con respecto a las construidas con anterioridad, seguía siendo uno de los principales problemas, a lo que se le unía el hecho del continuo bloqueo del mercado de viviendas en alquiler. La congelación de rentas persistía, a pesar del intento de una mayor apertura hacia la libertad del mercado

[17] El Plan tenía ambiciosos planteamientos para acabar con este déficit y llegar a una normalización del mercado de la vivienda en 1976, tomando como punto de partida la cuantificación de las necesidades reales de demanda de viviendas. Para ello tendría en cuenta el déficit inicial, el incremento demográfico, los movimientos migratorios y reposición del parque inmobiliario existente, cifrando el total viviendas necesarias para el periodo 1961-1976 en 3.713.900, es decir, una media de 232.118 viviendas al año. Para un mayor conocimiento sobre los métodos utilizados en la determinación de las necesidades de vivienda, véase, entre otros, a José Luis VILLAR EZCURRA: *La Protección Pública a la Vivienda...*, pp. 261-272.

de alquileres, con la reforma de la LAU de 1956, llevada a cabo por la LAU de 11 de junio de 1964. Sin embargo, apenas tuvo repercusión, ya que la actualización del alquiler no funcionaba con normalidad y las prórrogas forzosas dejaban al arrendador sin la posibilidad de recuperar la vivienda por generaciones. Ello conllevó a que los promotores acudiesen, en su totalidad, a la venta, potenciando el mercado de la vivienda en propiedad. Aunque los arrendamientos de viviendas de protección oficial tenían sus propios procedimientos de revisión de los precios de alquiler, al extinguirse la protección pasaban al régimen común, es decir, a ser libres, y en el caso de no haber introducido cláusula de estabilización para cuando esto sucediese, la actualización de los alquileres era imposible.

Todo lo anterior supone una dificultad adicional para el acceso a la vivienda de buena parte de la población que no contaba con recursos económicos suficientes. En definitiva, si bien el déficit global de viviendas quedó reducido en España en la década de los 60 y primeros de los 70, el déficit seguía persistiendo para las viviendas destinadas a la población de menor renta.

Por último, otro aspecto a considerar durante todo este periodo es la nefasta planificación urbana durante años, en los que funcionaba la premisa primero viviendas, después urbanismo[18]. Efectivamente, el urbanismo fue, en general, a remolque de la edificación de viviendas, en lugar de anticiparse a las mismas, como así debía ser. La Ley sobre Régimen del Suelo y Ordenación Urbana de 12 de mayo de 1956, a pesar de su calidad técnica[19], reveló ostensibles deficiencias en su aplicación produciéndose un importante grado de anarquía competencial entre el urbanismo y el régimen local[20],

[18] Ramón TAMAMES: *Estructura Económica de España I*, Madrid, Alianza Universidad, 1983.

[19] La de 1956 fue una Ley calificada por los expertos como original y singular, una ley que constituía un cuerpo doctrinal coherente y riguroso, que, por su filosofía, se situó en la vanguardia del derecho europeo en la materia. Para más detalle, se puede consultar: Tomás Ramón FERNÁNDEZ: *El Urbanismo Concertado y la Ley del Suelo*, Madrid, Instituto de Estudios Administrativos, 1974; y Luciano PAREJO ALFONSO: *La Ordenación Urbanística. El Periodo 1956-1975*, Madrid, Montecorvo, 1979.

[20] La creación del Ministerio de la Vivienda en 1957, un año después de la puesta en marcha de la Ley, supuso la rivalidad entre la Dirección General de Urbanismo y Arquitectura, que dependía de este, y la Dirección General de Administración Local, que dependía del Ministerio de la Gobernación.

junto con numerosas prácticas especulativas en el intenso proceso de urbanización llevado a cabo durante la expansión inmobiliaria. Se hace, por ello, inevitable la reforma de esta normativa, la cual se realiza mediante la Ley 19/1975[21]. Pese a todo, esta reforma tampoco dio los frutos deseados.

Finalmente, en lo que respecta a la financiación hay que destacar el insuficiente grado de desarrollo del sistema financiero español. Existía una clara escasez de recursos a largo plazo canalizados hacia este sector, sobre todo en el caso de las viviendas libres, obligando tanto a promotores y constructores como a adquirentes a un elevado esfuerzo de autofinanciación. En el caso de las viviendas protegidas, parte importante de la financiación (aparte de la Banca Oficial y los presupuestos) procedía de los coeficientes de inversión obligatorios para financiar la construcción y adquisición de viviendas, a que estaban sometidas las Cajas de Ahorros[22].

LA TRANSICIÓN DEMOCRÁTICA (1976-1981). PLANTEAMIENTO DE UNA NUEVA POLÍTICA DE VIVIENDA

Nos encontramos en un periodo de grandes trasformaciones en España, en plena etapa de transición democrática, con profundos cambios tanto políticos como económicos y sociales. La política de vivienda en España había seguido un periplo algo diferente a las grandes tendencias de política de vivienda en Europa. Mientras que nuestros vecinos, después de la Segunda Guerra Mundial y ante la escasez de viviendas, abogaron en su mayoría por una dotación amplia de vivienda social, asequible y de alquiler[23], en España, ante tal insuficiencia, el Estado optó por el fomento de la construcción

[21] Francisco PERALES MADUEÑO: "La Primera Reforma de la Ley del Suelo: 1956-1975", *Ciudad y Territorio. Estudios Territoriales*, XXVIII, 107-108 (1996), pp. 101-126.
[22] Juan Manuel GÓMEZ DE MIGUEL: "La Financiación Privilegiada al Sector de la Vivienda", *Economistas*, 30 (1988), pp. 66-75.
[23] Kathleen SCANLON, Christine WHITEHEAD y Melissa FERNÁNDEZ ARRIGOITIA: *Social Housing in Europe*, Oxford, Wiley-Blackwell, 2015; y Carme TRILLA: *La política de vivienda en una perspectiva europea comparada*, Madrid, Colección Estudios Sociales, Fundación La Caixa, 2001.

de viviendas, donde los promotores disfrutaron de amplias ayudas financieras, préstamos cualificados, facilidades de suministros de materiales de la construcción (la llamada política de ayuda a la piedra), con el objetivo de hacer accesible la compra de vivienda a las diferentes capas de población durante este periodo. Se refuerza la tenencia en propiedad como mecanismo para garantizar el acceso a la vivienda asegurando, de paso, un sector inmobiliario potente y altamente rentable[24]. Las promociones que podrían ser consideradas como parque social en España eran las viviendas protegidas, en sus distintas modalidades, que salían al mercado directamente para su venta con un precio determinado por el Estado, por debajo de los precios del mercado. Sin embargo, durante muchos años estas viviendas dejaban de ser protegidas, y salían al mercado libre[25], debiéndose reinvertir constantemente para la construcción de nuevas viviendas protegidas. No existía un parque permanente, destinado a dar una respuesta rápida a la demanda de vivienda con problemas de acceso. El sesgo excesivo de la política de vivienda en España hacia la vivienda en propiedad había limitado el desarrollo de un sector del alquiler robusto y asequible, lastrado asimismo por un férreo control de alquileres. Tal como puede comprobarse en el cuadro 2, el que el régimen de alquiler pasó de un 51,3% en los años 50 a un 20,8% en 1981, en su mayoría alquiler privado, con un porcentaje residualizado de alquiler social.

Como consecuencia de todo lo expuesto, España ha sido considerada tradicionalmente como un ejemplo de sistema de bienestar clientelista o mediterráneo, conformándose, en lo relativo a vivienda, como un pilar débil del Estado del bienestar[26]. Se hace evidente que

[24] Carme TRILLA: "Una reflexión sobre el modelo español de política de vivienda", en Jesús LEAL MALDONADO (coord.): *La política de vivienda en España...*, pp. 129-166.

[25] Durante el mandato de Vicente Mortes Alfonso al frente del Ministerio de la Vivienda, coincidiendo con el II Plan de Desarrollo, se produjeron importantes privatizaciones, vendiéndose gran parte del patrimonio inmobiliario que poseía el Instituto Nacional de la Vivienda.

[26] Judith ALLEN *et al.* (coords.): *Housing and Welfare in Southern Europe*, Oxford, Blackwell Publishing, 2004; y Emili GARCÍA y Mercé TATJER: "La Política de Vivienda: El Estado de Bienestar Vulnerable", en Ricard GOMÁ y Joan SUBIRATS (coords.): *Políticas Públicas en España*, Barcelona, Ariel Ciencia Política, 1998, pp. 223-246.

la poca atención prestada al Estado del bienestar durante los años de la dictadura debería encontrar compensación en los años posteriores.

POLÍTICA DE VIVIENDA SOCIAL (1976-1978)

Dada la situación expuesta, es obvio que había llegado el momento de plantearse un cambio en el sistema de apoyo a la piedra, para centrarse en un sistema de apoyo a la persona, como así sucedió con la aprobación del Decreto-Ley 12/1976 del Programa de Viviendas Sociales, vigente hasta 1979. Con este nuevo régimen se intenta imitar la política practicada en el resto de los países europeos, donde se realizaba con bastante éxito una ayuda financiera a los adquirientes de viviendas, de forma selectiva en función del nivel de rentas.

Según Villar Ezcurra, esta nueva política merecería un juicio favorable, a pesar de que, como veremos más adelante, los resultados no llegaron a ser satisfactorios[27]. Se intentó remediar una grave omisión arrastrada por los sistemas anteriores[28], y es que a pesar de que el parque de viviendas había crecido muy por encima de lo previsto en la década de los 60 y 70 (tal como aparece en el cuadro 3, donde observamos el fuerte incremento, con un promedio del 38 por ciento), paliándose en buena medida el problema del paro, la carestía de la vivienda seguía siendo un grave problema para los sectores de población con bajos niveles de renta. Con este nuevo programa, se trata de subsanar un problema de justicia social, al tratar de tener en cuenta las condiciones subjetivas del adquiriente de vivienda. No tiene justificación una política de vivienda que con cargo a los presupuestos públicos financie viviendas de protección pública que no reviertan en las clases más necesitadas, como hasta ahora venía sucediendo. El régimen de Viviendas Sociales implica pues un cierto reconocimiento sobre cuál debe ser la actuación del Sector Público

[27] José Luis VILLAR EZCURRA: *La Protección Pública a la Vivienda…*, pp. 353-356.

[28] Prácticamente, desde la legislación de Casas Baratas de 12 de junio de 1911, las condiciones subjetivas de los usuarios de las viviendas de protección oficial desaparecieron como elemento jurídicamente relevante, excepto, por desgracia, en algunos casos en que se favorecía al adquiriente con un sentido claramente político, por ser personas afiliadas al régimen surgido después de nuestra Guerra Civil.

en la economía, aquella que persigue objetivos de equidad y justicia distributiva hacia las capas sociales más necesitadas.

El programa de Viviendas Sociales trató de impulsar este tipo particular de viviendas, dejando solo el grupo I, ya en vigor. Las Viviendas Sociales iban a sustituir al grupo II en sus distintas categorías. Las principales características de estas son las siguientes:

a) La superficie se establecía en función del tamaño familiar[29], estando comprendidas entre 36 y 96 m^2. En cuanto al diseño y calidad, por primera vez se aprueban normas técnicas que de haberse cumplido hubiesen contribuido a conseguir un alto nivel de los mismos.

b) Se regulaba el precio de venta, no pudiendo exceder del módulo aprobado por el Ministerio de la Vivienda. El módulo se regionalizaba en base a los costes de construcción en las diferentes regiones.

c) Existían dos tipos de calificaciones, una objetiva y otra subjetiva, que habían de presentarse conjuntamente. La primera era concedida por el Instituto Nacional de la Vivienda, cuando se cumpliesen todos los requisitos exigidos para la vivienda social. La segunda calificación, subjetiva, daba derecho a un apoyo financiero a las familias para la amortización del préstamo.

d) Las viviendas eran destinadas de forma exclusiva a la venta, por lo que una vez más se dejada totalmente abandonado de la protección pública al mercado de la vivienda en alquiler.

e) La novedad de este nuevo régimen la constituye la financiación, ya que se abandona la financiación cualificada al promotor. Quién recibirá el préstamo será el adquiriente, una vez obtenida la calificación subjetiva.

Esta novedad es importante, pues hasta ahora, la financiación se daba al productor y no al comprador. Este se encontraba en un mercado de viviendas construidas, con una carga financiera, la hipoteca,

[29] Se distribuían de la siguiente forma: 36 m2 para familias de dos miembros, 46 m2 para tres miembros y así sucesivamente hasta los 96 m2, que correspondía al programa familiar de ocho personas.

obtenida por el promotor, generalmente de una Caja de Ahorros, con un plazo de amortización más bien corto, de diez a doce años, y que no cubría la totalidad del precio total de la vivienda, teniendo que aportar la diferencia en efectivo, o a través de otro préstamo personal. Es notorio que, con dicho panorama, se produjera una incapacidad económica y financiera de la demanda potencial de viviendas. El objetivo cuantitativo marcado era ambicioso. Se pretendía construir 450.000 viviendas sociales, lo que despertó grandes expectativas entre la población.

Sin embargo, el programa resultó un profundo fracaso y solo se llegaron a promover unas 27.000 viviendas sociales, viéndose frustradas todas las esperanzas de los demandantes. El intento de que fuese la demanda la que tirase del carro había fallado. Entre las razones de este fracaso podríamos citar las siguientes[30]:

1º) La financiación. Considerada la principal razón por parte de la mayoría de los autores[31]. Se hizo recaer todo el peso de la financiación de estas viviendas sobre la Banca privada y las Cajas de Ahorros. Mientras, por otro lado, la Banca oficial se encargaba de financiar a los promotores, en la construcción de viviendas del grupo I, dirigidas a los estratos de población con mayor nivel de renta. Evidentemente, el planteamiento debería haber sido, al contrario, lo más lógico hubiese sido que la Banca oficial se encargase de la financiación más arriesgada, las Viviendas Sociales.

Habría que añadir el importante proceso de liberalización que se pone en marcha dentro del sistema financiero a partir de las elecciones del 15 de junio de 1977. Este hecho provocará la disminución de los coeficientes de regulación especial de las Cajas de Ahorros, que eran las principales suministradoras de financiación a las viviendas protegidas, produciéndose, por tanto, un auténtico estrangulamiento del sistema, en el momento en que se estaba empezando con el régimen de Viviendas Sociales.

---

[30] María Teresa SÁNCHEZ MARTÍNEZ: *La política de vivienda...*, p. 122.

[31] Antonio GARCÍA DE BLAS: "La financiación del sector de la vivienda en el nuevo diseño de la política de vivienda", *Revista Española de Financiación a la Vivienda,* 4-5 (1988), pp. 111-118.

Al mismo tiempo, no debemos olvidar que nos encontrábamos en un periodo fuertemente inflacionista, que implicaba la utilización de políticas monetarias rigurosas, con las consiguientes subidas de tipos de interés. No es de extrañar que el sector de la vivienda, dependiente en gran medida de las condiciones crediticias, sufriera un impacto tremendamente desfavorable cuando a la liberalización del mercado se le unen las fuertes subidas de los tipos de interés.

2º) La crisis económica. El régimen de Viviendas Sociales surge en un contexto económico desfavorable. La fuerte inflación y el problema del desempleo se acentúan, notándose aún más en el sector de la construcción. Se va a producir una reducción de la demanda de viviendas, produciendo un stock creciente de viviendas no ocupadas sin vender (ver cuadro 3).

3º) Tramitación administrativa complicada. El tener que obtener una calificación objetiva y otra subjetiva para poder producirse la venta de la Vivienda Social, hizo que los promotores se mostrasen reticentes a la hora de acogerse a este régimen.

4º) La relación calidad-precio. Unida a la rigidez a la hora de ajustarse a la clasificación establecida en cuanto a los metros cuadrados en función del número de miembros del hogar, incidió negativamente para llevar a cabo el programa de Viviendas Sociales.

Otro hecho que se produce después de las elecciones del 15 de junio de 1977 (durante el segundo Gobierno de Adolfo Suárez), como consecuencia de la reestructuración de los departamentos ministeriales, fue la desaparición del Ministerio de la Vivienda, creado en 1957, transfiriendo todas sus actividades al Ministerio de Obras Públicas y Urbanismo (MOPU).

NUEVA POLÍTICA DE PROTECCIÓN PÚBLICA A LA VIVIENDA (1978-1980)

La promulgación de la Carta Magna de 1978 implicó la culminación del periodo de transición a la democracia, y en ella se reconoce claramente el derecho a disfrutar de una vivienda digna y adecuada para todos los españoles, por lo que la consecución de este derecho se convertirá en un objetivo importante a cumplir.

Sin embargo, el proyecto de Vivienda Social se consideraba fracasado, y dada la gravedad con que la crisis económica general repercutía en la vivienda, se planteó, en ocasión de los Pactos de la Moncloa, en octubre de 1977, unos nuevos compromisos por parte del Gobierno, para orientar su actuación en el mercado de la vivienda en una doble vertiente: establecimiento de mecanismos que garanticen la financiación de la vivienda dentro de plazos adecuados, por un lado, y de otro, aumento de la construcción de viviendas para los sectores más necesitados de la población.

Con la firma de los Pactos de la Moncloa se trazan las bases de una política de urbanismo, suelo y vivienda que, sin embargo, se desarrollaron sin grandes efectos, debido a la lentitud. Los problemas de fondo seguían siendo la escasez de los recursos financieros y su alto coste, por los elevados tipos de interés, consecuencia de la política monetaria restrictiva que se estaba llevando a cabo, la exuberante legislación existente en materia de vivienda y la ausencia de un plan con suficiente horizonte temporal, entre otros motivos.

La medida más importante de este periodo fue el Real Decreto Ley de 31 de octubre de 1978. Pretendía establecer una nueva normativa sobre *Viviendas de Protección Oficial.* Esta normativa unifica en una sola categoría el concepto de Vivienda de Protección Oficial, derogando todo el anterior sistema, aunque aprendiendo y tomando la experiencia del fallido régimen de Viviendas Sociales, de cuya legislación se confirma la necesidad de potenciar a la demanda, sin por ello olvidar la oferta.

Respecto del problema de financiación expuesto tras el proceso de liberalización financiera, se aconseja en los Pactos de la Moncloa la creación de un mercado secundario de hipotecas, con la aprobación de Ley 2/81 de Regulación del Mercado Hipotecario, que permitiría aumentar el volumen de recursos financieros para desarrollar la construcción y adquisición de viviendas[32]. Es evidente que, con la puesta en marcha de un mercado secundario de hipotecas, las entidades financieras, dotadas de la mayor liquidez que éste le permite,

[32] Juan de Dios JIMÉNEZ-AGUILERA y María Teresa SÁNCHEZ-MARTÍNEZ: "Mercado hipotecario y Financiación a la Vivienda. Veinte años de funcionamiento del mercado hipotecario", *Papeles de Economía Española,* 94 (2002), pp. 109-121.

podrían invertir mayor proporción de sus recursos a la concesión de créditos hipotecarios, en condiciones más beneficiosas para los promotores y adquirientes, por cuanto se alargarían los plazos de amortización, excesivamente cortos hasta el momento. Además, se entiende que debían ser las Entidades Oficiales de Crédito las que financiasen a los titulares de la ayuda económica personal, ya que se supone que estas familias no tenían la suficiente solvencia económica y, por lo tanto, no era fácil que formasen parte de la clientela de la banca privada al carecer de atractivo para estas entidades, tal como se pretendía en el planteamiento del régimen de Viviendas Sociales.

De igual modo, aprendiendo de la experiencia anterior, se simplifica, en primer lugar, el concepto de acceso a la vivienda protegida, no siendo necesario la coincidencia de la calificación objetiva de la vivienda con la calificación subjetiva del adquiriente, sino que las viviendas de protección oficial pueden ser ocupadas por cualquier familia, reservándose la financiación privilegiada para aquéllas cuyo nivel de renta sea más bajo. Al mismo tiempo se instituyó una ayuda económica personal para el uso y el acceso a las Viviendas de Protección Oficial a aquellos adquirientes cuyos ingresos familiares anuales no superasen el límite de 2,5 veces el salario mínimo interprofesional. En cuanto a los beneficios fiscales, también se extienden a la promoción y a la adquisición, y son análogos a los de regímenes anteriores.

En segundo lugar, se simplifica la limitación de la superficie máxima de las viviendas a 90 metros cuadrados útiles, liberalizándose de las condiciones de diseño de las viviendas sociales, en las que había una adecuación "superficie-programa familiar", pudiendo el adquiriente decidir qué tipo de vivienda desea dentro de las definidas como de protección oficial. Por otro lado, tampoco se permitirá construir viviendas de hasta los doscientos metros cuadrados, como sucedía en otros regímenes. De esta forma se garantiza que los recursos financieros dedicados por el sector público al sector vivienda se van a dirigir a la población más necesitada, por ser evidente que las familias con mayores recursos preferirán adquirir viviendas de mayores dimensiones, más acordes con su posición económica. El precio de venta y la renta viene determinado en función de un módulo, que constituye un precio estándar por m^2 útil, donde se calcula que el promotor pueda obtener un beneficio razonable.

Resumiendo, esta etapa de transición a la democracia se caracterizó por la creciente importancia que se otorgó al lado de la demanda, a tomar en consideración las características de la familia beneficiaria (sus ingresos, número de miembros, primer acceso) a la hora de modular las ayudas, lo que supone un mayor grado de personalización de las mismas. Este carácter más social del sistema de ayudas directas supuso una clara ruptura con el de la época franquista, donde la financiación se otorgaba fundamentalmente al promotor y, por tanto, las ayudas se concedían de forma mayoritaria por el lado de la oferta.

No obstante, la situación de crisis económica aguda en la que se promulgan estas normativas va a traer como consecuencia el desarrollo de una política de vivienda en la que van a estar muy presentes objetivos de tipo macroeconómico o coyuntural, de cara a estimular la actividad del subsector para incentivar la actividad económica general, por los ya citados efectos de arrastre que tiene sobre otras actividades económicas y para reducir los crecientes niveles de desempleo. Por tanto, se volverá a girar en torno a los mismos supuestos tradicionales de "apoyo a la piedra" descritos. De hecho, el posterior Plan de Vivienda 1981-83 se diseñó básicamente para luchar contra el paro. Todo ello hace que las intervenciones públicas en el mercado de la vivienda que se ha seguido en España en todos estos años son más propias de una política de empleo que de una política de vivienda.

Por último, se produjo otra importante novedad en este período, como fue la reforma fiscal iniciada con la puesta en marcha de la Ley 44/1978 del Impuesto sobre la Renta de las Personas Físicas (IRPF), con la que se busca implantar un sistema impositivo moderno. En lo que a vivienda se refiere, se establecieron dos tipos de deducciones que van a adquirir una notable importancia dentro del conjunto de instrumentos que conforman nuestra política de vivienda: la deducción en la base imponible de los intereses de los capitales ajenos (préstamos) invertidos en la compra de viviendas y la deducción en la cuota íntegra del 15 por 100 de las cantidades anuales invertidas en la adquisición de vivienda que constituya o vaya a constituir residencia habitual del contribuyente. Como se puede observar, este tipo de ayudas son escasamente selectivas, dado que la simple adquisición de la vivienda ya da derecho a la deducción, por lo que cualquier contribuyente puede beneficiarse de ellas independientemente de su situación socioeconómica. Estos estímulos a la adquisición han centrado fuertes críticas, por considerarlos regresivos, tanto si se trata de equidad horizontal, al favorecer más el acceso a la propiedad que al alquiler, como de equidad vertical, pues se favorece más a las familias con rentas más altas[33]. Se vuelve por tanto al predominio de los objetivos de carácter macroeconómico o coyuntural.

CONCLUSIONES

La política de vivienda realizada durante la etapa franquista tendió a estimular la nueva construcción con un doble objetivo: favorecer la propiedad como forma prioritaria de tenencia y ayudar al sector inmobiliario como dinamizador del crecimiento económico, política catalogada de "apoyo a la piedra". Quizás, dentro del contexto inicial en el que se desenvolvió, con una escasez del parque de viviendas después de la contienda y una situación económica muy deprimida, se pueda explicar este tipo de intervención. Pero lo incomprensible es que se mantuviera en periodos posteriores. No fue así en Europa, donde el concepto de vivienda social, pública y de alquiler accesible arraigó con fuerza en los esquemas de provisión de vivienda.

Toda esta ya larga tradición se quiso romper con la entrada de la democracia, durante el periodo de transición. El derecho a disfrutar de una vivienda digna y adecuada aparece como un principio rector de la política social y económica en la Constitución de 1978.

Con la legislación de Viviendas Sociales en 1976 y la aparición de la legislación sobre Viviendas de Protección Oficial de 1978, se intentó cambiar de signo a la política de vivienda, dirigiéndose fundamentalmente a apoyar a la demanda y no a la oferta. La primera intentó racionalizar la intervención pública en vivienda, pero la excesiva

[33] María Teresa SÁNCHEZ MARTÍNEZ: "El coste de la política...", p. 326.

complejidad del programa de Viviendas Sociales y, probablemente, la falta de un apoyo decidido por parte del Estado, hicieron fracasar un sistema de ayudas a la vivienda que, por primera vez, después de muchos años, contemplaba como beneficiario de las mismas al adquiriente, teniendo en cuenta su situación socioeconómica. Con la segunda, la Ley de 1978, de viviendas de Protección Oficial, se intentaba establecer una normativa que unificara todos los regímenes hasta ese momento existentes, aglutinando en una sola categoría el concepto de Vivienda de Protección Oficial. Empero, la crisis económica aguda en la que se promulgaron estas medidas provocó que se volviera a girar en torno a los mismos supuestos tradicionales de "apoyo a la piedra" descritos.

Han pasado ya muchas décadas desde entonces, y hoy en día, aún quedan muchos problemas por resolver, que hacen que la política de vivienda no pierda vigencia. Sigue hablándose del "problema de la vivienda", caracterizado por un grave problema de accesibilidad, para las familias con menores ingresos y, sobre todo, al primer acceso de los jóvenes a la vivienda, ya sea en propiedad o en alquiler, este último, con un parque infradimensionado, que sufre las consecuencias de las políticas estudiadas en este capítulo. A pesar de todo, aunque los cambios que se llevaron en la Transición no dieron los frutos esperados en su momento, sentaron las bases para futuras intervenciones, sobre todo, en la importancia del enfoque social que debe perseguir la política de vivienda.

Cuadro 1

VIVIENDAS CONSTRUIDAS EN ESPAÑA EN EL PERIODO 1944/1976

Años	Viviendas Protegidas	Viviendas Bonificables	Viviendas Renta Limitada Grupo I	Viviendas Renta Limitada Grupo II	Viviendas Subvencionadas	Viviendas Construcción Directa INV	Total Viviendas con Protección Oficial	Total Viviendas Libres	Total Viviendas
1944	587	-	-	-	-	8	595	-	595
1945	1.283	-	-	-	-	43	1.326	-	1.326
1946	2.588	783	-	-	-	113	3.484	-	3.484
1947	4.075	2.051	-	-	-	45	6.171	-	6.171
1948	4.543	3.108	-	-	-	1.193	8.844	-	8.844
1949	5.412	4.100	-	-	-	17	9.529	-	9.529
1950	5.617	8.514	-	-	-	205	14.336	-	14.336
1951	11.267	17.760	-	-	-	1.631	30.658	26.342	57.000
1952	8.303	16.994	-	-	-	463	25.760	37.240	63.000
1953	8.776	15.971	-	-	-	935	25.682	41.318	67.000
1954	13.243	15.598	-	-	-	1.601	30.442	56.558	87.000
1955	23.202	18.184	-	-	-	4.335	45.721	66.279	112.000
1956	39.323	30.578	98	1.812	-	5.915	77.726	44.274	122.000
1957	23.077	25.802	4.080	6.115	-	7.664	66.738	41.262	108.000
1958	30.413	21.826	12.093	20.339	137	11.149	95.957	33.364	129.321
1959	32.105	16.062	23.280	24.142	16.979	12.607	125.175	12.520	137.695
1960	18.589	8.199	26.591	26.665	43.534	5.950	127.518	16.762	144.280
1961	13.194	3.167	28.109	28.493	52.771	8.742	134.476	13.544	148.020

1962	2.096	2.685	24.453	33.693	82.558	2.348	147.833	14.612	162.445
1963	2.250	1.024	33.870	31.601	117.968	1.172	187.885	18.812	206.697
1964	3.461	775	57.668	17.926	142.982	8.393	231.205	25.689	256.894
1965	1.086	428	79.334	7.222	140.716	12.007	240.793	42.492	283.285
1966	902	78	88.429	6.258	104.768	10.931	211.366	57.000	268.366
1967	38	179	119.646	4.828	68.093	7.405	132.096	72.375	204.471
1968	344	41	43.724	17.369	62.430	9.462	133.370	114.719	248.089
1969	-	171	42.465	6.501	97.373	11.459	157.969	112.285	270.254
1970	-	346	54.826	6.419	113.079	10.624	185.294	122.755	308.049
1971	-	-	54.033	9.108	101.726	25.827	190.694	128.220	318.914
1972	-	-	51.075	8.931	103.889	26.519	190.414	145.890	336.304
1973	-	-	49.932	9.107	100.371	14.932	177.323	171.225	348.548
1974	-	-	51.373	7.092	99.125	21.174	175.783	182.677	358.460
1975	-	-	66.384	8.641	103.712	17.729	196.466	177.925	374.391
1976	-	-	58.408	4.004	88.153	11.649	162.294	157.531	319.825
Totales	255.774	214.424	901.778	286.266	1.640.364	254.247	3.550.923	1.933.670	5.484.593

Fuente: INE y Comisión de Vivienda del III Plan hasta 1972. Después, INE, SEOPAN y MOPU.

CUADRO 2			
EVOLUCIÓN DEL PARQUE DE VIVIENDAS SEGÚN EL RÉGIMEN DE TENENCIA			
Censo	Propiedad	Alquiler	Otros
1950	45,9	51,3	2,8
1960	51,9	41,3	6,8
1970	63,4	30,1	6,5
1981	73,1	20,8	6,1
Nota: A partir de 1970 inclusive, los porcentajes se han calculado teniendo en cuenta solo las viviendas principales.			
Fuente: INE. Censos de Población y Vivienda.			

CUADRO 3						
EVOLUCIÓN Y CARACTERÍSTICAS DEL PARQUE DE VIVIENDAS EN ESPAÑA						
Censo	N.º Total Viviendas	% Variación	% Viviendas principales	% Viviendas secundarias	% Viviendas desocupadas	Viviendas por 1.000/ habit.
1950	6.370.280	-	94,20	2,81	2,99	224
1960	7.682.165	20,6	89,87	4,01	6,12	249
1970	10.658.882	38,7	79,79	7,49	12,72	313
1981	14.726.134	38,2	70,83	12,89	16,28	390

Fuente: INE. Censos de Viviendas

Figura 1. Placa del Ministerio de la Vivienda, en un piso acogido a la Ley de Viviendas de Renta Limitada

ABC. SABADO 2 DE MAYO DE 1959. EDICION DE LA MAÑANA. PAG. 4

«NO QUEREMOS UNA ESPAÑA DE PROLETARIOS, SINO DE PROPIETARIOS»

"ASPIRAMOS A QUE LA VIVIENDA SEA DEL QUE LA VIVE Y QUE DE LA "RENTA LIMITADA" PASEMOS AL IDEAL DE LA "VENTA LIMITADA"

Palabras de D. José Luis de Arrese, en el homenaje que le tributaron los agentes de la propiedad inmobiliaria

Los presidentes de los Colegios de Agentes de la Propiedad Inmobiliaria y su Junta central han rendido un homenaje al ministro de la Vivienda, D. José Luis de Arrese, haciéndole entrega del título de agente de honor, una artística placa de plata con el acuerdo y las correspondientes insignias. A primera hora de la tarde de ayer el señor Arrese recibió a sus visitantes en el salón de actos del Ministerio. Le acompañaban el subsecretario del Departamento, Sr. Reguera Sevilla; el director general del Instituto de la Vivienda, Sr. García Lomas, y el inspector general de la Vivienda, señor Rodríguez Franco.

...zado ante todo posible homenaje. Y digo que ignoro si adornan o estropean, porque a veces los homenajes son producto y aliento de vanidades, pero a veces son motivo de compenetración. Separar los unos de los otros, saber cuándo conducen a la farsa de los aplausos o llevan consigo el abrazo de la hermandad es cosa fácil que se ve en la mirada, en el aire y en el paso de los hombres. Nadie confunde una marcha militar con el desfile alborozado de los cómicos de un circo. Por eso, y a pesar del horror que me producen estos actos, he aceptado el vuestro, y sería insincero si no os empezara diciendo que me agrada profundamente vuestra visita y vuestra adhesión. Porque si todos los departamen-

Figura 2. Discurso pronunciado por José Luis Arrese, ministro de Vivienda, ante los agentes de la propiedad inmobiliaria, recogido por *ABC*, 2 de mayo de 1959, pp. 41-42

LAS POLÍTICAS EDUCATIVAS EN TIEMPOS DE CAMBIO: DEL MODELO DICTATORIAL AL DEMOCRÁTICO

Teresa González Pérez
Universidad de La Laguna

En la última etapa de la dictadura se iniciaron avances a nivel legislativo, que se reflejaron también en el plano social. El sistema educativo no se ajustaba a las necesidades de la sociedad española. Los tecnócratas justificaron con razones de tipo ideológico, social, cultural y económico la importancia de esta reforma, así como los cambios que propiciaba. La Ley General de Educación era una respuesta a la creciente demanda de democratización de la educación y a las necesidades de una sociedad más dinámica; a través de ella se reformó todo el sistema educativo español y se amplió la escolaridad obligatoria. Sin embargo, en el marco de la ley se mantenían los viejos postulados ideológicos sustentadores del régimen y estaban presentes los principios ideológicos del régimen y la tradición cristiana junto a la formación integral, conjugando, de este modo, la tradición con la modernidad. El modelo educativo, que primaba la formación de las élites sobre la educación de las clases populares, va a ser sustituido por otro más democrático, con extensión a los sectores entonces excluidos. Sin embargo, los organismos específicos encargados de diseñar la educación de la infancia y la juventud, de acuerdo con el modelo dictatorial, dejaron huella en la mentalidad y maneras de ser de la población española. El mundo de la enseñanza estaba infiltrado por la ideología del franquismo como todos los ámbitos de la sociedad española; unas rémoras difíciles de rebasar, a pesar de las propuestas legislativas. Hubo que superar un largo proceso para lograr la extensión de la educación obligatoria, que suponía la unificación de la Enseñanza Primaria con el Bachillerato Elemental, modalidad preexistente en la etapa anterior. Con la "educación para todos" se pretendía que llegara a todos y a todas partes.

Aquel contexto histórico en el que se desarrolló el posfranquismo, emanado de una larga dictadura militar después de la guerra civil, marca la etapa preconstituyente de la transición política. El pacto entre las élites políticas, para disolver el régimen autoritario para lograr la redemocratización, actuó de forma inédita. En estos años se significaron dos bloques ideológicos con notables diferencias que, en aras al entendimiento político, discurren hacia tendencias más flexibles y moderadas, especialmente en los grupos de izquierda. La sobrecarga ideológica se consensua, negociando y aunando fuerzas para lograr de forma pacífica el paso del régimen dictatorial a la restauración democrática. Este comportamiento de los distintos grupos políticos sintetiza una de las singularidades del periodo preconstituyente. La moderación, en las posiciones políticas, tendría repercusión en la solución a los problemas pendientes de la dictadura, tales como las desigualdades sociales y educativas.

Los desequilibrios y desigualdades entre las clases sociales se atenuaron en la medida que la educación ofrecía nuevas oportunidades a las clases trabajadoras. La expansión de la educación se produce a partir de la restauración democrática, siguiendo un proceso expansivo hacia el modelo de educación de masas. En este momento histórico fue cuando se realizaron reformas orgánicas y se contempló el derecho a la educación, con la formalización de los marcos jurídicos y administrativos que ordenaban la educación como servicio público. Las transformaciones políticas, sociales, económicas y culturales, acaecidas en las últimas décadas del siglo XX, resultaron fundamentales para la evolución de la sociedad española. Las evidencias ponen de manifiesto el notable cambio que protagonizó la sociedad española, no solo la transición a la democracia sino también, posteriormente, con el desarrollo del Estado de las autonomías y la incorporación a la Unión Europea. Los sucesivos gobiernos del Partido Socialista favorecieron la modernización de España junto a la promulgación de las leyes educativas. La abundancia de normativa fue una característica de estas décadas, un periodo intenso pero significativo, en el que convivían anteriores ordenamientos con las nuevas disposiciones legislativas.

¿Puede historiarse la educación sin desdibujar el sujeto historiado? ¿Cómo era la política educativa de mediados de los 70 a los 90, para la que entonces se pedía reforma? Para responder a estos interrogantes con el propósito de resaltar la historicidad de aquellos acontecimientos, en este capítulo, realizamos un análisis de las políticas educativas y de la evolución de la educación española, desde el tardofranquismo a la democracia[1]. En la metodología partimos de la legislación con la revisión teórica de la literatura más relevante, para aproximarnos a los datos cuantitativos que ofrecen las estadísticas recogidas por el Ministerio de Educación. Hemos estructurado el trabajo atendiendo a las leyes generales del sistema educativo, subrayando la igualdad de género. Iniciamos el tema con la descripción y desarrollo de la Ley General de Educación hasta la transición democrática, seguimos con las políticas educativas hasta la Ley de Ordenación General del Sistema Educativo para finalizar con las conclusiones.

¿CÓMO ERA LA EDUCACIÓN EN ESPAÑA ANTES DE LA TRANSICIÓN?

En el tardofranquismo, con el Ministerio de Lora Tamayo (1962-1968), se implanta la tecnocracia, que cimentó los futuros cambios y transformaciones sociales. Bajo su mandato hubo progresos en la Enseñanza Primaria, se amplió la escolaridad obligatoria hasta los 14 años y se exigió el Bachillerato Superior para acceder a los estudios de Magisterio. La instauración de la tecnocracia en España, en el seno de la dictadura franquista, vertebró el impulso económico, social, educativo y cultural. Los tecnócratas vieron la necesidad de modernizar el sistema educativo incluyendo la formación de las mujeres, dadas las repercusiones económicas en el desarrollo del país. La demanda de una población más preparada y la necesidad de mano de obra femenina estaban en la base de la reforma. En 1968 José Luis Villar Palasí sustituyó en la cartera de Educación a Lora Tamayo; el nuevo ministro impulsó a la reforma educativa, que concluyó en 1970 con la aprobación de una Ley General de Educación. Los tecnócratas justificaron con razones de tipo ideológico, social,

[1] Algunas de las cuestiones aquí abordadas han sido tratadas en el trabajo de mi autoría "La educación española en el último tercio del siglo XX", *History of Education & Children's Literature*, 1 (2023), pp. 115-138.

cultural y económico la importancia de esta reforma, así como los cambios que propiciaba. Introdujeron conceptos nuevos, aún dentro de los esquemas ideológicos dictatoriales, tales como la igualdad de oportunidades, la enseñanza mixta, la unificación del currículo y supresión de las materias sexistas. Una ley avanzada a su tiempo, precursora de formas democráticas, representa el mejor proyecto educativo de la España contemporánea. Sin embargo, en el marco de la ley estaban presentes los principios ideológicos del régimen y la tradición cristiana junto a la formación integral, conjugando, de este modo, la tradición con la modernidad. Porque la normativa gestada y promulgada bajo la dictadura, aunque progresista y basada en principios liberales, no estaba exenta de la doctrina política franquista. Se trataba de modernizar el sistema educativo "pero sin cuestionar las bases ideológicas y políticas del franquismo"[2].

La imprescindible modernización de España pasaba por la actualización del sistema educativo, no había progreso económico y político si no se contaba con la educación[3]. A medida que progresa el régimen, aumentan los niveles de escolarización, y con la mejora de la producción crece la economía con el objeto de convertir a España en una sociedad moderna[4]. Tal como recoge el *Libro Blanco*, era un "medio de movilidad y ascensión económica, social y cultural"[5]. La educación era la vía de acceso a la promoción social, para superar el modelo anterior de perpetuación de desigualdades sociales. A ello añadía la apertura al escenario mundial, avanzando hacia las fronteras que habían permanecido cerradas. El acercamiento a Europa, a Estados Unidos y a otros organismos internacionales representa otro signo

---

2 Alejandro ÁVILA FERNÁNDEZ y Juan Antonio HOLGADO BARROSO: *La formación del Magisterio en España. La legislación normalista como instrumento de poder y control*, Madrid, MEC, 2008, p. 242.

3 Juan Manuel FERNÁNDEZ SORIA y Diego SEVILLA MERINO: "La Ley General de Educación de 1970 ¿Una Ley para la modernización de España?", *Historia y Memoria de la Educación*, 14 (2021), p. 27.

4 Ibídem, pp. 28-40.

5 MINISTERIO DE EDUCACIÓN: *La educación en España. Bases para la política educativa*, Madrid, Ministerio de Educación y Ciencia, 1969, p. 204.

modernizador, a la vez, que se infieren los rasgos democratizadores con el derecho a la educación[6].

La Ley General de Educación comenzó a implantarse en 1970 pero no fue de plena aplicación hasta 1975. Amplió la escolaridad obligatoria hasta los 14 años, sustrayendo los cursos que correspondían al Bachillerato Elemental de la etapa educativa anterior. Pretendía la modernización, popularización de la enseñanza y, a la vez, corregir desigualdades sociales para aproximarse a los países del entorno europeo. Introdujo el título mínimo con dos opciones de titulación: Graduado Escolar y Certificado de Estudios Primarios para quienes no lograban la titulación, excluyendo del Bachillerato a quienes no obtenían el Graduado Escolar[7]. Es cierto que se incrementó la tasa de escolarización, pero había un importante sector que no concluían, por circunstancias sociales y la desigualdad de oportunidades[8]. La situación familiar obligaba al abandono temprano de algunas niñas, que eran requeridas en el entorno familiar, para colaborar en tareas del hogar o tareas familiares, y también de los niños. Esta realidad se localizaba en las zonas rurales o en barrios de carácter marginal. No siempre se ha hecho visible que la infra escolaridad de la infancia de las clases populares urbanas o clase obrera y clases rurales o agrarias llevara aparejada las desigualdades sociales porque tenían menos oportunidades[9]. La pobreza de las familias y su entorno no las favorecían para completar su formación básica. Dicha ley se pronunciaba sobre la educación de las mujeres, suprimió las enseñanzas diferenciadas por sexo, aunque reafirmando las diferencias basadas en su capacidad para los estudios, a pesar de la supuesta igualdad educativa[10]. Se amparaba en el rol doméstico de las mujeres, con lo cual mantenía en esencia todo el entramado sexista, sin fracturar la visión tradicional[11]. El cambio se limitó a la

---

[6] Juan Manuel FERNÁNDEZ SORIA y Diego SEVILLA MERINO: "La Ley General de Educación..., p. 43.

[7] Javier RUJAS MARTÍNEZ NOVILLO: "La construcción del «fracaso escolar» en España", *Papers*, 102/103 (2017), p. 496.

[8] MEC: *Las desigualdades en el acceso a la educación en España*, Madrid, CIDE, 1992.

[9] Javier RUJAS MARTÍNEZ NOVILLO: "La construcción del «fracaso...", p. 496.

[10] Libro Blanco: *La educación en España...*, p. 122.

[11] Pilar BALLARÍN: *La educación de las mujeres en la España contemporánea*, Madrid, Síntesis, 2014, pp. 136-138.

escolarización conjunta de alumnas y alumnos en una misma aula. La unificación del currículum establecido en la normativa no implicó igual formación e idéntica educación. Tampoco surtió efecto en la transformación de la mentalidad de las maestras y de los maestros. Los gestos y la retórica, que formaban parte del ritualismo de la escuela del régimen, se mantuvieron en la etapa de la Transición. La rigidez del pensamiento en un proceso lento fue flexibilizando maneras, actuaciones y pensamiento.

No obstante, se inició así una amplia transformación que significaba al mismo tiempo una ruptura pedagógica con el modelo anterior[12]. Modernizar la educación implicaba necesariamente modernizar al profesorado y sus estructuras formativas, por este motivo la Ley General de Educación afrontó la mejora de la formación inicial. En el caso español la evolución fue lenta y la transformación requirió de un esfuerzo permanente de los gobiernos democráticos, para mejorar la herencia pedagógica. El sistema educativo siempre ha situado la formación docente en el contexto de un discurso ambivalente. Por un lado, la vieja retórica de la importancia de esta formación y, por otro, la precaria situación académica y escasa consideración social. Históricamente, se ha considerado una profesión de segundo orden. Sin embargo, se requería una serie de conocimientos objetivos prefijados y un conocimiento profesional, o la capacidad de generar conocimiento pedagógico. Poseer saberes formales equivalía a asumir la capacidad de enseñarlos y también tomar decisiones sobre la práctica educativa. La trayectoria educativa de la sociedad española, en los diferentes momentos históricos, ha condicionado la preparación de maestros y maestras. La formación del Magisterio había sido también una aspiración largamente sostenida, aunque las instituciones para la formación inicial se movían en situación precaria.

El proceso de reforma, producto de la evolución política, incluyó la renovación de los estudios de Magisterio. Así, la Ley General de Educación diseñó un nuevo perfil profesional para el Magisterio, concretado en el Plan de Estudios de 1971, que diversificó el currículo

[12] Manuel de PUELLES BENÍTEZ: *Educación e ideología en la España contemporánea*, Madrid, Editorial Tecnos, 2010, p. 426.

en un programa de formación cultural y pedagógica especializada y varió sustancialmente el modelo de formación inicial. Las especialidades de Ciencias, Ciencias Sociales y de Lengua extranjera se correspondían con la especialización de la segunda etapa de la Educación General Básica. De modo que remodelaron los programas de formación del Magisterio, al tiempo que elevaron la categoría del emplazamiento donde se impartían estas enseñanzas. Hasta aquellas fechas, las instituciones encargadas de formar al Magisterio habían estado al margen de la Universidad y ahora la normativa las hacía desaparecer. Los gestores del Plan elevaron el rango de estos estudios a diplomatura universitaria con la denominación de "Profesor de Enseñanza General Básica". Consideraron esencial que los aspirantes recibieran formación universitaria y por este motivo se creaba una institución con vínculo universitario[13]. A partir de 1971, las Escuelas de Magisterio siguieron funcionando bajo el rótulo de Escuelas Universitarias de Formación del Profesorado de Enseñanza General Básica. La transformación en centros universitarios, incorporadas como Escuelas Universitarias a los respectivos distritos universitarios, fue más bien un hecho formal más que real, en cumplimiento del Decreto 1381/1972 de 25 de mayo. Sin embargo, resultó un avance importante en la formación de los maestros y de las maestras, a partir de entonces denominados profesores de Educación General Básica.

Con la entrada en vigor de la normativa se elevó la categoría del Magisterio, de formación profesional a formación universitaria. También se elevó el nivel académico exigido para matricularse en estos estudios, siendo necesario para ello superar el Curso de Orientación Universitaria. De esa forma las antiguas Escuelas de Magisterio se integraron en los distritos universitarios respectivos y se convirtieron en Escuelas Universitarias de Formación del Profesorado de Educación General Básica[14]. Es decir que estas instituciones perdieron su identidad, y desaparecieron como tal, para adaptarse a la nueva

---

[13] Decreto 1381/1972, de 25 de mayo (*BOE*, 7 de junio), sobre integración de las antiguas Escuelas Normales en la Universidad; Decreto 2293/1973, de 17 de agosto (*BOE*, 26 de septiembre), de regulación de las Escuelas Universitarias.

[14] Teresa GONZÁLEZ PÉREZ: "La transformation de l'éducation espagnole à la fin du franquisme. La Loi générale de l'éducation et la formation d'instituteurs", *History of Education & Children's Literature*, V/1 (2010), pp. 337-354.

normativa legal e integrarse en la Universidad como Escuelas Universitarias[15]. La titulación obtenida permitía el acceso al segundo ciclo de los estudios universitarios mediante la realización de un curso de adaptación. En aquel contexto fue un avance transformar los estudios de Magisterio en carrera universitaria[16]. Al menos a nivel teórico, la innovación pretendía prestigiar a los docentes y asignarles un nuevo rol social[17]. La elevación del nivel académico afectó a los profesionales que impartían la formación inicial, mejorando su *status*. Sin embargo, en las enseñanzas medias hubo cierto descontento, porque hasta aquel momento los/las docentes de las Escuelas de Magisterio ostentaban una categoría inferior a la del profesorado de Institutos de Bachillerato. Unas discusiones y debates que se prolongaron en el tiempo. Ocho años después el problema se resolvía con la integración del profesorado, según el Real Decreto que se publicó el 24 de mayo de 1978, en el nuevo Cuerpo universitario creado al efecto: Titulares y Catedráticos de Escuela Universitaria. La lentitud de los trámites y la resolución aportaban indicios de la consideración del profesorado normalista. El profesorado tuvo que ocuparse de la formación inicial diseñada en el Plan 1971 sin recibir preparación para ello. Tanto alumnos como profesores se estrenaban en un nuevo modo de enseñar y de aprender, aunque las viejas prácticas docentes y rutinas pedagógicas no desaparecieron. La introducción de nuevas especialidades trajo consigo la diversificación del currículo y unido a ello la necesidad de ampliación de la plantilla docente. De ese modo se fue incorporando nuevo profesorado, que no solo renovaron el segmento cronológico sino también la dinámica docente y la práctica enseñanza-aprendizaje.

---

[15] Ley14/1970 (Disposición Transitoria 2a.3). Decreto 2498/1971, de 17 de septiembre (*BOE*, 19 de octubre), sobre clasificación como centros experimentales de determinadas escuelas de Magisterio. El artículo 31, referido a educación universitaria decía que la educación seguida en las escuelas universitarias "constará de un solo ciclo que durará tres años".

[16] José María ROMÁN SÁNCHEZ y Rufino CANO GONZÁLEZ: "La formación de maestros en España (1838-2008). Necesidades sociales, competencias y planes de estudio", *Educación XXI*, 11 (2008), p. 91.

[17] Miguel BEAS MIRANDA: "Formación del magisterio y reformas educativas en España: 1960-1970", *Profesorado*, 14-1 (2010), pp. 406-407.

La devaluación de las enseñanzas impartidas en estos centros, que habían sido escuelas profesionales, fue una de las dificultades que frenaron el proceso de plena integración en la Universidad. Esa integración en la Universidad no se produjo de hecho, y la mayoría de los profesores que desempeñaban su docencia en las Escuelas de Magisterio estaban al margen de la Universidad[18]. En realidad, no se incorporaron plenamente en la Universidad hasta 1983, con la Ley de Reforma Universitaria. El transcurso fue un proceso lento, porque no hubo interés en promocionar a estos centros, a la vez que se mantuvo la distancia entre lo formal y la práctica académica. Tampoco se publicaron las directrices del Plan de Estudios, denominado Experimental, hasta 1977[19]. Los gestores "las consideraron como centros de segundo nivel en todos los ámbitos: en la dotación de recursos, en la docencia y en la investigación". Más tarde la normativa dispuso la creación de Departamentos "Inter centros" al amparo de la Ley de Reforma Universitaria de 1983. Si bien la estructura departamental abrió posibilidades de comunicación y de colaboración entre ambos docentes, hasta la promulgación de la Ley de Ordenación General del Sistema Educativo (LOGSE) no quedaron definitivamente incorporadas a la universidad.

AVANCES CON LA RETÓRICA DE LA TRANSICIÓN

El régimen dictatorial se sustituyó aplicando leyes del propio sistema. Empleó la retórica de sus propios mecanismos, para llevar a la Jefatura del Gobierno a partidarios del reformismo, con el objeto de aprobar una ley fundamental que implicaba la anulación del antiguo modelo político. La transición a la democracia fue una etapa compleja, en la que se produjeron cambios importantes en la política y la sociedad española. El diálogo y el consenso entre los dirigentes

[18] Antonio BERNAT MONTESINOS: "Bases para un currículum de formación de profesores de EGB", *Revista de Educación*, 269 (1982), p. 18

[19] Orden de 13 de junio de 1977 (*BOE*, de 25 de junio), por la que se dan directrices para la elaboración de los planes de estudio en las Escuelas Universitarias de Formación del Profesorado de EGB.

políticos fue el motor de la transformación del país. El posfranquismo representado por grupos que lideraban la oposición histórica al franquismo, partidarios de la ruptura política y de la implantación de un régimen democrático, practicó un discurso de moderación inserto en la línea socialdemócrata europea; mientras que el sector conservador, partidario de reformas políticas, se mantuvo siempre dentro de la legalidad vigente. Se llevó a cabo el desmontaje de las instituciones del denominado Movimiento Nacional, dado que no tenían cabida en la democracia, siendo suprimidas el 1 de abril de 1977 por el Real Decreto Ley 23/1977[20]. La supresión y liquidación de las instituciones de la dictadura no fue suficiente para erradicar la mentalidad sexista, tampoco para superar las tradicionales costumbres patriarcales.

Los pactos políticos y sociales, realizados en 1977, dieron el empuje necesario a las transformaciones que condujeron a una enseñanza de calidad. Los signos de progreso se manifiestan a partir de 1977, a raíz de los pactos sociales y políticos. El consenso fue decisivo en la mejora de la calidad educativa y en la solución a los problemas que afectan a la educación. La Transición dibujó un tiempo nuevo abriendo el camino a la democracia a través del consenso político. Marcó el antes y el después, con acuerdos y consensos que hicieron factible la resolución de diversos problemas que afectaban a la educación, aunque no todo fueron éxitos, falló la aplicación de la ley y los recursos económicos necesarios para su puesta en práctica. Así fracasó la ejecución de la Formación Profesional, además del plan de estudios del Bachillerato y la deficiente atención del Preescolar. Si bien las leyes no cambian la mentalidad, hubo algunas modificaciones curriculares e innovaciones que contribuyeron a transformar la educación. No obstante, perduraron los roles sexistas y los valores tradicionales en un contexto no exento de problemática.

La Ley General de Educación propició abundantes cambios legislativos, sufrió reformas y contrarreformas a lo largo de las dos

---

[20] Real Decreto-ley 23/1977, de 1 de abril. *BOE*, 83, de 7 de abril de 1977, pp. 7768 a 7770.

décadas de vigencia[21]. La consideración de la educación como tarea permanente se recogía en el articulado de la ley, a la vez constituyó uno de sus principios inspiradores[22]. La legislación educativa también era una herencia de la dictadura franquista, aunque se modificó y se realizaron diversas adaptaciones. De hecho, convivían distintos planes de estudio, algunos en extinción que se iban liquidando de forma paulatina. En este contexto se produjo la renovación pedagógica y el progreso hacia la democracia escolar y la pluralidad de alternativas. Las experiencias educativas de la sociedad predemocrática resultaron cruciales para variar el rumbo de la escuela. Desde el punto de vista educativo, se fueron eliminando los vestigios de la escuela nacional católica impuesta por el régimen dictatorial. Los movimientos de renovación pedagógica se significaron en pro de la coeducación. Con anterioridad, aún en el seno de la sociedad autoritaria, el panorama cultural estaba jalonado de experiencias pedagógicas; funcionaban colegios privados "experimentales" con metodologías de vanguardia que impartían enseñanza bilingüe en régimen de coeducación o enseñanza mixta con formas democráticas, como el colegio Estilo y el colegio Estudio, ambos localizados en Madrid. Más tarde, se convertirían en referentes de las innovaciones pedagógicas del sistema público de enseñanza.

La transición hacia la democracia reflejó avances y cambios a pesar del dominio de la cultura androcéntrica. Un tiempo histórico caracterizado por la sucesión de leyes y por una serie de cambios estructurales en la sociedad española y, por ende, en la educación. La abundancia normativa, en un periodo histórico corto, pretendía modificar el sistema educativo heredado del franquismo[23]. Esta etapa, después del fallecimiento del dictador y tras el proceso de transición, deja paso a la educación que permite la escolarización femenina en todos sus niveles y, en igualdad de oportunidades, al menos desde el punto de vista teórico. El avance democrático se dirigió hacia la

[21] Manuel de PUELLES BENÍTEZ: "Reflexiones sobre cuarenta años de educación en España o la irresistible seducción de las leyes", *Historia y Memoria de la Educación*, 3 (2016), p. 16.

[22] Manuel de PUELLES BENÍTEZ: *Educación e ideología*..., p. 438.

[23] Manuel de PUELLES BENÍTEZ: "Reflexiones sobre cuarenta...", pp. 17-18.

consecución de la igualdad de género, amparado en el principio de no discriminación por razón de sexo como un mandato constitucional. Las actitudes favorables hacia la educación de las mujeres se concretaron en eliminar las barreras que obstaculizaban el acceso a la educación. La igualdad ante la ley constituye una de las exigencias de la sociedad democrática y una de las primeras reivindicaciones de las mujeres.

En el Bachillerato, la matrícula femenina siguió creciendo de forma progresiva, ya venía con esa trayectoria desde finales de la dictadura. En 1976, las alumnas eran ya el 50 por cien del alumnado de Bachillerato y superaban a los alumnos al final del milenio. A tenor de los datos disponibles, en 1976 el porcentaje de alumnas matriculadas en BUP (Bachillerato Unificado Polivalente) era superior al de los alumnos y continuaba aumentando la matrícula femenina en la Universidad[24]. En cambio, las tasas de matrícula son más bajas en los estudios universitarios, especialmente en las carreras técnicas. Por cuestiones de género se aprecia una menor presencia de las mujeres en los denominados estudios STEM (Ciencias, Tecnología, Ingeniería y Matemáticas). Diez años más tarde, en 1986, se alcanzó al 50 por ciento de las matrículas. A pesar de las diferencias en el acceso a las titulaciones, al inicio del siglo XXI, las mujeres superaban a los hombres en los estudios universitarios. La creciente participación femenina en empleos cualificados conduce a una mayor demanda de preparación[25]. Aunque las brechas de género están presentes en el mercado laboral y ellas no promocionan laboralmente en condiciones de equidad, siguen en desventaja respecto a los hombres[26]. Las políticas de la democracia frenaron la desigualdad a nivel social, aunque no se logró plenamente a nivel de género.

Otro aspecto significativo fue el acceso de los sectores populares a la educación superior. Se produjo un trasvase de la educación de élites a la educación de masas, con lo cual España se aproximaba a los países del entorno europeo. La educación, impulsada por la acción

---

[24] Pilar BALLARÍN: *La educación de las mujeres…*, p. 138.

[25] José Saturnino MARTÍNEZ: “Clase social, género y desigualdad de oportunidades educativas”, *Revista de Educación*, 342 (2007), p. 297.

[26] MEC: *Las desigualdades en...*

de las políticas, mejoró los índices de escolarización. No obstante, las inversiones en el sistema educativo aún se hallaban distantes de los países más avanzados. Los recursos económicos invertidos seguían siendo insuficientes, para cubrir adecuadamente los gastos que requería la expansión educativa. Un desfase que se reflejó en las múltiples deficiencias, tales como infra dotación escolar, déficit docente, precarias instalaciones, etc. Las prácticas pedagógicas también evolucionaron, si bien buena parte de los colectivos docentes se movían por las rutinas e inercias de antaño. La lentitud en modernizar las metodologías didácticas junto a amplios sectores del profesorado que, aferrados a los viejos métodos y creencias, permanecieron impermeables a los cambios, ralentizaron las innovaciones.

PRIMERAS LEYES DE LA DEMOCRACIA

La política atendía a la reforma del sistema público. En este periodo de cambios legislativos y de efervescencia social y cultural, la normativa experimentó notables modificaciones. Los cambios educativos se iniciaron al estrenarse la democracia con el Gobierno de la UCD (Unión de Centro Democrático) liderado por Adolfo Suárez (1976-1981), primer presidente de la democracia, si bien, se apreciaron deficiencias que había que resolver como era la ampliación de la escolaridad obligatoria. En ninguna época el campo de la educación ha subsistido a los intentos de modificación, a reformas de todo tipo, ni a la persistente crítica desde distintos sectores. Los problemas educativos básicos se fueron solucionando y al menos se minimizó algo la desigualdad, se controló la presencia de la Iglesia católica, y, de forma paulatina, la descentralización de la gestión educativa. Las señas de identidad del cambio y modernización del ámbito educativo originaron unas generaciones de altos niveles educativos, tanto a nivel cuantitativo como cualitativo[27]. La etapa democrática elevó las tasas de escolarización de educación infantil, redujo la ratio alumnos-profesor, reforzó el crecimiento del sector público frente al

[27] Manuel de PUELLES BENÍTEZ: "Reflexiones sobre cuarenta...", pp. 15-44.

privado, introdujo innovaciones en los centros tanto en la organización pedagógica como en la gestión. Igualmente se modernizaron las estructuras materiales y pedagógicas, además de las infraestructuras de los centros y se emprendieron nuevas construcciones.

En este contexto se introdujeron innovaciones pedagógicas y surgieron movimientos críticos entre el profesorado, se reflejó la proyección de la renovación de la enseñanza y la apertura a la recepción de las corrientes internacionales. Sin embargo, a la magnitud de la reforma emprendida le faltó la correspondencia de los profesionales que tenían que aplicar la normativa y la asignación económica para su puesta en práctica. La deficiente formación pedagógica de un importante sector del Magisterio en ejercicio, con sus inercias y rémoras, frenó el proceso. No fue fácil cambiar las rutinas pedagógicas y los esquemas de pensamiento de un profesorado ideologizado por el nacional catolicismo. Si bien los cambios educativos pueden ser prescritos y legislados, para que sean efectivos deben adaptarse a la cultura escolar existente y rediseñarse en los contextos educativos[28].

La escolarización se extendió e incluyó a todos en la escuela; sin embargo, no logró la equidad y mostró nuevas formas de segmentación y diferenciación social. Los avances en la escolarización se reflejaron en el descenso de los índices de analfabetismo entre la población más joven. Según el censo de población en 1981, había casi dos millones de analfabetos, cifra que equivalía a 6,36% de personas analfabetas mayores de 10 años. Esta tasa desagregada por sexos correspondía al 3,60% de varones y el 9,90% de mujeres. En relación con la edad, a mayor edad la tasa de analfabetismo aumentaba y con notoria diferencia en función del sexo. El 92% de analfabetos tenían una edad superior a 35 años y las mujeres ostentaban las cifras más altas. Así, entre la población de 10 y 14 años el índice de analfabetos era del 0,60%; entre 35 y 44 años representaba el 4,40%; para las edades superiores a 65 años el índice ascendía al 21,40%. Es decir, a partir de la Ley General de Educación, las mujeres mejoraron su nivel educativo de forma progresiva, hecho que se aprecia en el descenso

[28] Antonio BOLÍVAR BOTÍA: "La lógica del compromiso del profesorado y la responsabilidad del centro escolar: una nueva mirada", *Revista Iberoamericana sobre Calidad, Eficacia y Cambio en Educación*, 11/2 (2013), p. 64.

del analfabetismo entre las más jóvenes. Igualmente, a nivel de la Enseñanza Secundaria se observa la tendencia al crecimiento y se constata un notorio incremento de alumnado universitario y especialmente un aumento de matrícula femenina.

El ajuste de los principios democráticos conlleva la aprobación de nueva normativa. Con el éxito del Partido Socialista Obrero Español, tras las elecciones de 1982, se emprendieron políticas educativas y se aprobaron varias leyes de ámbito educativo. La Ley General de Educación fue remodelada y adaptada a los cambios sociales que se suscitaban. El currículum se moderniza a la vez que se diversifica la oferta académica. De ese modo, la reforma con los Programas Renovados (1982), junto a las modificaciones introducidas en las orientaciones pedagógicas, actualizaron la educación, que se movía en ámbitos democráticos. Posteriormente se desarrollaron nuevos proyectos legislativos que desembocaron en la LOGSE.

Para desarrollar los principios constitucionales, en 1985, se aprobó la Ley Orgánica reguladora del Derecho a la Educación (LODE)[29], que enfatizaba en una enseñanza básica, obligatoria y gratuita sin discriminación, y se convirtió en la primera ley educativa de la democracia, aprobada bajo el mandato de José María Maravall, ministro de Educación y Ciencia[30]. Su aprobación no estuvo exenta de polémica, aunque intentaba resolver las desigualdades e introducir la democracia en los centros de acuerdo con el artículo 27 de la Constitución. El marco normativo recogía el derecho a la educación de todos los españoles sin discriminación. Al margen de su situación socioeconómica, se entendía que niños y niñas tenían derecho a la educación. Además, la LODE recogió los objetivos de igualdad de oportunidades, pero no abordó las contradicciones aún existentes en la práctica de la enseñanza mixta[31]. En el texto se reproducían creencias, pautas y conductas sexistas que contravenían los principios igualitarios[32]. Dos años más tarde se

[29] Ley Orgánica 8/1985, de 3 de julio, Reguladora del Derecho a la Educación. *BOE*, 159, 4 de julio de 1985.

[30] José María MARAVALL: *La política de la transición, 1975-1980*, Madrid, Taurus, 1982.

[31] Consuelo FLECHA GARCÍA: "Desequilibrios de género en educación en la España Contemporánea: causas, indicadores y consecuencias", *Revista Áreas*, 33 (2014), p. 56.

[32] Marina NÚÑEZ GIL y María José REBOLLO ESPINOSA: *Desvelar el sexismo en los espacios educativos*, Sevilla, Secretariado de Recursos Audiovisuales y Nuevas

afrontó la reforma del sistema educativo y se presentó el Proyecto para la Reforma de Enseñanza. En 1989, el Ministerio publicó el *Libro Blanco para la Reforma del Sistema Educativo* con los objetivos de la reforma propuesta. Entre los objetivos se destacaba la necesidad de incluir la compensación de las desigualdades por razón de sexo para lograr una enseñanza de calidad. Al año siguiente, en 1990, se aprobó la nueva Ley Orgánica de Ordenación General del Sistema Educativo (LOGSE)[33], con el propósito de mejorar la normativa anterior corrigiendo los defectos e insuficiencias de la Ley General de Educación (1970). Tanto la LODE como la LOGSE reformaron el sistema educativo "heredado del franquismo"[34]. Hasta aquel momento no se había modificado estructuralmente la educación, pues el objetivo de la clase política fue introducir los derechos y libertades en el sistema educativo, es decir, se trataba de "constitucionalizar la educación", según expresaba el propio ministro Maravall[35]. En el marco de la sociedad democrática era necesario articular la legislación adecuada, matriz básica para la sociedad y en sintonía con los países del entorno europeo. La LOGSE fue primera ley de educación que reguló todo el sistema educativo español en la democracia. Una ley promulgada en 1990 por el Partido Socialista Obrero Español (PSOE) bajo la presidencia de Felipe González Márquez, impulsada por el Ministerio de José María Maravall Herrero, que continuó Javier Solana (1988-1992) hasta su aprobación, y que sustituyó a la LGE. Junto a José María Maravall una figura clave fue Álvaro Marchesi, que ocupó la Secretaria General de Educación (1984-1996) y fue director general del MEC; tuvo un papel destacado en el diseño de la nueva ley e impulsó la reforma educativa y la democratización escolar[36].

Tecnologías de la Universidad de Sevilla, 2010.

[33] Ley Orgánica 1/1990, de 3 de octubre de Ordenación General del Sistema Educativo. *BOE*, 4 de octubre de 1990.

[34] Manuel de PUELLES BENÍTEZ: "Reflexiones sobre cuarenta años...", p. 18.

[35] José María MARAVALL: *La reforma de la enseñanza*, Barcelona, Laia, 1984; e ídem: *La Confrontación Política*, Madrid, Taurus, 2008.

[36] Álvaro MARCHESI: *Cambio educativo y calidad de la enseñanza*, Bilbao, Universidad de Deusto, 1998, pp. 140-141; e ídem: *Controversias sobre la educación española*, Madrid, Alianza, 2000.

La LOGSE amplió la escolaridad obligatoria hasta los 16 años, garantizando un periodo de formación obligatoria de diez años, distribuido en diferentes niveles; comprende la Educación Infantil de 0-3 años y 3 a 6 años, la Educación Primaria 6-12 años y la Enseñanza Secundaria Obligatoria de 12 a 16 años, que corresponde a cuatro cursos académicos (1º, 2º, 3º, 4º de la ESO). Desaparece la doble titulación que había en la LGE después de terminar la EGB, para acceder al Bachillerato y a la Formación Profesional. Después de superada la enseñanza obligatoria se accedería al Bachillerato (dos cursos) y la Formación Profesional de Grado Medio, la Formación Profesional de Grado Superior y la educación universitaria. La nueva ley trataba de dar respuesta a las demandas y necesidades sociales con proyección de futuro. Según recoge el Preámbulo, "para la superación de los estereotipos sociales asimilados a la diferenciación por sexos, empezando por la propia construcción y uso del lenguaje". El cuerpo de la ley es progresista contemplando la igualdad. En el artículo 2, apartado 3 c), hacía referencia a "La efectiva igualdad de derechos entre los sexos, el rechazo a todo tipo de discriminación, y el respeto a todas las culturas" [37].

Con dicha ley se gestó un nuevo modelo de formación inicial del Magisterio y el perfil profesional emanado de su diseño. La reforma educativa generó transformaciones en las instituciones, en los programas y prácticas pedagógicas, pero no mejoró el nivel académico de los egresados. Los estudios de Magisterio recuperaron el título de maestro/a como si se tratara de dignificar a la profesión. No se alcanzó la licenciatura, pero sí la diversidad de especialidades con mayor rango para la titulación. En total, siete especialidades del título de maestro/a venían a suplir las carencias formativas del Magisterio y las demandas escolares[38]. Dichas especialidades eran: Título de Maestro-Especialidad de Educación Infantil, Educación

[37] Ley Orgánica 1/1990, de 3 de octubre de Ordenación General del Sistema Educativo. *BOE*, 15 de octubre de 1990.

[38] Real Decreto 1440/1991, de 30 de agosto.

Primaria, Lengua Extranjera, Educación Física, Educación Musical, Educación Especial y Audición y Lenguaje.

Se pretendía homogeneizar unos mínimos contenidos en todos los distritos y, de acuerdo con las directrices generales, elaborar el correspondiente plan de estudios. Si bien contenían una base común de materias de las ramas pedagógicas, psicológicas y didácticas específicas en todas las especialidades, que proporcionaban la formación teórico-práctica del alumnado, no cubrió las expectativas que suscitaron los nuevos planes de estudio.

PROYECCIÓN DE LA POLÍTICA EDUCATIVA: POBLACIÓN ESCOLAR Y TASAS DE MATRÍCULA

La Carta Magna garantizó los derechos igualitarios y favoreció el desarrollo de una cultura política igualitaria. El artículo 14 de la Constitución proclama el derecho a la igualdad y a la no discriminación por razón de sexo[39]. Por su parte, el artículo 9.2 consagra la obligación de los poderes públicos de promover las condiciones para que la igualdad del individuo y de los grupos en que se integran sean reales y efectivas. Se trataba de hacer efectivo el principio de igualdad y no discriminación entre sexos para eliminar la subordinación de las mujeres. Las políticas hacia la educación de las mujeres se concretaron en borrar la discriminación, eliminando las barreras que obstaculizaban el acceso a la educación. Tras la aprobación de la Constitución de 1978, en el proceso de democratización educativa se fueron liquidando los vestigios de la escuela nacional católica impuesta por el régimen dictatorial. El avance también se dirigió a la consecución de la igualdad de género, así como a las adaptaciones de las materias y de sus contenidos. El principio de no discriminación por razón de sexo fue un mandato constitucional[40].

---

[39] "Todos los españoles son iguales ante la ley, sin que pueda prevalecer discriminación alguna por razón de nacimiento, raza, sexo, religión, opinión o cualquier otra circunstancia personal o social". Artículo 14 (1º del Capítulo II).

[40] Pilar TOBOSO SÁNCHEZ: "Las mujeres en el siglo XXI: Igualdad jurídica, discriminación cotidiana", en Pilar PÉREZ CANTÓ (ed.): *De la democracia ateniense a la democracia paritaria*, Barcelona, Icaria Editorial, 2009, p. 217.

El progreso de la educación se reflejó en el incremento de la escolarización y de la matrícula en los diferentes niveles del sistema educativo, tal como indican las cifras que recogen las estadísticas. Si analizamos los datos cuantitativos, por ejemplo, en el curso académico 1987/1988 el total de la población escolar del nivel de Educación Infantil/Preescolar era de 1.053.241, siendo el porcentaje de niñas del 49,15% y 51,85 de niños. La escolarización era completa para la población de 5 a 13 años y se mantiene llegando al 100% de escolarizados de 14 años en el curso 1995-1996[41]. En dicho curso 1995-1996 en Educación Primaria había una matrícula de 1.096.677, representando las niñas el 48,68% en la Primaria/Enseñanza General Básica. Para la Enseñanza Primaria había 5.398.095 matriculados, con un 48,29% de mujeres. Las cifras son algo superiores en los varones. En el curso 1995-1996 era de 3.849.991 en Primaria, siendo las niñas el 48,06% y el 51,94 los niños; en la ESO sumaban 457.386 en total y 49,75% de niñas y 50,25% de niños. La progresiva implantación de la Enseñanza Secundaria Obligatoria se refleja en el incremento de los índices de escolarización de la población estudiantil. En la ESO, también el número de niños escolarizados es algo superior al de niñas, aunque la diferencia es algo menor en el año 1995-1996 que en 1993-1994[42].

En el Bachillerato, en el año académico 1987-1988 sumaban 1.399.048 estudiantes, de los que el 53,00% eran mujeres y el 47,00% hombres. En Formación Profesional, en 1987-1988 había un total de 759.796, siendo el porcentaje de 55,08% varones y el 44,92% mujeres. Más tarde, en 1995-1996 ascendía a 774.126 con un registro de 52,20% de chicos y 47,80% de chicas. De esta manera, se detecta una diferencia en la distribución porcentual por sexos, aunque no sea muy acusada. Los varones eran numéricamente más en la Enseñanza Secundaria Obligatoria; un 51,40% del alumnado es masculino en el primer ciclo y en el segundo ciclo de la ESO, representando el 61,10% del total[43]. En cambio, desde 1987-1988 las cifras en el Bachillerato demuestran una mayor presencia de mujeres. Así en el nivel de Bachillerato

[41] MEC, *Las desigualdades en…*, p. 20.
[42] Ibídem, p. 26.
[43] Ibídem.

(BUP/COU), Bachillerato Experimental y Bachillerato LOGSE, el número de alumnas es mayor que el de alumnos. En Bachillerato se consolida la mayor presencia de las mujeres en el sistema educativo no universitario. En 1987-1988 se equiparó la matrícula femenina y masculina[44]. La matrícula en Formación Profesional, con la Ley General de Educación, en el caso de las mujeres era más baja y muy evidente en aquel contexto. En los estudios universitarios, en 1987 las mujeres representaban el 50,6%, pero continuaban en el ascenso progresivo llegando al 53,3% en 1997.

Los registros estadísticos reflejan que a partir del curso 1987-1988 se produce una tendencia a la igualación por sexos. No obstante, se aprecia un progresivo incremento de las tasas de matrícula femeninas. Aparte de la mayor presencia femenina en estas enseñanzas (54,78% en Bachillerato LOGSE y de 54,49% en COU), las opciones de Humanidades y Ciencias Sociales (65,82% en la opción de bachillerato LOGSE y 65,31% en la opción D de COU, además de un 61,21% en la opción C). También son modalidades con preponderancia femenina las relacionadas con la Ciencias de la Salud (63,84% en la opción B de COU y 53,99% en la de Naturaleza y Salud de Bachillerato LOGSE). Sin embargo, la opción de Tecnología del Bachillerato LOGSE tiene entre su alumnado a un 20,15% de mujeres, lo que incluso supone un descenso de la presencia femenina en esta área con respecto a la situación de COU; en él, la opción A Científico-tecnológica cuenta con un 36,71% de mujeres. Los denominados estudios STEM, es decir, Ciencias, Tecnología, Ingeniería y Matemáticas, presentan menor matrícula femenina[45]. La matrícula total universitaria también se incrementó, el alumnado pasó de 902.284 en 1986-1987 a 1.536.409 en 1996-1997, cifra que equivalía a un 70,2% más que la matrícula de diez años antes. En 1996-1997 las mujeres representaron el 52,9% de la población estudiantil universitaria y los hombres el 47,1%. A tenor de los datos estadísticos, queda patente la influencia del factor sexo

[44] Ibídem, p. 27.
[45] Ibídem, p. 30.

en las últimas etapas de la enseñanza obligatoria y en la realización de estudios postobligatorios.

Tanto en Formación Profesional como en Bachillerato, las mujeres eran las que más promocionaban. En cambio, en la Enseñanza Secundaria Obligatoria eran los alumnos los que obtenían mejor rendimiento. La presencia femenina, según los porcentajes, equivalía a 54,78% en Bachillerato LOGSE y de 54,49% en COU frente al 45,22% y 45,51% de hombres[46]. Las mujeres continúan más sus estudios respecto a los varones y con una marcada tendencia hacia las ramas académicas frente a la formación profesional. Si bien, el número de matriculados varones era mayor en Formación Profesional, tienden más a abandonar sus estudios profesionales en mayor proporción que las mujeres, y de ahí que las cifras reflejen mayor entidad numérica de egresadas[47].

Junto al sexo, la edad es otra variable que considerar en educación. En la Enseñanza Obligatoria la edad es superior en caso de los alumnos, pero se invierte en los estudios profesionales, en los que son las mujeres las que tienden a permanecer matriculadas en edades superiores, no correspondientes a esas enseñanzas[48].

Los avances alcanzados no han supuesto lograr la igualdad total en el sistema educativo, puesto que sigue prevaleciendo el modelo masculino, que transmite una cultura androcéntrica que continúa ignorando a las mujeres. Porque el progreso científico y académico no ha estado exento de los sesgos de género y reproduce las condiciones culturales de la sociedad patriarcal. Algunas españolas discrepaban entre ellas; esos desencuentros se debían a que, tras décadas de adoctrinamiento, no eran conscientes de la subordinación y sometimiento. Así las conservadoras se resistían a los cambios y a adaptarse a una nueva realidad. No tenían modelos de lucha; pero las mujeres progresistas fueron reivindicando derechos y haciéndose oír en un contexto convulso, condicionado por el proceso que liquidaba de forma paulatina la dictadura militar. A pesar de la resistencia de una parte importante de la sociedad, se trataba de hacer efectivo el

46 Ibídem, p. 28.
47 Ibídem.
48 Ibídem.

principio de igualdad y no discriminación entre sexos para eliminar la subordinación de las mujeres. La herencia del pasado dictatorial del franquismo y el mensaje adoctrinador surtió efectos a largo plazo. La subordinación de las mujeres y el sexismo siguió latente en la sociedad española. Los roles y estereotipos de género siguieron marcando la vida de las niñas, jóvenes y mujeres adultas. Las medidas legislativas no cambiaron mentalidades, ni de las familias, profesorado ni de la sociedad entera. En este sentido, la educación era un factor clave.

El empuje de una mayor formación para la población femenina junto a la toma de conciencia de las familias permitió el acceso a un abanico de estudios y profesiones. La educación ha sido capaz de modificar el panorama formativo y educativo de las españolas, impulsado por factores políticos y económicos. La unificación de los programas educativos, eliminando las materias sexistas, no contribuyó a la igualdad en la esfera privada donde las mujeres seguían ostentando las responsabilidades de la vida doméstica. Además del aumento de la escolarización femenina, es preciso destacar que en las últimas décadas del siglo XX se transita de la educación de élites a la de masas, tanto en la educación secundaria como superior. Dicha extensión de la educación a todos los sectores sociales sitúa a España en el contexto europeo, la aproxima a los países del entorno político y económico de la Unión Europea. Con el aumento de inversión y las políticas educativas, de forma cuantitativa y cualitativa, la educación anuncia un tiempo nuevo. La extraordinaria expansión de la educación en los primeros años de la restauración democrática condujo a la escolarización total, a la plena escolarización de la población infantil entre seis y catorce años. Este hecho constituye un hito histórico y democratizador, alcanzar la educación obligatoria, entrando en el régimen de la educación de masas. Esta situación se manifestó en la superación del modelo elitista anterior, extendiéndose el nivel de enseñanza secundaria y enseñanza superior. En otros países europeos se alcanzó con anterioridad, después de la Segunda Guerra Mundial, con los impulsos democratizadores y el liderazgo de la burguesía progresista. Por el contrario, en España la involución con la política autoritaria frenó el proceso de modernización. La legitimación de la escuela democrática y plural, como garante de la igualdad de oportunidades para todos y todas, fue un proceso paulatino que concluyó con el siglo XX, superando el atraso de décadas anteriores y convirtiendo a España en un país más europeo.

En estos años, además de dar respuesta a la desigualdad de género, se trató de resolver las demandas de pluralidad y diversidad, enfatizando el valor de la diferencia frente al centralismo. La creación del Estado de las autonomías propició la modernización y la diversidad cultural de España. El resurgimiento de los nacionalismos dinamizó las políticas educativas y la práctica pedagógica, atendiendo a las singularidades de los territorios. El pluralismo en la geografía cultural abrió espacio a las innovaciones educativas y curriculares.

CONCLUSIONES

El papel desempeñado por la educación resultó fundamental para el progreso, de forma paralela a las transformaciones sociales, políticas, económicas y culturales que sucedieron en las últimas décadas del siglo XX. Con la tecnocracia se transita hacia un nuevo modelo educativo (casi democrático), que sintetizaba y conjugaba principios nuevos con los viejos valores del régimen. La Ley General de Educación estuvo en vigor durante veinte años (1970-1990), dos décadas cruciales para la sociedad española que cambiaron sustancialmente la educación. Estuvo vigente durante el tardo franquismo, la transición democrática y los años de la democracia hasta la promulgación y aplicación de la LOGSE, aunque sufrió importantes adaptaciones. Hasta la llegada de la democracia, no se alcanzó la plena escolarización. La reforma educativa estaba construida en el marco de un proyecto de legitimación del orden establecido y los docentes eran los encargados de desarrollarla en las escuelas. La política consensuada supuso la desmovilización de un sector de la sociedad franquista, aunque alejarse de la sociedad autoritaria tenía sus rémoras. Desde la etapa de la transición democrática la educación se fue transformando, producto de una mezcla de viejas y nuevas ideas con cambios metodológicos. En un periodo de cambios legislativos y de efervescencia social y cultural, la normativa experimentó notables modificaciones, producto de la alternancia en el poder y de la aplicación de sus respectivos programas. Las políticas educativas generaron cambios, cuyo grado de intensidad depende de los distintos gobiernos y de las ideologías dominantes, que contribuyen a la transformación de la sociedad. Bajo el mandato del Partido Popular se aprobó la Ley Orgánica de Calidad Educativa en 2002, la LOGSE fue derogada, aunque la nueva ley mantenía la misma estructura. Más tarde, en 2006 se remodeló con la Ley Orgánica de Educación aprobada con otro Gobierno socialista. La abundante legislación generó cambios curriculares que afectaban al alumnado y al profesorado.

El Magisterio fue una profesión con alta participación femenina, apreciándose una progresiva feminización a lo largo del siglo XX, aunque con la implantación del Plan de 1971 se aprecia cierto descenso en el porcentaje. A pesar de las variables, la muestra se repite casi de forma idéntica en todas partes, con la tendencia de la ruralización y feminización. Se reflejó la evolución en la trayectoria de la educación de las mujeres y se inició una etapa acorde con los tiempos, en sintonía con los principios y las leyes democráticas. No obstante, los saberes de las mujeres quedaron en los márgenes de lo académico. Se unificaron los espacios, las aulas, los programas, pero la cultura académica con sesgos de género las seguía olvidando. La reproducción de los estereotipos de género, tanto en los discursos como en la socialización, no impidió que las mujeres fueran ocupando espacios educativos y profesionales.

Además de lo anterior, las estadísticas también revelan la evolución de la enseñanza secundaria y de la enseñanza superior de una educación de élites a la de masas. Se ha diversificado la oferta académica, la expansión de las disciplinas científicas en los diversos campos del conocimiento y el incremento de estudiantes nos acercan a los países de la Unión Europea; en algunos casos superando las matrículas en todos los niveles educativos y no solo la superación en el marco de la educación obligatoria. A excepción de la Formación Profesional, que no termina de consolidarse y aparece en proceso de reforma, con una trayectoria irregular condicionada por los desaciertos de la política educativa, por una menor atención y menor inversión junto a los factores sociales de bajo estimación. No obstante, las inversiones en el campo educativo no han sido suficientes. La necesidad de aumentar los recursos para subsanar los índices de fracaso académico junto a la modernización de los programas pedagógicos, toda vez que era necesaria la renovación de las metodologías, del discurso y la práctica de las instituciones académicas. Las tradiciones pedagógicas poco permeables y discontinuas, por su debilidad, han frenado su aplicación, lo que evidencia el retraso de España en modelos innovadores. En el contexto modernizador, la Transición y la restauración democrática impulsaron la renovación pedagógica. Los movimientos alternativos tuvieron un destacado papel, aunque acabaron siendo neutralizados por el Gobierno.

ESPAÑA EN MARCHA: LA MOVILIZACIÓN POPULAR COMO PALANCA EN LA CONSTRUCCIÓN DE LA DEMOCRACIA Y LOS DERECHOS SOCIALES (1945-1986)

Julio Pérez Serrano
Universidad de Cádiz

UN NUEVO CONTEXTO HISTORIOGRÁFICO

La historiografía referida a la Transición española tendió inicialmente a minusvalorar el papel de los actores sociales en el cambio político que vivió el país tras la muerte de Franco. Se popularizó así la imagen del rey Juan Carlos como "motor", en la célebre metáfora de Areilza, o "piloto" del cambio, auxiliado por abnegados "arquitectos" curtidos en el aparato del Régimen, como Torcuato Fernández-Miranda o Adolfo Suárez, y leales colaboradores provenientes de la oposición, como Felipe González o Santiago Carrillo[1].

Aunque discutida, esta imagen tuvo una cierta razón de ser, pues en sus años finales la dictadura exploró vías y desarrolló instrumentos para llevar a cabo una reforma política que abriera a España las puertas de Europa y normalizara su situación en el concierto internacional. La piedra angular de esta estrategia fue la restauración de la monarquía[2], dotándola de una nueva legitimidad y haciendo pivotar en torno a ella la adaptación del sistema político[3]. El capital humano

[1] Charles T. POWELL: *El piloto del cambio: el rey, la monarquía y la transición a la democracia*, Barcelona, Planeta, 1991; y Paul PRESTON: *Juan Carlos: el rey de un pueblo*, Barcelona, Círculo de Lectores, 2003.

[2] En la Ley de Sucesión promulgada en 1969 se empleó el término *instauración* debido a que el príncipe Juan Carlos de Borbón no ostentaba entonces los derechos dinásticos. Bernecker y otros autores propusieron, por ello, la noción de "re-instauración". No obstante, en términos históricos lo relevante no es la persona, sino la *restauración* de la monarquía como forma de gobierno. De hecho, poco después, en mayo de 1977, Don Juan de Borbón normalizaría la situación cediendo los derechos dinásticos a su hijo.

[3] Walther L. BERNECKER: "El papel político del rey Juan Carlos en la Transición", *Revista de Estudios Políticos*, 92 (1996), pp. 113-135, especialmente 122-128.

de esa reforma provendría básicamente del aparato del Régimen, aunque en su recorrido, mucho más incierto de lo previsto, se incorporaron también actores procedentes de la oposición. Hay una amplia literatura producida por, o referida a, los líderes implicados en este proceso, así como un gran número de estudios centrados en la acción de los partidos y en las estrategias desplegadas por las élites para alcanzar sus fines. Es comprensible así que, en una sociedad desmovilizada y despolitizada como la que presentan estos relatos, pudiera llegar a pensarse que el Estado de Derecho y el Estado de Bienestar actualmente existentes hubieran sido el fruto de una simple negociación entre notables.

No debe extrañar tampoco que, hasta hace algunos años, en muchos estudios sobre la crisis del franquismo y la recuperación de las libertades haya prevalecido un abordaje básicamente político y unidimensional, plasmado en el oxímoron ampliamente difundido de una "transición democrática", donde *transición* y *democracia* se identifican, como si evocaran una misma realidad[4]. Fomenta la confusión el hecho de que este encuadre presenta a la democracia en términos estrictamente formales, como un método y un sistema de equilibrio entre partes que sirve al mantenimiento del orden social[5]. La soberanía se expresaría a través del sufragio y serían los partidos (y no los ciudadanos directamente) los encargados de "hacer política", en función del respaldo obtenido por cada uno de ellos en las citas electorales.

La democracia representativa que se estableció en España en 1978, caracterizada por un fuerte predominio institucional, se ajusta bastante a este modelo. La participación ciudadana, aunque mencionada hasta en cinco ocasiones en el texto constitucional, no se ha fomentado y las acciones colectivas de reivindicación y protesta han ido cayendo en un progresivo descrédito. Por la vía de los hechos, desde 1980, el papel de la movilización fue relegado y cuestionado, en beneficio

[4] Julio PÉREZ SERRANO: "Actualidad del debate sobre la *transición democrática* en España", en Carmen GONZÁLEZ MARTÍNEZ (coord.): *Transiciones políticas contemporáneas: singularidades nacionales de un fenómeno global*, Madrid, Fondo de Cultura Económica, 2018, pp. 29-30.

[5] Véase Robert DAHL: *La democracia. Una guía para los ciudadanos*, Madrid, Taurus, 1999.

de las estrategias de negociación y pacto. Esto, que sin duda ha dado estabilidad y longevidad al sistema, ha diluido sin embargo la memoria del antifranquismo y limitado el reconocimiento que se otorga a quienes lucharon por las libertades. A diferencia de otros países europeos, que honran a la resistencia antifascista, en España todavía cuesta dar una sepultura digna a las víctimas y retirar los símbolos de la dictadura del espacio público.

Las interpretaciones elitistas del cambio político cuentan con sólidos referentes teóricos. Para Guillermo O'Donnell y Philippe Schmitter el cambio político se gesta siempre en el propio seno de la dictadura, por las disensiones en el bloque dominante[6]. Terry Karl afirma que las transiciones se hacen desde arriba, son el resultado del consenso gradual entre las élites, pues ninguna democracia estable habría surgido de transiciones "en las que los actores de masas hayan ganado control, aunque sea momentáneamente, sobre las clases dominantes tradicionales"[7]. Robert Dahl señala que la concertación entre las élites y el gradualismo constituyen las exigencias esenciales para el acceso pacífico a la democracia[8]. Para Dankwart Rustow, en las transiciones las elites políticas suelen buscar el compromiso mientras las bases persisten en la confrontación[9].

En el caso de España, una tesis muy extendida considera que la modernización social y económica iniciada en los 60 habría aportado el contexto y los recursos necesarios para que destacadas individualidades, y en general las élites del país, llevaran a cabo la demolición de un régimen que les resultaba ya obsoleto e incapaz de adaptarse a las demandas del nuevo contexto histórico. La elogiada responsabilidad de la oposición, y de la sociedad española en su conjunto, habría consistido en asumir los costes de su necesaria colaboración en las iniciativas promovidas por los grupos de poder

[6] Guillermo O'DONNELL y Philippe C. SCHMITTER: *Transiciones desde un gobierno autoritario,* 4: *Conclusiones tentativas sobre las democracias inciertas,* Barcelona, Paidós, 1994, pp. 32-34.

[7] Terry Lynn KARL: "Dilemmas of Democratization in Latin America", *Comparative Politics*, vol. 23, 1 (octubre 1990), p. 8.

[8] Robert DAHL: *La poliarquía: participación y oposición*, Madrid, Tecnos, 1989.

[9] Dankwart A. RUSTOW: "Transitions to Democracy. Towards a Dynamic Model", *Comparative Politics*, vol. 2/3 (abril 1970), p. 360.

nacionales e internacionales y por el propio entramado institucional vigente; algo que, según cómo se interprete, podría ser digno de reproche o de alabanza.

En los últimos años, nutriéndose en parte de estas ideas ha emergido una nueva historiografía que podríamos denominar "neofranquista", nutrida por trabajos que atribuyen abiertamente a la dictadura de Franco el mérito de haber promovido la democracia y los derechos sociales en España, al crear las condiciones de moderación y estabilidad requeridas para ello. Lejos de atrincherarse en la defensa numantina del Régimen, denunciando la anarquía y el libertinaje de la democracia liberal, como hicieron Joaquín Arrarás y otros historiadores franquistas[10], estos tienden a magnificar la dimensión y el alcance de las reformas realizadas durante la dictadura, atribuyendo a las élites tecnocráticas del Régimen, e incluso al propio Franco, una visión estratégica y una firme voluntad modernizadora, no solo en lo económico, sino también en lo político[11]. Cobran así una segunda vida las tesis de Ricardo de la Cierva, quien definía la transición política como la "cuarta apertura" de un régimen que habría logrado modernizar España desde arriba, jalonando sucesivas reformas (aperturas) hasta completar su "metamorfosis" democrática[12].

Al mismo tiempo, estas narrativas alimentan estereotipos ideológicos que tienden a deturpar la imagen de los sindicatos, los partidos y los actores sociales de la oposición antifranquista, deslegitimándolos por su carácter violento y revolucionario durante la Segunda República y la Guerra Civil[13], y presentándolos hoy como entes esencialmente corruptos y totalitarios, en una lectura retrospectiva del pasado alentada por un poderoso complejo mediático

---

[10] Joaquín ARRARÁS: *Historia de la Segunda República*, Madrid, Editora Nacional, 1956-1964, 4 vols.

[11] Stanley G. PAYNE y Jesús PALACIOS: *Franco. Una biografía personal y política*, Madrid, Espasa, 2014.

[12] Ricardo de la CIERVA: *La cuarta apertura. Lo que tiene que decir*, Barcelona, Planeta, 1976.

[13] Manuel ÁLVAREZ TARDÍO y Roberto VILLA: *1936. Fraude y violencia en las Elecciones del Frente Popular*, Madrid, Espasa, 2017; y Fernando del REY: *Retaguardia roja. Violencia y revolución en la guerra civil española*, Madrid, Galaxia Gutemberg, 2019.

y editorial. Todos estos elementos se trasladan a menudo al debate político en discursos que atribuyen a la izquierda, a los sindicatos y a los movimientos sociales, el poner en riesgo, con sus políticas populistas, sectarias y clientelares, los logros del Estado de Bienestar, del que la derecha se proclama hoy artífice y principal garante de su sostenibilidad.

La novedad de estos marcos es que han logrado rescatar mitos de la retórica franquista que parecían olvidados, apropiándose a la vez del legado democrático y constitucional de la Transición, algo impensable hace veinte años. Se ha generado así un discurso capaz de dar aparente coherencia a posiciones tan dispares como la justificación del golpe militar de 1936, la revalorización de la obra de la dictadura, la defensa de la democracia y la sacralización de la Transición. Este relato tiene la virtualidad de ensamblar con una lógica maniquea, pero accesible, casi un siglo de historia mediante una asignación de roles que sitúa a los partidos de izquierda, los sindicatos de clase, los movimientos sociales y las fuerzas nacionalistas de Cataluña y el País Vasco como los principales enemigos de la democracia y de la modernización[14]. En lógica consecuencia, se reivindica la obra de las élites sociales y económicas, las instituciones tradicionales, la monarquía y los partidos de la derecha, la llamada "gente de bien", comprometidos todos ellos con la defensa de la unidad nacional, la Constitución y el bienestar de los españoles, desde los tiempos de Miguel Primo de Rivera, cuyo legado autoritario también se asume tácitamente en estas narrativas[15].

Más allá de la valoración que podamos hacer de estos enfoques, es obligado señalar que una historia rigurosa de las libertades y de los derechos sociales no puede hacerse mirando únicamente hacia arriba, contemplando de forma aislada y descontextualizada la acción de los

---

[14] Como botón de muestra, véase Jesús LAÍNZ FERNÁNDEZ: *Negocio y traición. La burguesía catalana de Felipe V a Felipe VI,* con prólogo de Stanley G. Payne, Madrid, Encuentro, 2020.

[15] Manuel ARAGÓN et al: *España: Democracia menguante,* Madrid, Colegio Libre de Eméritos, 2023. Contiene textos de prestigiosos académicos como el propio Manuel Aragón, Francesc de Carreras, Juan Díez Nicolás, Tomás-Ramón Fernández, José Luis García Delgado, Emilio Lamo de Espinosa, Araceli Mangas, Francisco Sosa Wagner y Gabriel Tortella.

sucesivos gobiernos. La democracia y el bienestar de los ciudadanos nunca han sido producto de decisiones altruistas, sino de complejos procesos de modernización en los que los agentes políticos y sociales interactúan desplegando estrategias para alcanzar la hegemonía.

LA MOVILIZACIÓN POPULAR EN EL FRANQUISMO Y LA TRANSICIÓN

Para comprender la historia reciente de España y, en particular, el restablecimiento de la democracia y la elevación de los niveles de bienestar, con todas las limitaciones que pueden reconocerse en ambos procesos, es necesario mirar también hacia abajo, dotar de valor interpretativo a lo que acontece en la sociedad. Esto nos permitirá fácilmente comprobar que hasta los más mínimos progresos vinieron precedidos por años de lucha, organización y resistencia. Los agentes que los impulsaron sufrieron la hostilidad de las élites económicas y la represión de los poderes del Estado, en ocasiones con un alto coste, también en vidas humanas. Cada vez está más acreditado que la movilización popular fue un importante factor en la crisis del franquismo, hasta tal punto que, como afirman Nicolás Sartorius y Alberto Sabio, la actual democracia española "hubiese sido inviable sin la poderosa presión social encabezada por los trabajadores y sus organizaciones sindicales"[16].

En las páginas que siguen veremos cómo en España la lucha por las libertades y por el bienestar social comenzó a reactivarse ya a finales de los 40, se intensificó en el segundo franquismo y alcanzó su cénit en el primer lustro del reinado de Juan Carlos I. Su presencia fue constante, aunque diversa en magnitud y extensión, durante toda la dictadura y en el proceso de normalización política.

[16] Nicolás SARTORIUS y Alberto SABIO: *El final de la dictadura. La conquista de la democracia en España, noviembre de 1975-junio de 1977*, Madrid, Temas de hoy, 2007, p. 50.

Tabla 1.- Etapas de movilización
y avance social en España, 1945-1986

Movilización popular			Represión*		Avance social
Ciclos	Impulsos	Impacto	Amplitud	Estados de excepción	
1945-55	1946-47	Emergente	General		Subsistencia
	1951-53	Localizado	General		Fin de la autarquía
1956-66	1956-58	Extendido	General	1956, 1958	Negociación colectiva
	1962-63	Diversificado	General	1962 (2)	Bases de la Seguridad Social
1967-79	1967-75	Sostenido	General	1967, 1968 (2), 1969, 1970 (2), 1975	Estado autoritario de Bienestar
	1976-79	Crítico	Específica		Estado democrático de Bienestar
1980-86	--	Residual	Puntual		Estado de Bienestar universal

* *General*: militar, política, policial y judicial; *Específica*: policial, parapolicial y judicial; *Puntual*: policial y parapolicial. Las fechas indican las declaraciones de estados de excepción; entre paréntesis, si hubo más de una declaración en el mismo año. Elaboración propia

La Tabla 1 presenta una cronología de las movilizaciones, las respuestas represivas del Régimen y los hitos del avance social en un periodo que integra tanto al franquismo como a la Transición, pues en lo que se refiere a la acción colectiva no hay una cesura en 1975. Se propone así un enfoque que sitúa la movilización popular como impulsora de una dinámica acción-represión-avance social, que implicaría reformas en la estructura política ligadas directa o indirectamente a los ciclos de protesta y una progresiva mejora en las condiciones de vida y de trabajo de la población[17].

[17] Incorporamos la noción de *avance social*, a menudo omitida en los análisis funcionalistas de la modernización, Teresa CARNERO ARBAT: "Introducción", en Teresa CARNERO ARBAT (ed.): *Modernización, desarrollo político y cambio social*, Madrid, Alianza, 1992, p. 33.

Pueden identificarse tres grandes ciclos de movilización que poseen rasgos específicos. El primero comenzaría en 1945, tras la victoria aliada sobre la Alemania nazi, con una primera ola de huelgas motivadas por las condiciones de extrema calamidad que soportaban las clases trabajadoras. El segundo se iniciaría en 1956, también por motivos económicos, pero lo específico de él sería la extensión de las protestas, todavía circunscritas a los grandes centros industriales y urbanos, con dos epicentros (la fábrica y la universidad) y dos actores principales (obreros y estudiantes). El tercero arrancaría en 1967 y se prolongaría más allá de la muerte del dictador, hasta 1979; estaría caracterizado por la generalización de las luchas, su creciente politización y el arraigo de los movimientos sociales que pugnarán por dotar de contenido material a la democracia en el cambio de régimen.

Esta dinámica muestra que no solo en la Transición, sino también durante el franquismo, la movilización, inicialmente focalizada en determinados territorios y sectores sociales, aun siendo duramente reprimida, tuvo efectos diferidos en decisiones que comportaron (o fueron vistas como) un cierto debilitamiento del Régimen, lo que a su vez alentaría nuevas acciones de protesta, cada vez más sólidas y generalizadas. En su interacción con el Régimen, estos ciclos pueden interpretarse de acuerdo con el enfoque clásico de la teoría de oportunidades políticas[18], con el matiz de que la propia movilización habría sido un importante, aunque silenciado, catalizador en los prolegómenos del proceso.

Como ahora comprobaremos, la acción colectiva y la situación internacional fueron los factores disruptivos que obligaron a la dictadura a mutar desde finales de los 40, buscando primero salir de su aislamiento, luego liberalizar la economía y finalmente llevar a cabo una modernización *sui generis* que desembocó en una profunda crisis política. La movilización se fue así consolidando y extendiendo, en una dinámica de impulsos encadenados que, pese a los reiterados esfuerzos represivos y a la resistencia de los poderes fácticos, haría

[18] Sidney TARROW: "Estado y oportunidades: la estructuración política de los movimientos sociales", en Doug McADAM, John D. McCARTHY y Mayer N. ZALD (eds.): *Movimientos sociales: perspectivas comparadas. Oportunidades políticas, estructuras de movilización y marcos interpretativos culturales,* Madrid, Istmo, 1999, p. 89.

imposible que el sistema dejase de evolucionar, para evitar la obsolescencia, hacia su propia desintegración tras la muerte de Franco.

EL DESPERTAR DE LA PROTESTA (1945-1955)

La derrota de la Alemania nazi obligó a Franco a buscar el diálogo con las potencias aliadas, consolidando el viraje ya iniciado en 1943. En este contexto y, aunque la represión ejercida desde el comienzo mismo de la dictadura había desarticulado el movimiento popular y reducido al mínimo la capacidad de las organizaciones clandestinas, pueden verse ya los primeros signos de reactivación de la protesta. Entre 1939 y 1945 hubo algunas huelgas en fábricas emblemáticas de Barcelona, como la Maquinista Terrestre y Marítima, en el verano de 1945, y también en Vizcaya y Guipúzcoa. Como señala Álvaro Soto, los conflictos se intensificaron en 1946-1948[19], animados en parte por la esperanza de que la derrota del Eje conllevara la caída de la dictadura, pero sobre todo por el hambre y la miseria de las clases populares. Los principales focos estuvieron en las provincias más industrializadas y con mayor tradición de lucha sindical: Barcelona, con la huelga general de Manresa, que provocó en 1946 una oleada de protestas en los sectores del textil y el metal; Madrid, también en el metal y en la construcción; Guipúzcoa y Vizcaya, donde el 1º de Mayo de 1947 estalló una huelga general en la que participaron más de 50.000 trabajadores[20].

La reanudación, en este contexto, de la actividad guerrillera desató una intensa represión, sobre todo en Asturias, sustentada en el Decreto-Ley sobre Represión de los Delitos de Bandidaje y Terrorismo, promulgado en abril de 1947, que confirmaba la asignación de los "delitos políticos" a los tribunales militares. Después de 1948 el empuje huelguístico decayó por la dureza represiva y ante la

---

19 Álvaro SOTO CARMONA: "Huelgas en el franquismo: causas económicas-consecuencias políticas", *Historia Social*, 30 (1998), p. 46.

20 Llibert FERRI, Jordi MUIXÍ y Eduardo SANJUÁN: *Las huelgas contra Franco*, Barcelona, Planeta, 1978, p. 93.

evidencia de que la dictadura había superado el momento crítico y buscaba un encaje en el sistema bipolar que se estaba configurando[21].

No obstante, a comienzos de los 50 se reactivó la protesta, esta vez alimentada por la rebeldía de quienes continuaban sufriendo la precariedad pese a la mejora de las expectativas económicas. La década de los 40 estuvo marcada por la inflación, la carestía de la vida y el racionamiento, que duraría hasta 1952. En marzo de 1951, la subida del precio de los tranvías en Barcelona fue el detonante de una huelga general, saldada con un muerto y varios heridos. El paro se extendió a los sectores textil, metalúrgico, químico y de la construcción, seguido por más de 300.000 trabajadores[22]. A diferencia de lo sucedido en Madrid y otras ciudades, esta movilización desbordó el ámbito económico. La huelga fue un éxito y las autoridades que habían gestionado la represión fueron destituidas[23]. Las protestas se extendieron también por Cataluña, Madrid, el País Vasco, Aragón y Navarra. La huelga de Euskalduna en 1953, en la onda expansiva de 1951, vio nacer una primera, aunque efímera, "comisión obrera" que se disolvió al finalizar el conflicto.

En todo caso, estas huelgas eran todavía laborales y estaban motivadas por las míseras condiciones de vida de los trabajadores. No constituían una amenaza política. Pero cabe atribuirles una cierta oportunidad, pues, pese a la represión ejercida, el Régimen se vio forzado a contemporizar e incluso ceder en algunos conflictos, ya que necesitaba dar una imagen de normalidad que facilitara la firma, en 1953, del Concordato con la Santa Sede (27 de agosto) y de los Pactos de Madrid con Estados Unidos (26 de septiembre).

El Concordato había sido solicitado por Franco en marzo de 1951 a Pío XII, a través de Joaquín Ruiz Giménez, embajador de España en la Santa Sede, para consolidar el apoyo del Vaticano en su estrategia de romper el aislamiento a cambio de dotar de mayor influencia a la Iglesia en su competencia con los sectores falangistas

---

[21] Pere YSÀS: "El movimiento obrero durante el franquismo. De la resistencia a la movilización (1940-1975)", *Cuadernos de Historia Contemporánea*, 30 (2008), p. 172.

[22] Sebastian BALFOUR: *La Dictadura, los trabajadores y la ciudad. El movimiento obrero en el área metropolitana de Barcelona (1939-1988)*, València, Edicions Alfons el Magnànim, 1994, p. 40.

[23] Álvaro SOTO CARMONA: "Huelgas en el franquismo…", p. 50.

del Movimiento. Poco después, en julio, el dictador nombró a Ruiz Giménez ministro de Educación Nacional, dejando al frente de la embajada vaticana a otro católico de perfil aperturista, Fernando María Castiella, que culminó las negociaciones. Desde el Ministerio, Ruiz Giménez intentó reformar el sistema educativo y en particular la institución universitaria, con una perspectiva católica y moderadamente aperturista, para lo cual se rodeó de falangistas liberales como Pedro Laín Entralgo, al que nombró rector de la Universidad de Madrid.

Por su parte, el acercamiento a los Estados Unidos fue posible gracias a la fractura entre los aliados tras el bloqueo soviético de Berlín (1948-1949), del que emergió un mundo dividido en bloques ideológicos. Aunque Franco había contado con el apoyo directo de Alemania e Italia durante la guerra de España, se había destacado por su radical anticomunismo, acreditado por el envío de la División Azul a combatir contra la Unión Soviética en 1941. Este perfil convirtió al dictador en un potencial aliado de Estados Unidos en los albores de la Guerra Fría. Para la Casa Blanca no era fácil invocar los valores democráticos mientras negociaba con un antiguo aliado del Eje, pero, como señala Lorenzo Delgado, en 1950 la guerra de Corea impuso una nueva lógica que acabó disipando cualquier prejuicio antifranquista[24]. Los Pactos de Madrid, que permitieron la instalación de cuatro bases militares estadounidenses en territorio español, proporcionaron ayuda económica y militar al Régimen y reforzaron la posición estratégica de Franco como "centinela de Occidente". Poco después, en 1955, la España franquista fue admitida en la ONU, lo que supuso el principio del fin de su aislamiento.

El avance social producido en esta primera etapa fue todavía muy limitado y quedaría constreñido a pequeñas victorias en conflictos que permitieron asegurar la subsistencia de la fuerza de trabajo en los sectores y territorios más perjudicados por la política autárquica.

---

[24] Lorenzo DELGADO GÓMEZ-ESCALONILLA: "Estados Unidos, ¿soporte del franquismo o germen de la democracia", en Lorenzo DELGADO GÓMEZ-ESCALONILLA, Ricardo MARTÍN DE LA GUARDIA y Rosa PARDO SANZ (eds.): *La apertura internacional de España. Entre el franquismo y la democracia (1953-1986)*, Madrid, Sílex, 2016, p. 273.

No obstante, esta primera ola de protestas tuvo un efecto diferido, pues comenzó a recomponer el tejido obrero y popular que había sido destruido por la guerra.

La debilidad de los sindicatos clandestinos ofreció a la Iglesia Católica, reforzada tanto en las estructuras de poder como en el medio social tras la firma del Concordato, la posibilidad de encuadrar a la clase obrera en sus asociaciones. Influidos por la estrategia posibilista de Ángel Herrera Oria, que combinaba la lealtad a las instituciones franquistas con la crítica social, los movimientos especializados de Acción Católica, sobre todo la Hermandad Obrera de Acción Católica (HOAC) y la Juventud Obrera Cristiana (JOC), constituyeron un espacio legal alternativo al de los sindicatos verticales. HOAC y JOC participaron en acciones desde finales de los 40, denunciando los bajos salarios, las interminables jornadas laborales y las pésimas condiciones de vida de los trabajadores[25]. A comienzos de los 50 se sumaron otras organizaciones del apostolado obrero, como Acción Católica Obrera (ACO) y Vanguardia Obrera (con sus ramas femenina y juvenil), creada por los jesuitas. Este entramado contribuyó a despertar la conciencia de los trabajadores y, por ende, a la reconstrucción del movimiento obrero español, pues dio lugar, entre otras organizaciones, a la Unión Sindical Obrera (USO), la Federación Sindical de Trabajadores (FST) y Acción Sindical de Trabajadores (AST)[26], llegando a convertirse en "uno de los pilares esenciales de la oposición al Régimen de Franco"[27].

LA ARTICULACIÓN DE LOS MOVIMIENTOS (1956-1966)

La apertura al exterior y la ayuda norteamericana dieron un cierto alivio al Régimen, pero la situación económica continuaba siendo

---

[25] Pamela Beth RADCLIFF: *La construcción de la ciudadanía democrática en España. La sociedad civil y los orígenes populares de la Transición, 1960-1978*, Valencia, Publicacions de la Universitat de València, 2019, p. 55.

[26] Reyes MATE: *Una interpretación histórica de la USO (por un sindicalismo autogestionario)*, Madrid, Carlos Oya, 1977, p. 10; y Eugenio del RÍO: *Jóvenes antifranquistas, 1965-1975*, Madrid, La Catarata, 2023, pp. 101-111.

[27] Enrique BERZAL DE LA ROSA: "Católicos en la lucha antifranquista. Militancia sindical y política", *Historia del Presente*, 10 (2007), p. 10.

crítica, por el crecimiento desordenado, la voracidad de la oligarquía y la incapacidad de los gestores políticos, perdidos en la retórica falangista. La situación se agravó por la masiva incorporación de trabajadores del campo a los centros industriales, con salarios miserables y pésimas condiciones de vida. Además, la inflación se disparó, poniendo en riesgo la precaria subsistencia de las familias obreras.

Gabriel Celaya inmortalizó en su poema "España en marcha" (1955) el momento decisivo que precede al estallido de la protesta. Poco después, obreros y estudiantes salieron a la calle, como imaginó el poeta, para desafiar a un régimen que no reconocía los derechos de huelga y manifestación, inaugurando una dinámica ya imparable de movilizaciones que se extendería por buena parte del territorio. En la universidad, las tímidas reformas emprendidas por Ruiz Giménez habían sido aprovechadas por una minoría activa de estudiantes para desafiar el monopolio del Sindicato Español Universitario (SEU). En febrero de 1956 estalló en la Universidad de Madrid una protesta (los *sucesos de 1956*) que reactivó al movimiento estudiantil[28]. En ese contexto se creó en Madrid la Agrupación Socialista Universitaria (ASU) y surgió en 1957 la Nueva Izquierda Universitaria (NIU), embrión del Frente de Liberación Popular (FLP), fundado en 1958. También en 1957 se creó la Unión Democrática de Estudiantes (UDE), en la que participaban junto al PCE, la ASU y la NIU, otros grupos socialdemócratas y democristianos[29]. El movimiento estudiantil había renacido.

En abril se declaró la huelga general en Pamplona y pronto las protestas se extendieron por el País Vasco y los centros industriales de Barcelona y Valencia, llegando a movilizar a 140.000 obreros en lucha por unos salarios dignos[30]. En mayo, el PCE, influido en parte por estos conflictos, lanzó la política de Reconciliación Nacional, que situaba como prioridad el restablecimiento de la democracia y establecía como instrumento la *huelga nacional pacífica*, una huelga

---

[28] Véase Pablo LIZCANO: *La generación del 56: la Universidad contra Franco*, Barcelona, Grijalbo, 1981.

[29] Eduardo GONZÁLEZ CALLEJA: "Rebelión en las aulas: un siglo de movilizaciones estudiantiles en España (1865-1968)", *Ayer*, 59 (2005), p. 43.

[30] Llibert FERRI, Jordi MUIXÍ y Eduardo SANJUÁN: *Las huelgas...*, p. 232.

política que debería provocar el colapso de la dictadura. Los llamamientos de 1958 y 1959 evidenciaron la desconexión de estas tesis con la realidad española del momento[31].

La gran movilización obrera de 1956 sí tuvo efectos apreciables. No fue condenada por la cúpula de los obispos y abrió el debate en el propio sindicato vertical sobre la necesidad de un salario mínimo, mientras que la oposición clandestina llamaba a radicalizar los conflictos. El Gobierno se vio obligado a ceder y en octubre decretó una subida general del 30% en los salarios, si bien compensaba a los empresarios dándoles carta blanca para despedir a sus trabajadores. Además, la subida salarial fue pronto absorbida por la inflación, ya que las empresas, incluidas las públicas, aumentaron los precios para compensar los mayores costes salariales. Este fue el motivo de un nuevo boicot a los tranvías de Barcelona en enero de 1957, con impacto en otras ciudades industriales, como Madrid, Sevilla y Valladolid. En el mismo mes se reactivan los conflictos en la cuenca minera asturiana. La huelga del pozo La Camocha, en Gijón, gestionada por representantes directos de los trabajadores durante nueve meses, se convirtió así en el mito fundacional de las Comisiones Obreras (CCOO), si bien es obvio que el movimiento tuvo muchos focos y creció gradualmente a partir de ellos hasta generar formas permanentes de articulación.

Los conflictos de 1956-1958 son especialmente importantes, ya que movilizaron una nueva clase obrera que comenzaba a vertebrarse reivindicando subidas salariales y mejores condiciones de vida, dejando atrás el espontaneísmo y el combate por la subsistencia que habían caracterizado las huelgas anteriores. Esta demostración de fuerza, combinada con la presión que llegaba del exterior para que la economía se liberalizara, obligó a Franco en febrero de 1957 a remodelar el Gobierno, creando el Ministerio de la Vivienda e integrando a ministros tecnócratas, vinculados al Opus Dei, que fueron los artífices del Plan de Estabilización de 1959[32], una de las exigencias del "amigo americano".

---

[31] Pere YSÀS: "Huelga laboral y huelga política. España, 1939-1975", *Ayer*, 4 (1991), p. 201.
[32] Ibídem, p. 199.

La liberalización, aunque limitada a lo económico, conllevaba sin duda riesgos, pues las reformas podían estimular las reivindicaciones democráticas y de justicia social no solo en la oposición política, sino también por la base, en los barrios, en las fábricas y en las universidades, como efectivamente sucedió. Las políticas de austeridad que la acompañaron hicieron que las huelgas aumentaran y que la movilización popular no solo creciese en sus focos tradicionales (Barcelona, Asturias, Vizcaya y Guipúzcoa), sino que se extendiera a Madrid, la zona minera de León y la industria levantina. Estas protestas muestran además cómo en muchas ocasiones conflictos individuales, circunscritos a peticiones puntuales, se transformaron en conflictos colectivos, lo que acabó forzando su regulación[33].

La respuesta del Régimen ante la extensión de la protesta fue decretar sendos estados de excepción: uno en febrero de 1956, para controlar la agitación estudiantil, y otro en marzo de 1958, en Asturias, durante cuatro meses, para reprimir las huelgas mineras[34]. Ruiz Giménez y Laín Entralgo fueron cesados y, paralelamente, se intensificó la acción policial y de los tribunales ordinarios. Poco después, en 1959, fue aprobada una nueva Ley de Orden Público, que reforzó la jurisdicción militar, y en 1960 se publicó el Decreto sobre Rebelión Militar, Bandidaje y Terrorismo, que actualizó el régimen de excepción en España. Era evidente que se pretendía poner coto a los efectos indeseados de la liberalización económica, evitando un hipotético desbordamiento político y social de la dictadura.

Al fin, en 1961 se produjo la reactivación económica. España pudo beneficiase del ciclo expansivo de la economía mundial para completar su industrialización, lo que generó una elevada demanda de mano de obra y corrientes migratorias hacia los centros fabriles. El sector industrial y las exportaciones comenzaron a crecer de forma

---

[33] Carmen BENITO DEL POZO: *La clase obrera asturiana durante el franquismo,* Madrid, Siglo XXI de España, 1993, pp. 376-377. Un esclarecedor estudio de caso en María HEBENSTREIT: "Conflicto y cultura de negociación en los Altos Hornos de Sagunto", *Historia, Trabajo y Sociedad,* 1 (2010), p. 13.

[34] Pere YSÀS: "El movimiento obrero durante el franquismo. De la resistencia a la movilización (1940-1975)", *Cuadernos de Historia Contemporánea,* 30 (2008), p. 175.

exponencial a lo largo de toda la década[35]. En ese contexto, el 11 de octubre de 1962 Juan XXIII inauguró en Roma el Concilio Vaticano II, un evento que habría de tener especial transcendencia para una sociedad como la española, mayoritariamente católica y vertebrada en buena medida por el clero. La Iglesia Católica afirmaba su voluntad de diálogo con el mundo moderno, quería ponerse al día (*aggiornamento*). En España estas nuevas orientaciones estimularon el apostolado obrero y llevaron a algunos sectores a distanciarse progresivamente del Régimen, abriendo vías de contacto con la oposición[36]. En esa línea, Ruiz Giménez fundaría en 1963 *Cuadernos para el diálogo,* una de las revistas más emblemáticas del periodo.

Fruto en parte de esta reorientación, afianzada por Pablo VI desde 1963, y nutrida por la llegada de nuevas cohortes de estudiantes procedentes de las clases medias, la universidad se convirtió en esos años en un hervidero de protestas. En este caldo de cultivo proliferaron asociaciones y comisiones de estudiantes, que poco a poco fueron arrinconando al SEU hasta su definitiva retirada de la universidad en abril de 1965; fue sustituido por las Asociaciones Profesionales de Estudiantes, que lograron escaso arraigo y pronto se extinguieron. El PCE y el FLP, versión española de la *new left* europea[37], fueron los grupos más activos, los que mayoritariamente lideraron las protesta y los que impulsaron el proceso de articulación del nuevo movimiento estudiantil.

Igualmente cabe mencionar la eclosión en esta etapa de las organizaciones nacionalistas del País Vasco, Cataluña y Galicia, que, desde la clandestinidad, ejercieron también una poderosa oposición al Régimen en sus territorios, con ramificaciones sociales, culturales y políticas. En algunos casos, sectores radicales del nacionalismo crearon organizaciones armadas para lograr la independencia. La más relevante de ellas fue sin duda ETA (*Euskadi Ta Askatasuna,*

---

[35] Roberto VELASCO y Beatriz PLAZA: "La industria española en la democracia, 1978-2003", *Economía Industrial,* 349-350 (2003), p. 156.

[36] Enrique BERZAL DE LA ROSA: "Contribución de la Iglesia a la reconstrucción del sindicalismo de clase en España durante el franquismo", *Historia Actual Online,* 35 (2014), pp. 118-120.

[37] Jesús SANTOS: "Prólogo a la edición española", en Massimo TEODORI: *Las nuevas izquierdas europeas (1956-1976),* vol. 1, Barcelona, Blume, 1978, pp. 15-16.

Patria y Libertad), constituida en 1959 por jóvenes procedentes del Partido Nacionalista Vasco (PNV), que llegaría a convertirse en uno de los actores principales del periodo.

Por su parte, la aplicación de la Ley de Convenios Colectivos de 1958 permitió a los activistas de CCOO participar en la negociación colectiva e introducirse en las estructuras del sindicato vertical. Amparándose en ella, participaron en las sucesivas elecciones sindicales de 1960, 1963 y 1966, hasta la ilegalización del sindicato en 1967. Sus cuadros lograron así el reconocimiento de los trabajadores y poder de representación ante las empresas, por lo que cualquier avance conseguido tenía un efecto multiplicador. La oleada de huelgas que se extendió desde 1962 no se explica sin esta experiencia y vertebración. Tuvo su epicentro en abril, en la minería asturiana (la *Huelgona*), y pronto se extendió a otras cuencas de las provincias de León, Barcelona, Teruel y Palencia, y a los centros mineros de Riotinto y Puertollano. En mayo estallaron las huelgas en la industria del metal de Vizcaya, Guipúzcoa, Madrid y Barcelona[38]. Solo en Vizcaya se movilizaron entre 40.000 y 160.000 trabajadores, reivindicando subidas salariales y mejores condiciones laborales; en Cataluña participaron 50.000[39]. También afectó a los astilleros de Vigo y Ferrol. Rubén Vega estima que la huelga tuvo incidencia en 28 provincias y movilizó a unos 300.000 trabajadores, la mayoría asturianos, vascos, catalanes y andaluces (más de 200.000) y el resto de León, Galicia, Aragón, Madrid, Cartagena, Puerto Llano y otras localidades, lo que explicaría su fuerte impacto nacional e internacional[40]. Esto, junto con el hecho de que es a partir de ese año cuando contamos con estadísticas, ha llevado a muchos autores a situar en este momento el inicio de un gran ciclo de huelgas que concluiría en 1975. Sin menoscabar la importancia de las huelgas de 1962, entendemos sin embargo que este proceder opaca la relevancia de las movilizaciones de 1956-1957, en las que no solo emerge un

[38] Álvaro SOTO CARMONA: "Huelgas en el franquismo...", p. 52.

[39] Pere YSÀS: "Huelga laboral y...", p. 202.

[40] Rubén VEGA GARCÍA: "Las huelgas y sus contextos", en Rubén VEGA GARCÍA (coord.): *Las huelgas del 62 en España y su repercusión internacional: el camino que marcaba Asturias,* Gijón, Trea, 2002, pp. 28-29.

movimiento obrero articulado, sino también el movimiento estudiantil. Asimismo, el papel decisivo de las protestas que se inician en 1967 quedaría desdibujado en la cronología habitual de 1962-1975, pues la movilización continúa ascendiendo hasta 1979.

El estado de excepción volvió a ser empleado en 1962 en Asturias, Vizcaya y Guipúzcoa para impedir la extensión del movimiento huelguístico. Entre 1956 y 1975 esta figura se utilizó hasta en once ocasiones[41]. Como en 1957, la respuesta del Régimen buscó también reforzar los mecanismos legales para hacer más eficaz la represión ordinaria, para lo cual se creó en 1963 el Tribunal de Orden Público (TOP). La ola represiva afectó con mayor intensidad a las organizaciones más activas, el PCE y al FLP, que quedó prácticamente desarticulado, aunque logró reorganizarse pronto. Pese a todo, en 1963 estalló una nueva huelga de los mineros asturianos, tras la cual disminuyeron los conflictos hasta el final de esta etapa. Ese mismo año fueron ejecutados tras sendos consejos de guerra ante tribunales militares el dirigente comunista Julián Grimau (abril) y los anarquistas Francisco Granado y Joaquín Delgado (agosto), lo que evidencia el alto riesgo que en este periodo comportaba la lucha por las libertades.

En el ámbito ciudadano, la Ley de Asociaciones de 1964 abrió una ventana de oportunidad al estimular la creación de asociaciones familiares. Ya en 1957 el Régimen había instituido por decreto la Delegación Nacional de Asociaciones del Movimiento Nacional, para fomentar el asociacionismo de los cabezas de familia y favorecer la representación orgánica. Como muestra Pamela Radcliff, favorecidas por este nuevo marco jurídico se crearon asociaciones con fines específicos de amas de casa y otras organizaciones sectoriales, lo que permitió a las mujeres aumentar su participación en los movimientos y en las luchas vecinales[42]. Este creciente activismo hizo posible la constitución en 1965 del Movimiento Democrático de Mujeres (MDM), impulsado, como tantos otros frentes sociales por el PCE[43].

---

[41] En enero de 1956 y marzo de 1958 (antes de la aprobación de la Ley de Orden Público) y luego en mayo de 1962, junio de 1962, abril de 1967, agosto de 1968, octubre de 1968, enero de 1969, diciembre de 1970 (en dos ocasiones) y abril de 1975.

[42] Pamela Beth RADCLIFF: *La construcción de la…*, p. 199.

[43] Francisco ARRIERO RANZ: *El Movimiento Democrático de Mujeres. De la lucha contra Franco al feminismo (1965-1985)*, Madrid, Catarata, 2016, p. 179.

Las huelgas que estallaron en la primavera de 1962 obligaron al Régimen a regular por decreto, en septiembre, los conflictos colectivos. Es innegable que esta medida ensanchó las oportunidades políticas y, sin pretenderlo, hizo posible que la movilización obrera se extendiera y diversificara, aunque, como señala Teresa Ortega, la norma ampliaba la capacidad punitiva de los empresarios al añadir como una causa más de despido la de participar en un conflicto ilegal[44]. El avance social en esta segunda etapa fue, por ello, más evidente. Desde 1957 el Ministerio de la Vivienda había impulsado planes de urgencia tendentes a incrementar la oferta de vivienda social en las grandes ciudades, en 1961 se implantó el seguro obligatorio de desempleo y en 1963 se estableció el salario mínimo interprofesional (SMI). Este último año se promulgó la Ley de Bases de la Seguridad Social, que diseñaba un sistema de protección de tipo corporativo al servicio de las políticas desarrollistas, si bien su texto articulado no fue aprobado hasta 1966 y la entrada en vigor se retrasó al 1 de enero de 1967. No obstante, el sistema conservó su naturaleza despótica, que impedía la canalización institucional de las demandas populares. El objetivo continuaba siendo controlar los conflictos combinando el paternalismo y la represión contra la oposición política y social[45].

El abierto desafío del movimiento obrero, reforzado por la rebelión estudiantil y una protesta vecinal cada vez más organizada provocó la quiebra del modelo autoritario y un nuevo repliegue del Régimen, plasmado en la Ley de Prensa e Imprenta, aprobada en marzo de 1966, y en la Ley Orgánica del Estado (LOE), aprobada en referéndum en diciembre del mismo año. Con estas leyes, sobre todo con la segunda, que tenía rango de Ley Fundamental, la élite política de la dictadura pretendía dotar al Régimen de una cierta apariencia de legalidad, presentando a la España franquista como un Estado de derecho con características propias[46].

---

[44] Teresa María ORTEGA LÓPEZ: "Algunas causas de la conflictividad laboral bajo la dictadura franquista en la provincia de Granada (1939-1975)", *Ayer*, 50 (2003), p. 237.

[45] Luis MORENO y Sebastià SARASA: "Génesis y desarrollo del estado del bienestar en España", *Revista Internacional de Sociología*, 6 (1993), pp. 43-44.

[46] Véase una clara exposición de estas pretensiones en Fernando HERRERO TEJEDOR: "El Estado de derecho en las Leyes Fundamentales españolas", *Revista de Estudios Políticos*, 152 (1967), pp. 175-206. El preámbulo de la LOE enfatizaba en que era "la

LA MOVILIZACIÓN SOSTENIDA (1967-1979)

La "apertura" de 1966, que podríamos llamar *lampedusiana*, pues buscaba reformar el sistema para evitar un cambio real, obedecía a la preocupación que en las élites franquistas había provocado la creciente conflictividad observada en la década precedente. A la LOE se sumó en 1969 la ley que designaba a Juan Carlos de Borbón como sucesor de Franco a título de rey, lo que confirmaba la intención ya proclamada en 1947, aunque diferida en el tiempo, de restaurar la monarquía en España. La separación, en junio de 1973, de la jefatura del Estado y la presidencia del Gobierno, asumida esta por el almirante Luis Carrero Blanco, abundó en la línea de plasmar el simulacro de normalización política previsto en la LOE[47].

Pero, lejos de aplacarlas, este nuevo contexto hizo que las movilizaciones obreras y populares se intensificaran. Las elecciones sindicales de 1966 permitieron a las CCOO ampliar y consolidar su implantación a nivel local y ponerse al frente, dotadas ya de estructuras de dirección y coordinación, de una nueva oleada de huelgas, tras un periodo de cierta calma después de 1963. La mayor conflictividad se dio en 1970, con 460.000 huelguistas, y en los dos últimos años de vida del dictador. Especial impacto tuvo la "huelga de Granada", la primera masiva desde 1939, que movilizó a 4.000 obreros de la construcción; la acción policial provocó tres muertos por disparos de bala y decenas de heridos[48]. En 1974 las huelgas movilizaron a 685.000 personas y en 1975 a casi 647.000. En la universidad, tras la retirada del SEU, el Régimen promovió sin éxito las Asociaciones Profesionales de Estudiantes. Como respuesta, en 1966 se constituyó el Sindicato Democrático de Estudiantes Universitarios (SDEU) en la Universidad de Barcelona (la *Caputxinada*), que pronto se extendió

expresión auténtica y directa del pueblo español", manifestada en referéndum, y a continuación subrayaba que la ley había obtenido el apoyo del 95,86% de los votantes.

47 La LOE establecía la separación del jefe del Estado y el Gobierno de la Nación, si bien dejaba claro (art. 13) que es el jefe del Estado quien "dirige la gobernación del Reino por medio del Consejo de Ministros".

48 Enrique TUDELA VÁZQUEZ: *Nuestro pan. La huelga de 1970*, Granada, Comares, 2010.

a otras universidades del país[49]. También, con el apoyo del PCE, la ASU y el FLP, se extendió la Federación Universitaria Democrática Española (FUDE), que había sido fundada en 1961.

En las barriadas obreras de las grandes urbes, masificadas y carentes de las mínimas infraestructuras y servicios, algunas asociaciones de cabezas de familia y de amas de casa se transformarían o serían desbordadas por "asociaciones de vecinos" que actuaban de forma más autónoma y comprometida en defensa de los intereses colectivos en los barrios[50]. Proliferó así en la última década de la dictadura un asociacionismo popular que reivindicaba mejoras en las precarias condiciones de vida de los trabajadores, así como un mayor protagonismo de los vecinos en la toma de decisiones[51]. Junto a las asociaciones familiares, reconocidas por la legislación, y a las toleradas asociaciones de vecinos, se crearon también comisiones de barrio, comisiones obreras de barrio y comisiones obreras juveniles, impulsadas por las organizaciones que enarbolaban demandas más avanzadas de carácter sociopolítico y en las que tenían mayor protagonismo las mujeres y los colectivos juveniles.

Los colectivos de mujeres fueron especialmente activos en la protesta, lo que dio visibilidad a las demandas de un emergente movimiento feminista que combinaba la lucha por la igualdad de oportunidades y por la mejora de las condiciones sociales y laborales de las mujeres con aspiraciones específicas como despenalización del adulterio, el divorcio, la contracepción o derecho al aborto. El MDM impulsó desde 1969 la creación de asociaciones de amas de casa y de hogar en los barrios obreros de las grandes ciudades, convirtiéndose

[49] En 1966 había solo 17 universidades en España: Salamanca, Valladolid, Barcelona, Santiago de Compostela, Valencia, Alcalá de Henares, Sevilla, Granada, Zaragoza, Oviedo, Madrid, Deusto, Pontificia de Comillas, Murcia, La Laguna, Pontificia de Salamanca y Navarra. A ellas se sumaba la Internacional Menéndez Pelayo.

[50] Luis Manuel AYUSO SÁNCHEZ: *Las asociaciones familiares en España. Un estudio sociológico*, Granada, Universidad de Granada, 2005, p. 234.

[51] Iván BORDETAS JIMÉNEZ: "El movimiento vecinal en el tránsito de la resistencia a la construcción de alternativas", *Historia del Presente,* 16 (2010), pp. 48-50.

en la organización de mujeres más activa y claramente hegemónica hasta 1975[52].

Aunque todavía minoritario y hasta marginal, a comienzos de los 70 comenzó a actuar el Movimiento Español de Liberación Homosexual (MELH), con su núcleo principal en Barcelona y ramificaciones en Madrid y Bilbao. Sometido primero a la Ley de Vagos y Maleantes de 1954 y luego a la Ley de Peligrosidad y Rehabilitación Social, aprobada en 1970, que no criminalizaba al colectivo, pero sí la práctica de la homosexualidad, fueron objeto de persecución policial durante todo el franquismo[53]. La organización primigenia se extinguió en 1974, aunque renacería con mayor impulso tras la muerte de Franco.

En estos años se movilizó un amplio elenco de actores sociales, formado principalmente por obreros, estudiantes, activistas vecinales, cristianos de base, intelectuales y colectivos nacionalistas que debilitaron al Régimen con sus protestas, contribuyendo a la división de la élite autoritaria y al surgimiento de tendencias aperturistas. Pero por el momento la respuesta de la dictadura continuó siendo la misma, recurrir al estado de excepción. Lo hizo en 1967 en Vizcaya, a raíz de la huelga de Laminaciones de Bandas en Frío, de Etxébarri[54]; en 1968 en Guipúzcoa, tras el atentado de ETA que causó la muerte a Melitón Manzanas, jefe de la Brigada de Investigación Social de San Sebastián, y en 1969, con especial dureza y extensión, pues afectó a todo el país, para reprimir las protestas estudiantiles del SDEU tras la muerte del joven militante del FLP y de la FUDE, Enrique Ruano, presentada como un suicidio por la policía[55].

La intensa represión policial desarticuló e hizo implosionar al FLP, acabó con los SDEU y debilitó a la FUDE, que prácticamente

---

[52] Julio PÉREZ SERRANO: "Los movimientos de mujeres y su contribución al proceso democrático en España, 1958-1975", en Marie-Claude CHAPUT y Christine LAVAIL (eds.): *Sur le chemin de la citoyenneté. Femmes et cultures politiques. Espagne XIXe-XXe siècles*, Paris, Université Paris Ouest Nanterre La Défense, 2009, pp. 252-253.

[53] Geoffroy HUARD: *Los antisociales. Historia de la homosexualidad en Barcelona y París, 1945-1975*, Madrid, Marcial Pons, 2014, pp. 319-324.

[54] Pere YSÀS: "La imposible «paz social». El movimiento obrero y la dictadura franquista", *Historia del Presente*, 9 (2007), p. 15.

[55] Ana DOMÍNGUEZ RAMA: "«A Enrique Ruano lo han asesinado». Un oscuro episodio de represión franquista nunca esclarecido", en Ana DOMÍNGUEZ RAMA

desapareció en 1968. Ya en 1967 se había intentado descabezar al movimiento obrero y sindical mediante la ilegalización de las CCOO, lo que fue seguido por una ola de detenciones, encarcelamientos y torturas, utilizando la herramienta del TOP[56]. En ese marco de creciente conflictividad, ETA consiguió extenderse y amplificar el impacto de sus acciones armadas, lo que provocó la declaración de un nuevo estado de excepción, en diciembre de 1970, primero en Guipúzcoa y luego en todo el país, que se prolongó hasta el 5 de febrero de 1971, para contener la agitación generada por el Proceso de Burgos contra 16 militantes de ETA[57]. En este contexto, el PCE (marxista-leninista), fundado en 1964 por disidentes prochinos del PCE, consideró que era el momento de pasar a la lucha armada y proclamó el Frente Revolucionario Antifascista y Patriótico (FRAP)[58].

En 1972 la policía logró detener a toda la dirección de CCOO en la clandestinidad, sometiéndola a un proceso en el TOP, que alcanzó gran difusión tanto a nivel nacional como internacional, el "Proceso 1001", que acabó imponiendo penas que iban de los 12 a los 20 años a sus máximos dirigentes (rebajadas por el Tribunal Supremo). El 20 de diciembre de 1973 el comando *Txikia* de ETA llevó a cabo la *operación ogro*, el atentado de mayor impacto de la organización, que acabó con la vida de Carrero Blanco. Poco después, el joven anarquista Salvador Puig Antich recibiría garrote vil en marzo de 1974, tras haber sido condenado a muerte por un consejo de guerra, reeditando con los mismos fines disuasorios lo ya acontecido once años antes con Julián Grimau.

Las últimas medidas excepcionales se adoptaron en abril de 1975 en Guipúzcoa y Vizcaya, por tres meses, de nuevo a raíz de las acciones de ETA. En esta estela se celebraron los consejos de guerra que condujeron a los fusilamientos el 27 de septiembre de dos

(ed.): *Enrique Ruano. Memoria viva de la impunidad del franquismo*, Madrid, Editorial Complutense, 2011, pp. 33-58.

[56] Juan José del ÁGUILA: *El TOP. La represión de la libertad (1963-1977)*, Madrid, Ministerio de la Presidencia, 2020.

[57] Gaizka FERNÁNDEZ SOLDEVILLA y José Francisco BRIONES APARICIO: "El franquismo ante el proceso de Burgos", *Araucaria. Revista Iberoamericana de Filosofía, Política y Humanidades*, 44 (2020), p. 41.

[58] Julio PÉREZ SERRANO: "«Servir al pueblo»: trayectorias del maoísmo en la Península Ibérica", *Berceo*, 173 (2017), p. 204.

militantes de ETA y tres del FRAP, las últimas condenas a muerte ejecutadas por la dictadura. El FRAP se disolvería poco después. Pero la violencia "revolucionaria" no terminaría, pues una nueva organización, los Grupos de Resistencia Antifascista Primero de Octubre (GRAPO), surgidos a raíz de estas ejecuciones, ocuparían su lugar, lo que continuó alimentando la espiral represiva tan necesaria para que las élites posfranquistas pudieran controlar la magnitud del inminente cambio político[59].

En este periodo el Régimen intentó desarrollar la "democracia orgánica", incorporando algunas reformas de carácter sociopolítico, con el fin de fragmentar a la oposición y descapitalizar a los movimientos sociales. Algunos autores sitúan, por ello entre 1963 y 1975 los primeros pasos del Estado de Bienestar en España, con publicación de la Ley de Bases de la Seguridad Social. Pero, si bien es cierto que en estos años se constituyó el entramado institucional de los diferentes regímenes de protección, el nuevo modelo no logró un sistema unificado y, aunque se incrementó el gasto social, las prestaciones continuaron siendo insuficientes y desiguales debido a la regresiva fiscalidad[60]. Sería más preciso, como hace Gregorio Rodríguez, considerar esta etapa como una transición desde un Estado autoritario de Bienestar, residual y despótico, gestado en el franquismo, a otro institucional y posteriormente democrático[61]. En este ambiente, un nuevo Gobierno, formado en 1969, impulsó el proceso con la Ley General de Educación de 1970, a la que siguieron la Ley de Financiación y Perfeccionamiento de la Acción Protectora del Régimen General de la Seguridad Social en 1972 y la Ley General de la Seguridad Social de 1974, tres leyes que marcaron un cambio de

---

[59] Sophie BABY: "Estado y violencia en la transición española: las violencias policiales", en Sophie BABY, Olivier COMPAGNON y Eduardo GONZÁLEZ CALLEJA (eds.): *Violencias y transiciones políticas a finales del siglo XX. Europa del Sur-América Latina,* Madrid, Casa de Velázquez, 2009, p. 194.

[60] Damián Alberto GONZÁLEZ MADRID y Manuel ORTIZ HERAS: "El franquismo y la construcción del Estado de Bienestar en España: la protección social del Estado (1939-1986)", *Pasado y Memoria. Revista de Historia Contemporánea,* 17 (2008), pp. 376-377.

[61] Gregorio RODRÍGUEZ CABRERO: "Orígenes y evolución del Estado de Bienestar español en su perspectiva histórica. Una visión general", *Política y sociedad,* 2 (1989), p. 80.

tendencia en el gasto social. Se pretendía con estas y otras medidas fomentar la innovación y mejorar la cualificación de la fuerza de trabajo, así como dar respuesta a las crecientes demandas de bienestar y seguridad de las nuevas clases medias urbanas[62].

No obstante, la financiación fue siempre insuficiente y estas reformas, así como los tímidos avances en materia social que provocaron, tuvieron escaso éxito por la falta de voluntad política y las reticencias de los poderes económicos. También el intento de encauzar la creciente protesta obrera mediante una nueva Ley Sindical, aprobada en 1971, que se decía derivada de la LOE y supuestamente reflejo de una "consulta" a los propios trabajadores, fue un completo fracaso, como demuestra la escalada en la conflictividad que tiene lugar en el último lustro de vida de la dictadura[63]. Y el reconocimiento *in extremis* del derecho de huelga por decreto-ley en mayo de 1975 tampoco sirvió para moderar la conflictividad; todo lo contrario, la alentó, pues fue visto como una prueba de la agonía de la dictadura. Parece claro que ya en estos años la oposición antifranquista y una movilización popular cada vez más politizada y consciente no iban a dar tregua a un Régimen que concedía reformas parciales de carácter social o laboral, mientras ejercía una dura represión para preservar su naturaleza y sus fundamentos doctrinales.

Esta "apertura fallida", obligó a buscar otras vías más controvertidas y arriesgadas para liberalizar el Régimen, aun a costa de provocar, como sucedió, la fractura de la élite política en los últimos años de vida del dictador. En este contexto se gestaron varios proyectos, entre los que destaca la estrategia de reforma política diseñada por Manuel Fraga Iribarne, que contaba con sólidas conexiones con los poderes económicos y financieros[64]. El proyecto, inspirado en la transición griega pilotada por el conservador Constantinos Karamanlís, que establecía plazos largos y condiciones rígidas para alcanzar una

---

[62] Ibídem, p. 83.

[63] Ricardo Manuel MARTÍN DE LA GUARDIA: "La Organización Sindical Española ante el proyecto de ley de febrero de 1971: Tácticas propagandísticas en la conformación de un estado de opinión", *Investigaciones Históricas,* 11 (1991), p. 296.

[64] Miguel Ángel del RÍO MORILLAS: *De la extrema derecha neofranquista a la derecha conservadora: los orígenes de Alianza Popular (1973-1979),* Barcelona, Universitat Autònoma de Barcelona, 2013, p. 329.

democracia de límites muy estrechos, no consiguió apoyos en la oposición moderada y provocó la ira del sector duro del franquismo.

En suma, desde mediados de los 60 el Régimen fue implementando reformas graduales, aperturistas y liberalizadoras, pero marcando siempre los límites y procurando que la movilización no cuestionara el orden establecido. Recurrió por ello de forma sistemática al estado de excepción y desarrolló los instrumentos legales y policiales necesarios. Por su parte, la oposición, liderada por el PCE en lo político y por CCOO en lo social, logró, pese a todo, acumular fuerzas y definir un proyecto claramente alternativo, que se plasmó en el manifiesto de la Junta de Democrática de España, presentado conjuntamente en París y Madrid el 30 de julio de 1974. La celebración de las Jornadas por la Liberación de la Mujer, organizadas por el MDM a comienzos de diciembre de 1975, muestra que el empuje de los movimientos sociales no se había visto del todo mermado por la represión del Régimen en sus últimos años[65].

Tras la muerte de Franco, la dinámica en tres fases (acción-represión-avance social) que hemos venido observando continuó vigente hasta la aprobación de la Constitución e incluso después, aunque la represión se ejercerá ya de forma específica y localizada, y no con carácter indiscriminado como había sucedido con los estados de excepción. El discurso de Juan Carlos I en su juramento como jefe del Estado, el 22 de noviembre de 1975, pretendió escenificar una nueva y definitiva "apertura" que respondía al desafío de una movilización cada vez más extendida y con mayor carga política. De hecho, solo tres días después de su proclamación, el monarca indultó a los líderes de CCOO condenados en el Proceso 1001, una medida simbólica orientada también al exterior y destinada a transmitir el mensaje de que comenzaba una nueva etapa, aunque en la práctica los sindicatos continuaron siendo ilegales hasta abril de 1977[66].

---

[65] Julio PÉREZ SERRANO: "Democracia y feminismos. La lucha por la liberación de la mujer en la Transición española, 1975-1983", en Marie-Claude CHAPUT (ed.): *Masculin/feminin en transition: Espagne, 1970-1986*, Nanterre, Université Paris Ouest Nanterre La Défense, 2011, p. 15.

[66] Las restricciones a los sindicatos continuaron hasta la promulgación de la Ley 19/1977, de 1 de abril, sobre regulación del derecho de asociación sindical. *BOE*, 80, 4 de abril de 1977.

La movilización alcanzó sus mayores cotas tras la muerte del dictador, alentada por la nueva estructura de oportunidades políticas. Entre 1976 y 1979 se organizaron seis huelgas generales. La primera, en diciembre de 1976, fue convocada por la Coordinadora de Organizaciones Sindicales (COS), que agrupaba a CCOO, UGT y USO. En enero de 1977 la COS volvió a convocar una protesta general, en este caso como repulsa por los asesinatos de Atocha. En abril, CCOO y USO, pocos días antes de ser legalizados, se movilizaron de nuevo contra las medidas económicas del Gobierno. En abril de 1978 los sindicatos españoles secundaron la jornada europea contra el desempleo convocada por la Confederación Europea de Sindicatos (CES). Finalmente, en julio y noviembre de 1979, CCOO convocó en solitario sendas huelgas generales contra el proyecto de Estatuto de los Trabajadores que el Gobierno estaba negociando con UGT.

Además, hubo otras muchas huelgas y jornadas de protesta. En este cuatrienio decisivo se contabilizaron 16 millones de huelguistas y 60 millones de jornadas no trabajadas, lo que supone un total de 480 millones de horas de trabajo perdidas, unos datos que equivalen a más de un tercio de los huelguistas y a más de la mitad de las jornadas no trabajadas que se registran en los veinticinco años posteriores. Por citar los años más críticos, en 1977 se perdieron 16,6 millones de jornadas de trabajo y en 1979 esta cifra aumentó hasta casi 19 millones de jornadas[67].

En estas movilizaciones tuvieron un papel destacado las fuerzas más organizadas, el PCE y CCOO, que actuaron como arietes por la ruptura democrática y en oposición a la política económica del Gobierno. A ellos se sumó una heterogénea, pero muy activa, izquierda revolucionaria constituida en parte por corrientes trotskistas y consejistas surgidas tras la implosión del FLP y por escisiones maoístas y prosoviéticas del Partido Comunista, que buscaban radicalizar políticamente las protestas[68]. En algunas fábricas se reivindicó

[67] Miguel Ángel GARCÍA CALAVIA: "Las huelgas laborales en el Estado español (1976-2005): tendencias, motivos, distribución y convocantes", *Arxius de Ciències Socials*, 18 (2008), p. 101. Los datos proceden del *Anuario de Estadísticas Laborales y de Asuntos Sociales* del Ministerio de Trabajo y Seguridad Social.

[68] Julio PÉREZ SERRANO: "Orto y ocaso de la izquierda revolucionaria en España (1959-1994)", en Rafael QUIROSA-CHEYROUZE Y MUÑOZ (ed.): *Los partidos*

también el poder de los consejos obreros, la autonomía obrera[69], y reaparecieron con desigual fuerza los viejos sindicatos, UGT y CNT, al tiempo que se consolidó la USO. El movimiento estudiantil se reactivó, y el vacío dejado por la FUDE y los SDEU fue ocupado por las ramas juveniles del PCE y de los partidos situados a su izquierda, que llamaban a la unidad de obreros y estudiantes para acelerar y radicalizar el cambio político.

Los numerosos trabajos publicados muestran cómo la gran conflictividad existente en estos primeros años del postfranquismo ejerció su influjo democratizador a través de un denso entramado de asociaciones vecinales, cineclubs, centros culturales, grupos de teatro, librerías, círculos literarios, grupos católicos, colectivos de estudiantes y organizaciones de mujeres que actuaron como el principal y más amplio frente de oposición informal al Régimen y a sus posibles secuelas[70]. Esta literatura permite disipar las dudas que algunos autores, como Cayo Sastre, habían expresado sobre la capacidad movilizadora y la politización de la sociedad española durante la Transición[71].

Como en las dos etapas anteriores, el Gobierno de Carlos Arias Navarro también recurrió a la represión. Las huelgas en Asturias, el País Vasco y otros centros industriales provocan detenciones y encarcelamientos, pues el TOP continuaba activo. En marzo de 1976 cinco obreros fueron asesinados por la policía en Vitoria, confirmando que, pese a los anuncios del monarca, la apertura tenía límites[72], como se demostraría poco después, en mayo, en los sucesos de Montejurra, en los que estuvieron implicados neofascistas italianos y argentinos en connivencia con el aparato de Estado[73]. Esta fórmula, cada vez

---

en la Transición: las organizaciones políticas en la construcción de la democracia española, Madrid, Biblioteca Nueva, 2013, pp. 249-291.

69 Santiago LÓPEZ PETIT *et al.*: *Luchas autónomas en los años 70. Del antagonismo obrero al malestar social*, Madrid, Traficantes de Sueños, 2008.

70 Nicolás SARTORIUS y Alberto SABIO: *El final de la dictadura…*, pp. 57-224.

71 Cayo SASTRE: "La transición política en España: una sociedad desmovilizada", *Revista Española de Investigaciones Sociológicas*, 80 (1997), p. 64.

72 En el periodo de la Transición se han documentado 134 muertes por violencia policial, David BALLESTER: *Las otras víctimas. La violencia policial durante la Transición (1975-1982)*, Zaragoza, Prensas de la Universidad de Zaragoza, 2022.

73 Eduardo GONZÁLEZ CALLEJA: *Guerras no ortodoxas, la "estrategia de la tensión" y las redes del terrorismo neofascista*, Madrid, Catarata, 2018, p. 85.

más utilizada, permitió ejercer una represión disuasoria contra la izquierda política y los movimientos sociales, preservando la imagen de los cuerpos de seguridad y de la judicatura, que ya no se verían directamente implicados en los crímenes. Estos episodios represivos despojaron de toda credibilidad al proyecto reformista que en ese momento estaban impulsando Arias y Fraga desde el primer Gobierno de la Monarquía.

Tras la designación de Adolfo Suárez como presidente del Ejecutivo en julio de 1976 el proceso se aceleró. La movilización alcanzó sus más altos niveles, animada por la nueva estructura de oportunidades políticas que se estaba configurando. La oposición, los sindicatos clandestinos y los movimientos sociales creyeron entonces posible una ruptura democrática que pusiera fin a un régimen que había llevado a cabo una cierta modernización económica, parcial y desequilibrada, pero que se había mostrado incapaz de salir del inmovilismo político.

Sin embargo, Suárez fue capaz de lograr los apoyos internos para dar una salida alternativa que evitara la quiebra del sistema. Esta salida fue la Ley para la Reforma Política (LRP), la última de las Leyes Fundamentales del Régimen, cuya aprobación en referéndum en diciembre de 1976, supuso un desafío al que no pudieron dar respuesta los partidos y movimientos de la oposición, todavía sin cobertura legal, por lo que en pocos meses reconocieron de *facto* como inevitable transitar por esta vía. La LRP había logrado lo que la LOE había pretendido sin éxito diez años antes: dotar de credibilidad a las reformas, implicando a la oposición y al conjunto de la ciudadanía en el proceso de cambio. Habían sido necesarios diez años de organización, lucha, represión y avance social para que la élite política de la dictadura comprendiera que la continuidad del Régimen era imposible y que la batalla era definir qué tipo de democracia se iba a construir.

La supresión del TOP en enero de 1977, la legalización de los partidos (salvo republicanos e izquierdistas radicales) y el reconocimiento del derecho a la asociación sindical (con el veto a CNT), precedieron a las elecciones de junio de 1977. Todo ello fue acompañado, como en las etapas anteriores, por el recurso a la violencia selectiva contra la oposición, una estrategia trágicamente plasmada en el asesinato, ya mencionado, de los cinco abogados laboralistas de Atocha, en enero de 1977, por pistoleros de la ultraderecha con presuntas conexiones policiales, de acuerdo con el modelo ya observado en Montejurra[74]. Estos episodios represivos, y otros muchos que se podrían detallar, no impidieron que el proceso democratizador continuara, pero establecieron claramente sus límites.

Tras las elecciones de junio de 1977, la mayor parte de la oposición aceptó de *facto* y con desigual entusiasmo el camino de la reforma política alumbrado por Adolfo Suárez. No obstante, estas elecciones no implicaron un repliegue de la movilización, que alcanzó niveles máximos en el último trimestre del año. Será en 1978 cuando se perciba un declive en las manifestaciones y otras formas de protesta callejera, que Ignacio Sánchez-Cuenca y Paloma Aguilar vinculan a la publicación de la Ley de Amnistía, a mediados de octubre de 1977, y a la firma de los Pactos de la Moncloa pocos días después[75].

En 1978, la integración de los grandes partidos y organizaciones obreras en el sistema se puso a prueba con la redacción de la Constitución. Su aprobación en el referéndum del 6 de diciembre, con el apoyo de toda la izquierda parlamentaria (PSOE y PCE), e incluso de algunos partidos radicales, como el Partido del Trabajo de España (PTE) y la Organización Revolucionaria de Trabajadores (ORT), pondría fin a la transición política, pero no a los procesos de democratización y modernización social, que siguieron activos, impulsados por viejos y nuevos actores, con estrategias y formas de lucha renovadas.

En este contexto, y de acuerdo con el modelo de Rustow, según el cual la lucha popular precede siempre al diseño reformista realizado por las élites[76], el avance en la construcción de un Estado

---

[74] José Luis RODRÍGUEZ JIMÉNEZ: *Reaccionarios y golpistas: la extrema derecha en España: del tardofranquismo a la consolidación de la democracia (1967-1982)*, Madrid, CSIC, 1994, p. 274.

[75] Ignacio SÁNCHEZ-CUENCA y Paloma AGUILAR FERNÁNDEZ: "Violencia política y movilización social en la transición española", en Sophie BABY, Olivier COMPAGNON y Eduardo GONZÁLEZ CALLEJA (eds.): *Violencias y transiciones...*, p. 103.

[76] Dankwart A. RUSTOW: "Transitions to Democracy...", pp. 352-355.

democrático de Bienestar resultó ser también un poderoso mecanismo de legitimación política e integración social durante el cambio de régimen. Especial relevancia tuvieron los Pactos de la Moncloa[77], ya que introdujeron en la política económica un sesgo redistributivo que se prolongará hasta el final de la década, si bien no se dieron pasos efectivos hacia la universalización de la protección social hasta la llegada de los socialistas al Gobierno. Estos acuerdos confirmaron el compromiso de la izquierda parlamentaria con la Transición, asumiendo los costes sociales derivados del acuerdo económico a cambio de un acuerdo político que, entre otros aspectos, reconocía la libertad de prensa y los derechos de reunión, asociación política y libertad de expresión, modificaba la legislación sobre secretos oficiales para permitir el acceso a ellos de la oposición parlamentaria, establecía el delito de tortura, garantizaba la asistencia letrada a los detenidos, restringía la jurisdicción penal militar y disolvía las estructuras del Movimiento Nacional. El que la derecha, representada por líder de Alianza Popular, Manuel Fraga, no firmara el acuerdo político, y que la gran patronal[78] rechazara en su integridad los pactos, tanto en lo económico como en lo político, evidencia que los actuales relatos revisionistas, empeñados en atribuir a la derecha el legado de la Transición, pasan por alto demasiadas cosas.

En 1979 Suárez revalidó la mayoría parlamentaria en las primeras elecciones generales plenamente democráticas. El PSOE logró una amplia representación, perfilándose como alternativa de gobierno. La democracia se había institucionalizado. Eso explica que, aunque este año señala el momento álgido de la conflictividad laboral, la participación en otras formas de protesta y movilización popular había descendido, volviendo a tasas similares a las de 1976[79]. Este retroceso muestra que los movimientos sociales habían perdido

---

[77] Los Pactos de la Moncloa fueron suscritos el 25 de octubre de 1977. El Congreso aprobó los acuerdos el 27 de octubre y el Senado lo hizo el 11 de noviembre.

[78] La Confederación Española de Organizaciones Empresariales (CEOE) se creó en junio de 1977 con la finalidad de participar activamente y de forma unitaria en el nuevo ciclo político. El 22 de septiembre del mismo año se fundó la Confederación Española de la Pequeña y Mediana Empresa (CEPYME). En 1980 CEPYME se integró en la CEOE, conservando su personalidad jurídica.

[79] Ignacio SÁNCHEZ-CUENCA y Paloma AGUILAR FERNÁNDEZ: "Violencia política...", p. 103.

impulso, muchos de ellos descabezados por la integración de sus líderes en las candidaturas para las elecciones locales celebradas en abril de 1979. En todo caso, la institucionalización de la democracia no podía incidir de otro modo en una protesta que desde 1967 había adquirido perfiles claramente políticos. Esta realidad se hizo claramente visible en 1980, con la caída de la conflictividad a sus niveles mínimos.

REPLIEGUE DE LA MOVILIZACIÓN Y PACTOS SOCIALES (1980-1986)

El cambio de ciclo coincide con el asentamiento del Estado democrático y autonómico y con un nuevo contexto marcado por la prioridad, compartida por todos los actores políticos y sociales relevantes, de lograr la adhesión de España a la Comunidad Económica Europea (CEE), lo que se alcanzó finalmente el 1 de enero de 1986. Fue este el periodo de mayor estabilidad política, en el que se produjo la primera alternancia en el Gobierno, con grandes acuerdos de Estado avalados por la concertación de los agentes sociales. Esta nueva dinámica, que no podría explicarse sin los impulsos previos de movilización obrera y popular, favoreció la construcción en los 80 del Estado de Bienestar universal, dejando atrás el modelo de Estado providencia heredado de la dictadura[80]. La Constitución de 1978 había asentado esta universalidad de la protección al establecer en su artículo 41, como principio rector de la política social y económica, el mantenimiento de un régimen público de Seguridad Social para todos los ciudadanos, que garantizara prestaciones suficientes ante situaciones de necesidad, especialmente en caso de desempleo.

No obstante, se observan diferencias tanto en el diseño como los ritmos y en el alcance de las medidas tendentes a su establecimiento. En los primeros cuatro años de monarquía constitucional, entre diciembre de 1978 y octubre de 1982, los gobiernos de la Unión de Centro Democrático (UCD) realizaron muy tímidas reformas

[80] Francisco COMÍN COMÍN: "Las formas históricas del Estado de bienestar: el caso español", en Eduardo BRANDÉS MOLINÉ (ed.): *Dilemas del estado de bienestar*, Madrid, Fundación Argentaria, 1996, pp. 29-58.

tendentes a desarrollar las orientaciones de la Carta Magna en materia social. Destaca por su relevancia social la tardía aprobación, ya en 1981, de la Ley del divorcio, impulsada por el ministro de Justicia Francisco Fernández Ordóñez. Esta ley vino precedida de una amplia y sostenida movilización de la izquierda política y de los movimientos de mujeres, que desde los años 60 habían situado el derecho al divorcio como una de sus principales reivindicaciones. Pero encontró el rechazo frontal de la Iglesia Católica, los principales medios de comunicación, los sectores sociales más tradicionales y la derecha política, formada por las fracciones demócrata-cristiana y conservadora de UCD, lideradas respectivamente por Óscar Alzaga y Fernando Álvarez de Miranda, y por el grupo de Alianza Popular, que seguía capitaneado por Manuel Fraga.

Pese a todo, los gobiernos centristas lograron consolidar una política social basada en grandes acuerdos, inspirada en la experiencia de los Pactos de la Moncloa, si bien estos, aunque contaron con el apoyo de los sindicatos[81], fueron suscritos por los partidos, por lo que no pueden entenderse como pactos sociales en sentido estricto. La concertación propiamente dicha comenzó en 1979 y ha llegado a convertirse en uno de los pilares más sólidos del modelo de convivencia que ha hecho posible el desarrollo del Estado de Bienestar en España. Los tres primeros acuerdos fueron promovidos por los gobiernos de la UCD: el Acuerdo Básico Interprofesional (ABI), de 10 de julio de 1979; el Acuerdo Marco Interconfederal para la Negociación Colectiva (AMI), de 5 de enero de 1980, ambos suscritos por UGT y CEOE, con la oposición de CCOO (al segundo se adhirió USO), y el Acuerdo Nacional sobre Empleo (ANE), de 9 de junio de 1981, firmado tras el 23-F por UGT y CCOO, la CEOE y el propio Gobierno presidido por Leopoldo Calvo-Sotelo.

Estos acuerdos permitieron la estabilización económica y la implantación de un nuevo sistema de relaciones laborales basado en la negociación colectiva, que contemplaba, entre otros aspectos, la revisión de los salarios conforme a las previsiones del IPC, la

[81] CCOO apoyó los acuerdos explícitamente y desde un principio. UGT, que inicialmente los rechazó, terminó también mostrando su apoyo.

moderación salarial a cambio de la reducción de la jornada laboral y el compromiso del Gobierno con la creación de empleo. Cabe señalar que el ABI y el AMI, aunque carentes de fuerza legal, dotaron de contenido sustantivo al Estatuto de los Trabajadores, aprobado en 1980[82], que institucionalizó la negociación colectiva, y a la Ley Orgánica de Libertad Sindical, aprobada en 1985, que recogió con carácter normativo las competencias, facultades y garantías que en esta materia se introdujeron en España por primera vez a través del AMI.

Por lo que se refiere al bienestar, la aspiración redistributiva que alentó la participación de la izquierda en los Pactos de la Moncloa se vio frenada por la adaptación del sistema a los imperativos de la transnacionalización económica y el auge de las políticas de ajuste, flexibilidad y precariedad de la fuerza de trabajo en la escena internacional. Desde 1980, los gobiernos de UCD restringieron gradualmente el crecimiento del gasto social. La intervención estatal y el gasto público no disminuyeron, pero se colocaron al servicio del aparato productivo, en perjuicio de las demandas sociales. El retroceso fue evidente: reducción de salarios reales, socialización de las pérdidas del sector privado, ajustes de excedentes laborales, creciente desprotección de los parados[83] y deterioro en la calidad de las prestaciones en sanidad y educación. Este viraje coincidió con el reflujo de las movilizaciones, el agotamiento del impulso democrático y la quiebra del modelo de crecimiento de los 60. Surgieron también las primeras voces que cuestionaban la sostenibilidad de la Seguridad Social y abogaban por la privatización de los servicios.

La acción represiva no desapareció de golpe, estuvo presente y coexistió durante varios años con la nueva dinámica de pactos políticos y concertación social, aunque en esta última etapa los actores intentaron camuflarse, como demuestra la acción parapolicial del Batallón Vasco Español, los Guerrilleros de Cristo Rey y otros grupos similares, responsables de múltiples asesinatos, como el de

---

[82] El proyecto de ley había sido aprobado por el Gobierno de Suárez el 1 de junio de 1979, pero la firma del ABI modificó significativamente su contenido.

[83] La Ley Básica del Empleo, aprobada en 1980, redujo más de diez puntos la cobertura de los parados, Gregorio RODRÍGUEZ CABRERO: "Orígenes y evolución...", p. 83.

la dirigente estudiantil Yolanda González, en febrero de 1980. La propia Guardia Civil torturó y asesinó en la provincia almeriense "por error", en mayo de 1981, a tres jóvenes sospechosos de pertenecer a ETA, un macabro crimen que se conoce como *caso Almería*. Y es obligado referirse aquí al efecto desmovilizador del golpe militar del 23 de febrero de 1981, que sirvió para reactivar los miedos y devolvió al monarca la potestad de señalar los límites del proceso democratizador, una capacidad de la que siempre había disfrutado, pero que convenía reforzar en pleno proceso de construcción autonómica.

La combinación de acciones represivas cada vez más focalizadas y una progresiva implicación de la izquierda política y los sindicatos en los mecanismos de la democracia representativa rebajó la conflictividad en las fábricas y fue haciendo desaparecer la movilización popular en barrios y universidades, lo que dio lugar a un nuevo escenario mucho más complejo. La persistencia de ETA y GRAPO en la lucha armada una vez restablecida la institución parlamentaria, influyó también negativamente sobre la percepción que los ciudadanos tenían de la movilización[84]. La seguridad comenzó así a imponerse sobre otros valores, como el bienestar o el avance social, en una opinión pública recelosa también de que el terrorismo pudiera utilizarse, como de hecho sucedió, como justificación para una respuesta militar involucionista que borrara los derechos y libertades conquistados con tanto esfuerzo. También tuvo una influencia relevante en la desmovilización el giro de la Iglesia católica hacia posiciones conservadoras, tras la llegada de Juan Pablo II al papado en 1978 y el relevo en 1981 de Vicente Enrique y Tarancón al frente de la Conferencia Episcopal. Los nuevos aires del Vaticano alejaron a las asociaciones de Acción Católica de las luchas populares, enfrentándolas a sectores de la izquierda con los que antes habían colaborado, considerados ahora inmorales o portadores de una ideología criminal.

Con la llegada del PSOE al Gobierno, en octubre de 1982, el objetivo prioritario fue lograr el ingreso de España en la CEE. Los

[84] Entre 1978 y 1980 se constata el mayor número de víctimas mortales de la violencia política y es justamente cuando la movilización comienza su declive, Ignacio SÁNCHEZ-CUENCA y Paloma AGUILAR FERNÁNDEZ: "Violencia política...", p. 107.

sucesivos gabinetes primaron las políticas industriales y aplicaron políticas sociales restrictivas, con duros ajustes que implicaron mayor flexibilidad y precariedad en el empleo. La tasa de paro superó el 20% en 1984 y los salarios reales continuaron reduciéndose.

Todo esto no impidió que avanzara el proceso de universalización del Estado de Bienestar, con reformas importantes en los servicios sociales o el Plan Nacional sobre Drogas[85]. En solo dos años, de 1983 a 1985, la Seguridad Social incrementó notablemente el número de pensionistas, se logró universalizar la enseñanza preescolar y básica, y el sistema sanitario protegió a casi 3,4 millones de personas más, acogiendo al 96,2% de la población española. El problema de esta rápida universalización es que se vio constreñida por las políticas neoliberales que rigieron la economía en esos años, lo que implicaría el deterioro gradual de los servicios y la reducción de las prestaciones, muy especialmente a los desempleados, en la medida en que aumentaba la demanda. También hubo retrasos en la universalización de la protección sanitaria y las pensiones asistenciales. Se configuró así un sistema público que ofrecía una protección universal mínima, con pensiones insuficientes y una cobertura sanitaria de baja calidad, lo que abrió la puerta al sector privado, generando un modelo dual y asimétrico, que dejaba total o parcialmente sin protección a los grupos más vulnerables, mientras que las clases acomodadas podían mejorar sus prestaciones básicas accediendo a seguros privados, principalmente en sanidad y fondos de pensiones[86].

Para paliar los efectos de las políticas neoliberales y evitar que se reactivaran los conflictos, el Gobierno socialista continuó auspiciando la concertación social, si bien se abstuvo de suscribir ninguno de los acuerdos alcanzados. Ante un escenario desfavorable, y para atenuar en la medida de lo posible los efectos de la profunda reconversión que se avecinaba, los sindicatos se vieron abocados a negociar acuerdos con un empresariado fortalecido, lo que no siempre fue visto con buenos ojos por sus afiliados. Fruto de ello fueron el Acuerdo Interconfederal (AI), firmado el 15 de febrero de 1983 por UGT, CCOO, la CEOE y

---

[85] Gregorio RODRÍGUEZ CABRERO: "Orígenes y evolución…", p. 84.
[86] Ibídem, p. 86.

CEPYME, y el Acuerdo Económico y Social (AES), de 9 de octubre de 1984, rubricado por UGT y las confederaciones empresariales CEOE y CEPYME, que integraba el Acuerdo Interconfederal para la Negociación Colectiva 1985-1986.

Estos pactos conllevaron algunas mejoras evidentes, como la semana laboral de 40 horas y 30 días de vacaciones a cambio de la moderación salarial, e intentaron promover la creación de empleo mediante la contratación temporal. Pero es innegable que los acuerdos entre la patronal y los sindicatos mayoritarios provocaron el repliegue y la desconfianza del movimiento obrero de base, lo que desinfló también las luchas estudiantiles y vecinales que se habían retroalimentado con él desde mediados de los 60.

El movimiento feminista también se vio forzado a reorientarse, fragmentado por el avance de un feminismo "institucional", sobre todo tras la llegada del PSOE al Gobierno. El principal avance cosechado en estos años fue que, sin llegar a reconocerse como derecho, en 1985 el aborto fuese despenalizado en tres supuestos muy restrictivos, mediante una escueta Ley orgánica que reformaba el artículo 417 bis del Código Penal. Pese a todo, como sucedió con el divorcio, la ley cosechó el rechazo de la Iglesia Católica, gran parte de los medios de comunicación, los sectores sociales más tradicionales y la representación parlamentaria del centro y la derecha, con clara hegemonía ahora de Alianza Popular. Este partido lideró la oposición en el Congreso al proyecto aprobado en octubre de 1983 y lo recurrió ante el Tribunal Constitucional, que introdujo algunos retoques al texto. Insatisfechos por la decisión del Alto Tribunal, AP mantuvo su rechazo al proyecto, que fue aprobado definitivamente por las Cortes en julio de 1985, tras casi dos años de dilaciones. Esta primera ley del aborto, pese a la airada reacción conservadora, no era una ley de plazos al estilo de las existentes en otras democracias de nuestro entorno, por lo que también fue valorada negativamente por la mayor parte de las organizaciones feministas, partidarias del aborto libre y gratuito, que señalaron su ambigüedad y sus muchas limitaciones[87].

[87] Alicia MÁRQUEZ MURRIETA: *España y sus leyes sobre interrupción del embarazo: contexto y actores*, México, GIRE, 2010, pp. 8-9.

Hemos destacado el caso de la ley del aborto de 1985 para mostrar el ambiente político y social en que se desarrollaba la concertación. La derecha parlamentaria, lastrada por el inmovilismo, y los sectores sociales más conservadores intentaron por todos los medios frenar una modernización que consideraban peligrosa y ajena a las tradiciones religiosas y culturales de la nación española. El mayor peso de las reformas recayó por ello en los propios gobiernos, primero de la UCD y luego del PSOE, que conscientes de su debilidad buscaron el apoyo de los agentes sociales mediante la estrategia de la concertación. Por su parte, las confederaciones sindicales y empresariales encontraron en esta fórmula un espacio de diálogo y negociación que garantizaba el cumplimiento de los compromisos adquiridos, ya que los gobiernos actuaban como promotores y garantes de los acuerdos. Esta metodología de trabajo, basada en el reconocimiento mutuo, hizo que las políticas de sanidad, educación, empleo, pensiones y vivienda que construyeron el Estado de Bienestar se pudieran ir desarrollando en España, pues en este periodo decisivo la derecha política y social actuó en todo momento como un dique de contención ante los más tímidos avances.

Un último ejemplo de ello es la oposición de AP a la Ley General de Sanidad, promulgada en abril de 1986, uno de los hitos fundamentales en la construcción del Estado de Bienestar en España. Esta ley transformó sustancialmente el modelo al crear un Sistema Nacional de Salud, financiado por los Presupuestos Generales del Estado, que integraba las redes asistenciales preexistentes, garantizando, entre otras cosas, el acceso universal y gratuito de todos los ciudadanos a las prestaciones.

En todo caso, entender que la consolidación del Estado de Derecho y la construcción, aunque tardía y desequilibrada, de un Estado de Bienestar en España habrían sido solo el fruto del consenso político y la concertación social sería olvidar el largo proceso de acumulación de fuerzas, basado en la lucha y la movilización, que hizo posible la hegemonía política y cultural de la izquierda durante casi tres lustros y dotó a los sindicatos de un verdadero poder negociador. Además, este modelo excluyó a los movimientos sociales más activos y a la izquierda extraparlamentaria, lo que dio lugar a tensiones y fracturas en los sindicatos y partidos que practicaban la concertación.

Durante el segundo Gobierno de Felipe González ya no se volvieron a firmar acuerdos y los agentes sociales se distanciaron. Por lo que se refiere a la acción colectiva, esta etapa de relativa paz social terminaría en 1986, con las movilizaciones pacifistas por la salida de España de la OTAN, la creación de Izquierda Unida (IU) y el enfrentamiento del Gobierno con los sindicatos que acabaría desembocando en la Huelga General del 14 de diciembre de 1988[88]. Este hito impulsó un nuevo ciclo de protesta, pero su desarrollo escapa ya al ámbito de este capítulo. Diremos solo que tras la huelga del 14-D los sindicatos mayoritarios, CCOO y UGT, reforzaron la unidad de acción y su autonomía respecto a los partidos. Especial relevancia tuvo el progresivo distanciamiento entre la UGT y el PSOE desde 1985 debido a las políticas de ajuste del Gobierno, que los sindicatos consideraban antisociales. Todo ello se tradujo en una mayor conflictividad y una progresiva erosión de la mayoría socialista, lo que fue allanando el camino para que la derecha, refundada en 1989 como Partido Popular, accediera al poder en 1996. Quizá todo esto ayude a responder a la cuestión que Pere Ysàs dejó planteada hace casi veinte años: por qué la calidad de la democracia española no mejoró desde mediados de los años 80, cuando se había alcanzado su consolidación definitiva[89].

CONCLUSIONES

Como se ha visto, si dejamos a un lado las derivas ideológicas y los usos políticos de que son objeto, las interpretaciones que ven la Transición como producto de la acción de las élites y las del constructivismo social, que hacen hincapié en el protagonismo de los actores colectivos no parecen incompatibles. Eso sí, debemos renunciar a la idea de identificar mecánicamente conceptos tan distintos como

---

[88] José María MARÍN: "La democracia consolidada, 1982-2000", en José María MARÍN, Carme MOLINERO y Pere YSÀS (eds.): *Historia política de España (1939-2000)*, Madrid, Istmo, 2001, pp. 408-415.

[89] Pere YSÀS: "Una nota sobre la crisis del franquisme i la transició a la democracia", *Revista HMiC*, 3 (2005), p. 109.

transición, *democracia* y *modernización*. Si entendemos la Transición en su sentido original ("transición política"), es decir, como tránsito de un régimen autoritario e ilegítimo a otro legítimo y representativo, parece incuestionable que esa idea estaba ya en las élites reformistas del Régimen en 1975[90]. Otra cosa son los límites: qué profundidad y qué extensión habría de tener ese cambio. Es decir, la amplitud del arco de fuerzas representadas, qué derechos políticos y sociales se reconocerían, y qué forma adoptaría este reconocimiento, si una Constitución o algo similar a una Carta Otorgada.

Pero la modernización es un proceso mucho más complejo de transformaciones en el que se inscriben, entre otras dinámicas, la secularización, la construcción de la democracia y la extensión del bienestar, con efectos transformadores en los distintos niveles de la estructura económica y social[91]. Estos cambios no estaban en la agenda de las élites franquistas y su desarrollo tampoco puede circunscribirse al corto lapso en que se produce la mutación del régimen político. La reconstrucción de la democracia comenzó el mismo día en que Franco emitió el último parte de guerra en 1939. Y la lucha por recuperar los derechos sociales y laborales arrebatados, así como por alcanzar otros nuevos, estuvo viva durante todo el franquismo. No surgió *ex novo* con la entronización de Juan Carlos I.

Por supuesto, las dinámicas de la modernización, incluyendo la democratización, estuvieron activas durante el cambio de régimen, interactuando dialécticamente con él. Y es aquí donde se produce la controversia. Una mirada restrictiva al periodo que solo contemple los años de la Transición puede hacernos pensar igualmente que la democracia la hicieron las élites, que fue fruto de la movilización social o que fue un poco de todo, según dónde pongamos el foco. Depende de qué entendamos por democracia. Si la consideramos en su acepción estática y procedimental, podría ciertamente decirse que fue producto de la acción de las élites. Pero si hablamos de democracia en su sentido dinámico y sustantivo, como democracia social o democracia real, es obvio que deberíamos evaluar la contribución

[90] Emmanuel RODRÍGUEZ LÓPEZ: *Por qué fracasó la democracia en España. La Transición y el régimen del '78*, Madrid, Traficantes de Sueños, 2015, pp. 59-95.
[91] Véase Teresa CARNERO ARBAT (ed.): *Modernización, desarrollo político...*

de los agentes sociales y el papel jugado por la movilización. Algunos movimientos en el contexto del 15M expresaron esta contradicción preguntándose hasta qué punto es la española una democracia real.

Todo se simplificaría mucho si reconociéramos que las élites consiguieron imponer en lo esencial su modelo de democracia política. Y que, por su parte, la movilización forzó que se ensancharan los límites del sistema para integrar a un espectro ideológico más amplio y que los derechos lograran reconocimiento constitucional, lo que situó la construcción de una democracia plena y de un Estado de Bienestar en el horizonte de lo posible. Aunque, después de cuatro décadas, parece claro que las élites y sus representantes políticos nunca mostraron una voluntad efectiva de materializar esta ampliación del modelo, como lo prueban las controversias sobre el llamado *déficit democrático*, el que aun hoy no haya una política fiscal que garantice los recursos financieros necesarios para desarrollar las políticas sociales o los continuos intentos de excluir del sistema constitucional a los adversarios políticos.

En suma, sería recomendable distinguir tres conceptos: Transición, transición política y democratización. La *Transición*, con mayúsculas, sería el periodo preconstitucional de la monarquía, los tres primeros años del reinado de Juan Carlos I, desde su proclamación como rey de España por las Cortes franquistas hasta la aprobación de la Constitución; es lo que se conoce como "transición democrática", pero el término más riguroso y preciso es "monarquía posfranquista" (o "monarquía preconstitucional"). La *transición política*, ya con minúsculas, sería el proceso de negociación y acuerdo entre las élites que hizo posible la sustitución del régimen autoritario por otro representativo, reconociendo que este cambio, en un contexto de creciente movilización, implicó el reconocimiento de derechos y libertades y permitió a los españoles suscribir un nuevo contrato social. Por último, aunque la transición política condicionó de forma indudable los procesos de *modernización* y *democratización*, su influencia no fue mecánica ni lineal, pues el cambio del sistema político actuó a la vez como una garantía para dejar atrás el franquismo y como un dique para que el avance social no fuera más allá de unos límites admisibles. Reflejo de ello es el llamado *desencanto* de los 80, tras la llegada del PSOE al Gobierno, el debilitamiento de los sindicatos y el repliegue de los movimientos sociales, cuyo dinamismo cayó en picado conforme se institucionalizaba la democracia. Por otro lado, hablar de transición con "apellidos" (cultural, militar, empresarial, sindical, en la política exterior, en la prensa, en la justicia...) como se ha estado haciendo durante décadas no conduce sino a la confusión, pues todas ellas poseen límites y contenidos específicos. Lo más coherente sería insertar estos cambios, con personalidad propia, en los procesos de modernización que tienen lugar en España durante las décadas de 1970 y 1980 y no intentar ahormarlos en una noción holística de transición que, quizá por ello, nos resulta cada vez más elástica e imprecisa.

Las páginas que anteceden muestran que la recuperación de la democracia en sentido pleno no fue un objetivo de las élites franquistas hasta que, sumido el Régimen en una profunda crisis y en un contexto social e internacional adverso, se vieron abocadas a un cambio político que en todo momento intentaron controlar y limitar. La dinámica observada responde, como se ha dicho, a los modelos de Rustow y Tarrow sobre la acción colectiva de los movimientos sociales, con la singularidad de que, dado el carácter autoritario del Régimen, la protesta popular siempre se vio dificultada por la ausencia de libertades y por una respuesta represiva, a veces extremadamente dura e indiscriminada. Ello no evitará que, como se ha visto, y siempre buscando su supervivencia, el Régimen se viera obligado a reconocer los enormes riesgos del inmovilismo y realizara pequeñas reformas, abriendo sin pretenderlo ventanas de oportunidad que estimularán nuevos ciclos de protesta.

Es cierto que en España se verifica la premisa de O'Donnell y Schmitter acerca de que en las transiciones a la democracia emergen facciones "duras" y "blandas", aperturistas y reformistas, que se disputan la hegemonía. Pero fue una movilización social y política creciente desde mediados de los 60 la que situó la democracia como única salida posible a la crisis. El proyecto aperturista lanzado en 1966, que pretendía actualizar el Régimen conservando sus esencias, se vio así desbordado diez años después en beneficio de una reforma política que propició el diálogo con las fuerzas opositoras. No obstante, este diálogo fue siempre asimétrico y estuvo condicionado por el monopolio del poder que mantuvieron el rey y las élites posfranquistas durante todo el proceso, lo que debería disuadirnos de utilizar expresiones equívocas como *reforma pactada* o *ruptura pactada*.

En suma, podemos afirmar que la movilización sostenida hizo posible la democracia, pero fue la reforma política la que fijó el modelo y sus parámetros concretos. Ello no significa que desde 1978 la democracia no se haya ido ensanchando y profundizando, por lo que no sería justo considerar la Transición como una "ocasión perdida"[92]. Los primeros gobiernos constitucionales, aunque marcados por el posibilismo, consolidaron la democracia e hicieron lo que el franquismo por su propia naturaleza despótica y por sus apoyos sociales nunca quiso hacer: implementar reformas redistributivas y promover la universalización del Estado de Bienestar en España. Fue un Gobierno socialista, respaldado por una mayoría absoluta en el Congreso, el que, con todas las limitaciones señaladas, acometió esta tarea. Y también es un hecho constatable que la derecha posfranquista, que desde 1982 lideraría la oposición parlamentaria tras el colapso de UCD, aunque siempre reclamó la justicia social, rechazó en esos años decisivos casi todas las iniciativas tendentes a implantarla.

[92] Emmanuel RODRÍGUEZ LÓPEZ: *Por qué fracasó la democracia...*, p. 357.

BIBLIOGRAFÍA

ACARÍN, Nolasc *et al.*: *La salud, exigencia popular*, Barcelona, Laia, 1976.

—, *et al.*: *La sanidad hoy. Apuntes críticos y una alternativa*, Barcelona, Avance, 1975.

ACARÍN, Nolasc *et al.*: *Servicio Nacional de Salud. Una alternativa democrática a la sanidad*, Barcelona, Laia, 1977.

ACCIAIUOLI, Margarida: *Casas com Escritos. Uma história da habitação em Lisboa*, Lisboa, Editorial Bizâncio, 2015.

ÁGUILA, Juan José del: *El TOP. La represión de la libertad (1963-1977)*, Madrid, Ministerio de la Presidencia, 2020.

AGUILAR, Salvador y ROCA, Jordi: *Sindicalismo i canvi social a Espanya*, Barcelona, Fundació Jaume Bofill-Fundació Volkswagen, 1991.

ALLEN, Judith *et al.* (coords.): *Housing and Welfare in Southern Europe*, Oxford, Blackwell Publishing, 2004.

ALONSO, Luis E.: *La crisis de la ciudadanía laboral*, Barcelona, Anthropos, 2007.

ÁLVAREZ TARDÍO, Manuel y VILLA GARCÍA, Roberto: *1936. Fraude y violencia en las Elecciones del Frente Popular*, Madrid, Espasa, 2017.

ANTUNES CAPUCHA, Luís: "Assistência social", en António BARRETO y Maria Filomena MÓNICA (eds.): *Dicionário de História de Portugal*, vol. 7, Porto, Livraria Figueirinhas, 1999, pp. 134-137.

APARICIO PÉREZ, Miguel Ángel: *El sindicalismo vertical y la formación del Estado franquista*, Barcelona, EUNIBER, 1979.

APARICIO TOVAR, Joaquín: *La Seguridad Social y la protección de la salud*, Madrid, Civitas, 1989.

ARAGÓN, Manuel *et al.*: *España: Democracia menguante*, Madrid, Colegio Libre de Eméritos, 2023.

ARANGO, Jesús: *La protección por el desempleo en España*, Madrid, Consejo Económico y Social, 1999.

ARAYA, Rodrigo: *Del combate a la dictadura a la preservación de la democracia. Movimiento sindical y políticas de concertación social. Los casos de Chile y España (1975-1994)*, Tesis doctoral, Barcelona, Universidad Autónoma de Barcelona, 2012.

ARRARÁS, Joaquín: *Historia de la Segunda República,* Madrid, Editora Nacional, 1956-1964.

ARRIBA, Ana, DEL PINO, Eloísa y CALZADA GUTIÉRREZ, Inés: *Las actitudes de los españoles hacia el Estado de Bienestar (1985-2005)*, Madrid, CIS, 2006.

ARRIERO RANZ, Francisco: *El Movimiento Democrático de Mujeres. De la lucha contra Franco al feminismo (1965-1985)*, Madrid, Catarata, 2016.

ÁVILA FERNÁNDEZ, Alejandro y HOLGADO BARROSO, Juan Antonio: *La formación del Magisterio en España. La legislación normalista como instrumento de poder y control,* Madrid, MEC, 2008.

AYUSO SÁNCHEZ, Luis Manuel: *Las asociaciones familiares en España. Un estudio sociológico,* Granada, Universidad de Granada, 2005.

AZÚA BERRA, Paulino: "Evolución de la legislación española de discapacidad en la etapa democrática", en Luis Cayo PÉREZ BUENO (ed.): *Hacia un Derecho de la Discapacidad. Estudios en Homenaje al profesor Rafael de Lorenzo,* Pamplona, Editorial Aranzadi, 2009, pp. 121-142.

BABIANO MORA, José: *Paternalismo industrial y disciplina fabril en España (1938-1958*), Madrid, Consejo Económico y Social, 1998.

BABY, Sophie: "Estado y violencia en la transición española: las violencias policiales", en Sophie BABY, Olivier COMPAGNON y Eduardo GONZÁLEZ CALLEJA (eds.): *Violencias y transiciones políticas a finales del siglo XX. Europa del Sur-América Latina,* Madrid, Casa de Velázquez, 2009, pp. 179-198.

BALFOUR, Sebastian: *La Dictadura, los trabajadores y la ciudad. El movimiento obrero en el área metropolitana de Barcelona (1939-1988),* Valencia, Edicions Alfons el Magnànim, 1994.

BALLARÍN, Pilar: *La educación de las mujeres en la España contemporánea*, Madrid, Síntesis, 2014.

BALLESTER, David: *Las otras víctimas. La violencia policial durante la Transición (1975-1982),* Zaragoza, Prensas de la Universidad de Zaragoza, 2022.

BALLESTER AÑÓN, Rosa: *España y la Organización Mundial de la Salud en el contexto de la historia de la salud pública internacional (1948-1975),* Anales 17, Valencia, Reaial Acadèmia de Medicina de la Comunitat Valenciana, 2016.

BANCO MUNDIAL: *Informe del Banco Internacional de Reconstrucción y Fomento. El desarrollo económico de España*, Madrid, OCYPE, 1962.

BARCELÓ I PRATS, Josep, COMELLES, Josep M. y PERDIGUERO GIL, Enrique: "Las bases ideológicas y prácticas del proceso de regionalización de la sanidad en España (1955-1978)", en María Isabel PORRAS GALLO, Lourdes MARIÑO GUTIÉRREZ y María Victoria CABALLERO MARTÍNEZ (eds.): *Salud, enfermedad y medicina en el franquismo*, Madrid, Los Libros de la Catarata, 2019, pp. 146-167.

—, y LANERO TÁBOAS, Daniel: "From Abandonment to Hospitalisation: Evolution of Hospital Care in Rural Spain (1939-1975)", *Social History of Medicine*, 35 (2022), pp. 661-681.

—, y COMELLES, Josep M.: "¿Qué carrera para qué medicina? El fracaso de la introducción de las ciencias sociosanitarias en la formación médica del primer franquismo (1938-1959)", *Historia y Memoria de la Educación*, 15 (2021), pp. 29-61.

—, y M. COMELLES, Josep: "De la coordinación a la descentralización. La evolución del dispositivo hospitalario catalán durante el franquismo y la Transición (1939-1980)", en Damián Alberto GONZÁLEZ MADRID y Manuel ORTIZ HERAS (eds.): *El estado del bienestar: entre el franquismo y la transición*, Madrid, Sílex, 2020, pp. 231-257.

BARCIELA LÓPEZ, Carlos (ed.): *Autarquía y Mercado Negro. El fracaso económico del primer franquismo*, Barcelona, Crítica, 2003.

BEAS MIRANDA, Miguel: "Formación del magisterio y reformas educativas en España: 1960-1970", *Profesorado*, 14/1 (2010), pp. 397-414.

BENITO DEL POZO, Carmen: *La clase obrera asturiana durante el franquismo*, Madrid, Siglo XXI de España, 1993.

BERMEO, Nancy: "Democracy and the Lessons of Dictatorship", *Comparative Politics*, vol. 24, 3 (2009), pp. 273-291.

BERNAT MONTESINOS, Antonio: "Bases para un currículum de formación de profesores de EGB", *Revista de Educación*, 269 (1982), pp. 17-41.

BERNECKER, Walther L.: "El papel político del rey Juan Carlos en la Transición", *Revista de Estudios Políticos*, 92 (1996), pp. 113-135.

BERZAL DE LA ROSA, Enrique: "Católicos en la lucha antifranquista. Militancia sindical y política", *Historia del Presente*, 10 (2007), pp. 7-24.

—, "Contribución de la Iglesia a la reconstrucción del sindicalismo de clase en España durante el franquismo", *Historia Actual Online*, 35 (2014), pp. 113-126.

BOLÍVAR BOTÍA, Antonio: "La lógica del compromiso del profesorado y la responsabilidad del centro escolar: una nueva mirada", *Revista Iberoamericana sobre Calidad, Eficacia y Cambio en Educación*, 11/2 (2013), pp. 60-86.

BORASTEROS, Carlos: "Sanidad y Seguridad Social", *Nuestra Bandera*, 68 (1977), pp. 69-72.

—, *Salud, enfermedad y sociedad*, Madrid, Forma, 1978.

BORDETAS JIMÉNEZ, Iván: "El movimiento vecinal en el tránsito de la resistencia a la construcción de alternativas", *Historia del Presente*, 16 (2010), pp. 43-62.

BORGES SANTOS, Paula y BRANDÃO DO BRITO, José Maria: "Corporativismo e Habitação Económica em Meio Urbano em Portugal (1933-1974)", en Rui J. G. RAMOS *et al.* (eds): *Contexto Programa Projeto: Arquitetura e Políticas Públicas de Habitação*, Porto, Universidade do Porto, 2019, pp. 25-43.

—, "A Construção Autoritária do Direito do Trabalho em Portugal: Evolução e Legados", *Revista Internacional do Direito do Trabalho*, 1 (2021), p. 1.111-1.167.

—, *A questão religiosa no Parlamento (1935-1974)*, Lisboa, Assembleia da República, 2011.

—, *A Segunda Separação. A Política Religiosa do Estado Novo (1933-1974)*, Coimbra, Edições Almedina, 2016.

BORRAJO DACRUZ, Efrén: *Introducción al Derecho Español del Trabajo*, Madrid, Tecnos, 1978.

BRANCO, Rui: "Entre Bismarck e Beveridge: Sociedade civil e Estado-Providência em Portugal (1960-2011)", *Análise Social*, 52/224 (2017), pp. 534-558.

BRANDÃO DE BRITO, José M. y BORGES SANTOS, Paula (eds.): *Os Anos Sessenta em Portugal. Duas governações, diferentes políticas públicas?*, Porto, Edições Afrontamento, 2020.

—, "Corporativismo", en J. M. BRANDÃO DE BRITO y Fernando ROSAS (eds.): *Dicionário de História do Estado Novo*, Venda Nova, Bertrand Editora, 1996, vol. 1, p. 216.

—, *Industrialização portuguesa no pós-guerra: 1948-1965: o condicionamento industrial*, Lisboa, Dom Quixote, 1989, pp. 33-69.

BRÉGAIN, Gildas: "«Nous ne demandons pas la charité. Nous voulons du travail!». La politique franquiste d'assistance aux invalides", *Alter. European Journal of Disability Reserach*, 7 (2013), pp. 206-221.

BRITO VIEIRA, Mónica y CARREIRA DA SILVA Filipe: *O Momento Constituinte. Os Direitos Sociais na Constituição – Debates*, Coimbra, Edições Almedina, 2010.

BUENO VERGARA, Eduardo y PERDIGUERO GIL, Enrique: "Los estudios sobre salud y enfermedad en el franquismo: una tarea en curso", *Historia Actual Online*, 59 (2022), pp. 187-206.

BUENO VERGARA, Eduardo y PERDIGUERO GIL, Enrique: "Mejor curar que prevenir: dispositivos asistenciales y actividades preventivas en el primer franquismo", en Mónica MORENO SECO, Rafael FERNÁNDEZ SIRVENT y Rosa Ana GUTIÉRREZ LLORET (eds.): *Del siglo XIX al XXI. Tendencias y debates*, Alicante, Biblioteca Virtual Miguel de Cervantes, 2019, pp. 1.972-1.983.

CABRERA CALVO-SOTELO, Mercedes: "Empresarios y políticos en democracia. De la crisis económica a las incertidumbres de la transición", *Revista de Economía Industrial*, 340-350 (2003), pp. 51-62.

—, "Los Pactos de la Moncloa: acuerdos políticos frente a la crisis", *Historia y Política*, 26 (2011), pp. 81-110.

CALERO, Jorge: "El Estado de Bienestar español: valoración y perspectivas de futuro", *Araucaria. Revista Iberoamericana de Filosofía, Política, Humanidades y Relaciones Internacionales*, 47 (2021), pp. 457-478.

CALLE VELASCO, María Dolores de la: "Mutualidades laborales en el régimen de Franco", *Revista de historia de la economía y de la empresa*, 4 (2010), pp. 209-223.

—, "El sinuoso camino de la política social española", *Historia Contemporánea*, 17 (1998), pp. 287-308.

CALVO SOTELO, Leopoldo: *Memoria viva de la transición*, Barcelona, Plaza y Janés-Cambio 16, 1990.

CAMPOS I AVILLAR, Joan: "Hacia un modelo de ruptura educativa para la reforma sanitaria", en Jesús M. de MIGUEL RODRÍGUEZ (ed.): *Planificación y reforma sanitaria*, Madrid, Centro de Investigaciones Sociológicas, 1978, pp. 121-151.

CANDEL, Francisco: *Ser obrero no es ninguna ganga*, Barcelona, Ariel, 1968.

CARDOSO, José Luís y ROCHA, Maria Manuela: "O seguro social obrigatório em Portugal (1919-1928): ação e limites de um Estado Previdente", *Análise Social*, vol. 44, 192 (2009), pp. 439-470.

CARMO, Renato, CANTANTE, Frederico y CARVALHO Margarida: "Políticas públicas para a redução das desigualdades", en Maria de Lurdes

RODRIGUES y Pedro ADÃO E SILVA (eds.): *Políticas Públicas em Portugal*, Lisboa, Instituto Universitário de Lisboa, 2012, pp. 313-326.

CARNERO ARBAT, Teresa (ed.): *Modernización, desarrollo político y cambio social*, Madrid, Alianza, 1992.

CAROLO, Daniel: *A reforma da Previdência Social de 1962 na institucionalização do Estado-providência em Portugal*, Lisboa, Instituto Superior de Economia e Gestão da Universidade Técnica de Lisboa, 2006.

CATALÁN VIDAL, Jordi: "La reconstrucción franquista y la experiencia de la Europa Occidental", en Carlos BARCIELA LÓPEZ (ed.): *Autarquía y Mercado Negro. El fracaso económico del primer franquismo*, Barcelona, Crítica, 2003, pp. 123-168.

CAYUELA FERNÁNDEZ, Salvador: *Por la grandeza de la patria: la biopolítica en la España de Franco, 1939-1975*, Madrid, FCE, 2014.

—, y CURA GONZÁLEZ, Mercedes del: "Los niños quebrados del franquismo. La vivencia de la discapacidad en un colegio de educación especial de la ANIC", *Historia y Memoria de la Educación*, 15 (2022), pp. 229-258.

CENARRO LAGUNAS, Ángela: *La sonrisa de Falange. Auxilio social en la Guerra Civil y en la posguerra*, Barcelona, Crítica, 2006.

CENTRE D'ANÀLISI I PROGRAMES SANITARIS (CAPS) (ed.): *Tendencias actuales en educación sanitaria*, Barcelona, CAPS, 1987.

CIERVA, Ricardo de la: *La cuarta apertura. Lo que tiene que decir*, Barcelona, Planeta, 1976.

COLOMER I SALMONS, Montserrat: *El trabajo social que yo he vivido*, Barcelona, Impulso a la acción social y Consejo General de Colegios oficiales de diplomados en Trabajo Social, 2009.

COMELLES, Josep M. *et al.*: "Health education and medical anthropology in Europe: the cases of Italy and Spain", *Salud Colectiva*, 13 (2017), pp. 171-198.

—, *et al.*: "Por caminos y veredas: la práctica médica rural bajo el franquismo (1939-1979)", en José MARTÍNEZ-PÉREZ y Enrique PERDIGUERO GIL (eds.): *Genealogías de la reforma sanitaria en España*, Madrid, Los Libros de la Catarata, 2020, pp. 63-124.

COMÍN COMÍN, Francisco: "Las formas históricas del Estado de bienestar: el caso español", en Eduardo BRANDÉS MOLINÉ (ed.): *Dilemas del Estado de bienestar*, Madrid, Fundación Argentaría, 1996, pp. 29-58.

—, "Los seguros sociales y el Estado de Bienestar en el siglo XX", en Jerònia PONS PONS y Javier SILVESTRE RODRÍGUEZ (eds.): *Los orígenes del estado de bienestar en España, 1900-1945: los seguros de accidente, vejez, desempleo y enfermedad*, Zaragoza, Prensas Universitarias de Zaragoza, 2010, pp. 17-50.

—, "Los seguros sociales y el Estado del Bienestar en el siglo XX", en Jerònia PONS PONS y Javier SILVESTRE RODRÍGUEZ (eds.): *Los orígenes del Estado del Bienestar en España, 1900-1945: los seguros de accidentes, vejez, desempleo y enfermedad*, Zaragoza, Prensas Universitaria de Zaragoza, 2010, pp. 17-50.

COSTA, Pietro: "Lo Stato sociale come problema storiografico", *Quaderni Fiorentini*, 46 (2017), pp. 41-102.

COTORRUELO, Agustín: *La Política Económica de la Vivienda en España*, Madrid, Consejo Superior de Investigaciones Científicas, Instituto Sánchez Moncada, 1960.

CURA GONZÁLEZ, Mercedes del y MARTÍNEZ PÉREZ, José: "From resignation to non-conformism: association movement, family and intelectual disability in Franco's Spain (1957-1975)", *Asclepio*, 68 (2016), pp. 149-161.

DAHL, Robert: *La democracia. Una guía para los ciudadanos*, Madrid, Taurus, 1999.

—, *La poliarquía: participación y oposición*, Madrid, Tecnos, 1989.

DELGADO GÓMEZ-ESCALONILLA, Lorenzo: "Estados Unidos, ¿soporte del franquismo o germen de la democracia", en Lorenzo DELGADO GÓMEZ-ESCALONILLA, Ricardo MARTÍN DE LA GUARDIA y Rosa PARDO SANZ (eds.): *La apertura internacional de España. Entre el franquismo y la democracia (1953-1986)*, Madrid, Sílex, 2016, pp. 263-308.

DÍAZ FUENTES, Daniel y REVUELTA, Julio: "La relación a largo plazo entre crecimiento y gasto público en España (1850-2000)", *Investigaciones de Historia Económica-Economic History Research*, 9 (2013), pp. 32-42.

DOERINGER, Peter B. y PIORE, Michael J.: *Mercados internos de trabajo y análisis laboral*, Madrid, Ministerio de Trabajo y Seguridad Social, 1985.

DOMÉNECH SAMPERE, Xavier: *Luchas de clases, franquismo y democracia. Obreros y empresarios (1939-1979)*, Madrid, Akal, 2022.

DOMÍNGUEZ RAMA, Ana: "«A Enrique Ruano lo han asesinado». Un oscuro episodio de represión franquista nunca esclarecido", en Ana DOMÍNGUEZ RAMA (ed.): *Enrique Ruano. Memoria viva de la impunidad del franquismo*, Madrid, Editorial Complutense, 2011, pp. 33-58.

ESPASA I OLIVER, Ramón: "La promoció de la salut, objectiu primordial de la medicina i de l'organització sanitària", en VVAA: *Xè Congrès de Metges i Biòlegs de Llengua Catalana. II Ponència. Funció social de la medicina.* Barcelona, Acadèmia de Ciències Mèdiques de Catalunya i de Balears, Societat Catalana de Biologia, 1976, vol. 2, pp. 282-287.

—, "Relaciones sociales y medicina", en Nolasc ACARÍN *et al.* (eds.): *La sanidad hoy. Apuntes críticos y una alternativa,* Barcelona, Avance, 1975, pp. 11-26.

ESPINA, Álvaro: *Empleo, democracia y relaciones industriales en España,* Madrid, MTSS, 1991.

—, *Modernización y Estado de bienestar en España,* Madrid, Fundación Carolina/ Siglo XXI, 2007.

—, *Pensiones y Estado de bienestar en España. La reforma del estado español de pensiones,* Londres, Editorial Académica Española, 2018.

ESPUELAS BARROSO, Sergio: *La evolución del gasto público en España, 1850-2005,* Madrid, Banco de España, 2013.

ESTEFANÍA MOREIRA, Joaquín: "El segundo ajuste económico de la democracia", en Álvaro SOTO CARMONA y Abdón MATEOS LÓPEZ (dirs.): *Historia de la época socialista: 1982-1996,* Madrid, Sílex, 2013, pp. 127-146.

EVANGELISTA BENÍTEZ, Manuel: *Medicina y sociedad: la reforma sanitaria,* Madrid, Ministerio de Trabajo y Seguridad Social, 1981.

FARNHAM, David y PIMLOTT, John: *Undesrstanding Industrial Relations,* London, Cassell, 1988.

FERNÁNDEZ, Tomás Ramón: *El Urbanismo Concertado y la Ley del Suelo,* Madrid, Instituto de Estudios Administrativos, 1974.

FERNÁNDEZ AMADOR, Mónica y QUIROSA-CHEYROUZE Y MUÑOZ, Rafael (eds.): *La lucha por una vida mejor. Los inicios del movimiento vecinal en Almería,* Madrid, Sílex, 2021.

—, y QUIROSA-CHEYROUZE Y MUÑOZ, Rafael (eds.): *La Transición española y sus relaciones con el exterior,* Madrid, Sílex, 2020.

FERNÁNDEZ CARBAJAL, Alfonso: "La política de vivienda en España durante el franquismo", *Ciudad y Territorio Estudios Territoriales,* XXXV-138 (2003), p. 639-654.

FERNÁNDEZ ORDÓÑEZ, Francisco: "La reforma fiscal de 1977-1978", en Luis GÁMIR (ed.): *Política económica de España,* Madrid, Alianza, 1986, pp. 79-96.

FERNÁNDEZ SOLDEVILLA, Gaizka y BRIONES APARICIO, José Francisco: "El franquismo ante el proceso de Burgos", *Araucaria. Revista Iberoamericana de Filosofía, Política y Humanidades*, 44 (2020), pp. 27-51.

FERNÁNDEZ SORIA, Juan Manuel y SEVILLA MERINO, Diego: "La Ley General de Educación de 1970 ¿Una Ley para la modernización de España?", *Historia y Memoria de la Educación*, 14 (2021), pp. 23-68.

FERRARY MERINO, José Manuel: *Mariano Navarro Rubio: una biografía política (1913-2001)*, Tesis doctoral, Navarra, Universidad de Navarra, 2022.

FERRER, Amparo: *25 Años dando Voces*, Madrid, Feaps, 2003, p. 46.

FERRI, Llibert, MUIXÍ, Jordi y SANJUÁN, Eduardo: *Las huelgas contra Franco*, Barcelona, Planeta, 1978.

FEU CLOSAS, Monserrat: "La construcción del Trabajo Social en España: influencias de la Reconceptualización", en Norberto ALAYÓN (coord.): *Trabajo Social latinoamericano: a 40 años de la Reconceptualización*, Buenos Aires, Espacio Editorial, 2005, pp. 177-193.

FLECHA GARCÍA, Consuelo: "Desequilibrios de género en educación en la España Contemporánea: causas, indicadores y consecuencias", *Revista Áreas*, 33 (2014), pp. 49-60.

FONTANA, Josep (ed.): *España bajo el franquismo*, Barcelona, Crítica, 1986.

—, *Por el bien del imperio*, Barcelona, Pasado y Presente, 2011.

FUENTES QUINTANA, Enrique: "De los Pactos de la Moncloa a la Constitución (julio 1977-diciembre 1978)", en José Luis GARCÍA DELGADO (dir.): *Economía española de la transición y la democracia 1973-1986*, Madrid, CIS, 1986, pp. 23-34.

—,"El Plan de Estabilización económica de 1959, veinticinco años después", *Información Comercial Española*, 612-613 (1984), pp. 25-40.

—, "Tres decenios de la economía española en perspectiva", en José Luis GARCÍA DELGADO (coord.): *España, economía*, Madrid, España Calpe, 1988, pp. 1-75.

GABINETE DE SOCIOLOGÍA: *Estudio sociológico sobre el Seguro de Enfermedad en España*, Madrid, Ministerio de Trabajo, 1964.

GARCÍA, Emili y TATJER, Mercé: "La Política de Vivienda: El Estado de Bienestar Vulnerable", en Ricard GOMÁ y Joan SUBIRATS (coords.): *Políticas Públicas en España*, Barcelona, Ariel Ciencia Política, 1998, pp. 223-246.

GARCÍA CALAVIA, Miguel Ángel: "Las huelgas laborales en el Estado español (1976-2005): tendencias, motivos, distribución y convocantes", *Arxius de Ciéncies Socials*, 18 (2008), pp. 93-117.

GARCÍA DE BLAS, Antonio: "La financiación del sector de la vivienda en el nuevo diseño de la política de vivienda", *Revista Española de Financiación a la Vivienda*, 4-5 (1988), pp. 111-118.

GARCÍA DELGADO, José Luis y SERRANO SANZ, José María: "De la primera crisis energética a las elecciones del 77: tiempo de incertidumbre", en José Luis GARCÍA DELGADO (dir.): *Economía española de la transición y la democracia*, Madrid, CIS, 1990, pp. 3-21.

GARCÍA MURCIA, Joaquín: *Organizaciones sindicales y empresariales más representativas. Posición jurídica y dimensión política*, Madrid, MTSS, 1987.

GARRIDO, Álvaro: *Cooperação e solidariedade. Uma história da economia social*, Lisboa, Tinta-da-China, 2016.

—, *Uma história da Economia Social*, Lisboa, Tinta-da-China, 2016.

—, y PEREIRA, David: *A Economia Social em Movimento. Uma história das organizações*, Lisboa, Tinta-da-China, 2018.

GARVÍA, Roberto: *En el país de los ciegos. La ONCE desde una perspectiva sociológica*, Barcelona, Hacer, 1997.

GIRALT, Federico: *Los minusválidos*, Barcelona, Dopesa-2, 1978.

GOL I GURINA, Jordi *et al.*: *La sanitat als Països Catalans. Crítica y Documentació*, Barcelona, Edicions 62, 1978.

—, "Cap un nou concepte de salut", en Jordi GOL I GURINA *et al.* (eds.): *Salut, sanitat i societat. Per una resposta socialista a l'actual situació sanitària*, Barcelona, 7 x 7 edicions, 1977, pp. 11-29.

GOMES, Maria do Carmo y DUARTE, Alexandra: "Políticas públicas de educação e formação", en António DORNELAS y Mariana VIEIRA DA SILVA (eds.): *Políticas Públicas em Portugal*, Lisboa, Instituto Universitário de Lisboa, 2012, pp. 349-358.

GÓMEZ DE MIGUEL, Juan Manuel: "La Financiación Privilegiada al Sector de la Vivienda", *Economistas*, 30 (1988), pp. 66-75.

GONÇALVES DA SILVA, Luís: *Da Eficácia da Convenção Colectiva*, Lisboa, Universidade de Lisboa, 2013.

GONÇALVES DE PROENÇA, José Joâo: *Discurso na cerimónia de entrega da 3000 chave das Casas de Renda Económica do Bairro dos Olivais e da inauguração do Centro de Recreio Popular da Encarnação em 7 de Abril de 1968,* Lisboa, s. ed., 1969.

GONZÁLEZ, Manuel Jesús: *La Economía Política del Franquismo (1940-1970). Dirigismo, mercado y planificación,* Madrid, Editorial Tecnos, 1979.

GONZÁLEZ CALLEJA, Eduardo: "Rebelión en las aulas: un siglo de movilizaciones estudiantiles en España (1865-1968)", *Ayer,* 59 (2005), pp. 21-49.

—, *Guerras no ortodoxas, la "estrategia de la tensión" y las redes del terrorismo neofascista,* Madrid, Catarata, 2018.

GONZÁLEZ FERNÁNDEZ, Ángeles: "«El mundo no empieza hoy ni partimos de la nada». El Consejo Nacional de Empresarios ante la reforma sindical", en Abdón MATEOS LÓPEZ y Ángel HERRERÍN LÓPEZ (eds.): *La España del Presente: de la dictadura a la democracia,* Madrid, Asociación de Historiadores del Presente, 2006, pp. 271-288.

—, "La configuración del sistema asociativo empresarial en la transición a la democracia a través del caso sevillano", *Historia Social,* 44 (2002), pp. 21-38.

—, "La estrategia del pacto social. La CEOE ante la transición española a la democracia", en Rafael QUIROSA-CHEYROUZE Y MUÑOZ (ed.): *La sociedad española en la transición. Los movimientos sociales en el proceso democratizador,* Madrid, Biblioteca Nueva, 2011, pp. 193-206.

—, "Los empresarios en tiempos de cambio. Poder, negocio y política en la transición a la democracia", *Alcores,* 4 (2007), pp. 167-186.

GONZÁLEZ MADRID, Damián Alberto y ORTIZ HERAS, Manuel (coords.): *El Estado del bienestar en el Franquismo y la Transición,* Madrid, Sílex, 2020.

—, y ORTIZ HERAS, Manuel: "El franquismo y la construcción del Estado de Bienestar en España: la protección social del Estado (1939-1986)", *Pasado y Memoria,* 17 (2018), pp. 361-388.

—, y ORTIZ HERAS, Manuel: "Del seguro a la seguridad social: la «modernización» del concepto y sus límites durante el primer franquismo", *Historia Social* (en prensa).

GONZÁLEZ MURILLO, Pedro: "El franquismo social: propaganda y seguros a través del Instituto Nacional de Previsión (1939-1962)", en Santiago CASTILLO (ed.): *Solidaridad, seguridad, bienestar. Cien años de protección social en España,* Madrid, Ministerio de Trabajo, 2008, pp. 89-124.

GONZÁLEZ PÉREZ, Teresa: "La educación española en el último tercio del siglo xx", *History of Education & Children's Literature,* 1 (2023), pp. 115-138.

—, "La transformation de l'éducation espagnole à la fin du franquisme. La Loi générale de l'éducation et la formation d'instituteurs", *History of Education & Children's Literature*, V/1 (2010), pp. 337-354.

GONZÁLEZ ROTHVOSS, Mariano: *Anuario Español de Política Social 1934-1935*, Madrid, Sucesores de Rivadeneyra, 1934.

GONZÁLEZ-PÁRAMO, José Manuel y ONRUBIA, Jorge: "El Gasto Público en Vivienda en España", *Hacienda Pública Española*, 120/121 (1992), pp. 189-217.

GRUPO DE ESTUDIOS SOBRE LA ENSEÑANZA DE LA MEDICINA: "La crítica al sistema educativo de la medicina", en Jesús M. de MIGUEL RODRÍGUEZ (ed.): *Planificación y reforma sanitaria*, Madrid, Centro de Investigaciones Sociológicas, 1978.

GUILLÉN, Antonio: "La participación", en Antoni VILÀ I MANCEBO (ed.): *Crónica de una lucha por la igualdad: apuntes para la historia del movimiento asociativo de las personas con discapacidad física y sensorial en Catalunya*, Barcelona, Fundación Institut Guttmann, 1994, pp. 63-71.

GUILLÉN RODRÍGUEZ, Ana Marta: *La construcción política del sistema sanitario español: de la postguerra a la democracia*, Madrid, Exlibris, 2000.

HALPERN PEREIRA, Miriam: *O gosto pela história: percursos de história contemporânea*, Lisboa, Imprensa de Ciências Sociais, 2010.

HATZFELD, Henri (ed.): *La crisis de la medicina liberal*, Barcelona, Ariel, 1965.

HEBENSTREIT, María: "Conflicto y cultura de negociación en los Altos Hornos de Sagunto", *Historia, Trabajo y Sociedad*, 1 (2010), pp. 7-28.

HERRERO TEJEDOR, Fernando: "El Estado de derecho en las Leyes Fundamentales españolas", *Revista de Estudios Políticos*, 152 (1967), pp. 175-206.

HESPANHA, António Manuel: "A revolução neoliberal e a subversão do «modelo jurídico»: crise, direito e argumentação jurídica", en Jorge BACELAR GOUVEIA y Nuno PIÇARRA (eds.): *A Crise e o Direito*, Coimbra, Edições Almedina, 2013, pp. 21-120.

HUARD, Geoffroy: *Los antisociales. Historia de la homosexualidad en Barcelona y París, 1945-1975*, Madrid, Marcial Pons, 2014.

HURTADO GARCÍA, Inma y TERRÓN BAÑUELOS Aida: "La educación para la salud en la escuela española (1970-1990): desafíos en la intersección de campos de saberes", *Historia y Memoria de la Educación*, 15 (2022), pp. 99-135.

—, y TERRÓN BAÑUELOS, Aida: "La educación sexual durante la Transición: modelando discursos y modulando voces", en José MARTÍNEZ PÉREZ y

Enrique PERDIGUERO GIL (eds.): *Genealogías de la reforma sanitaria*, Madrid, Los Libros de la Catarata, 2020, pp. 155-191.

INFANTE, Alberto (ed.): *Cambio social y crisis sanitaria. (Bases para una alternativa)*, Madrid, Ayuso, 1975.

INGLEHART, Ronald *et al.* (eds.): *Human Beliefs and Values*, México, Fundación BBVA y Siglo XXI, 2004.

JAÉN GARCÍA, Manuel y MOLINA MORALES, Agustín: "La intervención gubernamental en el mercado de la vivienda", *Hacienda Pública Española*, 127 (1993), pp. 103-114.

JIMÉNEZ-AGUILERA, Juan de Dios y SÁNCHEZ-MARTÍNEZ, María Teresa: "Mercado hipotecario y Financiación a la Vivienda. Veinte años de funcionamiento del mercado hipotecario", *Papeles de Economía Española*, 94 (2002), pp. 109-121.

JORDANA DE POZAS, Luis: *Los seguros sociales en España de 1936 a 1950. Informe sobre las actividades y resultados de la gestión del Instituto Nacional de Previsión*, Madrid, Instituto Nacional de Previsión, 1953.

JULIÁ, Santos: "Orígenes sociales de la democracia en España", *Ayer*, 3 (1994), pp. 181-182.

KARL, Terry Lynn: "Dilemmas of Democratization in Latin America", *Comparative Politics*, vol. 23, 1 (octubre 1990), pp. 1-21.

KENNEDY, Duncan: "Three Globalizations of Law e Legal Thought: 1850-2000", en David M. TRUBEK y Álvaro SANTOS (eds.): *The New Law and Economic Development. A Critical Appraisal*, Cambridge, Cambridge University Press, 2010, pp. 19-73.

KÖHLER, Hohlm Detlev: *El movimiento sindical en España. Transición democrática, regionalismo y modernización económica*, Madrid, Fundamentos, 1995.

LAÍNZ FERNÁNDEZ, Jesús: *Negocio y traición. La burguesía catalana de Felipe V a Felipe VI*, Madrid, Encuentro, 2020.

LANERO TÁBOAS, Daniel: "Previsión social y asistencia sanitaria en la España rural (1950-1986)", en Damián Alberto GONZÁLEZ MADRID y Manuel ORTIZ HERAS (eds.): *El estado del bienestar: entre el franquismo y la transición*, Madrid, Sílex, 2020, pp. 69-94.

LAPORTE, Josep: "L'ensenyament de les ciències sanitàries", en Jordi GOL I GURINA *et al.* (eds.): *Salut, sanitat i societat. Per una resposta socialista a l'actual situació sanitària*, Barcelona, 7 x 7 edicions, 1977.

LEAL MALDONADO, Jesús: "Desigualdad residencial y sistema de bienestar en España", en Jesús RUIZ-HUERTA CARBONELL (ed.): *Políticas públicas y distribución de la renta*, Madrid, Fundación BBVA, 2005, pp. 291-436.

LEDESMA HERAS, Juan Antonio: *Activistas, 15 historias de vida de activistas de la discapacidad*, Madrid, CERMI, 2012.

LEMUS LÓPEZ, Encarnación y QUIROSA-CHEYROUZE Y MUÑOZ, Rafael (eds.): *La Transición en Andalucía*, Huelva, Universidad de Huelva, 2002.

LERA, Ángel María de: *Por los caminos de la medicina rural*, Salamanca, Graficesa, 1966.

LINZ, Juan J. y MIGUEL, Amando de: "Los problemas de la retribución y el rendimiento vistos por los empresarios", *Revista de Trabajo*, 1 (1963), pp. 35-140.

LIZCANO, Pablo: *La generación del 56: la Universidad contra Franco*, Barcelona, Grijalbo, 1981.

LOBO XAVIER, Bernardo da Gama: *Curso de Direito do Trabalho*, Lisboa, Editorial Verbo, 2004.

LOBO, Félix: "Estructuras monopolísticas y análisis industrial en España: el caso de la industria farmacéutica", *Boletín de Estudios Económicos*, vol. 32, 102 (1977), pp. 795-833;

LÓPEZ PETIT, Santiago *et al*: *Luchas autónomas en los años 70. Del antagonismo obrero al malestar social*, Madrid, Traficantes de Sueños, 2008.

LUCENA, Manuel de: *A evolução do sistema corporativo português*, vol. 2, Lisboa, Editora Perspectivas e Realidades, 1976.

—, "Previdência Social", en António BARRETO y Maria Filomena MÓNICA (eds.): *Dicionário de História de Portugal*, vol. 9, Porto, Livraria Figueirinhas, 2000, pp. 153-167.

—, "Transformações do Estado português nas suas relações com a sociedade civil", *Análise Social*, 72-73-74 (1982), pp. 897-926.

MAESTRE YENES, Pedro: "La Política de Vivienda en España", *Información Comercial Española*, 548 (1979), pp. 11-27.

MAGALDI, Adrián: "La «Operación Roca»: el fracaso de un proyecto liberal en la España de los 80", *Historia Contemporánea*, 59 (2019), pp. 307-342.

MAGALHÃES, Pedro: "Explaining the Constitutionalisation of Social Rights: Portuguese Hypotheses and a Crossnational Test", en Denis James GALLINGAN y Mila VERSTEEG (eds.): *Social and Political Foundations of Constitutions*, New York, Cambridge University Press, 2013, pp. 432-460.

MAIER, Charles S.: *La refundación de la Europa burguesa. Estabilización en Francia, Alemania e Italia en la década posterior a la I Guerra Mundial*, Madrid, Ministerio de Trabajo y Seguridad Social, 1989.

MANDEL, Ernest: *El capitalismo tardío*, México, Era, 1979.

MANOVEL BÁEZ, María Jesús: "Comisión Interministerial para la integración social de los minusválidos", en VVAA: *10 años del Servicio Social de Minusválidos (1972-1982)*, Madrid, Serem, 1983, pp. 63-67.

MARAVALL, José María: *La política de la transición, 1975-1980*, Madrid, Taurus, 1982.

—, *La reforma de la enseñanza*, Barcelona, Laia, 1984.

—, *La Confrontación Política*, Madrid, Taurus, 2008.

—, *Los resultados de la democracia. Un estudio del Sur y el Este de Europa*, Madrid, Alianza editorial, 1995.

MARÇAL GRILO, Eduardo: "Políticas de educação na década de 1960", en José M. BRANDÃO DE BRITO y Paula BORGES SANTOS (eds.): *Os Anos Sessenta em Portugal. Duas governações, diferentes políticas públicas?*, Porto, Edições Afrontamento, 2020, pp. 113-119.

MARCHESI, Álvaro: *Cambio educativo y calidad de la enseñanza*, Bilbao, Universidad de Deusto, 1998.

—, *Controversias sobre la educación española*, Madrid, Alianza, 2000.

MARÍN ARCE, José María: "La democracia consolidada, 1982-2000", en José María MARÍN, Carme MOLINERO RUIZ y Pere YSÀS (eds.): *Historia política de España (1939-2000)*, Madrid, Istmo, 2001, pp. 408-415.

—, "Condicionantes económicos y sociales de la transición", en Carme MOLINERO RUIZ (ed.): *La Transición, treinta años después. De la dictadura a la instauración y consolidación de la democracia*, Barcelona, Península, 2006, pp. 81-116.

—, *Los sindicatos y la reconversión industrial durante la transición, 1976-1982*, Madrid, CES, 1997.

MARÍN MARTÍNEZ, Porfirio: *La Jefatura Provincial de Sanidad de Almería, 1940-1983*, Tesis doctoral inédita, Universidad de Granada, 1994.

MÁRQUEZ MURRIETA, Alicia: *España y sus leyes sobre interrupción del embarazo: contexto y actores*, México, GIRE, 2010.

MARSET CAMPOS, Pedro, SÁEZ GÓMEZ, José Miguel y MARTÍNEZ NAVARRO, Fernando: "La Salud Pública durante el franquismo", *Dynamis*, 15 (1995), pp. 211-250.

—, "Estructuras político-administrativas y salud pública en España", *Revista de Sanidad e Higiene Pública*, 68 (1994), pp. 57-64.

MARTÍ BOSH, Lluís: "La reflexión: Minusval. El año de Minusval", en Antoni VILÀ I MANCEBO (ed.): *Crónica de una lucha por la igualdad: apuntes para la historia del movimiento asociativo de las personas con discapacidad física y sensorial en Catalunya*, Barcelona, Fundación Institut Guttmann, 1994, pp. 43-56.

MARTÍN ACEÑA, Pablo y COMÍN COMÍN, Francisco: *INI 50 años de industrialización en España*, Madrid, Espasa-Calpe, 1991.

MARTÍN DE LA GUARDIA, Ricardo Manuel: "La Organización Sindical Española ante el proyecto de ley de febrero de 1971: Tácticas propagandísticas en la conformación de un estado de opinión", *Investigaciones Históricas*, 11 (1991), pp. 273-296.

MARTÍN VALVERDE, Antonio (coord.): *Legislación social en la historia de España. De la Revolución liberal a 1936*, Madrid, Congreso de los Diputados, 1987.

MARTÍNEZ, José Saturnino: "Clase social, género y desigualdad de oportunidades educativas", *Revista de Educación*, 342 (2007), pp. 287-306.

MARTÍNEZ NAVARRO, Ferrán: *Estructura i malaltia. Una alternativa sanitària per al País Valencià*, València, Tres i Quatre, 1978.

MARTÍNEZ PÉREZ, José: "Consolidando el modelo médico de discapacidad: sobre la poliomielitis y la constitución de la traumatología y ortopedia como especialidad en España (1930-1950)", *Asclepio*, 61 (2009), pp. 118-142.

—, y CURA GONZÁLEZ, Mercedes del: "Divulgando nuevas ideas sobre la diversidad humana: la dimensión educativa del discurso sobre la discapacidad en la España franquista", *Asclepio*, 71 (2019), p. 255-271.

—, y PERDIGUERO GIL, Enrique: *Genealogías de la reforma sanitaria en España*, Madrid, Catarata, 2020.

MARTOS CONTRERAS, Emilia: "Activismo, movimientos y participación social de las personas con diversidad funcional durante la transición a la democracia", *Historia Contemporánea*, 65 (2018), pp. 747-779.

—, "De invisibles a «estar de moda»: La percepción de la discapacidad en el tardofranquismo", *Historia Actual Online*, 56 (2021), pp. 47-60.

—, "«Encima de ciegos, rojos»: el largo camino hacia la democratización de la Organización Nacional de Ciegos", *Historia Social*, 98 (2020), pp. 81-88.

—, "«Envejecer es cambiar»: la institucionalización de la geriatría y la evolución del concepto de vejez durante el franquismo", *Dynamis*, 39 (2019), pp. 453-475.

—, "Los no-validos en la construcción de una nueva España: dictadura, discapacidad y la Organización Nacional de Ciegos", *Historia del Presente*, 38 (2021), pp. 127-142.

—, *Trabajadoras Sociales en la base de la democracia: el caso de Almería*, Londres, Editorial Académica Española, 2021.

—, "Trabajo y «minusvalía» durante el primer Franquismo: La asociación nacional de inválidos civiles", en Damián Alberto GONZÁLEZ MADRID *et al.* (eds.): *La Historia: lost in translation?*, Albacete, Universidad de Albacete, 2017, pp. 2.787-2.796.

MATE, Reyes: *Una interpretación histórica de la USO (por un sindicalismo autogestionario)*, Madrid, Carlos Oya, 1977.

MAYOR DOMINGO, Federico (ed.): *Investigación sobre la asistencia farmacéutica en España: estudio socioeconómico sobre el conjunto de la asistencia sanitaria española*, Madrid, Ministerio de Trabajo, 1977.

—, (ed.): *La asistencia sanitaria en las zonas rurales*, Madrid, Centro de Estudios de Asistencia Sanitaria, 1979.

—, (ed.): *Necesidades sanitarias y recursos asistenciales*, Madrid, Instituto Nacional de la Salud. Ministerio de Sanidad y Seguridad Social, 1979.

MAZOWER, Mark: *O Continente das Trevas. O Século XX na Europa*, Lisboa, Edições 70, 2014.

MEC: *Las desigualdades en el acceso a la educación en España*, Madrid, CIDE, 1992.

MIGUEL RODRÍGUEZ, Jesús M. de: *Estructura del sector sanitario*, Madrid, Tecnos, 1983.

—, "Los partidos políticos españoles ante la reforma sanitaria", en Jesús M. de MIGUEL (ed.): *Planificación y reforma sanitaria*, Madrid, Centro de Investigaciones Sociológicas, 1978, pp. 429-452.

—, *La reforma sanitaria en España (El capital humano en el sector sanitario)*, Madrid, Cambio 16, 1976.

MINISTERIO DE EDUCACIÓN: *La educación en España. Bases para la política educativa*, Madrid, Ministerio de Educación y Ciencia, 1969.

MINISTERIO DE HACIENDA: *Hacienda Pública Española*, vol. 36, Madrid, Ministerio de Hacienda, 1975.

MINISTERIO DE TRABAJO: *Libro Blanco de la Seguridad Social*, Madrid, Ministerio de Trabajo, 1977.

MINISTERIO DE TRABAJO Y SEGURIDAD SOCIAL: *Seguro Social y servicios afines. Informe de Lord Beveridge*, I, Madrid, Ministerio de Trabajo y Seguridad Social, 1989.

MOLERO MESA, Jorge y JIMÉNEZ LUCENA, Isabel: "Salud y burocracia en España. Los cuerpos de sanidad nacional (1855-1951)", *Revista Española de Salud Pública*, 74 (2000), pp. 45-79.

MOLINA, Óscar y MIGUÉLEZ, Fausto: *From negotiation to imposition Social dialogue in austerity times in Spain*, Working Paper 51, Ginebra, International Labour Office, 2013.

MOLINERO RUIZ, Carme: *La captación de las masas. Política social y propaganda en el régimen franquista*, Madrid, Cátedra, 2005.

—, "La política social del régimen franquista. Una asignatura pendiente", *Ayer*, 50 (2003), pp. 319-331.

—, e YSÀS, Pere (coords.): *Construint la ciutat democràtica. El moviment veïnal durant el tardofranquisme i la transició*, Barcelona, Icaria, 2010.

MONEREO PÉREZ, José Luis: *Concertación y diálogo social*, Valladolid, Lex Nova, 1999.

MONTEIRA, Félix: "La huelga general", en Joaquín PRIETO, Santos JULIÁ y Javier PRADERA: *Memoria de la Transición*, Madrid, Taurus, 1996, pp. 625-634.

MONTEIRO FERNANDES, António: "A legislação do trabalho e a primavera política", en José M. BRANDÃO DE BRITO y Paula BORGES SANTOS (eds.): *Os Anos Sessenta em Portugal. Duas governações, diferentes políticas públicas?*, Porto, Edições Afrontamento, 2020, pp. 121-146.

MORENO, Luis y SARASA, Sebastià: "Génesis y desarrollo del estado del bienestar en España", *Revista Internacional de Sociología*, 6 (1993), pp. 27-69.

MOVIMIENTO NACIONAL: *El Mensaje de José Antonio*, Madrid, Ediciones del Movimiento, 1973.

MUSGRAVE, Richard A. y MUSGRAVE, Peggy B.: *Hacienda Pública: Teórica y Aplicada*, Madrid, McGraw-Hill, 1991.

NÁJERA, Enrique: *Desarrollo de la teoría y la práctica de la Salud Pública*, Washington, OPS, 1991.

NAVARRO RUBIO, Mariano: *Mis Memorias: testimonio de una vida política truncado por el "Caso MATESA"*, Madrid, Plaza Janés, 1991.

NÚÑEZ GIL, Marina y REBOLLO ESPINOSA, María José: *Desvelar el sexismo en los espacios educativos*, Sevilla, Secretariado de Recursos Audiovisuales y Nuevas Tecnologías de la Universidad de Sevilla, 2010.

O'HARA, Susan P.: *Oral History Interview with Edward V. Roberts*, Berkeley, Universidad de California, 1994.

OFICINA DE PROGRAMACIÓN Y COORDINACIÓN ECONÓMICA: *Contestación al cuestionario económico del Gobierno. Documentación económica*, 5, Madrid, Oficina de programación y coordinación económica, 1959.

OIT: *La situación Laboral en España*, Ginebra, OIT, 1970.

ORTEGA LÓPEZ, Teresa María: "Algunas causas de la conflictividad laboral bajo la dictadura franquista en la provincia de Granada (1939-1975)", *Ayer*, 50 (2003), pp. 235-254.

ORTIZ GÓMEZ, Teresa, TÁVORA, Ana, DELGADO, Ana y SÁNCHEZ, Lola: "Ser mujer y médico en la España de los años sesenta", *Asparkia*, 12 (2001), pp. 125-136.

ORTIZ HERAS, Manuel: "Médicos y pacientes rurales en el tardofranquismo y la transición. Entre los intereses corporativos y el empoderamiento social", en Damián Alberto GONZÁLEZ MADRID y Manuel ORTIZ HERAS (eds.): *El estado del bienestar: entre el franquismo y la transición*, Madrid, Sílex, 2020, pp. 157-198.

O'DONNELL, Guillermo y SCHMITTER, Philippe C.: *Transiciones desde un gobierno autoritario*, 4: *Conclusiones tentativas sobre las democracias inciertas*, Barcelona, Paidós, 1994.

PAN-MONTOJO, Juan: "Política y gasto social en la transición, 1975-1982", en VVAA, *Historia de la hacienda en el siglo XX*, Madrid, Ministerio de Hacienda e Instituto de Estudios Fiscales, 2002, pp. 229-252.

PAREJA-EASTAWAY, Monserrat y SÁNCHEZ-MARTÍNEZ, María Teresa: "El alquiler: una asignatura pendiente de la Política de Vivienda en España", *Ciudad y Territorio. Estudios Territoriales*, 167 (2011), pp. 53-70.

—, y SÁNCHEZ-MARTÍNEZ, María Teresa: "La política de vivienda en España: lecciones aprendidas y retos de futuro", *Revista Galega de Economía*, vol. 21, 2 (diciembre 2012), pp. 203-232.

—, y SÁNCHEZ-MARTÍNEZ, Teresa: "Private rented market in Spain: can regulation solve the problem?", *International Journal of Housing Policy*, 25 (2022).

PAREJO ALFONSO, Luciano: *La Ordenación Urbanística. El Periodo 1956-1975*, Madrid, Montecorvo, 1979.

PARRA LUNA, Francisco: *Sistema sociopolítico y Seguridad Social (Una aplicación del paradigma sistémico de estudio de la Seguridad Social en España)*, Madrid-Barcelona, Editorial INDEX, 1979.

PATRIARCA, Fátima: "Estado Social: a caixa de Pandora", en Fernando ROSAS y Pedro AIRES OLIVEIRA (eds.): *A Transição Falhada. O marcelismo e o fim do Estado Novo (1968-1974)*, Braga, Círculo de Leitores, 2004, pp. 171-212.

—, *A questão social no salazarismo 1930-1947*, vol. 1, Lisboa, Imprensa Nacional Casa da Moeda, 1995.

PAYNE, Stanley G. y PALACIOS, Jesús: *Franco. Una biografía personal y política*, Madrid, Espasa, 2014.

PERALES MADUEÑO, Francisco: "La Primera Reforma de la Ley del Suelo: 1956-1975", *Ciudad y Territorio. Estudios Territoriales*, XXVIII, 107-108 (1996), pp. 101-126.

PERDIGUERO GIL, Enrique y BUENO VERGARA, Eduardo: "«Hay una diferencia entre la medicina social y la socializada»: las resistencias de los médicos españoles a la colectivización de la asistencia sanitaria y la ampliación de la cobertura sanitaria (1944-1963)", en Damián Alberto GONZÁLEZ MADRID y Manuel ORTIZ HERAS (eds.): *El estado del bienestar: entre el franquismo y la transición*, Madrid, Sílex, 2020, pp. 95-124.

—, y BUENO VERGARA, Eduardo: "The role assigned to health education in the Spain of the Democratic Transition", *Historia y Memoria de la Educación*, 15 (2022), pp. 137-202.

—, y COMELLES, Josep M.: "The defence of health. The debates on health reform in 1970s Spain", *Dynamis*, 39 (2019), pp. 45-72.

—, y COMELLES, Josep M.: "The Roots of the Health Reform in Spain", en Laurinda ABREU (ed.): *Health Care and Government Policy*, Évora, Publicações do Cidehus, 2019.

PEREIRINHA, José A., ARCANJO, Manuela y CAROLO, Daniel: *Prestações sociais no corporativismo português: a política de apoio à família no período do Estado Novo (Working Paper nº 35)*, Lisboa, Gabinete de História Económica e Social, 2009.

—, ARCANJO, Manuela y NUNES, Francisco: "The Portuguese welfare system. From a corporative regime to a European Welfare State", en Klaus

SCHUNERT, Simon HEGELICH y Ursula BAZANT (eds.): *The Handbook of European Welfare Systems*, London, Routledge, 2009, pp. 398-414.

PÉREZ, Eugeni: "Radiografía de un cuento de nunca acabar", en Antoni VILÀ I MANCEBO (ed.): *Crónica de una lucha por la igualdad: apuntes para la historia del movimiento asociativo de las personas con discapacidad física y sensorial en Catalunya*, Barcelona, Fundación Institut Guttmann, 1994, pp. 57-63.

PÉREZ, Sofía A. y MATSAGANIS, Manos: "The Political Economy of Austerity em Southern Europe", *New Political Economy*, 23 (2018), pp. 192-207.

PÉREZ BOTIJA, Eugenio: *Curso de Derecho del Trabajo*, Madrid, Tecnos, 1955.

PÉREZ DÍAZ, Víctor: *Clase obrera, orden social y conciencia de clases*, Madrid, Fundación del Instituto Nacional de Industria, 1980.

PÉREZ IGLESIAS, Fernando: "Los planteamientos sanitarios de los sindicatos de clase en la trasición española", en Rafael HUERTAS GARCÍA-ALEJO y Ricardo CAMPOS MARÍN (eds.): *Medicina social y clase obrera en España (Siglos XIX y XX)*, Madrid, Fundación de Investigaciones Marxistas, 1992, pp 581-594.

PÉREZ LEÑERO, José: "Panorámica actual de la reforma sindical española", *Revista de Fomento social*, 124 (1976), pp. 339-358.

PÉREZ QUINTANA, Vicente y SÁNCHEZ LEÓN, Pablo (eds.): *Memoria ciudadana y movimiento vecinal. Madrid, 1968-2008*, Madrid, Los Libros de la Catarata, 2008.

PÉREZ SERRANO, Julio: "«Servir al pueblo»: trayectorias del maoísmo en la Península Ibérica", *Berceo*, 173 (2017), pp. 199-216.

—, "Actualidad del debate sobre la *transición democrática* en España", en Carmen GONZÁLEZ MARTÍNEZ (coord.): *Transiciones políticas contemporáneas: singularidades nacionales de un fenómeno global*, Madrid, Fondo de Cultura Económica, 2018, pp. 23-40.

—, "Democracia y feminismos. La lucha por la liberación de la mujer en la Transición española, 1975-1983", en Marie-Claude CHAPUT (ed.): *Masculin/ feminin en transition: Espagne, 1970-1986*, Nanterre, Université Paris Ouest Nanterre La Défense, 2011, pp. 11-23.

—, "Los movimientos de mujeres y su contribución al proceso democrático en España, 1958-1975", en Marie-Claude CHAPUT y Christine LAVAIL (eds.): *Sur le chemin de la citoyenneté. Femmes et cultures politiques. Espagne XIXe-XXe siècles*, Paris, Université Paris Ouest Nanterre La Défense, 2009, pp. 241-254.

—, "Orto y ocaso de la izquierda revolucionaria en España (1959-1994)", en Rafael QUIROSA-CHEYROUZE Y MUÑOZ (ed.): *Los partidos en la Transición: las organizaciones políticas en la construcción de la democracia española*, Madrid, Biblioteca Nueva, 2013, pp. 249-291.

PESTIEAU, Pierre: *The Welfare State in the European Union. Economic and Social Perspectives*, Oxford, Oxford University Press, 2006.

PETITBÒ I JUAN, Amadeu: "Suelo y vivienda. Precios altos y fallos de regulación", en José María PÉREZ HERRERO (coord.): *Hacia un nuevo urbanismo: curso sobre ordenación del espacio y régimen del suelo*, Madrid, Fundación de Estudios Inmobiliarios, 2005, pp. 919-940.

PIORE, Michael J.: "Notas para una Teoría de la Estratificación del Mercado de Trabajo", en Luis TOHARIA (ed.): *El mercado de trabajo: Teoría y aplicaciones*, Madrid, Alianza editorial, 1983, pp. 193-221.

PLANELLA RIBERA, Jordi: *Proyecto Docente: Cátedra de Teoría e Historia de la Educación*, Barcelona, Universitat Oberta de Catalunya, 2012.

POLO Y FIAYO, Francisco: *El médico encadenado. Seguro de enfermedad, seguridad social, asistencia médica libre, boticas y boticarios, prontuario de patología familiar*, Madrid, 1959.

PONS PONS, Jerònia y VILAR-RODRÍGUEZ, Margarita: "Labour repression and social justice in Franco's Spain: the political objectives of compulsory sickness insurance, 1942–1957", *Labor History*, 53 (2012), pp. 245-267.

—, y VILAR-RODRÍGUEZ, Margarita: *El seguro de salud privado y público en España: su análisis en perspectiva histórica (1880-2013)*, Zaragoza, Prensas de la Universidad de Zaragoza, 2014.

POWELL, Charles T.: *El piloto del cambio: el rey, la monarquía y la transición a la democracia*, Barcelona, Planeta, 1991.

PRADOS DE LA ESCOSURA, Leandro: *Spanish Economic Growth, 1850-2015*, Londres, Palgrave, 2017.

PRESIDENCIA DE GOBIERNO: *II Plan de Desarrollo Económico y Social*, Madrid, Imprenta Nacional del Boletín Oficial del Estado, 1967.

—, *III Plan de Desarrollo 1972-1975*, Madrid, Imprenta Nacional del Boletín Nacional del Estado, 1971.

—, *Plan de Desarrollo Económico para el periodo 1964-1967*, Madrid, Imprenta Nacional del Boletín Oficial del Estado, 1963.

PRESTON, Paul: *Juan Carlos: el rey de un pueblo*, Barcelona, Círculo de Lectores, 2003.

PUELLES BENÍTEZ, Manuel de: "Reflexiones sobre cuarenta años de educación en España o la irresistible seducción de las leyes", *Historia y Memoria de la Educación*, 3 (2016), pp. 15-44.

—, *Educación e ideología en la España contemporánea*, Madrid, Editorial Tecnos, 2010.

QUINTANA LÓPEZ, Primitivo de la: *Sociedad, cambio social y problemas de salud. Discurso de ingreso*, Madrid, Real Academia Nacional de Medicina, 1966.

QUIROSA-CHEYROUZE Y MUÑOZ, Rafael (ed.): *Historia de la Transición en España. Los inicios del proceso democratizador*, Madrid, Biblioteca Nueva, 2007.

—, (ed.): *Prensa y democracia. Los medios de comunicación en la Transición*, Madrid, Biblioteca Nueva, 2009.

—, *La sociedad española en la Transición. Los movimientos sociales en el proceso democratizador*, Madrid, Biblioteca Nueva, 2011.

—, *Los partidos en la Transición: las organizaciones políticas en la construcción de la democracia española*, Madrid, Biblioteca Nueva, 2013.

—, y Mónica FERNÁNDEZ AMADOR (eds.): *Poder y Transición en España. Las instituciones políticas en el proceso democratizador*, Madrid, Biblioteca Nueva, 2017.

—, y MARTOS CONTRERAS, Emilia (eds.): *La transición desde otra perspectiva: Democratización y mundo rural*, Madrid, Sílex, 2019.

RADCLIFF, Pamela Beth: *La construcción de la ciudadanía democrática en España. La sociedad civil y los orígenes populares de la Transición, 1960-1978*, Valencia, Publicacions de la Universitat de València, 2019.

RAMOS, Rui: "Nossas memórias de Marcelo Caetano (Ensaio para uma análise histórica)", en Manuel BRAGA DA CRUZ y Rui RAMOS (eds.): *Marcelo Caetano. Tempos de Transição*, Lisboa, Porto Editora, 2012, pp. 465-506.

REDERO SAN ROMÁN, Manuel: "Las relaciones laborales en el franquismo y la transición democrática (1958-1978). Acotaciones al caso de la UGT", en VVAA: *Estudios de la Historia de UGT*, Salamanca, Ediciones de la Universidad de Salamanca, 1992, pp. 123-170.

—, "Los sindicatos en la democracia: de la movilización a la gestión", *Historia y Política*, 20 (julio-diciembre 2008), pp. 129-158.

REVENTÓS, Jacint, ARTIGAS, Josep y BRUNET, Josep Maria: "Passos en la reforma sanitària", en VVAA: *Xè Congrès de Metges i Biòlegs de Llengua Catalana. II Ponència. Funció social de la medicina,* vol. 2, Barcelona, Acadèmia de Ciències Mèdiques de Catalunya i de Balears, Societat Catalana de Biologia, 1976.

REY, Fernando del: *Retaguardia roja. Violencia y revolución en la guerra civil española,* Madrid, Galaxia Gutemberg, 2019.

RÍO, Eugenio del: *Jóvenes antifranquistas, 1965-1975,* Madrid, La Catarata, 2023.

RÍO MORILLAS, Miguel Ángel del: *De la extrema derecha neofranquista a la derecha conservadora: los orígenes de Alianza Popular (1973-1979),* Barcelona, Universitat Autònoma de Barcelona, 2013.

RIU I PASCUAL, María del Carmen: "La coordinadora de disminuidos físicos. Interpretación histórica del movimiento de las personas en situación de discapacidad física desde finales de la década de los años setenta hasta el año 1977", en Antoni VILÀ I MANCEBO (ed.): *Crónica de una lucha por la igualdad: apuntes para la historia del movimiento asociativo de las personas con discapacidad física y sensorial en Catalunya,* Barcelona, Fundación Institut Guttmann, 1994, pp. 93-111.

RODRIGUES, Cristina y CAROLO, Daniel: "A Previdência Social", en José M. BRANDÃO DE BRITO y Paula BORGES SANTOS (eds.): *Os Anos Sessenta em Portugal. Duas governações, diferentes políticas públicas?,* Porto, Edições Afrontamento, 2020, pp. 147-173.

RODRÍGUEZ ARRIERO, Miguel Ángel: *La reforma sanitaria a través del diario "El País",* Tesis doctoral, Universidad Complutense de Madrid, 2001.

RODRÍGUEZ CABRERO, Gregorio: "El Estado de bienestar en España (1982-1996): entre la universalización y la reestructuración", en Álvaro SOTO CARMONA y Abdón MATEOS LÓPEZ (eds.): *Historia de la época socialista: España (1982-1996),* Madrid, Sílex, 2013, pp. 147-168.

—, "Orígenes y evolución del Estado de bienestar español en su perspectiva histórica: Una visión general", *Política y Sociedad,* 2 (1989), pp. 79-88.

RODRÍGUEZ JIMÉNEZ, José Luis: *Reaccionarios y golpistas: la extrema derecha en España: del tardofranquismo a la consolidación de la democracia (1967-1982),* Madrid, CSIC, 1994.

RODRÍGUEZ LÓPEZ, Emmanuel: *Por qué fracasó la democracia en España. La Transición y el régimen del '78,* Madrid, Traficantes de Sueños, 2015.

RODRÍGUEZ OCAÑA, Esteban: "España y la Organización Mundial de la Salud en tiempos de Palanca: una evaluación provisional", *Asclepio*, 71 (2019), pp. 254-265.

—, y ATENZA FERNÁNDEZ, Juan: "El proyecto E30 OMS-España para el establecimiento de una zona de demostraciones sanitarias en Talavera de la Reina, 1965-1976", en María Isabel PORRAS GALLO *et al.* (eds.): *Salud, enfermedad y medicina en el franquismo*, Madrid, Los Libros de la Catarata, 2019, pp. 124-145.

—, y BALLESTER AÑÓN, Rosa: "El Informe del consultor de la OMS Fraser Brockington de 1967 en el contexto del reformismo sanitario franquista", *Dynamis*, 39 (2019), pp. 477-496.

RODRÍGUEZ SÁNCHEZ, Juan Antonio: "Las secuelas sociales de la polio: los inicios del movimiento asociativo en España (1957-1975)", *Dynamis*, 32 (2012), pp. 391-414.

ROMÁN SÁNCHEZ, José María y CANO GONZÁLEZ, Rufino: "La formación de maestros en España (1838-2008). Necesidades sociales, competencias y planes de estudio", *Educación XXI*, 11 (2008), pp. 73-101.

ROSAS, Fernando: "Prefácio. Marcelismo: ser ou não ser", en Fernando ROSAS y Pedro AIRES OLIVEIRA (eds.): *A Transição Falhada. O marcelismo e o fim do Estado Novo (1968-1974)*, Braga, Círculo de Leitores, 2004, pp. 14-17.

ROSAVALLON, Pierre: *La crise de l'État-providence*, Paris, Éditions du Seuil, 1992.

RUBIO, Rodrigo: *Minusválidos*, Barcelona, Plaza y Janés, 1971.

RUBIO LARA, María Josefa: *La formación del Estado Social*, Madrid, Ministerio de Trabajo y Seguridad Social, 1991.

RUJAS MARTÍNEZ NOVILLO, Javier: "La construcción del «fracaso escolar» en España", *Papers*, 102/103 (2017), pp. 477-507.

RULL SABATER, Alberto: *Instituciones y economía de la Seguridad Social española*, Madrid, Confederación Española de Cajas de Ahorros, 1974.

RUSTOW, Dankwart A.: "Transitions to Democracy. Towards a Dynamic Model", *Comparative Politics*, 2/3 (abril 1970), pp. 337-363.

SABANDO SUÁREZ, Pedro F.: *Así se creó el Sistema Nacional de Salud (SNS)*, Madrid, Díaz de Santos, 2020.

SAGARDOY Y BENGOCHEA, Juan Antonio: *Relaciones de trabajo y estructuras políticas*, Madrid, Instituto de Estudios Laborales y de la Seguridad Social, 1984.

SAMUELSON, Paul A. y NORDHAUS, William D.: *Economía*, Madrid, McGraw-Hill, 1999.

SÁNCHEZ HARGUINDEY, Luis: *Reforma sanitaria española*, Madrid, Acción Social Empresarial (A.S.E.), 1981.

SÁNCHEZ MOSQUERA, Marcial: "Concertación social y transición a la democracia en la península ibérica. Un análisis comparado del corporatismo en España y Portugal, 1976-1986", *Revista de la Historia de la economía y de la* empresa, 10 (2016), pp. 321-342.

SÁNCHEZ RECIO, Glicerio: "Consenso y desacuerdo en la democracia española actual", *Pasado y Memoria*, 9 (2010), pp. 15-33.

SÁNCHEZ-CUENCA, Ignacio y AGUILAR FERNÁNDEZ, Paloma: "Violencia política y movilización social en la transición española", en Sophie BABY, Olivier COMPAGNON y Eduardo GONZÁLEZ CALLEJA (eds.): *Violencias y transiciones políticas a finales del siglo XX. Europa del Sur-América Latina,* Madrid, Casa de Velázquez, 2009, pp. 95-112.

SÁNCHEZ-MARTÍNEZ, María Teresa: "El coste de la política de vivienda", en Jesús LEAL MALDONADO (coord.): *La política de vivienda en España,* Madrid, Fundación Pablo Iglesias, 2010, pp. 299-346.

—, *La política de vivienda en España. Análisis de sus efectos redistributivos*, Granada, Universidad de Granada, 2002.

SANCHIDRIÁN BLANCO, Carmen (coord.): *La modernización de la enseñanza tras la Ley General de Educación: contextos y experiencias*, Barcelona, Tirant lo Blanch, 2022.

SANCHO GALÁN, Jordi: "Los movimientos de renovación sanitaria y la creación del sistema de atención primaria en España (1974-1986)", en Mónica FERNÁNDEZ AMADOR y Adrian Florin TUDORICA (eds.): *Transición a la democracia y bienestar social,* Madrid, Sílex, 2022, pp. 624-644.

SANGUINETTI, Wifredo: "Sindicatos y libertad sindical en España: Dos décadas de vigencia constitucional", en Agustín GARCÍA LASO y Wifredo SANGUINETTI (eds.): *Sindicatos y cambios económicos y sociales,* Salamanca, Universidad de Salamanca, 2002, pp. 25-46.

SANTOS, Jesús: "Prólogo a la edición española", en Massimo TEODORI: *Las nuevas izquierdas europeas (1956-1976),* vol. 1, Barcelona, Blume, 1978, pp. 15-16.

SARTORIUS, Nicolás y SABIO, Alberto: *El final de la dictadura. La conquista de la democracia en España, noviembre de 1975-junio de 1977,* Madrid, Temas de hoy, 2007.

SASTRE, Cayo: "La transición política en España: una sociedad desmovilizada", *Revista Española de Investigaciones Sociológicas,* 80 (1997), pp. 33-68.

SCANLON, Kathleen, WHITEHEAD, Christine y FERNÁNDEZ ARRIGOITIA, Melissa: *Social Housing in Europe,* Oxford, Wiley-Blackwell, 2015.

SEDAS NUNES, Adérito: *Situações e Problemas do Corporativismo,* Lisboa, Gabinete de Estudos Corporativos do Centro Universitário da Mocidade Portuguesa, 1954.

SEGURIDAD SOCIAL: *Análisis económico-financiero del sistema español de seguridad social. 1964-1985,* Madrid, Ministerio de Trabajo y Seguridad Social, Col. Informes, 1985.

—, *La Seguridad Social en el umbral del siglo XXI. Estudio económico Actuarial,* Madrid, Ministerio de Trabajo y Seguridad Social, 1995.

SEIXAS, Margarida: *História do Direito do Trabalho em Portugal – Um Direito em Construção,* Lisboa, AAFDL Editora, 2021.

SERRALLONGA I URQUIDI, Joan: "El cuento de la regularización sanitaria y asistencial en el régimen franquista. Una primera etapa convulsa, 1936-1944", *Historia Social,* 59 (2007), pp. 77-98.

SERRANO DEL ROSAL, Rafael: *Transformación y cambio del sindicalismo español contemporáneo,* Córdoba, CSIC, 2000.

SOLANS LATRE, Miguel Ángel: *La concertación social y otras formas de neocorporatismo en España y en la comunidad europea,* Madrid, Taurus, 1996.

SOLÉ I SABARÍS, Felipe: *Problemas de la Seguridad Social española,* Barcelona, Pulso, 1971.

SOTO CARMONA, Álvaro: "Huelgas en el franquismo: causas económicas-consecuencias políticas", *Historia Social,* 30 (1998), p. 46.

STOLLEIS, Michael: "The European Welfare State a model under threat", *Quaderni Fiorentini,* 46 (2017), pp. 17-39.

TAMAMES, Ramón: *Estructura Económica de España I,* Madrid, Alianza Universidad, 1983.

TARROW, Sidney: "Estado y oportunidades: la estructuración política de los movimientos sociales", en Doug McADAM, John D. McCARTHY y Mayer N. ZALD (eds.): *Movimientos sociales: perspectivas comparadas. Oportunidades políticas, estructuras de movilización y marcos interpretativos culturales,* Madrid, Istmo, 1999, pp. 71-99.

TAUBMAN, Paul y L. WACHTER, Michael: "Mercados de trabajos segmentados", en Orley ASHENFELTER y Richard LAYARD (eds.): *Manual de*

Economía de Trabajo, vol. 2, Madrid, Ministerio de Trabajo y Seguridad Social, 1991, pp. 1.519-1.654.

TENA ARTIGAS, Joaquín; CORDERO PASCUAL, Luis y DÍAZ JARES, José Luis: *La educación en España. Análisis de unos datos*, Madrid, Ministerio de Educación y Ciencia, 1978.

TERRÓN BAÑUELOS, Aida: "La educación higiénica de los escolares españoles: evitando piojos; aumentando estatura (1938-1965)", *Con-Ciencia Social*, 19 (2015), pp. 37-47.

—, "La Educación sanitaria escolar, una propuesta curricular importada para la escuela española del Desarrollismo", *Education Policy Analysis Archives*, 23 (2015), pp. 1-31.

—, COMELLES, Josep M. y PERDIGUERO GIL, Enrique: "Schools and health education in Spain during the dictatorship of General Franco (1939-1975)", *History of Education Review*, 46 (2017), pp. 208-223.

TOBOSO SÁNCHEZ, Pilar: "Las mujeres en el siglo XXI: Igualdad jurídica, discriminación cotidiana", en Pilar PÉREZ CANTÓ (ed.): *De la democracia ateniense a la democracia paritaria*, Barcelona, Icaria Editorial, 2009, pp. 209-228.

TORRES VILLANUEVA, Eugenio: "Comportamientos empresariales en una economía intervenida: España, 1936-1957", en Glicerio SÁNCHEZ RECIO y Julio TASCÓN FERNÁNDEZ (eds.): *Los empresarios de Franco. Política y economía, 1936-1957*, Barcelona, Critica-Universidad de Alicante, 2003, pp. 220-221.

TORTELLA CASARES, Gabriel: *El desarrollo de la España contemporánea. Historia económica de los siglos XIX y XX*, Madrid, Alianza editorial, 1994.

TRILLA, Carme: "Una reflexión sobre el modelo español de política de vivienda", en Jesús LEAL MALDONADO (coord.): *La política de vivienda en España*, Madrid, Fundación Pablo Iglesias, 2010, pp. 129-166.

—, *La política de vivienda en una perspectiva europea comparada*, Madrid, Colección Estudios Sociales, Fundación La Caixa, 2001.

TRONCOSO HERMOSO DE MENDOZA, María Victoria y FLÓREZ, Íñigo: *Mi hija tiene Síndrome de Down: el emotivo testimonio de una madre, presidenta de la Fundación Síndrome de Down de Cantabria*, Madrid, La esfera de los libros, 2006.

TRULLÉN I THOMÀS, Josep Maria: *Fundamentos económicos de la transición política española. La política económica de los Acuerdos de la Moncloa*, Madrid, Ministerio de Trabajo y Seguridad Social, 1993.

TUDELA VÁZQUEZ, Enrique: *Nuestro pan. La huelga de 1970*, Granada, Comares, 2010.

VALENTE ALVES, Manuel: "Políticas de Saúde", en José M. BRANDÃO DE BRITO y Paula BORGES SANTOS (eds.): *Os Anos Sessenta em Portugal. Duas governações, diferentes políticas públicas?*, Porto, Edições Afrontamento, 2020, pp. 175-191.

VÁZQUEZ, María José: "La normalización: la Lismi", en Antoni VILÀ I MANCEBO (ed.): *Crónica de una lucha por la igualdad: apuntes para la historia del movimiento asociativo de las personas con discapacidad física y sensorial en Catalunya*, Barcelona, Fundación Institut Guttmann, 1994, pp. 71-75.

VEGA GARCÍA, Rubén (coord.): *Las huelgas del 62 en España y su repercusión internacional: el camino que marcaba Asturias*, Gijón, Trea, 2002.

—, *Historia de la UGT. La reconstrucción del sindicalismo en democracia, 1976-1994*, Madrid, Siglo XXI, 2011.

VELARDE FUERTES, Juan: *Cien años de economía española*, Madrid, Encuentro, 2009.

—, *El tercer viraje de la Seguridad Social en España*, Madrid, Publicaciones del Instituto de Estudios Económicos, 1990.

VELASCO, Roberto y PLAZA, Beatriz: "La industria española en la democracia, 1978-2003", *Economía Industrial*, 349-350 (2003), pp. 155-180.

VICARELLI, Giovanna: "The creation of the National Health System in Italy (1961-1978)", *Dynamis*, 39 (2019), pp. 21-43.

VIEIRA DA SILVA, Mariana: "Políticas públicas de saúde", en António DORNELAS y Mariana VIEIRA DA SILVA (eds.): *Políticas Públicas em Portugal*, Lisboa, Instituto Universitário de Lisboa, 2012, pp. 281-300.

VILAR-RODRÍGUEZ, Margarita y PONS PONS, Jerònia (eds.): *Un siglo de hospitales entre lo público y lo privado (1886-1986)*, Madrid, Marcial Pons, 2018.

—, y PONS PONS, Jerònia (eds.): *Un siglo de hospitales entre lo público y lo privado (1886-1986)*, Madrid, Marcial Pons, 2018.

—, y PONS PONS, Jerònia: "El debate en torno al seguro de salud público y privado en España: desde la transición política a la Ley General de Sanidad (1975-1986)", *Historia y Política*, 39 (2018), pp. 261-290.

—, y PONS PONS, Jerònia: "La cobertura social de los trabajadores en el campo español durante la dictadura franquista", *Historia Agraria*, 66 (2015), pp. 177-210.

—, y PONS PONS, Jerònia: "La ley de Bases de la Seguridad Social de 1963: ¿una oportunidad perdida?", en Damián Alberto GONZÁLEZ MADRID y Manuel ORTIZ HERAS (eds.): *El estado del bienestar: entre el franquismo y la transición*, Madrid, Sílex, 2020, pp. 125-156.

—, y PONS PONS, Jerònia: "The Introduction of Sickness Insurance in Spain in the First Decades of the Franco Dictatorship (1939-1962)", *Social History of Medicine*, 26 (2012), pp. 267-287.

VILLA, Luis Enrique de la y PALOMEQUE LÓPEZ, Luis Carlos: *Introducción a la Economía del Trabajo*, Madrid, Editorial Debate, 1978.

VILLA LANDA, Alberto: "Las barriadas urbanas", en Alberto INFANTE (ed.): *Cambio social y crisis sanitaria*, Madrid, Ayuso, 1975, pp. 151-168.

VILLAR EZCURRA, José Luis: *La Protección Pública a la Vivienda*, Madrid, Montecorvo, 1981.

VVAA: "Dossier: La configuración histórica del sistema hospitalario en España", *Dynamis*, 41 (2021), pp. 15-162.

VVAA: "Subnormales, minusválidos y enfermos psíquicos. Documento por una alternativa democrática", *Archivo Imserso*, publicado casi en su integridad en *Documentación* Social, 28 (1977), pp. 243-251.

VVAA: *Estructura de clases en la España actual*, Madrid, Cuadernos para el Diálogo, 1975.

VVAA: *Minusval-74. Conferencia Nacional sobre Integración del Minusválido en la Sociedad*, Madrid, Ministerio de Trabajo y Asuntos Sociales, 1974.

VVAA: *Renta nacional de España y su distribución provincial: 1957, estimación 1958*, Bilbao, Servicio de Estudios del Banco de Bilbao, 1959.

VVAA: *Veinticinco años de Reinado de S.M. Don Juan Carlos I*, Madrid, Espasa Calpe, 2002.

WIARDA, Howard: "Corporativismo", en António BARRETO y Maria Filomena MÓNICA (eds.): *Dicionário de História de Portugal*, vol. 7, Porto, Livraria Figueirinhas, 1999, pp. 423-424.

WILENSKY, Harold: *The welfare state and equality structural and ideological roots of public expenditures*, Berkeley, University of California, 1975.

WILHELMI CASANOVA, Gonzalo: "No digas que no se puede: luchas de grupos en la transición", en Rafael QUIROSA-CHEYROUZE Y MUÑOZ (ed.): *La sociedad española en la Transición: los movimientos sociales en el proceso democratizador*, Madrid, Biblioteca Nueva, 2011, pp. 287-302.

YSÀS, Pere: "El movimiento obrero durante el franquismo. De la resistencia a la movilización (1940-1975)", *Cuadernos de Historia Contemporánea*, 30 (2008), pp. 165-184.

—, "Huelga laboral y huelga política. España, 1939-1975", *Ayer*, 4 (1991), pp. 193-212.

—, "La imposible «paz social». El movimiento obrero y la dictadura franquista", *Historia del Presente*, 9 (2007), pp. 7-26.

—, "Una nota sobre la crisis del franquisme i la transició a la democracia", *Revista HMiC*, 3 (2005), pp. 101-109.

ZALDÚA GONZÁLEZ, Iban: "Costes y relaciones laborales en La Papelera Española S.A., 1902-1959", en Carlos ARENAS POSADAS, Antonio FLORENCIO PUNTA y José Ignacio MARTÍNEZ RUIZ (eds.): *Mercado y organización de trabajo en España (siglos XIX y XX)*, Sevilla, Grupo Editorial Atril, 1998, pp. 125-138.

ZARAGOZA, Ángel y VARELA, José: "Pactos sociales y corporativismo en España", en Ángel ZARAGOZA (comp.): *Pactos sociales, sindicatos y patronal en España*, Madrid, Siglo XXI, 1990, pp. 43-75.

ZUFIAUR, José María: "El sindicalismo español en la transición y en la crisis", *Papeles de economía española*, 22 (1985), pp. 202-234.

Paula Borges Santos es doctora en Historia por la Facultad de Ciencias Sociales y Humanas de la Universidade Nova de Lisboa (NOVA FCSH). Es investigadora principal del Instituto Português de Relações Internacionais en la citada Universidad y profesora auxiliar invitada de la Facultad de Letras de la Universidad de Coímbra. Colabora regularmente con centros universitarios de España, y actualmente forma parte del equipo de trabajo de tres proyectos de investigación en este país. También fue profesora visitante de la Universidad Pontificia Católica de Río Grande del Sul (Brasil). Estudiosa de los fenómenos del autoritarismo y de emergencia de las democracias, relacionando el caso de Portugal con realidades históricas similares en Europa y en América Latina, ha publicado extensamente sobre instituciones políticas autoritarias, corporativismo, política y religión, tanto en libros como en artículos de revistas especializadas y en capítulos de libros colectivos, y ha participado como ponente en numerosos congresos internacionales. Entre sus trabajos más recientes, podemos destacar la edición del libro *A Era do Corporativismo. Regimes, Representaçoes e Debates no Brasil e em Portugal* (junto a Luciano Aronne de Abreu en 2017), las obras *Dom António Ribeiro* (2021) y *Corporativismo: Ideias e Práticas* (2023, con Marco Aurélio Vannucchi y Luciano Aronne de Abreu), los artículos "A Construção Autoritária do Direito do Trabalho em Portugal: Evolução e Legados" (2021) y "A rejeição da Constituição refundacional chilena" (2023); y los capítulos "La Constitución de Weimar y el Constitucionalismo del Autoritarismo Portugués" (2021) y "O Fascismo não é uma Sinédoque" (2023).

Álvaro Espina Montero es doctor en Ciencias Políticas y Sociología, y ha sido administrador civil del Estado y consejero de Política Económica en el Ministerio de Economía y Hacienda de España, en donde creó y elaboró la publicación *Cuadernos de*

Documentación. Política Económica (1993-2018). Hasta su jubilación fue profesor asociado para Estado de Bienestar y Política Social en los másteres de Sociología de la Universidad Complutense de Madrid; y de Historia del Pensamiento Político, de Historia Económica y Social y de Sociología del Cambio social. Fue secretario general de Empleo y secretario de Estado de Industria del Gobierno de España entre 1983 y 1992, y formó parte de la *task force* que negoció la entrada de España en la Comunidad Económica Europea. Consultor de la OCDE, la OIT y la UE, en políticas de formación, tecnología y empleo, envejecimiento demográfico, regulación económica y Estado de Bienestar. Es autor de libros como *Empleo, democracia y relaciones industriales en España* (1990), *Concertación Social, Neocorporatismo y Democracia* (1991), *Recursos humanos y política industrial* (1992), *Hacia una estrategia española de competitividad* (1995), *Empresa, Competencia y competitividad* (1998), *Crisis de Empresas y Sistema Concursal* (1999), *Modernización y Estado de bienestar en España* (2007), *Estado de Bienestar y competitividad. La Experiencia europea* (2007), *Modernización, estadios de desarrollo económico y regímenes de bienestar en América Latina* (2008), *El año I de la revolución democrática árabe* (2012), *Pensiones y Estado de bienestar en España* (2018), y *Poder, dinero y moral. España y Europa: cinco siglos de historia* (2018). En la etapa actual está publicando la trilogía de novelas *Cerbantes* (2017, 2022).

Ángeles González Fernández es catedrática de Historia Contemporánea en la Universidad de Sevilla. Sus investigaciones se centran en el estudio de las relaciones entre el mundo de los negocios y la política en el segundo franquismo y la transición a la democracia, así como en el análisis comparado de los procesos de cambio político en Portugal y España a los que ha incorporado recientemente el estudio de la transición griega a la democracia. Dentro de este marco interpretativo y cronológico es autora de *Transiciones a la democracia en Portugal, Grecia y España*, ha participado en diversas obras colectivas como *L'adhésion de l'Espagne à la CEE (1977-1986), Los ingenieros en la Europa del Sur (siglos XVIII-XX)*, y *Desarrollismo, Franquismo y neohispanidad.* Sobre esta misma temática ha publicado artículos en revistas especializadas como *Hispania, Historia y Política, Ayer, Mélánges de la Casa de Velázquez, Tempo e Argumento, Historia Social.* Ha coordinado los dosieres Transiciones Ibéricas (*Ayer*, 2015), Portugal, España. De la dictadura a la democracia (*Historia del Presente,* 2016) y El centroderecha en la travesía hacia la democracia liberal en la península ibérica (*Historia y Política,* 2022). Ha sido profesora visitante en el Instituto Universitario Europeo (Florencia) y ha coordinado diversos proyectos de investigación financiados por el Gobierno español centrados en el estudio de los procesos de liberalización y cambio político en la península ibérica; en la actualidad es, junto a la profesora Inmaculada Cordero Olivero, investigadora responsable del proyecto "Construir Democracias: Actores y narrativas en los procesos de modernización y cambio en la península ibérica (1959-2008)" (Ref. PID2019-107169GB-I00).

Teresa González Pérez es catedrática de Historia de la Educación (Universidad de La Laguna). Con amplia trayectoria, ha impartido docencia en estudios de Grado, Posgrado y Doctorado y está adscrita al Programa de Doctorado en Educación y al Programa de Doctorado Interuniversitario en Estudios Interdisciplinares de Género. Ha participado como ponente en múltiples congresos y diversos eventos nacionales e internacionales, aportando avances de sus investigaciones. En su producción científica cuenta con más de 28 libros editados, 25 capítulos de libros, 48 colaboraciones en obras colectivas, varias coordinaciones de libros, 15 reseñas y 85 artículos publicados en revistas nacionales e internacionales. Entre sus publicaciones más recientes destacan "Maestros para la democracia. La formación inicial del magisterio en España con la Ley de Ordenación General del Sistema Educativo" (2018), "Políticas educativas igualitarias en España. La igualdad de género en los estudios de magisterio" (2018), "Sesgos de género en los saberes ignorados en el currículum escolar" (2022), "Transitando la universidad. Primeras universitarias en Canarias" (2022) o "Pedagogía, educación y derechos en la práctica educativa de una pedagoga española: Carmen de Burgos Seguí" (2022). Ha sido galardonada con varios premios de investigación: Rumeu de Armas, Villanueva del Prado, Serra Ráfols, Instituto de la Mujer, "Esther Matte Alessandri" y la Medalla "Oreste Plath" de la Academia Chilena de Literatura Infantil-Juvenil.

Antonio Gutiérrez Vegara, licenciado en Ciencias Económicas, obtuvo el Diploma de Estudios Avanzados por la Universidad Complutense de Madrid y es doctor en Economía con la tesis titulada *Reformas laborales, competitividad y empleo en España (1977-2012)*, realizada en el Programa Oficial de Doctorado en Marco Constitucional y Crecimiento Económico de la Universidad Rey Juan Carlos de Madrid y defendida en julio de 2017. Ha sido secretario general de la Confederación Sindical de Comisiones Obreras de España, tras su elección en el IV Congreso Confederal celebrado en 1987, permaneciendo en el cargo hasta el VII Congreso, reunido en el año 2000. Entre abril de 2001 y febrero de 2004 trabajó como empleado en Cajamadrid, coordinando los convenios de colaboración entre la Fundación de la entidad y las universidades públicas madrileñas. En las elecciones generales celebradas en marzo de 2004 fue elegido diputado tras presentarse como independiente en la candidatura del PSOE por la circunscripción de Madrid. En el Congreso fue presidente de la Comisión de Economía y Hacienda, manteniendo la responsabilidad en la siguiente legislatura, tras los comicios de 2008. En 2011 se reincorporó a Bankia, en el Servicio de Estudios, hasta su despido en julio de 2013 como consecuencia del expediente de regulación de empleo en la empresa.

Emilia Martos Contreras es profesora de Historia Contemporánea de la Universidad de Almería, licenciada en Humanidades y doctora con una tesis sobre las personas mayores y las personas con discapacidad en la Transición, defendida en 2014 y galardonada con el premio extraordinario de doctorado. Pertenece al grupo de investigación Estudios del Tiempo Presente (ETP) y al Centro de Investigación Comunicación y Sociedad (CySOC). Ha realizado estancias de investigación en diferentes países y tiene numerosas publicaciones sobre colectivos marginados y movimientos sociales, aunque también ha trabajado el análisis de prensa nacional e internacional. Entre sus artículos académicos podemos destacar

"'Envejecer es cambiar': la institucionalización de la geriatría y la evolución del concepto de vejez durante el franquismo" (2019); "El estudio histórico de la diversidad funcional en España: un estado de la cuestión" (2019); "'Encima de ciegos, rojos': el largo camino hacia la democratización de la Organización Nacional de Ciegos" (2020); "De invisibles a estar de moda: La percepción de la discapacidad en el tardofranquismo" (2021), "Los no-validos en la construcción de una nueva España: dictadura, discapacidad y la Organización Nacional de Ciegos" (2021) o "La lucha por las pensiones dignas en la transición a la democracia" (2021). Ha editado diferentes obras, encontrándose entre las más recientes *Legado de una dictadura: problemas sociales desde la perspectiva local* (2021) o *La Transición desde otra perspectiva. Democratización y mundo rural* (2019, junto a Rafael Quirosa-Cheyrouze y Muñoz).

Manuel Ortiz Heras es catedrático de Historia Contemporánea en la Universidad de Castilla-La Mancha y coordinador del Seminario de Estudios del Franquismo y la Transición (SEFT). Entre sus publicaciones más recientes destacan las monografías *La insoportable banalidad del mal. La violencia política en la dictadura franquista 1939-1977* (2013), *La Transición se hizo en los pueblos* (2016) y *¿Qué sabemos del franquismo? Estudios para comprender la dictadura de Franco* (2018). Con Damián A. González ha editado *De la cruzada al desenganche: La Iglesia española entre el franquismo y la transición* (2011), *El Estado del bienestar entre el franquismo y la transición* (2020); *Violencia franquista y gestión del pasado traumático* (2021); *La Transición exterior. La asignatura pendiente de la democratización* (2022) y *Adiós, mi España querida. La emigración española desde la dictadura hasta la democracia* (2023). Con Sergio Molina, *Actores de protagonismo inverso. La acción exterior de España y Francia en los '80* (2023) y, junto a Damián González y Sergio Molina (coords.), *L'adhesión de l'Espagne à la CEE (1977-1986)* (2020). Entre sus artículos, "La dictadura de la miseria. Políticas sociales y actitudes de los españoles en el primer franquismo" (2017), "El franquismo y la construcción del Estado de Bienestar en España: la protección social del Estado (1936-1986)" (2018), ambos con Damián A. González, y "Entre la provincia y el parlamento. Crecimiento y ocaso de la UCD albaceteña, 1977-1982" (2017) y "Mitterrand, el Marlboro de izquierdas": la victoria de François Mitterrand en la prensa española (mayo-junio 1981)" (2022, junto a Sergio Molina) y "Del seguro a la seguridad social: la introducción del concepto y sus límites durante el primer franquismo" (en prensa).

Enrique Perdiguero Gil es catedrático de Historia de la Ciencia en la Universidad Miguel Hernández de Elche e investigador del Instituto Interuniversitario López Piñero de Estudios Históricos y Sociales, sobre ciencia, tecnología, medicina y medio ambiente. Sus estudios se han centrado en variados aspectos de la Salud Pública en España, con especial atención a la salud materno-infantil; la popularización de la medicina y la historia del pluralismo asistencial. En los últimos años, sus investigaciones se han focalizado en el estudio de diversos aspectos de la gestión de la salud y la enfermedad en el periodo franquista. El fruto de estas pesquisas se ha plasmado en diferentes publicaciones, como la edición del libro *Política, salud y enfermedad en España: de la transición democrática al desarrollismo* (2015); la coordinación del dossier de la revista *Dynamis* "Health reforms in Southern European countries (1950s-1970s): inertia and changes" (2019); la redacción, junto a Josep M. Comelles, del capítulo "The Roots of the health Reform in Spain" (2019); la coordinación –con José Martínez Pérez– del libro *Genealogías de la reforma sanitaria en España* (2020); la coordinación del monográfico de la revista *Historia y Memoria de la Educación* "Educación y salud: intersecciones, desencuentros y sinergias en la segunda mitad del siglo XX" (2022) y la autoría de los artículos "Los estudios sobre salud y enfermedad en el franquismo: una tarea en curso" (2022) y "La historiografía española sobre salud y enfermedad en el siglo XVIII. Estado de la cuestión y asignaturas pendientes" (2023), ambos con Eduardo Bueno Vergara.

Julio Pérez Serrano es catedrático de Historia Contemporánea de la Universidad de Cádiz. Fundó en 1992 el Grupo de Estudios de Historia Actual (GEHA), del que continúa siendo director, y coordina el Programa de Doctorado en Artes y Humanidades de la Universidad de Cádiz. Preside la Asociación de Historia Actual (AHA) y dirige la revista *Historia Actual Online*. Promotor y director, con Marie-Claude Chaput, de los Congresos Internacionales *Nuestro Patrimonio Común* y de los *Coloquios sobre la Transición española*, celebrados anualmente en el Colegio de España en París. Co-director de los *Simposios Internacionales de Historia Actual*, organizados por el Instituto de Estudios Riojanos, coordinó el proyecto interuniversitario *El largo camino hacia la democracia: cambio económico, movimientos sociales y construcción identitaria en la España Meridional*, 1959-1979 (HUM2006-14138-C06) y ha dirigido otros cuatro proyectos estatales sobre el franquismo y la Transición. Ha coordinado en España el proyecto europeo *Managing International Urban Migration. Türkiye-Italia-España* (MIUM-TIE). Entre sus últimas publicaciones destacan, la edición con Marie-Claude Chaput de los libros *La transición española. Nuevos enfoques para un viejo debate* (2015), *Civilisation espagnole contemporaine, 1868-2018* (2018) y *Transición y democracia en España. Ciudadanía, opinión pública y movilización social en el cambio de régimen* (2020). También ha publicado con otros autores *La construcción de la democracia en España (1868-2014). Espacios, representaciones, agentes y proyectos* (2019), *Granada durante la dictadura de Primo de Rivera (1923-1930). Los retos de la modernización autoritaria* (2020) y *La izquierda revolucionaria en el laberinto de la Revolución de los Claveles* (2021).

Rafael Quirosa-Cheyrouze y Muñoz es catedrático de Historia Contemporánea y director del Grupo de Investigación Estudios del Tiempo Presente de la Universidad de Almería. Ha trabajado sobre las etapas de la Segunda República y la Guerra Civil, publicando monografías como *Almería, 1936-37. Sublevación militar y alteraciones en la retaguardia republicana* (1996), *Católicos, monárquicos y fascistas en Almería durante la Segunda República* (1998) y *Gabriel Morón Díaz. Trayectoria política de un socialista español* (2013). En los últimos años ha centrado su labor en el proceso de transición a la democracia desde la dictadura franquista, publicando varias monografías, artículos y capítulos de libros, además de editar diversos volúmenes colectivos en Biblioteca Nueva, La Catarata o Sílex. Actualmente, dirige un proyecto de investigación sobre el movimiento vecinal en la provincia de Almería en los años 70. Entre sus publicaciones más recientes, destacan las ediciones de los libros *La Transición desde otra perspectiva. Democratización y mundo rural* (con Emilia Martos Contreras en 2019), *La Transición española y sus relaciones con el exterior*, y *La lucha por una vida mejor. Los inicios del movimiento vecinal en Almería* (ambos con Mónica Fernández Amador en 2020 y 2021, respectivamente); y los capítulos "Los 'independientes' de los pueblos en la Transición. Los casos de Málaga y Jaén en las elecciones locales de 1979" (2019), "Andalucía en los inicios de la Transición" (2020) y, con Mónica Fernández, "El proceso autonómico andaluz desde abajo: el papel de las instituciones locales" (2023). Ha sido vicerrector de la Universidad de Almería y en la actualidad es decano de la Facultad de Humanidades.

María Teresa Sánchez Martínez es profesora titular del Departamento de Economía Aplicada de la Universidad de Granada. Ha sido investigadora responsable del grupo de investigación Economía Política, Historia e Instituciones Económicas, y posteriormente del grupo de investigación Sector Público, Equidad, Eficiencia y Gestión. Los aspectos clave de su investigación se centran básicamente en la política de vivienda y las implicaciones sociales de la misma, su accesibilidad, efectos redistributivos y los mercados de alquiler, todo ello desde una perspectiva comparada. Ha participado en diferentes proyectos competitivos, es miembro de redes y comités científicos y ha publicado numerosos artículos y libros en revistas y editoriales de ámbito internacional. Entre sus trabajos destacan el libro *La política de vivienda en España: análisis de sus efectos redistributivos* (2010) y los artículos "El sistema de vivienda en España y el papel de las políticas: ¿qué falta por resolver?" (2015) y "El alquiler privado como vivienda social en España" (2016), ambos firmados con Montserrat Pareja Eastaway", o capítulos como "Tributación medioambiental y 'reforma fiscal verde' en la Unión Europea", junto a María Ángeles Ortega y Araceli Rojo (2019).

Álvaro Soto Carmona es catedrático de Historia Contemporánea de la Universidad Autónoma de Madrid y profesor visitante en distintas universidades extranjeras. Desde hace años lleva a cabo dos líneas de investigación: historia del trabajo e historia de las transiciones a la democracia. Como resultado, entre otros libros, ha publicado *El trabajo industrial en la España Contemporánea (1874-1936)* (1989), *Clase obrera, conflicto laboral y representación sindical (la evolución socio-laboral de Madrid: 1939-1991)* (1994), *La transición a la democracia. España 1975-1982* (1998), *¿Atado y bien atado? Institucionalización y crisis del franquismo* (Madrid, 2005) y *Transición y cambio en España 1975-1996* (2005). Esta última obra fue finalista del Premio Nacional de Historia de 2006. Además, ha participado en numerosos encuentros científicos organizados por universidades españolas y extranjeras. Es autor de capítulos como "Sociedad civil y opinión pública: límites para la acción política democrática" (2009), "La conversión del reformismo sindical en ruptura" (2011), "El sistema electoral: ¿Una decisión neutral?" (2013), "Salvar a la Corona. La monarquía en el proceso de transición a la democracia" (2017) y "Between hope and trepidation: The impact of the Russian Revolution in Spain" (2018). Entre sus artículos, podemos destacar: "Ni modélica ni fracasada. La transición a la democracia en España: 1975-1982" (2012), "Los pactos en las transiciones democráticas. España: 1975-1982" (2017) y "La refundación del Estado en Chile" (2022). Ha editado obras como *Historia de la época socialista. España, 1982-1996*, junto a Abdón Mateos (2013), y, más recientemente, *La democracia herida. La Tormenta perfecta* (2019) y *La España que era. Su imagen en el último medio siglo* (2022).

ESTE LIBRO SE TERMINÓ DE IMPRIMIR
EN EL MES DE MARZO DE 2024